揭開民國史的眞相 卷一

帝制到共和

◎慈禧太后其人
◎康有爲謀圍頤和園捕殺西太后確證
◎袁世凱《戊戌紀略》的眞實性及其相關問題
◎和歷史課本上不同的孫中山
◎辛亥革命前的國粹主義思潮
◎同盟會的分裂與光復會的重建

楊天石◎著

溥泉吾兄鑒：弟於西十一月八號行抵美國[illegible]無限[illegible]發途時吳先生送於車埸，帶致兄之手書，所云從新組織團體，弟在南洋已有行之，是以南洋之組織與東京同盟會不為同物，此陶所攻擊弟之一端也。至兄所示之二策：一退隱深山，此時為革命最衰微之時，非成敗興衰之候，[illegible]冒艱危，茹困苦，以進取之時代，非退隱之時代也。二佈告天下辭退同盟會總理，弟被舉為總理，未有佈告天下[illegible]始受之，辭退亦斷未有佈告天下之理。弟之退總理，已在要求同盟會改章，太炎認不是之時，同盟會及太炎至今未有認過，則弟已不承為總理者久矣。弟今在兩廣、雲南起兵，皆用中華革命黨之部之名義，並未一用同盟會名義也。弟孫文

孫中山致張繼函手跡

農民疾苦查會章程

中國幅員廣大，以農民爲最衆，亦以農民爲最苦，惜困厄之狀，鮮有宣於口筆於書者。近今所出各報紙，於各省政治實業雖多記載，然於民事則弗詳。民事之中，又以農事爲最略。嗟我農人，誠古代所謂無告之民矣。僕等有鑒於此，爰設農民疾苦調查會，舉官吏富民之虐，據事直陳，以籌農民救濟之方，兼爲申儆平民之助。海內志士，如有熱心平民主義者，均乞代任調查，或各舉所知，通函本會，則多數農民之幸也。今將調查簡章列於後。

一　趙充國有言：百聞不如一見。農民疾苦，有此省與彼省不同者，有此府與他府不同者，即一府一縣之中，所罹之苦，亦或殊異。惟以本境之人，述本境人民之況，斯與傳聞之說不同，故擔任調查諸君，無論留學日本及身居祖國，所陳之事，均乞以本邑爲限，或以他鄉所目睹之事爲憑。

專件

無政府主義者組織的農民疾苦調查會章程（本書圖片均由作者楊天石先生提供）

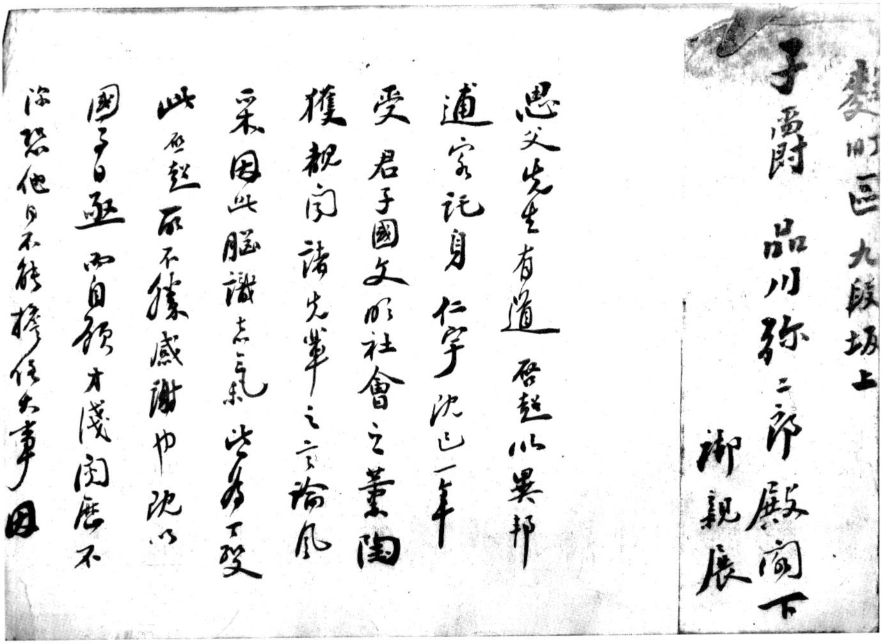

梁啓超致日本人士書札

440835

大清國公使館書箋

外務部來電 十一月廿四日到

前年孫汶在日本倡言革命經本部密囑楊使商伊藤公爵協助由日本政府驅逐出境現聞該逆確抵東京已有三日值此國家大故深恐造言生事復滋煽惑希即查探蹤跡轉商外部仍前設法驅逐以保公安而敦睦誼 二十三日

清政府外務部致駐日使館電報

執事知我愛我必更有以教我也 楢原參贊昨已

接晤議論通達不媿使才固知

大匠之門定無欂櫨細榦也此覆敬請

台安不備

榮祿頓首 中三月二十九日

榮祿致日本人士書札

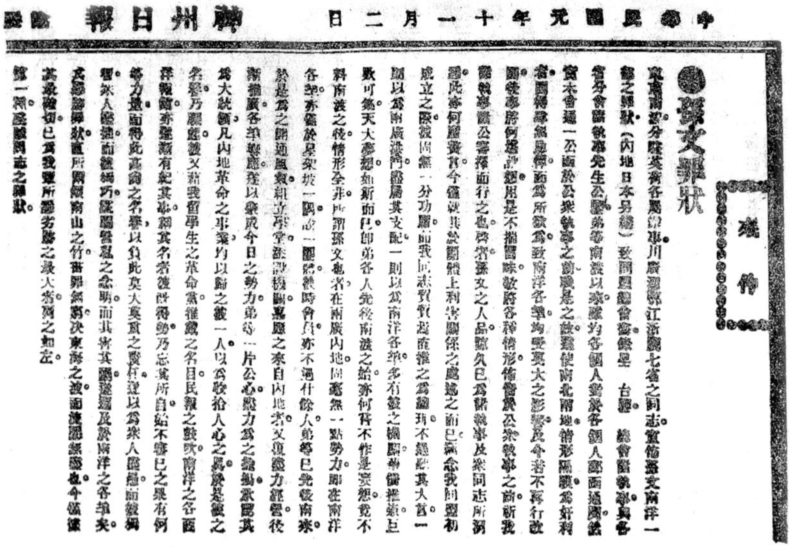

陶成章等攻擊孫中山的宣傳品

章太炎攻擊孫中山的宣傳品

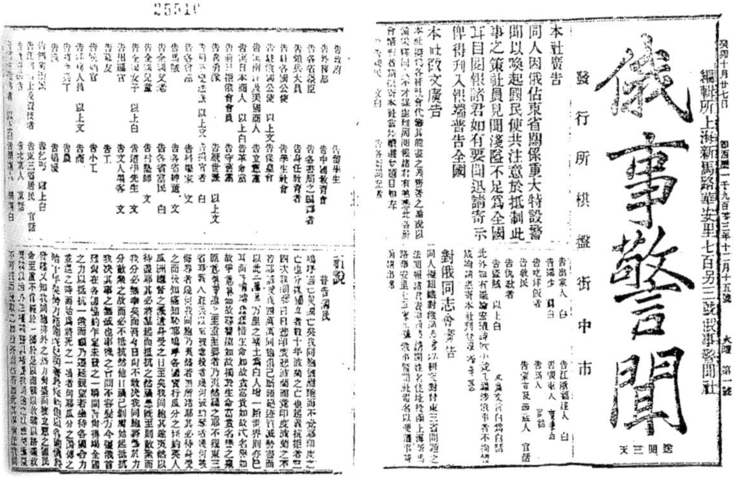

癸卯十月廿七日 西曆一千九百零三年十二月十五號 大張 第一號

編輯所上海新馬路華安里七百另三號俄事警聞社

俄事警聞

發行所棋盤街中市

逐日三天

本社廣告

同人因俄佔東省關係重大特設警聞以喚起國民使共注意於抵制此事之策社員見聞淺陋不足寫全國耳目凡諸君如有要聞迅請寄示俾得刊入報端普告全國

本社徵文廣告

對俄同志會廣告

蔡元培創辦的《俄事警聞》

事件

章炳麟背叛革命黨之鐵証

（錄神戶日華二報）

革命黨章

劉光漢致吾某手簡

（前略）

孫中山一派攻擊章太炎的宣傳品

三復

來書音同笙磬第練兵不可無餉求財過急則恐失民心變法在乎得人用人不當則反滋流弊僕以為法無新舊惟其是國無强弱存乎人事業出於精神國是不爭意氣誠得年少有才氣者以老成人翼導策馭之破除錮習而不失中和共立功名而不傷元氣中事庶有豸乎用是兢惕昕夕不遑

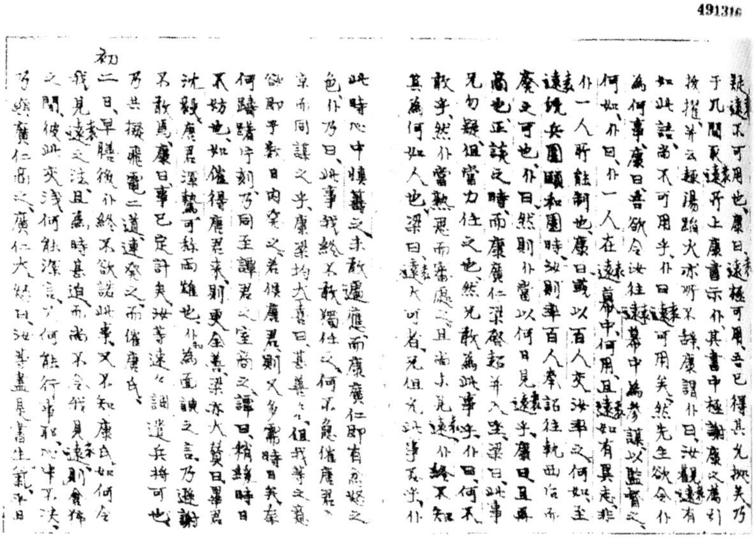

491316

疑袁不可用也。康曰：袁極可用，吾已得其允據矣。乃
于几間取袁所上康書示仆，其書中極謝康之薦引
拔擢，并云赴湯蹈火亦所不辭。康謂仆曰：汝觀袁有
如此語，尚不可用乎？仆曰：袁可用矣，然先生欲令仆
為何事？康曰：吾欲令汝往袁幕中為參謀，以監督之，
何如？仆曰：仆一人在袁幕中何用？且袁如有異志，非
仆一人所能制也。康曰：或以百人交汝率之，何如？至
袁統兵圍頤和園時，汝則率百人奉詔往執西后而
廢之可也。仆曰：然則仆當以何日見袁乎？康曰：且再
商也。正談之時，而康廣仁、梁啟超并入坐，梁曰：此事
兄勿疑，但當力任之也。然兄敢為此事乎？仆曰：何不
敢乎？然仆當熟思而審處之，且尚未見袁，仆終不知
其為何如人也。梁曰：袁大可者，兄但允此事否乎？仆
此時心中懷疑之未敢遽應，而康廣仁即有怒怒之
色。仆乃曰：此事我終不敢獨任之，何不急催唐君入
京而同謀之乎？康梁均大喜曰：甚善甚善，但我等之意
欲即于數日內實之，若俟唐君則又多需時日矣。奈
何躊躇片刻，乃同至譚君之室商之，譚曰：稍需時日
不妨也，如能得唐君來，則更全善。梁亦大贊曰：畢君
沉毅，唐君深鷙，可稱兩雄也。仆知為面諛之言，乃遜謝
不敢焉。康曰：事已定計矣，汝等速速調遣兵將可也。
乃共擬飛電二道，速發之，而催唐氏。
初二日，早膳後，仆終不欲諾此事，又不知康氏如何令
我見袁之法，且為時甚迫，而尚不令我見袁，則倉猝
之間，彼此交淺，何能深言？何能行事耶？心中不決，
乃與廣仁商之，廣仁大怒曰：汝等盡是書生氣，平日

記錄康有為「圍園殺后」密謀的畢永年日記之一

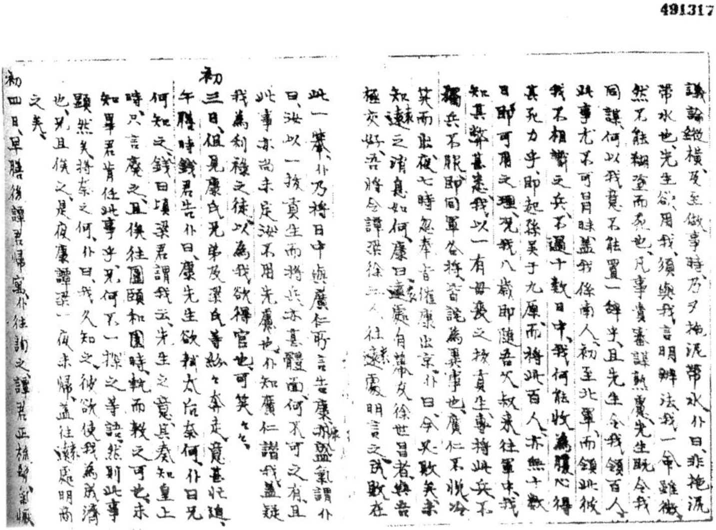

491317

議論縱橫，及至做事時，乃多拖泥帶水。仆曰：非拖泥
帶水也，先生欲用我，須與我言明辦法。我一命雖微，
然不能糊塗而死也。凡事貴審謀熟慮，先生既令我
同謀，何以我竟不能置一辭乎？且先生令我領百人，
此事尤不可冒昧，蓋我係南人，初至北軍，而領此彼
我不相識之兵，不過十數日中，我何能收為腹心，得
其死力乎？即起孫吳于九原，而將此百人，亦無十數
日即可用之理。況我八歲即隨吾父叔來往軍中，我
知其弊甚悉。我以一有母喪之拔貢生，專將此兵，不
獨兵不服，即同軍各將，皆詫為異事也。廣仁不悅，冷
笑而出。夜七時，忽奉旨催康出京。仆曰：今必敗矣，未
知袁之消息如何？康曰：袁處自有幕友徐世昌者，與吾
極交好，吾將令譚、梁、徐三人往袁處明言之，成敗在
此一舉。仆乃將日中與廣仁所言告康，康亦以盛氣謂仆
曰：汝以一拔貢生而將兵，亦甚體面，何不可之有？且
此事亦尚未定，汝不用先慮也。仆知廣仁譖我，益疑
我為利祿之徒，以為我欲得官也，可笑可笑。
初三日，但見康氏兄弟及梁氏等紛紛奔走，意甚忙迫。
午膳時，錢君告仆曰：康先生欲弒太后，奈何？仆曰：兄
何知之？錢曰：頃梁君謂我云：先生之意，其奏知皇上
時，只言廢之，且俟往圍頤和園時，執而殺之可也。未
知畢君肯任此事乎？兄何不一探之等語。然則此事
顯然矣，將奈之何？仆曰：我久知之，彼欲使我為成濟
也，兄且俟之。是夜康、譚、梁一夜未歸，蓋往袁處明商
之矣。
初四日，早膳後，譚君歸寓，仆往詢之，譚君正梳髮，氣憤

記錄康有為「圍園殺后」密謀的畢永年日記之二

No 10 第十號

EQUITY

The Chinese Anarchist News.

衡報

每月發行三次

ISSUED THREE TIMES A MONTH.

編輯者 劉申叔

EDITOR LIEU SUN SOH.

價目表

每張售	日金二錢	（郵費在內）
全年三十六張	日金一圓	

中曆戊申年七月十二日
西曆1908年8月8日 出版

General objects

衡報大旨

1. Anarchist communism

顛覆人治 實行共產

2. Antimilitarism and General strike

提倡非軍備主義及總同盟罷工

3. Peoples worry jotting

紀錄民生疾苦

4. International revolutionary and laborer Association.

聯結世界勞動團體及直接行動派之民黨

凡寄稿通函及定報者
均寄東京通信所
編輯所 澳門平民社
發行所 同上
通信所
日本東京麴町區飯田町六ノ廿一

Correspondent do pa rtment.
No. 21, 6chome
Iidamachi,
Kojimachiku.
Tokyo,
Japan.

中國最早的無政府主義報紙

社會主義講習會廣告

近世以來。社會主義。盛於西歐。蔓延於日本。而中國學者。則鮮聞其說。雖有志之士。間倡民族主義。然僅辨民族之異同。不復計民生之休戚。即使**光復之說果見實行。亦恐以暴易暴。不知其非**　同人有鑒於此。慨社會主義之不昌擬搜集東西前哲諸學術。參互考驗。發揮光大。以餉我國民。又慮此學之不能普及也爰設社會主義講習會。以討論此旨。現已開會。留學界諸君。如有與本會表同情者。仍可陸續入會。乞將名姓住址。寄交小石川區久堅町二十七番地本會通信所。俟逢開會之期。即行函達。張繼劉光漢仝啓●

本社捐助及贊成芳名列左

唐羣英女士	貳元
功　羣女士	伍元
方君英女士	貳元
楊蕙畹女士	壹元
何香凝女士	六元
丘新榮女士	伍元
廖　平女士	貳元
楊　光君	貳元
邱心榮君	壹元
方　蒨女士	貳元
王寄廬君	拾元
郭　君女士	伍元
胡漢子女士	三元

廣告價目

一　特別廣告凡中國人日本人所著書報與本社宗旨相合者若以原著書報及廣告寄交通信所本社按期登載不取分文

二　普通廣告凡中外書報及商店本社均代登廣告取價格外從廉登一行者取價十二錢一行以上則依字數照加

社會主義講習會廣告

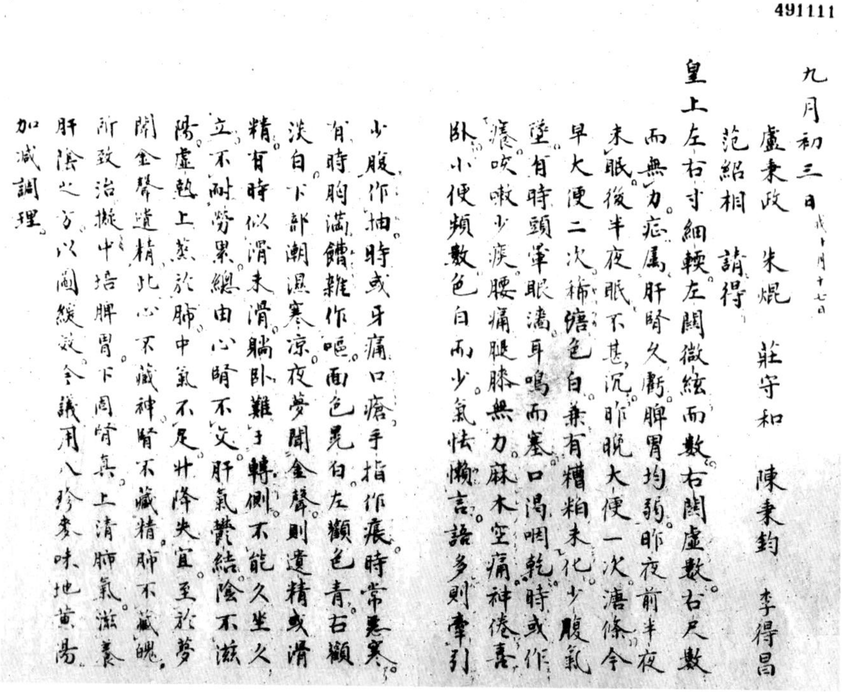

491111

九月初三日（戊十月十七日）

盧秉政　朱焜　莊守和　陳秉鈞　李得昌

范紹相　請得

皇上左右寸細輭左關微絃而數右關虛數右尺數而無力。症屬肝腎久虧脾胃均弱。昨夜前半夜未眠。後半夜眠不甚沉。昨晚大便一次。溏條今早大便二次。稀溏色白。兼有糟粕未化。少腹氣墜。有時頭暈眼澀。耳鳴而塞。口渴咽乾。時或作癢咳嗽少痰。腰痛腿膝無力。麻木空痛。神倦喜臥。小便頻數色白而少。氣怯懶言。語多則牽引少腹作抽。時或牙痛口瘡。手指作痕。時常畏寒。有時胸滿嘈雜作嘔。面色晃白。左顴色青。右顴淡白。下部潮濕寒涼。夜夢聞金聲則遺精。或滑精。有時似滑未滑。躺臥難于轉側。不能久坐久立。不耐勞累。總由心腎不交。肝氣鬱結。陰不濟陽。虛熱上蒸於肺。中氣不足。升降失宜。至於夢聞金聲遺精。比心不藏神。腎不藏精。肺不藏魄。所致。治擬中培脾胃。下固腎真。上清肺氣。滋養肝陰之方。以圖緩效。今議用八珍麥味地黃湯加減調理。

日本人收集的光緒皇帝病案

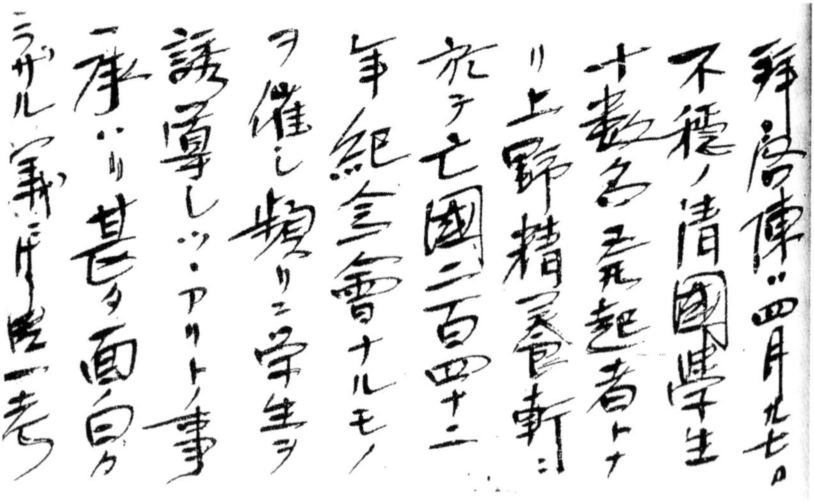

拜啓陳者四月廿七日不穩ノ清國留學生十數名ニテ發起者トナリ上野精養軒ニ於テ亡國二百四十二年紀念會ナルモノヲ催シ與リニ學生ヲ誘導シツヽアリトノ事一事ハ甚タ面白カラザル義ニ付監一考

日本官方關於章太炎等舉辦「亡國紀念會」的通報

兵庫縣知事 服部一三

外務大臣伯爵小村壽太郎殿

通報先（內外相）

別紙

（其二）

封書 北京西四牌樓南磚塔胡同內錢串胡同路北柵欄門

須磨怡和別莊

外務部長、長大人（壽卿勛啓）

日本中國領署緘

文意

新帝既立。醇邸攝政。以醇王之賢。薄海內外。

440840

是真若愈不可收。旁係 明此等系上去公私示謹 已至

禱至禱。寶雲今淸渫上之都。專兩北事

特有个仁至訓。時望子安洽寶雲因母

佐。故但不能詳當具致副書謹上了 停令。

不明

以上一封

封書上海寶路須徽呈香山何寓

（同文學校）

何請逸先生

文意

蕺公夜已到了。此數日內沉靜之局面。便宜面

絕。此次在南方。當無從着手。惟有此行之

一法。然今日見夜山公碼已首塗。然蕺公冊

入北正在易了。無論如何。必以設法能此為。

妙子發處。最當注意也。今日夜乘帝言倉

主拔議。速布宗法手段。是日日可眾奈

何。每每

即請

大安。餘詳存函

以上一封

今日一函一子文諾。夜已收到

雨渾

日本員警秘密抄錄的梁啓超等人密函

死頃若昨於之使館員處探悉北京密
電云袁世凱乘太后病危潛通內侍閹
弑皇上密召姜楊各軍入京自衛將又
戕新帝篡位革匪乘機起事云云
果此則皇上確係被弑凡我住民當知
君父之仇不共戴天況革匪入京大亂禽
在即我四萬萬同胞從此無召集國會
之望與其奄奄待斃於刀鋸之下不如我
爭出死力大興義師直搗其京聲罪致
討舉袁逆之首以慰皇上在天之靈生則
為義民死則為義鬼我四萬萬同胞其各
奮戈而起毋失此時致使逆賊得志我
儕受禍中國幸甚四萬萬同胞幸甚

東京憲政公會會員公檄

立憲派懷疑袁世凱毒死了光緒皇帝

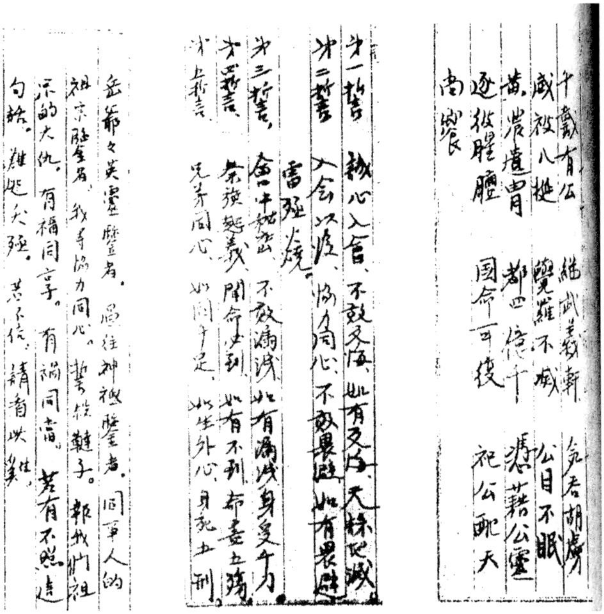

千載有公　繼武羲軒　免吾胡虜
戚彼八旗　覺羅不戚　公目不瞑
黃農遺胄　都四億千　憑藉公靈
逐彼腥膻　國命可復　祀公配天
尚饗

第一誓　誠心入會，不敢反悔，如有反悔，天誅地滅
第二誓　入會以後，協力同心，不敢畏避，如有畏避，雷殛火燒
第三誓　會中秘密，不敢漏洩，如有漏洩，身受千刀
第四誓　兵機要義，聞命必到，如有不到，甘受五雷
第五誓　兄弟同心，如同手足，如生外心，身死五刑

江南革命協會的入會誓詞

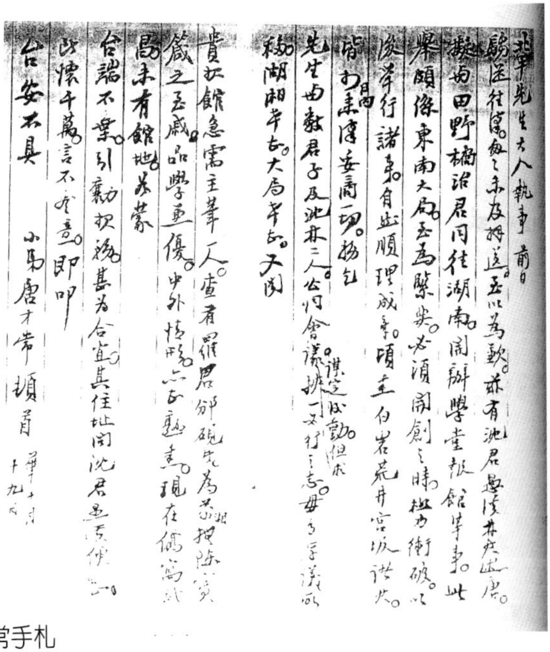

唐才常手札

大清欽使筆談

七月十五日、大清欽使參贊官黃遵憲惕檢來、

憲曰、海程遼遠、王事靡盬、賢勞可敬、得接閣下大名、於四月中、有釜山進來消息、既如雷灌、及時旌麾早臨、得以暢論時事、餘一切悃愫、今日初見春風藹然、使人起敬、第不知滯留此間、尚多少日、欽使何公、並欲留晤、從容半日、暢彼此懷抱、不審何日乃得暇、使僕致請命、

宏曰、今蒙兩先生辱臨、甚愜宿願、欽使何公、業擬即趨拜叙、適有冗擾、又值家忌、遂此遲滯、悚甚、明當進候、

憲曰、朝廷與貴國休戚相關、憂樂與共、近來時勢、泰西諸國、日見凌逼、我兩國尤宜益加親密、僕等來東三年、與貴國頗相酬酢、今得高軒之來、真不啻他鄉遇故人、快慰莫可言、

宏曰、敝邦於中朝、義同內服、近日外事紛紜、漸望切於鄉故人之諭、寔獲我心、

憲曰、以僕鄙意、若得閣下常住東京、必於國事大有裨益、方今大勢、實為四千年來之所未有、堯舜禹湯之所未及料、執古人之方以藥今日之疾、未必其可、以閣下聰明、閱見日拓、將來主持國是、必能為亞細亞造福也、

宏曰、此行約於數旬間、竣事即還、不可常駐、宇內大勢、高論誠然、敝國僻在一隅、從古不與外國比連、今則海舶遙來、應接甚艱、而國小力薄、未易使彼知畏而退、甚切憂悶、然所恃者、惟中朝庇護之力、

憲曰、惜此數語、足見忠愛之忱、溢於言表、朝廷之於貴國、恩義甚固、為天下萬國之所無、然思所以保此恩義、使萬世無壃者、今日之急務在力圖自強而已、

宏曰、自強二字、至矣盡矣、敢不服膺、

憲曰、聞高論後、人豁然開朗、又使人肅拜、亦乞次及、

憲曰、明日何時在館、擬歸當禀告、必應奉迓抵候也、天晚、敢告辭、筆談數紙、乞以見惠、感甚々々、

宏曰、明日拜聖廟、仍將晉謁、似稍晚也、

七月十六日、往大清公署、

宏曰、旌節久駐海外、揚　遠播天下、引領東望、常切傾慕、今也萍緣幸湊、荊顏獲遂、但叩揭此庭、是為悚仄、

璋曰、過蒙枉、不敢當、閣下冒暑遠從此行、良苦、昨日、

黃遵憲與朝鮮使臣筆談記錄

Dear Professor Yang：

Below is the response I got from Elizabeth Chiang, stating that she gives permission for you to use the quotations from the Chiang Kai-shek diaries as listed in the attachment to your e-mail of August 2, 2009.

Sincerely yours,

Carol A. Leadenham

Assistant Archivist for Reference

Hoover Institution Archives

Stanford, CA 94305

本書所引述之蔣介石日記，均已由作者取得美國史丹福大學胡佛檔案館及蔣氏家族代表蔣方智怡女士之書面授權

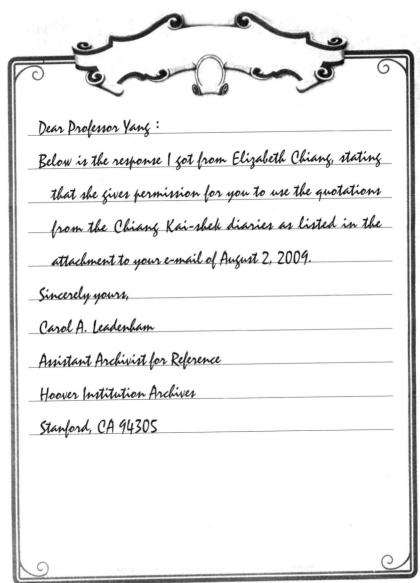

目錄

撥開迷霧，解開疑問
——民國史及蔣介石研究的突破

中央研究院院士　張玉法

一九九〇年代初，台海兩岸在政治上走改革開放的路已十多年，並分別在不同的改革開放道路上累積了豐富的成果，兩岸的學術交流開始熱絡。那些年我勤跑大陸各地，走訪各大學歷史系及研究近代史的機構，先後接觸到不少傑出學者，有機會讀他們的新著、聽他們對歷史研究的新見解，獲益良多。一次與政治大學蔣永敬先生聊天，我說：「大陸民國史研究實力雄厚，廣州、上海、南京、武漢、北京都是重鎮。」蔣先生說：「你讀過楊天石的作品嗎？」我說：「讀過，大多寫民國人物，很有功力！」

台海兩岸的學者研究民國史和民國人物者很多，但研究民國各色人物著有成績者較少。台灣地區的沈雲龍先生和吳相湘先生對民國各色人物下過功夫，但研究的路數與楊天石先生不同。沈先生爲黎元洪、徐世昌、黃郛、尹仲容寫過傳記，吳先生爲宋教仁、孫中山、晏陽初、陳果夫寫過傳記，皆爲專書；兩位先生也都爲民國各色人物寫過短篇傳記或掌故，用到的資料不少，平鋪直敘者多。楊先生很少搜集一般性的資料爲一個人物作全傳，他常對前人不注意的問題或疑難的問題尋找第一手資料，將問題解決。金沖及先生在爲楊先生的另一書作序時說：楊先生喜歡解答「人們感到迷惑的問題」，個人深有同感。

研究歷史人物像研究歷史事件一樣，離不開史料；新史料的開放以及在新史料中發現問題，往往使某些歷史改觀、使某些歷史人物改觀。楊天石先生研究歷史人物，喜歡用新史料就某一點突破，他只要知道那裡有不易看到的珍貴資料，必然盡量設法去看。以對蔣介石的研究爲例，早年楊先生克服許多困難，在中國第二歷史檔案館閱讀蔣介石日記的斷簡殘篇，雖然所費不貲，但仍鍥而不捨。近年蔣家後代將蔣介石日記移交美國史丹佛大學胡佛研究所，並對外開放，楊先生如獲至寶，先後兩度赴美閱讀資料，並已寫就若干篇論文，包括〈不抵抗主義是誰提出來的〉、〈蔣介石建議國共兩黨合併〉、〈汪精衛出逃與蔣介石的應對〉、〈蔣介石正告邱吉爾：藏事乃中國內政〉、〈共產國際的解散與蔣介石進攻延安計劃的撤銷〉、〈蔣介石查處孔祥熙等人的美金公債舞弊案〉以及〈論國民黨的社會改良主義〉等。這些論文，有的已經發表，均一併收入本論文集。

楊天石先生早年研究哲學、文學，並有治史經驗，自一九七八年進入中國社會科學院近代史研究所民國史研究室從事專業研究工作以來，已三十年。在這三十年中，楊先生專門研究民國史和民國人物，從他的歷史著作看來，他的哲學和文學素養對他的歷史研究和寫作有一定的影響，譬如論證嚴密，長於辨析；譬如敘事常有懸疑性，然後以動人而細膩的文筆，爲讀者解惑。楊先生的歷史研究成果出版者有兩方面：一是民國史的通論性著作，包括與多位學者共同完成的《中華民國史》第一編和第二編第五卷，史事大多涉及民國史的北洋時期；一是民國人物的研究，散見結集論文所出版的各書，包括《楊天石文集》、《尋求歷史的謎底——近代中國的政治與人物》、《楊天石近代史文存》、《找尋真實的蔣介石——蔣介石日記解讀》等，其中以《楊天石近代史文存》所收集的論文最多。

《楊天石近代史文存》收論文兩百六十四篇，約一百九十五萬餘字，內容以研究歷史人物者爲多。第一冊的論文有關「晚清史事」，第二冊的論文有關「國民黨人與前期中華民國」，第三冊的論文有關「蔣介石與南京國民政府」，第四冊的論文有關「抗戰與戰後中國」，第五冊的論文有關「哲人與文士」。該套巨著內容豐富，但係在大陸出版，用簡體字印刷，海外讀者不易讀得。台北風雲時代出版公司陳曉林先生有鑒於此，決定應合台灣和海外讀者的需要，在台北出版繁體本，請作者在原著的基礎上加以精選，並將新近發表和撰成的論文一併收羅進去。這是一套新書，楊天石先生重新選擇、增補、整理，題名《楊天石民國史文選》。全書分七卷，共收論文一百六十五篇。其中部分爲名人掌故，部分寫政治內幕，部分爲史事辨析。透過這些論文，讀者對民國史的諸多關鍵問題必能有進一步的瞭解，從而對民國史有更深一層的認識。

《楊天石民國史文選》雖然分爲七卷，各卷中直接與蔣介石有關的論文多達四、五十篇，約佔全書的三分之一；楊天石先生以研究蔣介石享譽史學界，不是偶然的。蔣介石是民國史上的一個中心人物，有一段時間，全中國大部分人民曾經追隨他、崇拜他，因此產生了一些神話性、讚美性的史料與史學；但也有一段時間，蔣介石是全中國大部分人唾罵、打倒的對象，因此產生了一些汙衊性、妖魔化的史料與史學。令人興奮的是，最近二十年來，大陸學界對蔣介石的研究，已逐漸擺脫政治宣傳和個人好惡，以實事求是的態度，重新評價蔣介石。這是一條學術的路、學術不爲政治服務的路。另一方面，蔣介石自大陸撤退來台以後，有一段時間，大部分台灣人民歌頌他的領導，肯定他對台灣的生存和發展所作出的貢獻；但最近這些年，有一部分台灣人民想另建新國，攻擊蔣介石和他所領導的國民黨壟斷政權，對他醜化汙衊無所不用其極，猶如早年大陸實行社會主義革命時代。數年前，南京大學民國史研究中心主任張憲文先生來台灣講學，曾說：「蔣介石的地位在大陸有上升的趨勢，在台灣有下降的趨勢。」所以如此，中國大陸的蔣介石研究已從政治走向學術，而台灣卻又從學術回到政治。直到最近一、二年，台灣史學界始有一些學者，趁著蔣介石檔案和日記開放的時機，決定從學術上重新推動蔣介石研究。中央研究院近代史研究所和政治大學歷史系，都有這類的研究計劃；只是計劃剛開始，成果尚不明顯。

在台灣的蔣介石研究長期陷於接近真空之際，風雲時代出版社將楊天石先生對蔣介石的研究成果伴同對民國史研究的其他成果一併介紹到台灣來；對楊天石先生來說，多一個與台灣學術界對話的機會，對台灣的學者和讀者來說，毋寧是久旱逢甘霖。

從《楊天石民國史文選》中可以看出：無論對民國史的研究還是對民國人物的研究，楊天石先生都有許多突破，譬如對中山艦事件的研究、對蔣介石抗戰決心的研究、對蔣毛關係的研究等，皆爲史學界所樂道。楊先生所以能在研究中有所突破，主要得力於他的功力與學養。所謂功力，就是肯在史料上下功夫；走訪國內外，凡能找到的、看到的、前人所未用的第一手史料，他必然不辭勞苦前往閱讀；盡量從第一手資料中尋找問題、解決問題，絕不人云亦云。所謂學養，就是本著哲學、文學、史學的訓練，堅守學術獨立的本位，坦然面對歷史證據，重建被政治污染已久的歷史，不管當政者喜不喜歡、不管社會大眾接不接受。除了功力和學養以外，楊先生能在一九八〇到二〇〇〇年代一展長才，尙得力於天時、地利、人和；人和是他在國內外史學界豐富的人脈，地利是中國社會科學院近代史研究所的研究環境，天時則是一九七〇年代末期以來中國大陸的改革開放政策。自大陸實行改革開放政策以來，大陸上的學術研究空間日廣，楊先生乃得與許多研究民國史的同好，乘風破浪，盡情揮灑，獲得非凡的成就。

我與楊天石先生同治民國史，但我對民國人物的研究不多。爲他這部以民國人物爲主的大著寫序頗覺惶恐，在此僅對他三十年來的研究工作和研究成果稍作介紹，作爲該書在台北出版的背景說明，希望對讀者有導讀的作用。自沈雲龍和吳相湘二位先生先後辭世，台灣史學界對民國各色人物從事研究而著有成績者不多，楊天石先生這套新書，相信可以在相當長的一段時間內，塡補台灣地區民國史學的部分空白。

張玉法
中央研究院近代史研究所
二〇〇八年六月二日

自序：以揭示歷史奧秘為鵠的

楊天石

人們生活在今天，規劃並創造明天，自然希望瞭解昨天，昨天就是歷史，一切過去了的都是歷史。

瞭解歷史的最重要的辦法是閱讀歷史著作。自然，這樣的歷史著作必須是真實的、客觀的、公正的。假的或摻了假的歷史書，人們不會願意看；諱飾或有所諱飾的歷史書，人們也不會樂意看。但是，歷史著作要達到真實、客觀、公正，並不容易。這是由於：一、歷史創造者的活動常常具有詭秘性，許多事件，策劃於密室，進行於幕後，公開者、示人者往往一鱗半爪，半真半假，甚至全假。二、歷史本質的顯露需要一段過程，在這一過程尚未終結之前，人們一時還難於全面認識其本質。三、歷史創造者分為不同的派別，各有不同的立場、觀點，即使對同一事件，也常常會有不同的陳述和評價。四、歷史的記錄者大都有自己的傾向、愛憎，其記錄自然也難免反映這種傾向和愛憎，有某種偏見、局限、謬誤、片面性，在所難免。五、許多事件沒有記載，或掛一漏萬，或眾說紛紜，莫衷一是。所以，研究歷史難，寫出真實的、客觀的、公正的歷史更難。歷史學家的可貴就在於能克服上述種種困難，盡最大可能為世人記錄、再現、還原真實的歷史本相。達到了這一境界，就達到了歷史科學的基本要求。

然而，在現實中，人們常常並不將歷史學看作科學，而是將之視為工具——一種政治鬥爭的工具，或者是一種宣傳工具。例如：政治家常常從自己出發，利用歷史來宣揚本派主張的正確，批評對立派別的謬誤，或者用來宣揚某種於己有利的觀點，以期影響社會，塑造輿情，爭取群眾，為己服務。權力機構會為史家規定這樣、那樣的禁律：什麼可以寫，什麼不可寫；必須如何寫，不能如何寫之類。其結果是：有利於某派或某種需要者，張揚之、放大之，變造之，獎掖之；不利於某派或某種需要者，則隱匿之、縮小之、扭曲之、禁絕之。在這種情況下寫出來的歷史，往往妍媸隨意，美醜隨時，真正成了任人打扮的小姑娘。哪裡有真實可言，哪裡有科學可言！

當然，歷史學必須為人類社會的進步和發展服務。中國古代講究經世致用，於史學，則特別強調其「資治」功能，這都是不錯的。歷史學如果不能為人類社會的發展和進步服務，要它何用！例如，一部民國史，從總體看，無疑是中華民族爭取獨立、民主、均富和現代化的歷史，總結這段歷史，自然有助於鑒往知來，為中華民族此後的發展「導夫先路」。又例如，在民國史上，國共兩黨有過兩次合作，兩次分裂。合作的時候，可以自稱為「兄弟般友愛與團結」，分裂的時候，則彼此斥責對方為「匪」。自然，這種分裂有是非之爭、原則之爭，正義與非正義之爭，但是，其中也摻雜著許多誤會、誤解、隔閡以及與派系對立伴生的猜忌和敵意。清理這段歷史，自然也有揭示真相、化解恩仇，增進民族和諧的作用。因此，本書著者贊成史家關注現實，「經世」，「資治」，但是，千萬要注意，史學的這種功能必須建立在嚴格的科學基礎上，符合歷史的真實和本質，無論如何不能也不應該違背歷史，故意扭曲、剪裁歷史以爲已用。有些人常常不懂得，人們可以被蒙蔽於一時，但卻不會被蒙蔽於永遠。扭曲者有時會取得某種效果，但有時則反是，其效果等於零，甚至是負數。林則徐有詩云：「青史憑誰定是非。」從人類發展的長河來看，歷史的真相會大白，是非也會有公論。

本書著者年輕時志在文學，但造化弄人，最終走上了研究歷史的道路。一轉眼，已經三十餘年。面對歷史學的汪洋大海，常生去日苦多，所成無幾之嘆。不過，有一點可以告慰讀者的是，本書著者一貫以揭示歷史奧秘，追求歷史真實爲鵠的，決不做諱飾歷史、扭曲歷史的勾當。當然，由於本書著者的局限，書中各文又成於多年中，自然也難免存在這樣、那樣的缺點、問題甚至謬誤。誠懇地希望專家、讀者指正。民國史充滿著政治鬥爭，治民國史有其特殊的困難。在這個領域內，政治的干擾和影響最多，未經釐清的史實最多，觀點的對立和分歧也最多，本書著者的希望是：在寬鬆、自由的學術環境下，海內外學界切磋討論，問難攻防，經過長期的不懈努力，使民國史著作的科學水準日漸提高，逐漸臻於真實、客觀、公正。

中央研究院院士張玉法教授爲本書作序，蔣方智怡女士惠允利用《蔣介石日記》，風雲時代出版公司陳曉林先生投入鉅資，出版拙著，均此致謝。

著者，二〇〇九年八月三日寫於北京九華山莊

馬桶陣、面具兵與「五虎制敵」

鴉片戰爭時期有幾則故事，堪稱戰爭史上的奇談。

其一爲楊芳大擺馬桶陣。那是一八四一年春，道光皇帝派楊芳爲參贊大臣，隨靖逆將軍奕山赴廣州，防剿英國侵略軍。說起這位楊芳，原是清朝嘉慶、道光年間的一位名將，在鎭壓荊、楚白蓮教及河南天理教起義中屢立戰功，官也從把總一直升到提督，成爲省一級的高級將領。當他初到廣東之際，人們耳聞他過去的事跡，「所到歡呼不絕，官亦群倚長城」。不想在他進入廣州之後，卻突發奇論，說是：我在實地，夷在海上，風波搖蕩，然而夷炮卻能經常打中我，我炮卻不能打中夷，肯定夷人有邪術。於是傳令保甲大量收集婦女使用的馬桶，載在木筏上，派一將率領，自己帶兵埋伏在岸上。約定當侵略軍來犯時，一聲炮響，所有木筏一字排開，馬桶口一齊指向敵人，他自己則從旁抄出夾擊。令下之後，保甲當然照辦，副將也遵命佈陣。其結果當然可想而知。

其二爲宋國經驅遣面具兵出戰。侵略軍打到浙江了，杭、嘉、湖地區的行政長官、道台宋國經想以奇兵制勝。他想到了宋朝名將狄青披髮、戴銅面具作戰的前例，便派人在市場上購買紙糊面具數百個，招募三百四十二個鄉勇，裝成鬼怪，在衙門內晝夜演習。操練純熟之後，再派都司、千總一人率領這支「特種部隊」出戰。那天是個大白天，三百四十多個鄉勇，人人帶著假面具，「跳舞而前」。其結果，當然也可想而知。

其三爲奕經據籤語決定反攻時間。奕經是道光皇帝的侄子，位居吏部尚書。一八四一年十月，道光皇帝任命他爲揚威將軍，帶兵馳赴浙江，反攻英軍。途經杭州時，在關帝廟求得一籤，籤語中有「不遇虎頭人一喚，全家誰保汝平安」之句。奕經大喜，決定以「虎」制敵。按舊時說法，寅屬虎，於是奕經便選擇壬寅年、壬寅月、戊寅日、甲寅時作爲反攻之期。這樣便把時間定在道光二十二年正月二十九日（一八四九年三月十日）夜四更，共四虎。爲了增加一「虎」，奕經又特命生年屬虎的安義總兵段永福統率西路兵馬。根據這樣的原則確定的反攻，其結果當然更可想而知。

上述三事，第一事見於梁廷枏的《夷氛聞記》與佚名的《夷匪犯境聞見錄》，第二事、第三事見於貝青喬的《咄咄吟》，都是當時人記當時事之作，所述自當可信。特別是《咄咄吟》，它的作者原是蘇州的一介書生，激於愛國義憤自動投到奕經麾下，「始命入寧波城偵探夷情，繼命監造火器，尋又帶領鄉勇派赴前敵，終命幫辦文案」，「內外機密，十能言之七八」，因此，他的著述就更加可靠。

鴉片戰爭中，堂堂的「天朝上國」居然敗在「蕞爾島夷」的手下，人們讀了這三段故事，也許可以恍然於其原因了。

中國的封建統治者歷來重道輕器，把人倫、義理看得高於一切，視科學爲雕蟲小技，再加上長期實行閉關鎖國政策，上上下下形成了一種異乎尋常的昏庸和愚昧。龔自珍曾經慨嘆，當時不僅沒有才相、才史、才將、才士、才民、才工、才商，甚至連才偷、才盜也沒有。楊芳、宋國經、奕經的事例雖是個別的，但又是有代表性的。其他人的知識水準並不見得比他們高明多少。官僚如此，百姓們又何嘗相反。以後來的義和團爲例，相信一道靈符下肚便可以刀槍不入，其實和楊芳的馬桶陣之類並無多大差距。

愚昧不能抗敵，自然也不能興邦裕民。中國要奮飛，就必須於剷除舊制度根基的同時，剷除滋生於這一土壤上的形形色色的愚昧。「五四」時期的先驅者於呼喊民主之外，又呼喊科學；今之國家領導人既提倡決策的民主化，又提倡科學化，都實在是對症的良方。

（原題《愚昧焉能抗敵》。載《光明日報》，一九八七年十二月七日）

《天朝田畝制度》與「割尾巴」

不知怎的，近來讀《天朝田畝制度》，常常想起大辦人民公社那些年頭的「割尾巴」。

《天朝田畝制度》規定：「凡天下田，豐荒相通，此處荒則移彼豐處，以賑此荒處，彼處荒則移此豐處，以賑彼荒處。務使天下共享天父上主皇上大福，有田同耕，有飯同食，有衣同穿，有錢同使，無處不均勻，無人不飽暖也。」這是我們的史學著作競相引用的名言，一向被認爲是農民革命的偉大理想。這誠然是不錯的。對於缺少土地、啼饑號寒的廣大被剝削、被壓迫的農民來說，無異是向他們展示了一個誘人的美麗的天堂，會激勵他們去推翻現存的只給他們帶來貧窮和痛苦的社會。但是，未來社會果真是那麼誘人嗎？《天朝田畝制度》接著寫道：「凡天下，樹牆下以桑。凡婦蠶績縫衣裳。凡天下每家，五母雞，二母彘，無失其時。」

這就是說，每家都束縛在土地上，除種地外，還要植桑、養蠶、縫衣，可以養五隻母雞，兩頭母豬。這裏就產生了兩個問題：第一，家家只養母，不養公，如何交配、繁殖？不能交配、繁殖，如何能生生不已地養下去？第二，如果有一家想多養幾隻雞、幾頭豬怎麼辦？對於第一個問題，《天朝田畝制度》沒有回答，筆者無從揣想；那第二個問題倒是好解決的。《天朝田畝制度》接著說：「凡當收成時，兩司馬督伍長，除足其二十五家每人所食可接新穀外，餘則歸國庫。凡麥、豆、苧麻、布帛、雞、犬各物及銀錢亦然。」這裏說得很清楚，每家只能留足自己的使用部分，其超額部分，則要無償「平調」，「歸國庫」了。自然，你要是多養了一隻雞、一頭豬，也是要「歸國庫」的。這就是爲什麼會使筆者想起那些年頭的「割尾巴」的原因。雖屬比擬不倫，但總不是匪夷所思吧？

史書上說，太平天國統治地區，農民生產積極性很高，太平軍所到之處，地主不是被殺，就是逃亡，無地、少地的農民也就有了土地，自然積極生產。然而史書上又說：《天朝田畝制度》似乎從未實行過，因爲它根本行不通。先不論它那煩瑣的平分土地的辦法，即以規定每家「五母雞，二母彘」而論，也不足以調動廣大農民的生產積極性，更不足以造成強大的社會生產力。動不動就「餘則歸國庫」，誰還肯多幹呢？

太平天國以「處處平勻」相標榜，它之所以規定「餘則歸國庫」，看來也是爲了保證「處處平勻」，不至於造成貧富分化的「不勻」現象。但是，「處處平勻」從來都只是一種幻想，即使在太平天國也沒有嚴格實行過。就拿吃肉來說吧，太平天國規定：天王每日給肉十斤（天哪！我不知道洪秀全的肚子如何吃得下），依次遞減，至總制（相當於知府），每日半斤，總制以下則不給肉。至於魚，有資料說，只有諸王才可食用。所以，凡是平均主義盛行的地方，總是伴生著森嚴的等級制度，同時也伴生著普遍的貧窮和匱乏。

（原載《光明日報》，一九八九年一月二十二日）

太平天國的「太陽」

偶翻史書，發現太平天國竟也有一位「太陽」，那就是洪秀全。

據說，那是在一八三七年，洪秀全應試失敗，正是十分落魄的時候，忽然造夢上天，見到「天父上主皇上帝」，蒙賜金璽、金劍，封為「太平天子」，醒來時，「太陽照身」，於是，吟詩一首：

鳥向曉兮必如我，太平天子事事可。
身照金烏災盡消，龍虎將軍都輔佐。

這裏，洪秀全還只是「身照金烏」，金烏者，太陽也。但不久，洪秀全就逐漸與「太陽」合二為一了。他的《真日詩》云：

五百年臨真日出，那般爝火敢爭光？
高懸碧落煙雲卷，遠照塵寰鬼蜮藏。

東北西南群獻曝，蠻夷戎狄盡傾陽。
重輪赫赫遮星月，獨擅貞明耀萬方。

戰國時，孟老夫子有過「五百年必有王者興」的說法，此詩則稱「五百年臨真日出」，這個「真日」，普照大千，光焰萬丈，它溫暖「東北西南」，傾倒「蠻夷戎狄」。「真日」指誰，詩中沒有明言，但洪秀全以之自喻是無疑的。果然，這一層意思很快就點明了。他另有一詩云：

爺立永約現天虹，天虹彎彎似把弓。
彎彎一點是洪日，朕是日頭故姓洪。

這裏，洪秀全乾脆自稱「朕是日頭」，把自己等同於太陽了。

太平天國實行嚴格的禁欲主義，雖夫婦不得自由同宿，違者處以極刑。當然，領袖們是不在此限的。洪秀全的《多妻詔》規定：東王、西王十一妻，南王、豫王六妻，高級官員三妻，中級官員二妻。至於他自己有多少老婆，恐怕最精明的歷史學家也考證不清，據《洪大泉自述》，洪秀全「有三十六個女人」。據幼天王自述，「他有八十八個母后」。這麼多后妃集中在一起，管理教育自然是個大問題。於是洪秀全又以「天父」的名義作詩曉諭：

一心對日是娘娘，心不對日罪難當。
果然心正邪難入，萬載千秋配天王。

狗子一條腸，就是真娘娘。
若是多鬼計，何能配太陽？

曉照本心是娘娘，不照本心罪難當。
不照本心就是鬼，速照本心對太陽。

草木接日得菲芳，臣下接日得榮光。
智者踴躍接為福，因何草不接太陽？

這裏的「太陽」都是洪秀全自稱。詩中，洪秀全要求他的后妃們「一心對日」，不搞「鬼計」。此類《天父詩》共五百首，其中四百多首都是對后妃的「詩教」。它們細緻地規定了服侍天王的各種要求，以致娘娘們的姿勢、聲調、眼神、頭頸、口形、動作等，都有明確的闡述，如：

悠然定疊莫慌忙，細氣嬌聲配太陽。
月亮不同星宿伴，各煉長久做娘娘。

這是在告誡「娘娘」們行動文雅，談吐柔媚了。蒙昧社會裏不會有近代文明。洪秀全自稱「太陽」，以之作爲號召群眾、推翻清政府的手段，對此，不應過多非議，但用以管理他的「娘娘」，則實在蒙昧之至。

在太平天國時代，並不只是洪秀全自稱「太陽」，別人也是這麼稱呼他的。某次，楊秀清審問叛徒，其詞爲「皇上帝有無所不知之能，又知得日頭能照得普天下，今天父皇上帝在此，爾主天王日頭又在此」。可見，在楊秀清的嘴裏，天王和「日頭」已經緊密相連而不可分。

古書上說：「天無二日，土無二王。」又說：「聖王在上，則日光明而五色備。」還說：「日者，太陽之精，人君之象。」可見，在我們民族的古老文獻中，太陽從來是和「王」、「君」一類人聯繫在一起的。這種現象出現於封建社會，不足爲怪。洪秀全雖然是太平天國的革命領袖，但他是小生產者的代表。小生產者總是皇權主義者，他自稱「太陽」，也不足怪。然而，在號稱「史無前例」的年代，「紅太陽」，「心中最紅最紅的紅太陽」一類呼聲響徹神州大地，這倒是一個值得深思的現象。

（原載香港《二十一世紀》，一九九二年二月號）

黃遵憲的《朝鮮策略》及其風波

黃遵憲任駐日參贊期間，曾和朝鮮訪日使臣有過來往，寫過《朝鮮策略》一文，在朝鮮朝野激起了一場軒然大波。

我最初接觸這一方面的資料，還是在六十年代。那時，我正準備爲黃遵憲寫一本傳記，承黃遵庚先生惠示黃遵憲文抄本一冊，其中有《朝鮮策略》一篇。一九九一年我訪問日本，在宮島吉亮先生家中讀到了大量黃遵憲未刊筆談遺稿，其中保存有黃遵憲等和朝鮮派赴日本的修信使金宏集等來往的記錄。一九九三年十一月，我應漢城大學金容德、閔斗基教授之邀，赴該校亞洲史系講學，又在該校奎章閣見到了何如璋、黃遵憲等和金宏集的筆談記錄。這樣，黃遵憲寫作《朝鮮策略》的前前後後就比較清晰了。

一、黃遵憲拜會金宏集

朝鮮長期實行閉關鎖國政策。一八七六年（光緒二年），日本以武力迫使朝鮮李朝政府訂立不平等的《江華條約》，從而敲開了朝鮮的大門。自此，日本商人利用條約所賦予的特權，迅速擴大對朝鮮的出口，控制金融，擴張勢力。爲了解決兩國間若干懸而未決的問題，李朝政府於一八八〇年（光緒六年）七月派禮曹參議金宏集爲修信使訪日。八月上旬，金宏集到達日本，就通商、定稅等問題開始與日本政府會談。當時，中國駐日公使何如璋非常關心日、朝之間會談的情況，但金宏集又遲遲不來拜會。何如璋便於八月二十日（七月十五日）派黃遵憲和翻譯楊樞去拜會金宏集。見面後，首由黃表示歡迎和慰問：

> 黃：今日初見，春風藹然，使人起敬。第不知滯留此間，為多少日？欽使何公，亟欲圖晤，從容半日，暢彼此懷抱。不審何日乃得暇？使僕敬請命。①

金宏集當即表示，第二天就準備去中國使館拜見何如璋。黃遵憲接著陳述了他對中朝關係及國際形勢的看法：「朝廷與貴國，休戚相關，憂樂與共。近來時勢，泰西諸國，日見凌逼，我兩國尤宜亦加親密。」他並說：「方今大勢，實爲四千年來之所未有，堯、舜、禹、湯之所未及料。執古人之方，以藥今日之疾，未見其可。」黃遵憲表示，希望金宏集常駐東京，同時讚美金的「聰明」和「聞見日拓」，預言他將來主持國是之後，必將爲亞細亞造福。

金宏集同意黃遵憲對時勢的看法，表示希望得到中國的保護，抵禦外國勢力。金稱：「宇內大勢，高論誠然。敝國僻在一隅，從古不與外國毗連。今則海舶疊來，應接嘎嘎，而國少力弱，未易使彼知畏而退，甚切憂悶。然所恃者，惟中朝庇護之力。」黃遵憲欣賞金宏集對中國的態度，但不贊同金宏集依賴中國「庇護」的意見，他說：「請〔得〕此數語，足見忠愛之忱，溢於言表。朝廷之於貴國，恩義甚固，爲天下萬國之所無。然思所以保此恩義，使萬世無疆者，今日之急務，在力圖自強而已。」金宏集贊同黃遵憲關於「自強」的建議，連忙表示：「自強二字，至矣盡矣，敢不敬服！」二人當即約定，第二天金宏集訪問中國駐日使館。

二、金宏集拜會何如璋

八月二十一日（七月十六日），金宏集應約到中國駐日使館拜會何如璋。二人在互致寒暄後，何如璋表示：「我朝與貴國，義同一家。今日海外相逢，尤爲親密。」接著，何如璋打聽金宏集此行的目的：「使節之來，聞有大事三，不知既與日本外務言之否？唐突敢問。」對此，金宏集僅作了簡單的回答：「使事，概爲報聘書契中，有定稅一事而已。」黃遵憲見此，動員說：「欽使何公，於商務能悉其利弊；於日本事，能知其情僞。有所疑難，望一切與商。我兩國如同一家，閣下必能鑒此。」金宏集則解釋說：「僕來此，大小事，專仰欽使指導，而形跡亦不能不存嫌，所以稍遲遲，庶諒此意。」

話說到這份兒上，黃遵憲就開門見山了。他說：「貴國與日本所締條約，僕未見漢文稿，能飭人抄惠一份，感謝不已。」對此，金宏集表示同意。此後，三人間的談話再次轉入寒暄。金宏集表示，非常仰慕黃遵憲的《日本雜事詩》和《日本國志》，希望一見，黃遵憲答應贈送

《日本雜事詩》數部給金宏集，同時告以《日本國志》係與何如璋同著，篇幅龐大，達三十卷之多，尚未完稿。

初次見面，何如璋不能深談，只稱，改日將回訪金宏集。

三、何如璋與金宏集之間的會談

八月二十三日（七月十八日），何如璋與中國駐日副使張斯桂到金宏集寓所回訪，詢問金宏集謁見日本天皇的日期及與日方會談、訂約等情況。日本在明治維新前，曾被迫與西方列強簽訂了一系列不平等條約；明治維新後，日本政府積極與西方列強談判。企圖修改不平等條約。何如璋向金宏集介紹道：「近日此間，方擬與泰西各國議改條約。其議改之意，在管理寓商及通商稅則各事。其稿極詳細，亦極公平，大約係西洋各國通行之章程。若各國通商，均照此行，固無所損也。」他建議，朝鮮仿此，與日本訂立「妥善章程」。但是，朝鮮當時還完全沒有和列強打交道、做生意的經驗，因此，金宏集答稱：「敝邦全不諳商務利害，極悶悶。」何如璋當即表示，將設法取得日本與西方列強議改的約稿，提供給金宏集參考。

自十九世紀中葉起，沙俄即積極侵略中國，圖謀向遠東和太平洋地區擴張，因此，中、日、朝三國都面臨沙俄侵略的威脅。談話中，何如璋向金宏集詢問道：「頃俄人在貴國圖們江口一帶經營佈置，究竟情形如何？」對此，金宏集毫無所知，向何請教應付的辦法。何稱：

「近日西洋各國，有均勢之法。若一國與強國鄰，懼有後患，則聯各國，以圖牽制，此亦自目前不得已之一法。」

「均勢」二字，金宏集到日本前後剛剛見到過。他覺得，這是個辦法，但一想到本國的情況，又發愁起來。他告訴何如璋說：「本國凜守舊規，視外國如洪水猛獸，自來斥異教甚峻故也。大教如此，第當歸告朝廷。」話說到這地步，只能暫告段落了。何如璋邀金宏集及隨行人等改日到中國公使館一敘。

八月二十六日（七月二十一日），金宏集第二次到中國使館與何如璋會談。

此前，金宏集已經閱讀了何如璋提供的日本與西方列強議改的約稿，因此，談話仍然從「通商」開始。何如璋力勸朝鮮對外「通商」，說明只要關稅能自主，此乃有益無損之事，同時，何並詳細地介紹了西方的關稅保護辦法：

> 西例通商，惟欲己國有益，故兩國往來稅則，無論出入口，均由本國自定。凡進口稅則，以值百抽三十為率；更有所謂保護稅，則不欲此貨進，令便加重稅以阻之。至出口之貨，則或輕或重，均由自己酌定，告知通商之國照行。如此貨欲其多出口，即免稅，以便本國商民，亦無不可。總之，權由自主，則利益自歸本國，不致為他國占盡便宜。

自《江華條約》簽訂之日起，朝鮮與日本通商已經四、五年，還不懂得應該設關收稅，保護本國權益。對何如璋的熱情介紹，金宏集頗爲感動，回答說：「開諭至此纖悉，雖甚愚魯，豈不曉得！」

這次談話的中心議題仍然是防俄問題。何如璋說：「現西人競言功利，而俄人橫暴，如戰國虎狼之秦。聞其近年於圖們江口一帶極意經營；且本年又增設水師於東海。此事大爲可慮，遲則變生。我朝與貴國，誼同手足一家，殊難漠然也。」金宏集由於對此無所瞭解，不願多談，便轉而詢問中俄伊犁談判情況：「俄事最爲目下急切之憂，不知伊犁一事，如何究竟？」何如璋不願岔開話題，回答道：「中土西邊之事，以近情觀之，與俄人不致構釁，但觀其兵舶，絡繹東來，悉舶于圖們江口，恐其心懷叵測也。」

一八七九年（光緒五年）八月，李鴻章曾致書朝鮮政府，建議朝鮮「秘修武備，慎固封守，與英、法、德、美諸邦逐漸立約，藉以牽制日本，即可備禦俄羅斯。」②何如璋向金宏集打聽朝鮮輿論對此的反應，並稱：「昨言均勢之法，亦不得已之事。」

朝鮮雖已和日本通商，但對其他西方國家，仍然緊閉大門。一八八〇年春，俄國曾派使者到朝鮮元山津，要求開闢口岸通商，被朝方斥退。同年，美艦開抵釜山，向朝鮮政府投書，也被拒絕。其後，美國政府通過日本外務省的介紹，再次企圖投書，朝鮮政府以格式不合爲理由退還。對於朝鮮政府的這些舉措，何如璋都不以爲然。他說：

愚見，俄事頗急。現海內各國，惟美係民主之國，又國勢富實，其與列國通好，尚講信義，不甚圖佔便宜。此時彼來，善求通商，若能仿此間議改之約稿，與之締立條規，彼必欣願。如此則他國欲來通商者，亦必照美國之約，不能獨賣〔？〕，則一切通商之權利，均操在我，雖與萬國交涉，亦有益無損之事。此萬世一時之機會，不可失也。若必欲深閉固拒，致他日別生波瀾，事急時所結條規，必受損無疑惑，卓見以為然否？

要改變閉關鎖國政策，不是一件容易的事，金宏集表示：「敝國事勢，未可遽議交涉。」何如璋不以金宏集的猶豫爲然，鼓勵說：「不相往來之氣，今日屈指數之，宇內已無幾國。此事有決難終拒之勢，固不如先一著爲之。」在何如璋的剴切陳述後，金宏集終於表示：「所教切當。」

會談之後，何如璋擔心雙方言語不通，靠筆談不能盡意，便命黃遵憲起草《朝鮮策略》一文。

四、中、日、朝三國文士的歡聚

八月二十九日（七月二十三日），日本駐朝鮮代理公使花房義質邀請金宏集、李祖淵、姜璋及何如璋、黃遵憲等在東京飛鳥山暖依村莊聚會。當時，日本宮島誠一郎等與何如璋、黃遵憲等正在組織興亞會，宮島誠一郎興奮地說：「今日之會，係三國集一堂，曠古所稀，是爲興亞之始。唯恐路遠天雨，諸公或不能來，忽得此佳契，何喜如之！」他表示，希望「自今以後永好，圖三國之益」。③

何如璋同意宮島誠一郎的意見，他說：「栗香先生深重同洲之誼，所慮深且遠。今日之會，素非偶然。」

宮島誠一郎補充說：「僕自何公使之東來，相交尤厚且久矣！其意專在聯絡三大國而興起亞洲。今先生之來，若同此志，則可謂快極！」

面對二人的熱情話語，金宏集不知該怎樣回答，只說了一句：「盛意猥不敢當！」

當日盡歡，宮島誠一郎要黃遵憲寫一首詩來紀念這有意義的聚會。黃遵憲帶著醉意揮毫寫道：

滿堂賓客，三國之產。更無一人，紅髯碧眼。紙筆雲飛，笙歌雨沸。皆我亞洲，自為風氣。人生難得，對酒當歌。今我不樂，復當何如！縱橫戰國，此樂難得。奚怪有人，閉關謝客。

在西方列強日漸東侵的形勢下，中、日、朝三國聯合，共同振興亞洲，這自然是一種十分良好的願望。遺憾的是，日本政府卻走上了一條侵略中國和朝鮮的道路。

五、黃遵憲起草《朝鮮策略》

其間，黃遵憲根據何如璋的指示，迅速寫出《朝鮮策略》一文，對朝鮮的外交政策提出了具體而詳盡的建議。

《朝鮮策略》的核心思想是防俄。文章一開頭就宣稱：

> 地球之上，有莫大之國焉，曰俄羅斯……自先世彼得王以來，新拓疆土既逾十倍，至於今王，更有囊括四海，併吞八荒之心。④

文章接著敘述了沙俄向西發展受阻，轉而將侵略矛頭東指，朝鮮岌岌可危的情況：

> 十餘年來，得樺太洲於日本，得黑龍江之東於中國，又屯戍圖們江口，據高屋建瓴之勢，其經營之不遺餘力者，欲得志於亞細亞耳！朝鮮一土實居亞細亞要衝，為形勢之所必爭。朝鮮危則中東之勢日亟，俄欲掠地，必自朝鮮始矣！

文章認爲，朝鮮當時的急務是防俄，而要防俄，就必須「親中國，結日本，聯美國，以圖自強」。

黃遵憲從歷史與地理等角度分析，說明朝鮮與中國有著休戚相關、患難與共的密切關係：

朝鮮有事，則中國必糜天下之餉，竭天下之力以爭之……今日朝鮮之事，中國當益加於舊，務使天下之人，曉然於朝鮮與我，誼同一家。大義既明，聲援自壯。

文章接著提出，面對沙俄咄咄逼人的態勢，日本、朝鮮有著共同的利益，應該結爲唇齒之交：

為朝鮮者，自當捐小嫌而圖大計，修舊好而結外援。苟使他日兩國之輪船鐵船縱橫於日本海中，外侮自無由而入。

黃遵憲像何如璋一樣，對美國懷有好感，認爲美國以「民主立國，共和爲政」，「常能扶助弱小，維持公義」，因此，文章說：

即使其使節不來，為朝鮮者，尚當遠泛萬里之重洋而與之結好，而況其迭遣使臣，既有意以維繫朝鮮乎！引之為友邦之國，可以結援，可以紓禍。

文章接著設爲問答，解釋對「結日本，聯美國」的種種疑慮，然後，建議朝鮮政府講求通商、富國、練兵之計，奠定自強之基。文末，黃遵憲警告說：

嗟乎！時勢之逼，危乎其危；機會之乘，微乎其微。過此以往，未知或知。舉五大部或親或疏之族，咸為朝鮮危，而朝鮮切膚之災，乃反無聞知，是何異處堂之燕雀，遨遊以嬉乎！

文章呼籲，朝鮮志士把握機緣，奮起圖強：「惟智慧能乘時，惟君子能識微，惟豪傑能安危，是所望於朝鮮之有人，急起而圖之而已。」

一面力圖自強，一面利用錯綜複雜的國際矛盾，聯合或接近部分國家，藉以抗禦沙俄的威脅，黃遵憲的基本策略思想自然是正確的。但是，明治維新後的日本正積極圖謀侵略朝鮮，進而侵略中國，黃遵憲對此顯然還缺乏足夠的警惕。

六、黃遵憲再訪金宏集

九月六日（八月二日），黃遵憲聽說金宏集即將歸國，匆匆來到金宏集寓所，將《朝鮮策略》一文贈給金宏集。黃稱：

僕平素與何公使，商略貴國急務，非一朝一夕，今輒以其意見，書之於策，凡數千言。知閣下行期逼促，恐一二見面，不達其意，故邇來費數日之力，草雖謹，冒瀆尊嚴上呈。其中過激之言，千萬乞恕，鑒其愚而憐其誠是禱！

黃並稱：關於「禁輸出米」和「定稅則」二事，何如璋尙有一二條意見，未及在《策略》中提出，不知此兩事是否已和日方議妥？

當時，日本所屬對馬島須從朝鮮進口大米，朝鮮則擔心本國饑荒，不願輸出，準備課以重稅，因此，「禁輸出米」和「定稅則」是金宏集和日方談判的內容之一。日本外務省認爲金宏集不懂商務，沒有談妥。金宏集對黃遵憲稱：「本國從未識外國事情，此等處，極是難辦。甚悶！甚悶！」黃遵憲答稱：「何公使每見日人，常勸其事事務持大體，且告之曰：既欲兩國之交，以防俄而多所要挾，益滋朝鮮疑懼，恐大局亦壞，彼亦深以爲然，故不甚堅執也。」

黃遵憲建議：「必欲防其輸出太多，則惟有稅則由我之一法，加稅而防之。」他進一步解釋說：

萬國公法，不禁輸米；若遇凶年，亦何以禁？英、德之米麥，常仰於俄，而今年不熟，亦禁輸，他國亦不得有後言，故曰不如聲明稅則由我自主之一語為善也。切記！切記！與他人立約，必聲明細則由我自主之一語，以待他日。不然，則如日本需十數年，乃能議改而尚未定矣！

主張「稅則由我」，實際上是主張關稅自主，對此，金宏集極爲讚賞，他說：「節節精到，稅入多寡不足計，遲速不足論，惟自主不被人牽制爲今日最急切之要務，敢不敬服！」黃遵憲覺得碰到了知音，便滔滔不絕地講了起來：

稅之多寡，於國關係不重，惟輸出之金銀多於輸入，則民生窘而國計危矣！財為生人養命之源，拱手而致之他人，民貧而亂作矣！日本通商十數年，輸出金銀，至於十二千萬之多，朝野上下，半不聊生，此稅則由他人商定之害也。苟能重課進口貨，則外貨來源不多，即金銀輸出不多，何至於此？故稅則自定之語，一乃全國安危之所繫，不可以不謹也。

聽了黃遵憲的話，金宏集感到，要使輸出大於輸入，必須發展生產和商務。但是，朝鮮當時還是一個自給自足的小農經濟社會，不可能大規模地發展商品經濟。他說：「敝處輸入，想亦不多，而輸出則國貧無產，尤當少少矣……欲救其弊，不得不師彼之所爲，務農與商，使我之出品，亦足以取人之金錢而後可耶！敝國朝野，只有凜遵成憲，安於儉嗇而已，萬不可議此也。」

一想到這裏，金宏集感到兩難起來。他接著表示：「通商雖無顯害，日後應接極難，以是爲苦；閉關亦不足爲無上善策。我國讀書人，皆以通商爲不可。此論於時務何如？竊想中朝，亦多有主持正大之論者矣！」

黃遵憲堅決反對閉關政策，他果斷地說：「今日尙欲閉關，可謂不達時務之甚！僕策中既詳及之，請歸而與當局有力者力主持之，扶危正傾，是在君子！」

金宏集欣然接受黃遵憲的意見。他覺得，黃遵憲是個有眼光、有見識的外交家，願意和黃建立長久的聯繫，便詢問今後的通訊辦法：「歸國之後，他日欲通音訊，當從何處寄，乃不得浮沉？」這說明，金宏集對黃遵憲已經有了相當的信任感。

九月七日，金宏集到中國駐日本大使館辭行。何如璋特意提起黃遵憲的《朝鮮策略》，希望聽到金的意見：「昨日黃君所呈，係揣度今日情形如此，虛閣下恕其狂直而辱教之。」金宏集不好輕易表態，答稱：「忙未一披，容得暇細讀而揣度籌劃矣。所不用其極，萬萬感服，敢不存心！」臨別之際，何如璋握著金宏集的手，告訴他：俄國海軍大臣率領的十五艘軍艦已屯泊琿春，形勢緊張，再次建議朝鮮聯合日本、美國以抵禦俄國。何同時提出，如俄國要求通商，也不可拒絕。他說：「萬一俄人叩關請議通商，不如勉強許之。第俄人素橫，與之結約，恐多周折也。」何並稱：「近日情形甚急，如閣下歸國，眾論稍通，請飛函告我，當相謀一善法也。」

金宏集一一答應。⑤

九月八日（八月初四日），金宏集離日返國。

七、朝鮮政府討論黃遵憲的建議

金宏集回國後，將與何如璋的談話情況以及黃遵憲起草的《朝鮮策略》上陳國王李熙。十月二日（八月二十八日），二人之間有如下問答：

金：清使亦以自強相勉矣。

國王：自強是富強之謂乎？

金：非但富強為自強，修我政教，保我民國，使外釁無從以生，此實自強之第一先務也。

國王：清使亦以俄羅斯為憂，而於我國事多有相助之意否？

金：臣見清使，幾次所言，皆此事，為我國懇懇不已也。⑥

其後，朝鮮國王將《朝鮮策略》交給大臣們傳閱、討論。十月十日（九月初八日），他和領相（首相）李最應之間有下列對話：

國王：見其策子，則果何如乎？

領相：臣果見之，而彼人之諸條論辯，相符我之心算，不可一見而束閣者也。大抵俄國僻在深北，性又忌寒，每欲向南，而他國之事，則不過興利而已。俄人所欲，則在於土地人民，而我國白頭山北，即俄境也。……方今俄人聚兵船十六隻，而每船可容三千人云矣。若寒後則其勢必將向南矣！其意固不可測，則豈非殆哉岌岌乎？

國王：防備之策何如乎？

領相：防備之策，自我豈無所講磨，而清人策中，論說若是備盡。既給於他〔我〕國，則甚有所見而然也。其中可信者信之，而可以採用。⑦

討論結果，朝鮮政府的結論是：

俄羅斯國處在北，虎視眈眈，天下畏之如虎，厥惟久矣。近年以來，每因中國及各外國文字，常以是國為憂。朝鮮壤界相接，安知不受其弊乎？今前修信使回還，齎來中國人黃君冊子，其言所謂《朝鮮策略》，自問自答，設疑設難，憂深慮遠者，比前日所見各國文字，益加詳密。雖未知其言言皆當，亦安知非大加講究于安不忘危之義乎！⑧

可以看出，黃遵憲的《朝鮮策略》得到了朝鮮君臣的積極評價。十月十九日（九月十六日）金宏集自朝鮮致函何如璋，中稱：

黃公所贈《策略》一通，代為籌畫，靡不用極，謹已一一歸稟。敝廷莫不感誦大德，異聲同嘆。現眾論雖未可曰通悟，殊不比往時矣！⑨

顯然，黃遵憲的《朝鮮策略》發生了作用。又過了一個月，黃遵憲在使館接見了朝鮮國王特派的密使李東仁。李向黃報告說：「朝鮮朝議現今一變。」⑩次年二月（光緒七年正月）朝鮮中樞府知事李容肅向李鴻章報告說：「敝邦壤僻人拙，常多歧貳之論。曩者獲見何侍講《筆談》，黃參贊《策略》，節節竅要，於是乎廷議回悟。」⑪凡此種種，都說明了《朝鮮策略》促進了朝鮮政府思想觀念的變化。

一八八〇年十一月三日，金宏集被升爲吏曹參議。次年二月（正月），仿照中國制度，設立統理機務衙門，下設交鄰、軍事、邊政、通商、機械、船艦、語學各司，邁出了內政改革的第一步。同月，金宏集被任命爲統理機務衙門經理。

八、軒然大波

在獲得朝鮮君臣的積極評價時，黃遵憲的《朝鮮策略》也受到了朝鮮守舊派的強烈反對。朱子學曾被朝鮮定爲國教，朱熹的地位也因而極爲崇高。《策略》在說明美國宗教狀況時曾稱：「美國所行乃耶蘇教，與天主教源雖同，黨派各異，猶吾教之有朱、陸也。」這下就捅了漏子。一八八〇年十一月三日（十月一日），在金宏集升任吏曹參議的同一天，兵曹正郎劉元植上疏說：

> 朱夫子上接孔、孟，親炙周、程，道炳千載，師表百世，雖蠻貊之邦，莫不遵奉為大賢。夫黃遵憲中國人，必無不知朱子之為斯文尊師。今于遣詞之際，何患無證，乃以如彼耶蘇、天主之穢，肆然憑據乎？⑫

劉元植聲稱：金宏集當初見到這種「凶慘之句」時，應該當面斥責，不應該安然接受。據他估計，此事之所以發生，一定是朝鮮的「邪孽餘種」，偷偷地勾結「異類」，才做出這等「騷擾人心，蔑染邪道」的事。他要求國王採取斷然措施，將潛伏的「凶徒」徹底消滅乾淨。國王見了這通奏文後，只簡單地批了「省疏具悉」四字。第二天，朝鮮政府宣稱：劉元植「陽託衛正之說，陰懷逞邪之計，摘出他國人文字，誹訕朝廷，污蔑士林」，決定將其發配邊遠地區。十一月四日，金宏集上疏，說明黃遵憲的《朝鮮策略》用意深切，代畫詳密，言論可採，但其中的個別句子受到劉元植的指責，自己滿心惶愧，不料卻升了官。他要求朝廷收回任命，治以誤事之罪。疏上，國王批稱，人言本不恰當，勸他不要辭職。⑬

一八八一年三月二十五日（光緒七年二月二十六日），李晚孫等一萬多名儒生聚會京城，向國王伏闕請願，上書說：「伏見修信使金宏集所齎來黃遵憲私擬一冊之流傳者，不覺髮豎膽掉，繼之以痛哭流涕也。」請願書繼續攻擊金宏集將《朝鮮策略》帶回國內，同時攻擊黃遵憲從事西學，盡力於「致財」、「勸農」、「通工」等主張。請願書稱：「財用農工，自有先王之良法美規」，「何嘗捨先王之道，而從事於別樣妙術耶！」請願書並稱：

> 彼遵憲者，自稱中國之產，而為日本說客，為耶蘇善神，甘作亂賊之嚆矢，自歸禽獸之同科。古今天下，寧有是理！⑭

請願書要求國王發配一切傳播西學的人，銷毀一切有關西學的書籍，「益明周、孔、程、朱之教」。朝鮮國王堅決地批駁了李晚孫等人的意見，認爲李等斷章取義，誤解了黃遵憲的用意。國王並給李等扣了一頂「謗訕朝廷」的帽子，聲嚴要從嚴懲處，勸他們退去。一部分儒生聽從國王的勸告離開了京城，但還有部分人堅持不散，第二次上疏請願，於是，國王不得不下令，限期逮捕「作頭主論」的人，「嚴刑遠配」，同時派「禁隸」（警察）將儒生們押出城外。⑮

朝鮮政府的鎮壓措施並沒有消弭《朝鮮策略》所引起的風波。四月七日（三月十九日），又有黃載顯、洪時中二人上疏，攻擊《朝鮮策略》只是「疑似之資訊」，要求將《中西聞見》、《萬國公法》、《申報》以及《朝鮮策略》等著作一一搜出，付之一炬。國王將二人的奏章發交朝廷討論。⑯ 領議政李最應等一批大臣要求嚴厲懲辦。結果，二人都被發配遠惡島嶼。其後，李晚孫也被捕，被減死發配遠惡島嶼，「圍籬安置」。一部分大臣仍然不依不饒，一定要將李晚孫等處死，國王不願作得太過，否定了大臣們的意見。

關於黃遵憲《朝鮮策略》以及金宏集是否應該接受《策略》的爭論，實際上是朝鮮開放與閉關的爭論。其後，儒生們仍然一批批地到京城上書，朝廷中的兩派也辯論不休。同年八月三十日（閏七月初六日），儒生洪在鶴、申夔等上疏，對當時朝鮮人穿西裝、用洋貨的情況表示憂心忡忡，繼而攻擊將黃遵憲的《策略》「達之天陛，揚之朝班」的金宏集與領相李最應，牽連而及退休太師李裕元，要求在全國收繳洋貨，將金、李等斬首示眾。奏疏並嚴厲地指責國王：

> （殿下）漠然不悟，無他，由不事學問，故知不足以燭理，心不足以勝私，甘於宴安之毒，悅於讒佞之誘也。⑰

在儒生們的壓力下，李裕元上疏，聲稱自己當初即認爲《朝鮮策略》「挾雜不足取信」，沒有說過贊成的話。結果，大臣們又批評李裕元忙於自辯，對儒生們的上疏沒有嚴正「聲討」，態度曖昧。最後，洪在鶴被處死並被抄沒家產，李裕元被「遠竄」。

在日本的黃遵憲聽到李晚孫被處分的消息，並且讀到了李晚孫等人的上書，他表現得異常的寬容和通達。

> 宮島誠一郎：曾聞李萬〔晚〕孫為激昂之論，頃揮縛之，不知果真否？
>
> 黃遵憲：僕嘗讀李萬〔晚〕孫論，既賞其文章，復嘆其人殊有忠愛之氣，以為可惜在不達時變耳！前見韓人議論文，此僕勸韓廷拔用此人。自來倡鎖港之論者，一變即為用夷之人。⑱

其實，黃遵憲不瞭解，有些人可以轉變，有些人是固守舊章，寧死不肯改弦易轍的。

九、尾聲

一八九一年（光緒十七年），黃遵憲自駐英參贊調任駐新加坡總領事，作有《續懷人詩》，其一云：

繞朝贈策送君歸，魏絳和戎眾共疑。罵我倭奴兼漢賊，函關難閉一丸泥。

這裏所說的「策」，即指《朝鮮策略》；所說的「君」，即指金宏集；「罵我倭奴兼漢賊」云云，即指李晚孫等人的上書。黃遵憲說得對：「函關難閉一丸泥」，歷史已經進入世界各國廣泛交往的年代，閉關自守再也不可能了。

（原載《近代史研究》一九九三年第三期）

【附記】

筆者在漢城期間，得到漢城大學金容德、閔斗基、吳金城、朴漢濟、金浩東、梨花女子大學金稔子等教授以及姜明喜女士、車雄煥、崔熙在、羅弦珠、裴京漢、李升輝、金培喆、朴德俊等先生的熱情接待，謹此致謝。

① 《大清欽使筆談》，金宏集：《修信使日記》，《金宏集遺稿》，下同。

② 《中日交涉史料》，第一卷，第三十二頁；第二卷，第六頁。

③ 《黃遵憲與宮島誠一郎筆談遺稿》，宮島吉亮先生家藏。

④《日本外交文書》第十三卷，第三八九至三九六頁。下同，不一一注明。

⑤金宏集：《大清欽使筆談》，參見何如璋：《上李鴻章函》，《清季中日韓關係史料》第二卷，第四三八頁。

⑥《李朝實錄・高宗》卷十七，第一一八頁。

⑦《李朝實錄・高宗》卷十七，第一三五至一三六頁。

⑧《清季中日韓關係史料》，第二卷，第四四五至四四六頁。

⑨《清季中日韓關係史料》第二卷，第四五二頁。

⑩《清季中日韓關係史料》，第二卷，第四三七頁。

⑪《清季中日韓關係史料》第二卷，第四六二頁。

⑫《李朝實錄》卷十七，第一四四頁。

⑬《李朝實錄・高宗》，卷十七，第一四六頁。

⑭《李朝實錄・高宗》卷十八，第一八三至一八四頁。

⑮《李朝實錄・高宗》卷十八，第一八五至一八六頁、一八八頁。

⑯《李朝實錄・高宗》，卷十八，第一九〇至一九七頁。

⑰《李朝實錄・高宗》卷十八，第二二七至二三六頁。

⑱《黃遵憲與宮島誠一郎筆談遺稿》，宮島吉亮先生家藏。

黃遵憲與蘇州開埠交涉

多年前，承黃遵憲的曾孫敬昌先生賜寄黃遵憲與日本談判時親擬的《蘇州通商場章程》複印件一份，上有黃遵憲親筆修改文字。從該件追溯談判經過，可以反映出《馬關條約》簽訂後，黃遵憲爲維護國家主權所做的艱難努力。茲爲紀念黃遵憲逝世一百週年，特爲檢出，略加考訂，並闡述前後因果，來龍去脈。

一、章程文本

敬昌先生所贈文獻全名《酌擬蘇州通商場與日本國會訂章程》，共五條：

（一）中國允將蘇州盤門外圖中標明之地作爲新開通商場。此通商場西界商務公司連界馬路，北界運糧河河沿馬路，東界水涤涇河沿馬路，南界陸家橋小河，所畫紅色線以內作爲日本人住居之界。

（二）此住居界內，任許日本人僑寓貿易，所有日本商民開設行棧，建造住宅，某商某人需地多少，自向業主隨時租賃，中國官場許爲襄助。

（三）此居住界內，除東西北以官路為界外，圖中標明縱橫交錯中，有井溝各項之官路，係本國官道，留作該地方公用，不得租賃，以後遇有道路、橋渠一切地方公用之物，應行添□移改之處，日本人亦應讓出。

（四）此居住界內應納中國地租，另有定章；應納地方稅及巡捕費等項，隨時由工務局、巡捕局設立章程，所有租稅事務及管理事宜，除查照中國舊章酌定外，應兼用日本國橫濱、神戶、長崎各通商口岸現行章程商辦。

（五）此居住界內日本人，照約應歸日本人管理，如有無約之國及內地華人居住其中，自應由中國官管轄。

以上第四條末句中的「現行」二字，為黃遵憲親筆，第五條全款為黃遵憲親筆。右側有黃遵憲批註：「此五條廿八日交，作為第一〈案〉」等字。原件已漫漶，個別字無法辨認。

據黃敬昌先生函告，此件原藏其姊夫張佳恩處，後歸黃敬昌先生保存。

光緒二十一年（一八九五）三月二十三日，日本強迫清政府訂立馬關條約，除割讓台灣、澎湖，賠款軍費兩萬萬兩以外，其第六條規定開放沙市、重慶、蘇州、杭州為商埠。當時，黃遵憲被兩江總督劉坤一委派，專辦蘇州商埠談判事宜。上述文獻應是當時遺物。

二、廣州、上海、寧波三種「租界」模式與張之洞、黃遵憲的選擇

鴉片戰爭後，中國被迫向列強開放，設立通商口岸，有廣州、上海與寧波三種模式。

廣州模式的特點是由中國方面在通商口岸劃出部分土地，交由洋人租用，華人不得雜居。在此區域內，列強有行政、司法、徵稅等權利，獨立於中國行政、法律系統之外，成爲「國中之國」。上海模式除允許華人居住外，大致與廣州相同。以上兩種當時統稱爲「租界」。第三種是寧波模式。其特點是，雖仍劃出部分土地由洋人租用，但各項權利均歸中國自主，稱爲「通商場」。光緒二十一年五月，日本派林董任駐華公使，其任務之一爲商訂中日通商行船條約，指導日本領事在沙市、蘇州等新開口岸建立租界，落實《馬關條約》第六條的有關規定。

根據《馬關條約》第六款，日本侵略勢力即將深入中國內地。爲了儘量減少該款給中國「國家稅釐，華民生計」帶來的巨大衝擊，同年六月，光緒皇帝命江蘇、浙江、四川、湖北四省總督「預籌善策」。同月十六日，光緒皇帝諭令李鴻章、王文韶二人爲議約全權大臣，研究「補救」辦法。在與日方談判時「先持定見」，「力與磋磨」。上諭稱：「凡此次所許利益，皆不使溢出泰西各國章程之外，庶可保我利權。諒該大臣等已將應議各條，熟思審處。李鴻章爲原定新約之人，尤當懲前毖後，力圖補救。總期爭得一分，即有一分之益。」①

同年七月九日，張之洞向光緒皇帝提出十九條補救辦法，要求在新增的通商口岸採取「寧波模式」。內稱：「寧波口岸並無租界名目，洋商所居地名江北岸，即名曰洋人居之地，其巡捕一切由浙海關道出資，雇募洋人充當。今日本新開蘇、杭、沙市三處口岸，係在內地，與海口不同，應照寧波章程，不設租界名目，但指定地段縱橫四至，名爲通商場。其地方人民管轄之權，仍歸中國。其巡捕、緝匪、修路，一切俱由該地方出資募人辦理。中國官須力任諸事，必爲妥辦，不准日本人自設巡捕，以免侵我轄地之權。」②八月二十一日，總理各國事務衙門接受張之洞的意見，通知各有關地區督撫：「日本將派送上海領事往蘇、杭、沙市等處選擇租界，宜預爲籌畫，照寧波通商章程最妥。」③九月五日，張之洞又致電總理各國事務衙門，說明廣州模式與寧波模式的差異。電稱：「查租界洋文有二義，一曰寬塞甚（Concession），譯其文義曰讓與之地，乃全段由官租給，統歸外國管轄之租界，華人不得雜居。」「一曰塞特門特（Settlement），譯其文義曰居住之地，乃口岸之內，限定地界，准洋人自向民間租買地基建房居住，橋梁道路仍歸中國管轄之租界。華洋可以雜居，官可自設公堂，拿犯斷案，此則只可名爲通商場，如寧波口岸是也。」④張之洞特別提出：「二者大有區別，中國統名之曰租界，易於相混。內地必照寧波通商場辦法，方能相安。」他表示，在日本人到蘇州開議時，當命派出人員「與之磋磨」。此後，張之洞又調查日本向西方開放情況，說明日本在本國境內的「租界」，「凡土地乃係日本政府所轄，是以街市、道路並碼頭，皆應歸日本政府常行修理」。⑤

根據上述分析，可見黃遵憲所擬《酌擬蘇州通商場與日本國會訂章程》採取的是寧波模式，並且參考了日本橫濱、神戶、長崎等地的「租界」經驗。

光緒二十二年（一八九六）三月二十日，黃遵憲致朱之榛（竹實）函云：

> 國勢如此，空言何補！弟輩惟自盡人力，以冀少救時艱，毀譽得失，不必論也。去年奉旨垂詢補救新約，弟有上香帥條陳十條，雖不免策士蹈空之習，然比之今之論時務者，猶覺卑近而易行。⑥

「去年」，指光緒二十一年；「奉旨詢補救新約」，指上述光緒皇帝徵求補救《馬關條約》第六款的有關上諭。當時，劉坤一因在甲午戰爭中調往前線，指揮軍隊與日軍作戰，尚未回本任，兩江總督一職由湖廣總督張之洞署理。黃遵憲由於主持江寧洋務局，成爲張之洞的下屬。據黃遵憲此函，可知光緒皇帝有關上諭發佈後，黃遵憲曾向張之洞提出十條補救意見。

又，光緒二十一年十月十一日，黃遵憲致梁鼎芬函云：

> 內地通商一事，昨上廣雅尚書一函，詳陳其利害，此事惟廣雅能主持之，將來或在金陵會議。憲歸自海外，碌碌無所短長，或藉此一端，少報知遇也。⑦

據此函可知，黃遵憲極爲關心「內地通商」事務，除「十條」之外，還有一通致張之洞的長函。由於黃遵憲的「十條」尚未發現，其提出的確切時間也無法考定，因此難以釐清黃遵憲的「十條」和張之洞的「十九條」之間的先後關係。但從情理上推論，其過程應該是：光緒皇帝發出「補救」上諭後，張之洞向下屬及幕僚徵詢意見，黃遵憲向張之洞提出「十條」，張之洞加以綜合，向光緒皇帝提出「十九條」。正因爲黃遵憲的「十條」深合張之洞之意，又積極關心此事，張後來才命黃遵憲主持蘇州開埠交涉。

《馬關條約》簽字後，黃遵憲有過一段非常沉痛、鬱悶的時期。光緒二十一年五月，黃致王秉恩（雪澄）函云：「時局日棘，有蹙國萬里之勢，無填海一木之人。竟如一部十七史，不知從何說起，亦只好緘口已矣。」⑧黃遵憲向張之洞提出「十條」，說明他並未「緘口」，而是盡心盡智，力謀爲國家效力。

三、黃遵憲主持談判與六條新章的制訂

中日蘇州開埠交涉開始於光緒二十一年九月。日方代表爲駐上海總領事珍田舍已，中方代表爲蘇松督糧道陸元鼎及羅嘉傑、楊樞、朱之榛、劉慶汾等人。

最初，日方要求將蘇州閶門或胥門等繁華地區闢爲租界，中方則堅持須在離城較遠地區。幾經交涉，不能定議。十月二十九日，中方照會日本駐華公使林董，建議將租界設於盤門外，相王廟對岸，自華商公司以東地帶，但必須保留沿河十丈土地，作爲「中國國家建設電杆、路燈、馬路及船隻縴路、小民負販往來之用」。⑨十一月初二日，林董覆照總理各國事務衙門，表示新改地段，如於商務極爲便利，未必不可遷就，但沿河十丈土地必須劃入租界，歸日本管理。照會稱，「沿河地方之於租界，猶室之有堂，堂之有門，船隻往來焉，百貨起落焉。」如

中國扣除此項土地，將使日本商民「坐失舟楫之便」，⑩「不啻咫尺階前不得自由」。⑪直到十二月初十日，林董才覆照中方，表示該問題「暫且作爲懸案」。⑫

租界的地段及沿河十丈土地的管理權解決了，更大的問題是，是否允許日本在蘇州設立專管租界。日方堅持：「在新開港頭開設日本租界一節，馬關條約第六款載有明文，是素屬帝國政府之當討求之權，而貴政府毫無可有異議之權。」⑬這一問題事關租界的性質和國家主權，張之洞將解決這一難題的希望寄託在黃遵憲身上。

談判伊始，張之洞就要求黃遵憲到蘇州主持，不過，當時黃遵憲正因「教案問題」與法國駐上海領事談判，無法分身。光緒二十一年（一八九五）九月十九日，黃遵憲致電張之洞云：

> 鈞諭敬悉，應即往蘇。惟教案業經開議，立告法領事，渠謂兩國政府委辦之事，未便開議即停。電詢蘇局，覆稱：倭領日內回滬。職道竊思邀索不允，停議亦事理之常，但求總署堅持，將來可再將寶帶橋再續議，此事彼因而我應，似可坐以待之。如何辦法，候示遵行。⑭

從電中可見，珍田以「回滬」相脅，談判已陷入僵局，但黃遵憲不以爲意，主張暫時停議，「坐以待之」。同月二十一日，黃遵憲再電張之洞，建議聽任日本領事離開，「稍挫其氣」。電云：

> 蘇局函電言倭領即回滬，似不必挽留，聽令回滬，稍挫其氣，再告以黃道在滬，可以續議。如邀俯允，職即約楊道來，當稟承鈞命，力任艱難。⑮

可見，黃遵憲身上完全沒有當時官場中已經出現的媚外、懼外風氣。

黃遵憲接受任務後，即深入研究鴉片戰爭以來的通商條約、各類租界和日本的外國人「居留地章程」。光緒二十一年十一月，黃遵憲和日本翻譯官楢原長談，對當時中國出現的幾種租界模式分別作出評論。黃遵憲認爲上海租界使外國人享有過分的治外法權，廣州租界使外國人享有界內的統治之權。他表示傾向於寧波模式：建立「各國共同通商場」，華洋雜處，自由營業，清政府負責建造道路、橋梁，掌握警察權，管理街衢道路。黃遵憲要求楢原將上述意見轉告珍田。⑯

張之洞十分重視關於蘇州開埠的談判，光緒二十二年正月十二日，張之洞致總署電云：「江、浙、鄂、蜀新開各口，若逐處派員辯論，必延時日。不如請其派日領事在滬，予以議定章程之權，由南洋派黃道遵憲與議，或在蘇議，或在滬議。」⑰張之洞設想，十天即可定議，然後江、浙、鄂、蜀各口，一律照辦。這樣，黃遵憲的談判成果就不僅關係蘇州一地，而是關係到四個省區了。張之洞將這一任務交給黃遵憲，可見其託付之重。十四日，總理各國事務衙門指示江蘇巡撫趙舒翹，談判中要盡力爭取較寧波模式更爲有利的條件。電稱：「租界權歸我管，寧波章程尚不足，應以內地通商非沿海、沿江之比，中國應善保自主之權，握定『內地』二字設措。」⑱趙舒翹當即電催黃遵憲先期到蘇州商量。同月十七日，劉坤一回兩江總督本任，按照張之洞的成議，委派黃遵憲主持對日談判。

黃遵憲的談判對手是到任不久的駐蘇州一等領事荒川巳次。二月二十六日下午，談判在日本駐蘇州領事館的鄰地滄浪亭開始，至二月二十九日暫告段落。二十八日，黃遵憲提出上引《酌擬蘇州通商場與日本國會訂章程》作爲「第一案」。談判中的最大困難仍然是日方以《馬關條約》爲據，堅決要求在蘇州設立「專管租界」，特別要求取得租界內的警察權和道路管理權，而黃遵憲則「終始抗辯」，聲稱《馬關條約》並無相關規定。⑲談判進行得很艱難。其原因，一是中國是戰敗國，《馬關條約》已簽，黃遵憲無法改變總體上的外交劣勢；一是談判對手是戰勝國，蠻悍狡猾。關於這一方面的情況，江蘇巡撫趙舒翹曾向總理各國事務衙門訴苦說：「日人狡譎多變，早知其絕不能順理成章，從速定議。然蘇省首當其衝，使持議過於高堅，則必至決裂，貽朝廷憂；若塞責求其速了，則必致失體，招彼族侮，不得不與之濃淡相參，剛柔互用，始磋磨延至今日。」⑳弱國無外交。中方過於強硬，談判必然破裂；過於軟弱，又將損傷國體。黃遵憲在談判桌前的困窘處境是可想而知的。

談判至三月初一日，黃遵憲照會荒川巳次，提出六條新章程：

一、清國允將蘇州盤門外，西界商務公司地，東界水淥涇，北界運河沿官路，南界綿長逕，圖中所畫紅色線以內，暫時擬作日本人可以居住之界。

二、此住界內，日本某商某人需地多少，可以隨時向業主租賃，官為襄助。

三、此住居界內，圖中標明中有井溝各項之道路，係公用之物，不得歸一家租賃，亦無須居民輸納國稅。

四、此界內、道路、橋梁、溝渠、馬頭各項建築之費，現由中國國家自辦，將來商務日盛，歲修各費，再隨時商立章程，向各居住户捐收。

五、此界內如有華人雜居其中，仍歸中國官管轄。如日本商人日見繁盛，將來若經兩國政府商定允許，由某處至某處劃作日本人專管之界，並將該管道路編入界內，此日本專管界內，即不許華人雜居其中。

六、此係暫時擬作可以居住之界，十年之內任聽日本人隨時租賃。如過十年後，即可任憑業主隨便租給各華人及別國人居住。㉑

從表面看，它對日方要求似乎有所讓步，但處處暗藏機關。黃遵憲提出的這「六條」，據黃遵楷稱：該章程的特點是：

日商需地幾何，許其隨時分賃，則專管之界，暗為取消；道路各項，許其不納地租，而實則為公共之物；租期十年以內留給日人，實則還我業主之權；雜居華人，歸我自管，則巡捕之權在我。道路公地，歸我自築，則工務局之權在我。凡所以暗破專界，撇開向章，補救《新約》（即《馬關條約》——筆者）之所窮，挽回自主之權利者，無孔不鑽，無微不至。[22]

由於日方始終堅持設立「專界」，由日本「專管」，黃遵憲不得不虛與委蛇，在第五條提出：將來如日本商人日見繁盛，經兩國政府商定，可以劃出「專管之界，並將該管道路編入界內」。黃遵憲意在將當時僵持不下的問題，推到「將來」再議。對此，黃遵楷分析說：「其緊要關鍵，不過將事實變作虛辭，由現在推之他日；亦由負債者約退後期，別立新單，謂他日家業興隆再行設法償還云爾。」這是無可奈何之事。外交是國與國之間的智慧、策略和手段的鬥爭。黃遵憲身處弱國，因此特別講究外交策略，提出和對手談判時有所謂「挪展之法」、「漸磨之法」、「抵制之法」等等。他說：「言語有時而互駁，而詞氣終不憤激；詞色有時而受拒，而請謁終不憚煩；議論有時而改易，而主意終不游移。」黃遵憲與日本議訂蘇州開埠條款的過程，是他施展外交鬥爭策略和手段的具體表現。

四、張之洞的尖銳批評與黃遵憲退出談判

六條章程初稿擬訂後，黃遵憲即與日本領事荒川交換照會，同時向各方請示，徵求意見。

黃遵憲對六條新章程很滿意，自認爲「此事必能辦到，可爲四省造福」。㉓北京的總理各國事務衙門對黃遵憲所擬章程給了極高評價，評爲「用意微妙，深合機宜」。直隸總督、北洋大臣、議約全權大臣王文韶評爲「保我固有之權，不蹈各處租界之流弊。」「委曲從權，仍操縱在我」。㉔但是，此時已經回到湖廣總督本任的張之洞卻很不滿意。

光緒二十二年（一八九六）三月初六日，張之洞分別致電總理各國事務衙門和江蘇巡撫趙舒翹，肯定黃遵憲所擬章程「具見苦心力辯，先爲其難」，但是，張之洞激烈批評其中的「道路公地，歸爲自築」一條，認爲此前上海租界的馬路、捕房建築費用，均採取「收捐」辦法，無須中方出資，較黃遵憲的方案爲優。對第五條，張之洞認爲與中國方面歷來的主張相背。他說：「歷次所爭，原欲除專管之弊，今許日後可以商令專管，各國亦必援例，是與原意大殊。」「且馬路、溝渠已費大功鉅款，盡付他人，似乎無此情理。」㉕對於章程中的第一、第三、第六各條，張之洞也有批評意見。同日，張之洞又親自致電黃遵憲，在說了一句「想見爲難情形」之後，即批評他：「未稟請督撫詳酌，遽換照會，未免急率。」㉖他從電文中得知，總理各國事務衙門已經批准黃遵憲所擬章程，在致趙舒翹和浙江巡撫廖壽豐的電文中特別表示，「總署雖許可，或一時未及深思，大利害所關，似仍應力爭也。」㉗爲了挽救黃遵憲所擬章程的消極影響，張之洞建議趙舒翹，命曾經參加早期會談的道台朱之榛繼續參與，又命蘇州劉慶汾在談判中「按切時勢，設法補救」。㉘四月初九日，張之洞致電趙舒翹，肯定劉慶汾在談判中的作用，電稱：「劉守慶汾所議地價八條，均有裨益。所惜者黃道六條中『專管』一

層，不知能否更正耳？」㉙

對於張之洞的批評，黃遵憲很委屈。光緒二十二年三月十一日致參加談判的同僚朱之榛函云：

香帥來電，昨奉中丞抄示，於「允許將來」一節，極力翻騰，不知此係就現在推到將來，乃疑為弟所擅許。

對此，黃遵憲解釋道：「弟此議即係請示之稿，所以先換照會者，不能據口說爲憑以請示。弟並非議約大臣，不得以往時約已簽押設法補救比論，此亦不違外交之語也，」信中，黃遵憲尖銳地批評張之洞的辦事風格「能發而不能收，計利而不計敗」，「當其發慮，若事在必成，未幾而化爲烏有」。他強硬地提出，如張之洞「確有定見，應請其徑電總署，以備參核」。他說：「此議准駁之權在各大憲，一經駁斥，弟敢決彼國之必能允行。」㉚

劉坤一理解黃遵憲的用意，於三月十四日致函，既表示同情，又要他在進一步討論「地價、地租」時，「設法彌縫」。函稱：

大凡言易行難，動輒從旁指摘，安知當局磋磨！執事會議蘇省埠務，何嘗不知第五條將來准作專界，編入橋道，不無語病，顧無此鬆動之筆，恐其不能就範，幸是後文兼係活著，未始不可挽回補救。續接台示云：「但期不至辦到專界，便無大礙。」亦可見左右之用意矣。今香帥既不謂然，眾論並多附和，仍仗鼎力，于續議地價地租時，設法彌縫，更為妥善。高明酌之。㉛

黃遵憲所擬六條章程未能滿足日本設立「專界」的要求，提交荒川後，荒川表示，已超出本國訓令之外，不能接受。黃遵憲則告以如日方堅持自立專界，則中國政府將嚴禁華人雜居，同時重索界內租價。荒川表示，將向政府報告，等候訓令。

此後的一段時期，黃遵憲是在焦急的等待中度過的。他既爲自己能不辱使命自豪，又爲張之洞等人的不理解苦惱。光緒二十二年（一八九六）四月二十二日，黃遵憲致梁鼎芬函云：

議約大臣指為萬做不到之事，方竊其不辱。而廣雅尚書，不考本末，橫生議論，殊為可惜。此事彼國尚未批准，允否實不可知，未敢遽將曲折宣告外人。㉜

此間，總理各國事務衙門已經批准了黃遵憲所擬章程，認爲日本之後，西方國家必將跟進，「六條爭回之利，藉後議證成；六條未盡之事，藉後議補救。」㉝五月四日，黃遵憲再致朱之榛函云：

蘇州所議，總署覆函已允照行，此刻惟有坐待……弟商辦蘇州開埠事宜，收回本國轄地之權，不蹈各處租界流弊，撫衷自問。至幸無負。然議成之後，條約具在，參觀互勘，不難知其得失，而局外口説沸騰，尚不悉其用意所在。

不過，黃遵憲表示，在得到日本答覆後，將自上海再到蘇州，最終完成談判。函稱：「弟于倭議，必始終其事，如月內得有覆音，必撥冗前來，再聆雅教乎！」㉞過了幾天，黃遵憲又得到小道消息，有一位四川的吳姓官員認爲「蘇州開埠，所議極善，請飭川督一律照行，已奉旨依議」。㉟這樣，黃遵憲就更感到欣慰了。

五月二十二日，黃遵憲、劉慶汾等連續在滄浪亭與荒川會談。荒川面交日本外務省所擬《蘇州租界章程》八條，要求「將界內一切行政歸日本政府辦理」，同時要求將「租界」向北擴張至運河。荒川並稱：日方要求有《馬關條約》作爲依據。二十四日，雙方繼續會談，黃遵憲等面交《備忘錄》一份，聲稱《馬關條約》「只許通商」，「遍查華文、日本文、英文，均無在蘇州讓給一地，准令日本管理之文。」《備忘錄》強硬表示：「外務所擬，實難照行。」對於日方所提將日本人居留地擴張到運河邊的要求，黃遵憲等表示：「亦難改議。」㊱

黃遵憲的六條章程頂住了日本在蘇州設立「專界」的要求，日本政府自然不會同意。同年六月，日本政府將荒川巳次撤調回國，明確拒絕黃遵憲的六條新章。七月三日，黃遵憲致陳寶箴函云：

惟蘇州開埠一事，經與領事訂定，繕換照會，而彼國政府盡行翻棄，橫肆要求，不審何日乃得就範也？前議六條，施政之權在華官，管業之權在華民。夔帥稱為保我固有之權，不蹈租界流弊。遵憲區區之愚，亦竊幸得保政權，而外間議者未悉其命意所在，反挑剔字句，橫加口語，誠使國家受其利而一身被謗，亦復何害。何意彼族狡譎，堅執約中照向開口岸一體辦結之言，雖欲依樣葫蘆，自劃一界，歸彼專管也。

函中充滿了不被理解的痛苦和對日本談判對手的憤鬱。七月二十五日，黃遵憲再次致函陳寶箴之子陳三立稱：「奔走半年，舉嘔盡心血之六條善章，彼族概行翻棄，實可痛惜。」黃遵憲絞盡心力，希望以巧妙辦法爭回國家部分主權，一旦被拒，自然極為痛心。

當時，除張之洞外，浙江巡撫廖壽豐也不以黃遵憲的六條新章為然，認為「日人狡展，毋受其欺。許以將來，即遺後患」。㊲有人甚至散佈謠言，誣衊黃遵憲接受日本人的賄賂，為日本人求方便。㊳黃遵憲一度很灰心，說過很喪氣的話，五月二十一日致朱之榛函云：「時事實不可爲，覩于蘇議，亦灰心短氣，當擯棄萬事，從事于空文耳。」但是，這不過是他一時的憤激之詞，致陳寶箴函所稱「誠使國家受其利而一身被謗，亦復何害」，才是黃遵憲思想感情的真實反映。鴉片戰爭時期，林則徐堅決抵抗英國侵略者，但戰後卻被清廷加以「辦理殊未妥善」的罪名遣戍伊犁，登程時賦詩明志：「苟利國家生死以，豈因禍福避趨之。」黃遵憲致陳寶箴函所言，和林詩精神完全一致。

黃遵憲的六條章程受到張之洞等人的嚴厲批評，但總理各國事務衙門仍然希望黃遵憲能堅持重任，繼續與日方談判，指示他「一手經理，力任其難」。不過，黃遵憲已覺事情難爲，又正值王文韶要調黃遵憲去天津海關任職，黃遵憲遂萌去志。七月十四日致王雪澄函云：

> 弟所議蘇州開埠六條，彼族全行翻棄，意謂前議並非照向開口岸章程辦理，又非比各國優待，聲明劃一專界，歸彼管轄。凡議中所有微妙之意，婉約之辭（總署云爾），直抉其閫奧而破其藩籬，總署仍有一手經理之電，然弟則何能為力矣。……半年以來，又蘇又滬，奔走鮮暇，一事無成，苟使國家受其利，我受其咎，亦復何害，況議者第未悉其本末耳。參觀互較，久亦論定，今則但托空言，此弟所為繞床而行撫肩長嘆者也。

其間，黃遵憲曾去江寧拜見劉坤一，要求「銷差」，劉坤一在多方挽留之後，覺得不便阻礙黃遵憲的前程，要他去蘇州會見趙舒翹。趙舒翹也表示挽留，但黃遵憲去志已決。這一過程，劉坤一在七月十九日致趙舒翹函中曾說：

> 黃公度因聞北洋相需甚殷，將以津海關為之位置，故亟欲修謁。弟以該道既抱奢

願，默計此間無力相償，朋友相與有成，不敢苦為維縶。

函中，劉坤一稱，黃遵憲係「奏留」辦理埠務人員，現在事尚未完，難以用「銷差」名義同意其離職，要趙舒翹衡量，如可行，請巡撫衙門發給咨文。八月初三日，劉坤一再次致函趙舒翹，勸趙尊重黃遵憲的意見，「聽其自審」。㊴劉坤一既一再發話，趙舒翹自然不能不准，但趙也因黃遵憲「經手未完」，「不好措詞」，不能發給黃遵憲咨文。最後，黃遵憲以「請假」代「銷差」，離開了蘇州。㊵

黃遵憲離蘇之前，留函朱之榛稱：「教案一概辦結，商務事敗垂成，甚以爲悵，兩省馳驅，半年奔走，而一事無成，慚無以對我知己。」㊶可見，他是帶著深深的遺憾離開的。八月十六日，黃遵憲抵達天津，向王文韶報到。

五、清廷妥協，日本全勝

日本政府拒絕黃遵憲所擬六條章程之後，繼續向清政府施加壓力。九月初五日，林董到總理各國事務衙門，指責清廷沒有認真履行《馬關條約》。林董稱：「馬關新約准新開蘇、杭、沙市、重慶四口租界，應照向章辦理，現中國自定行船章程，日本又不得專界專管及威海衛、山東駐兵之地，均與《馬關條約》不符，商催逾年，各省迄不遵守。」初九日，總理各國事務衙門致電王文韶，飭調黃遵憲進京商量，黃遵憲定於十二日進京。㊷十一日，林董照會總理各國事務衙門，措辭更爲嚴厲，要求清政府「以明日正子時爲定」。㊸在林董的壓力下。奕訢、奕劻等總理各國事務衙門大臣於九月十三日向光緒皇帝上奏，稱：

> 現各該口通商已久，別國本有租界，原難獨拒日本，我雖全許，諒彼力亦尚不能同開。此次新約議定，日本武臣議士，以未得格外利益，頗多不滿林董之詞。林董來署，自言政府責其顢頇，撤調回國。刻當外部易人，意存反覆，利害之間，不能不略權輕重，相應請旨，飭下南洋大臣、湖廣總督、四川總督、山東、江蘇、浙江各巡撫，遵照《馬關條約》，飭屬奉行，毋令啓釁。㊹

奏上，光緒皇帝批示：「依議，欽此。」不久，清政府與林董議定，「照上海章程辦理」。㊺

清政府既決定屈服，劉坤一等即不再堅持。十月二十九日，劉坤一、趙舒翹致電總理各國事務衙門稱：「蘇埠事自日領珍田會議以來，多方要挾，辦理較難。現正商辦專界。」㊻光緒二十三年二月，清政府江蘇當局與珍田舍己議定《蘇州日本租界》十四條，決定在蘇州盤門外、相王廟對岸一帶樹立「界石」，作爲日本租界；界內橋梁道路以及巡捕之權，由日本領事官管理。㊼這樣，黃遵憲所精心設計的六條章程遂付之東流，而日方則得到完全的勝利。

（原載《學術研究》二〇〇六年第一期，二〇〇七年三月據在日本外務省檔案中發現的新資料，略加增補修訂。）

【附記】

二〇〇五年三月，為紀念黃遵憲逝世一百週年而作，同年十二月校訂於台北。

① 《清季外交史料》，卷一一六，第十八至十九頁。
② 《清季外交史料》，卷一一七，第七頁。
③ 《致成都鹿制台、武昌譚制台、蘇州趙撫台、杭州廖撫台》，《張文襄公全集》卷一四八，第八至九頁。
④ 《致總署》，《張文襄公全集》卷一四八，第十一至十二頁。
⑤ 《致總署、蘇州趙撫台、杭州廖撫台、武昌譚制台、成都鹿制台》，《張文襄公全集》卷一五〇，第十六頁。
⑥ 《黃遵憲手札》，上海圖書館藏。
⑦ 《黃遵憲手札》，首都博物館藏。
⑧ 《黃遵憲手札》，上海圖書館藏。
⑨ 《十一月初八日給日本公使林董照會》，見《江蘇蘇州日本租界案》，《總理各國事務衙門清檔》，

中研院近史所藏，台北，以下簡稱《總理各國事務衙門清檔》。

⑩《日本郭公使林董照會》，《總理各國事務衙門清檔》。

⑪《十一月十五日日本國公使林董照會》，《總理各國事務衙門清檔》。

⑫《十二月初十日日本國公使林董照會》，《總理各國事務衙門清檔》。

⑬《照抄告知外部節略》，《總理各國事務衙門清檔》。

⑭《黃道來電》，光緒二十一年九月十九日，《張之洞存各處來電》，未刊稿，中國社會科學院近代史研究所藏。

⑮《黃道來電》，光緒二十一年九月二十一日，同上。

⑯《黃遵憲氏ノ談話》，日本外務省檔案，3-12-2-32-2。

⑰《致總署》（光緒二十二年正月十二日），《張文襄公全集》卷一五〇，第三十二頁。

⑱《趙撫台來電》，《張文襄公電稿甲編》第五十一冊，未刊稿，近代史研究所藏。

⑲荒川巳次：《蘇州日本人居留用地指定濟並に取極書案裁可す成度件具申》，機密第一號，日本外務省檔案，3-12-2-32-2；參見黃遵楷：《先兄公度先生事實述略》，《人境廬集外詩輯》，中華書局一九六〇年版，第一二八頁。

⑳《致總署》，《慎齋文集》。

㉑黃遵憲：《致荒川巳次照會》，《支那各地帝國專管居留地設定一件》，日本外務省檔案，3-12-2-32-2。

㉒黃遵楷：《先兄公度先生事實述略》，《人境廬集外詩輯》，第一二八頁。

㉓黃遵憲：《致王雪澄手札》，上海圖書館藏。

㉔轉引自黃遵憲：《致梁鼎芬手札》（光緒二十二年四月二十二日），首都博物館藏。

㉕《致總署》，《張文襄公全集》卷一五一，第八至九頁。

㉖《致蘇州黃道台公度》，《張文襄公全集》卷一五一，第九頁。

㉗《張文襄公電稿乙編》第四十九冊，未刊稿，近代史研究所藏。

㉘《致蘇州劉守慶汾》，《張文襄公全集》卷一五〇，第六頁。

㉙《張文襄公電稿乙編》第四十九冊，未刊稿，近代史研究所藏。

㉚《致竹實先生函》，黃遵憲手札，上海圖書館藏。

㉛《致黃公度觀察》（光緒二十二年三月十四日），《劉坤一遺集》第五冊，第二一七三頁。

㉜《黃遵憲手札》，首都博物館藏。

㉝《致竹實先生函》（光緒二十二年五月四日），黃遵憲手札，上海圖書館藏。

㉞《致王雪澄函》（光緒二十二年五月七日）亦有同樣表示。該函稱：「弟近辦教案，易於就緒。惟蘇州開埠，彼國尚無覆音，得覆後仍須往蘇一行耳。」上海圖書館藏。

㉟《致竹實先生函》（光緒二十二年五月二十一日），黃遵憲手札，上海圖書館藏。

㊱荒川巳次：《帝國居留地設置案清國委員ト商議不調ノ件具報》，《日本外務省檔案》，3-12-2-32-2。

㊲《先兄公度先生事實述略》，《人境廬集外詩輯》，第一一九頁。
㊳梁啓超：《嘉應黃先生墓誌銘》，見錢仲聯：《人境廬詩草箋注》。
㊴《覆趙展如》（光緒二十二年八月初三日）《劉坤一遺集》第五冊，第二一七九至二一八〇頁。
㊵黃遵憲《致梁鼎芬函》（光緒二十二年八月六日）云：「前謁新寧，以蘇州商務，總署有仍飭黃道一手經理，力任其難之電，故一再縶維。既知其不可，囑往蘇，蘇亦同此意。然決計北行，遂變銷差而為請假。」首都博物館藏。
㊶黃遵憲手札，上海圖書館藏。
㊷袁英光等整理：《王文韶日記》，中華書局一九八九年版，第九六六至九六七頁。
㊸《總理各國事務衙門奏日本催行馬關新約請互立文憑並商訂製造稅抵換利益折》（光緒二十二年九月十三日），《光緒朝中日交涉史料》卷五十，第四頁。
㊹《總理各國事務衙門奏日本催行馬關新約請互立文憑並商訂製造稅抵換利益折》（光緒二十二年九月十三日），《光緒朝中日交涉史料》卷五十，第四頁。
㊺《三月二十二日南洋大臣劉坤一等文》，《總理各國事務衙門清檔》。
㊻《兩江總督劉坤一來電》（光緒二十二年十月二十九日到），《光緒朝中日交涉史料》，卷五十，第九頁。
㊼《總理各國事務衙門清檔》。

慈禧太后其人

——在中央電視台百家講壇的演講

一、慈禧發跡

慈禧太后曾經統治中國四十七年，她雖然只是太后，但實際上是女皇帝。關於這個人，大家可能在電視、電影裏經常見到有關她的節目，我在這裏講的是歷史上真實的慈禧太后。電視、電影裏的有些情節是藝術創作，並不可靠。我希望給大家介紹一個比較可靠的、真實的西太后。

先講第一個問題，就是慈禧太后的身世。慈禧（一八三五～一九〇八）為滿族那拉氏，即她的姓是葉赫那拉氏。葉赫是滿語，是個地名，也是一個部族的名稱，這個地方就在今天東北吉林省的梨樹縣。那拉氏，用漢語來翻譯，就是太陽的意思。葉赫那拉氏的意思是說葉赫這個家族是這個地方的太陽。葉赫的祖上，曾經跟清朝的祖上努爾哈赤打過仗，最後被努爾哈赤消滅了，但是這並不影響後來葉赫這個家族成為滿洲貴族的八大家族之一。在整個清朝統治中國的二百多年裏，葉赫這個家族始終具有相當高的地位。

慈禧沒有名字，只有一個乳名，叫蘭兒。她出生在鴉片戰爭之前五年，大家知道，鴉片戰爭發生在道光二十年（西元一八四〇年），那麼慈禧太后呢？出生在道光十五年十月初十日（一八三五年的十一月二十九日）。慈禧太后的出生地有安徽蕪湖、內蒙古呼和浩特、甘肅蘭州、浙江乍浦、山西長治等多種說法。其中長治說近年來炒得很熱鬧，故事本身很有傳奇性，說是慈禧原是長治縣漢族農民王增昌之女，名叫王小慊，因家貧被輾轉賣到當時潞安知府惠徵的家裏當丫頭，後來被收為養女，云云。其實，以上各說都有明顯破綻，並不可信。根據檔案資料，慈禧的出生地是北京，家可能就在西四牌樓劈柴胡同。父親惠徵自道光八年（一八二八）入仕到咸豐三年（一八五三）去世，始終地位不高。開始時在吏部當「筆帖式」，做的是起草文稿和抄抄寫寫的工作，屬於小職員，後來才做到「道員」，成為省以下、州、府以上的地方行政官員。她的母親是出身於封疆大吏家庭的名門閨秀。這個蘭兒呢，是在咸豐二年（一八五二）作為秀女被選到清宮裏邊，當時的身分叫蘭貴人。現代人可能不知道蘭貴人這個身分有多高，在清朝的皇宮裏，皇帝的后妃一共是七等：第一等是「皇后」，第二等是「皇貴妃」，第三等是「妃」，第四等是「嬪」，第五等是「貴人」，第六等是「常在」，第七等是「答應」。西太后進宮的時候，屬於第五等。

蘭兒雖然說身分不高，但是自身條件不錯。第一，她長得很漂亮，第二，她很聰明，第三，她會寫字。此外最重要的一點就是，蘭兒給咸豐皇帝生了一個兒子，而且是惟一的一個兒子。大家都知道，中國古代社會有一句話，叫「母以子貴」，就是說，母親的地位是根據她的孩子來決定的。蘭兒既然給皇帝生了一個男孩，而且又是皇帝惟一的男孩，自然，蘭兒的身分就迅速升高了。在短短的五年裏，蘭兒從原來的第五等升到了第二等，被封為「懿貴妃」。咸豐十一年（一八六一）八月，咸豐皇帝病死在承德，懿貴妃的兒子、六歲的載淳即位，這就是同治皇帝。新皇帝封咸豐皇帝的皇后鈕祜祿氏為慈安皇太后，轉天又封自己的生母那拉氏為慈禧皇太后，這就是「慈禧太后」稱號的由來。慈安皇太后與慈禧皇太后，俗稱東太后、西太后。按次序，慈禧位在慈安之下，但是由於慈安比較忠厚、老實，不太願意管事，因此慈禧就實際上成為第一位的人物。

二、政變行家

一提起慈禧太后，我們就很容易想起慈禧太后是個投降派、賣國賊。我們大家記憶裏知道的，在中國近代史上有幾項喪權辱國的條約，都是慈禧太后當權時候訂下來的，比如說最有名的《馬關條約》，然後是《辛丑和約》。這兩項在中國近代史上都是賣國的條約，都是嚴重損害中國國家主權的條約，因此我們很自然會想起慈禧太后是賣國賊。但是，慈禧太后不是一開始就是這樣的。

咸豐十年（一八六〇年），也就是說，鴉片戰爭以後二十年，英法聯軍從天津外面的大沽口登陸，然後打到通州，打到北京。他們一把火把圓明園燒掉了，這在近代史上叫英法聯軍侵略中國的事件。據可靠的歷史記載，那時，慈禧太后是反對清朝跟英法兩個侵略者談和的。當時朝廷分成兩派，一派主張跟英國和法國談判講和，另外一派主張要跟英法兩個侵略者繼續打下去。「懿貴妃」，也就是後來的慈禧太后，反對跟英國和法國談判，反對講和，認爲講和是恥辱。另外，由於英法聯軍打到通州，離北京不遠了，咸豐皇帝在北京就待不下去了。只能跑，跑到哪兒去？就跑到熱河行宮，就是我們今天大家都很熟悉的避暑山莊。就在皇帝要逃，要離開北京，離開紫禁城，躲到熱河的避暑山莊的時候，慈禧就出來勸阻皇帝，要皇帝不離開北京。她說：如果皇帝留在北京，形勢就可以鎮得住；如果皇帝跑了，形勢就亂了，皇室宗廟就有可能受到洋人的踐踏。所以，從這兩件事情來看，慈禧並不是一開始就是投降派、賣國賊，在英法聯軍侵略中國，打到北京的時候，慈禧太后是主張抵抗的。

當年八月，咸豐皇帝逃到熱河之前，命他的六弟恭親王奕訢留守北京，負責和英法侵略者議和。途中，又任命豫親王義道，大學士桂良，協辦大學士、戶部尙書周祖培等爲留京辦事王大臣。這樣，就逐漸形成了一個以奕訢爲首的留京官僚集團。咸豐皇帝還帶走了部分王大臣，如怡親王載垣、鄭親王端華、戶部尙書肅順等，這一部分人逐漸形成熱河行宮官僚集團。同年九月，奕訢與英法兩國簽訂北京條約，又是割地，又是賠款，英法兩國的侵略軍退出北京，不再打仗了，於是，咸豐皇帝就表示要回北京，當時稱爲「回鑾」。奕訢等留京官僚集團支持皇帝「回鑾」，而熱河行宮官僚集團則以種種理由反對，他們希望皇帝繼續留在行宮，處在他們的控制中間。當時，咸豐皇帝已經自感病重，即將不起。他雖然寵幸這個給他生下太子的「懿貴妃」，但是，又擔心她攬權，危害皇室統治，曾經想殺母留子。對此，肅順贊成。這樣，「懿貴妃」與肅順之間就種下很深的仇隙。

咸豐十一年（一九六一年）七月，皇帝去世，遺命肅順等八位大臣輔佐幼主，當時稱為「顧命大臣」，同時給兩宮皇太后和小皇帝保留了一定程度的否決權。從此，兩宮皇太后與八大臣之間開始了權力之爭。肅順等主張：臣下闡發主張的奏折一律不進呈皇太后閱看；皇帝的諭旨由八大臣擬定；皇太后只管蓋印。自然，慈禧是不甘心的。結果是：二十六歲的慈禧太后，在二十五歲的慈安太后的密切配合下，得到三十歲的奕訢的支持，成功地發動了政變。

奕訢沒有被列入顧命大臣，自然不高興，於是慈禧即和奕訢聯繫，密召奕訢趕赴熱河，確定在護送咸豐皇帝的棺材回京時發動政變，同時，在北京的官僚則聲稱肅順等圖謀不軌，要求皇太后權理朝政。九月二十九日，兩宮皇太后和小皇帝到京。第二天，立即宣布載垣、端華、肅順三位「顧命大臣」的罪狀，加以逮捕。載垣、端華自縊，肅順被斬。於是，六歲的小皇帝即位，年號「同治」，由兩宮垂簾聽政，以奕訢爲議政王。從此，開始了慈禧太后對中國的統治。這次政變，由於發生在中國農曆辛酉年，所以稱爲「辛酉政變」。

慈禧垂簾聽政後，爲了進一步掌握國家權力，對奕訢打打拉拉，又打又拉。在打了一頓之後，仍任命爲內廷行走，管理總理各國事務衙門。這樣，奕訢就不敢不聽慈禧的話了。同時，她又重用漢族地主官僚曾國藩，左宗棠、李鴻章等人，鎮壓太平軍和捻軍，將清朝統治從垂垂欲墜的困境中挽救出來，形成所謂「同治中興」。

三、支持洋務運動

講到這裏，大家發現，慈禧太后這個人，是陰謀家，善於搞宮廷政變，善於奪取權力，那麼，她一輩子有沒有做過幾件好事呢？做過。她做過什麼好事呢？就是她支持洋務運動，特別是支持奕訢提議設立的天文算學館。

算學就是數學。研究天文、研究數學，在我們今天看來，是普通而又普通的事情，但是在當時的中國，要讓中國人來學天文，學數學，並且還不是讓小孩來學，而是讓清朝的一些高級知識分子，翰林院的人，讓五品以上的官員來學，這可是一個破天荒的事情。因此，就遭到了頑固派的強烈反對。在這一情況下，慈禧太后站出來，以皇帝的名義，用口頭或書面的形式，下發了十道諭旨。講什麼呢？說：天文和算學是讀書人、儒者所當知，不能夠把它看成是一種技巧，而且說，這件事情不能再猶豫了，投考人員要認真考試，送到館裏來學習。正是由於有了慈禧太后的支持，天文算學館開館了，一批中國的高級知識分子，一批中國的官吏被送到同文館，去接受西方近代科學知識的教育。這是當時的「先進文化」，學習這種「先進文化」，對中國是有益的。

洋務運動又叫自強運動，以富國強兵爲號召。多年以來，我們對洋務運動採取批判態度，認爲其目的在於實現軍事現代化，爲了鎮壓人民起義，對外是投降帝國主義的，今天看來，過去的這些看法不完全正確。不錯，洋務運動的目的是發展軍火工業，建立兵工廠，建立輪船製造廠，當然有軍事現代化的目的，但是，軍事現代化會引進西方的先進生產力，會推動中國各方面的進步。軍事工業發展起來了，會推動其他工業和其他領域的發展。洋務運動發展的結果是，民用工業發展起來了，新式學堂建立了，中國第一次向西方世界派出了自己的留學生。所以，洋務運動對中國的現代化是有推進作用的，因此，我們說西太后支持開辦天文算學館，支持洋務運動，應該承認是做了一件好事情。

四、鎮壓戊戌變法

慈禧的兒子同治皇帝短命，只做了十三年皇帝，就在進入第十四年（一八七五年）後不久去世了，沒有留下後代。由慈禧太后的主持，將另外一個皇族，名叫載湉的孩子過繼給咸豐皇帝，繼承帝位。載湉當皇帝的時候，只有四歲，年號光緒。慈禧太后選擇這麼一個孩子當皇帝，當然是爲了繼續垂簾聽政，掌控國家最高權力。但是，光緒皇帝長大後，慈禧太后就要「歸政」，把國家最高權力交還皇帝，慈禧太后不情願，這就有了皇帝與太后之間的矛盾。光緒皇帝有自己的政治抱負，急於改變清朝政府受洋人欺負的局面，他要搞改革，這就引發出了歷史上很有名的戊戌變法，今天我要講的主要是西太后對戊戌變法是什麼態度。

洋務運動促進了中西交往，一部分知識分子走出國門，或留學、或考察，發現了「洋鬼子」的長處，不僅僅在科學、技術上，而且在文化教育及政治制度方面也有許多優點，因此主張部分地學西方，這一部分人我們稱之為改良派。早期的改良主義人物有馮桂芬、容閎等，但是，這時候，他們還沒有進入現實的政治領域，沒有形成規模和氣候，處在改良主義的萌芽狀態。光緒二十年（一八九四年），發生中日甲午戰爭，這次戰爭的結局是，地大人多的堂堂的中國敗在地小人少的島國日本手上，簽訂了喪權辱國的《馬關條約》。這就激起了中國人的「普天忠憤」，也引起了中國人的普遍反思。上至皇帝、王公大臣，下至黎民百姓，幾乎都得出相同的結論：中國人必須發奮圖強。一部分知識分子在思考這樣一個問題：為什麼搞洋務、學西方、買兵器、練海軍這麼多年，還經不起日本人的一擊？於是，就有一部分人認為中國人僅僅學西方的聲（學）、光（學）、化（學）、電（學）還不夠，學船堅炮利也不夠，還應該在政治制度上有一個改變，在保存清朝統治的前提下棄舊圖新。這一部分人逐漸形成了派別，有了規模，其代表人物是康有為、梁啓超、譚嗣同、嚴復，歷史上稱為維新派，或者稱為改良派。

康有為是維新派的領袖人物，早年所學為傳統儒學，後來讀到了一些由中國人編寫的介紹西方的書籍，對西方有所瞭解。他家居廣東南海縣，後又到香港遊歷，思想發生變化，認為西方人治理國家很有法度，不能一概看成「夷狄」，從此立志講求西學。他不僅閱讀西方傳教士在中國編寫的《萬國公報》等新書，而且自己編寫了《康子內外篇》，預言世界將發生三個變化：其一，君不專，臣不卑；其二，男女輕重同；其三，良賤齊。他開始運用生吞活剝學來的自然科學知識解說人類社會，認爲天地生人，根本平等。這些，都成爲他後來寫作《大同書》的草案。他還吸收西漢儒學中今文經學派的思想，將他所接受的西學披上中國傳統儒學的外衣，以此作爲維新變法的指導思想。

梁啓超是康有爲的學生，是維新派出色的宣傳鼓動家，他辦刊、辦報，擴大維新變法的影響。第三位是譚嗣同，他是激進的改良主義思想家，其激進思想比維新派中的任何人都高出一籌。第四位是嚴復，他是跨出國門的英國留學生，對西方的瞭解最全面、最深刻。他的最大功績是翻譯了《天演論》，宣揚「物競天擇，適者生存」。他說：中國弄不好，有一天我們會被開除出地球。

維新派在政治上的最高理想是「君主立憲」，像西方一樣，在中國建立上下議院（國會）。但是，他們擔心這一主張在當時的中國難以爲人接受，因此在「百日維新」之前，他們就將這一主張改爲開「制度局」，由部分維新人士討論、研究、決定變法的各種問題，後來又退到開「懋勤殿」（在紫禁城內，康乾時代皇帝與內閣大學士等議論政事的地方），企圖由皇帝、維新人士和部分官僚討論、決定各項改革制度。由於康有爲提出的改革建議不僅包括軍事、經濟，而且也包括文化教育和政治體制，因此，戊戌維新是近代史上一次前所未有的、完整的改革運動。

政變的導火線是「禮部六堂官事件」。當時禮部有一位官員，名叫王照，他寫了一道奏章，建議皇帝與慈禧太后這二位「最高領導」一起到外國考察。一則顯示帝、后之間的團結；

二則開開眼界。當時的禮部堂官（**正副部長**）不同意向上轉達這道奏章，指責王照心懷叵測，相互發生激烈衝突。光緒皇帝知道後，認爲禮部堂官阻撓新政，大爲生氣。爲了「立威」，警告那些反對變法的人，光緒皇帝就決定把這禮部的六位堂官全部罷免。這六位堂官，當中有一個懷塔布，官居尙書，是禮部的最高長官。他老婆是通天的，就把此事告到慈禧太后那裏。與此同時，懷塔布也到天津去找直隸總督榮祿面謀，共同阻止變法。過去，大臣的晉升和罷免這一類事件都是由慈禧太后決定的。這一次，光緒皇帝事前沒有請示，擅自作主，慈禧太后認爲是侵犯了自己的權力。斯可忍，孰不可忍！

榮祿手握北洋兵權，維新派擔心榮祿先動手，便設計了武力奪權的計劃。康有爲等是一群書生，要奪權，自然要靠軍隊。當時，袁世凱正在天津小站訓練新軍，同情變法，於是，康有爲便派譚嗣同出面，夜訪正在北京的袁世凱，建議他先奪榮祿兵權，然後帶兵進京，包圍頤和園，然後請湖南來的一位好漢畢永年領一百多名敢死隊員，衝進園中，將西太后抓起來，殺掉，這就是康有爲的「圍園殺后」之計。

過去，史學界都不相信這個說法，一九八五年我到日本訪問，查閱了有關檔案，看到了畢永年寫的日記，才證實了以上說法。但是，就在維新派密謀之際，日本的退休首相伊藤博文來華訪問，伊藤曾經協助明治天皇進行維新，使日本很快變爲世界強國，光緒皇帝準備召見伊藤，還有人建議聘請伊藤爲顧問，指導中國的維新變法。當時有一位御史叫楊崇伊，他密奏慈禧太后，攻擊康有爲等「變更成法，斥逐老臣」，「位置黨羽」，並且危言聳聽地說，伊藤博文很快就要進京，「將專政柄」，就是說要掌握中國的政治大權。慈禧太后感到，這將進一步威脅自己的權力，於是，迅速從頤和園趕回紫禁城，發動政變，軟禁光緒皇帝，下令逮捕康有爲。同時，袁世凱也在天津向榮祿告密，將譚嗣同夜訪所言，通通報告榮祿。結果，慈禧太后又匆匆下令，逮捕譚嗣同等，將打擊面擴大了。

西太后並不是一開始就反對變法。維新之始，光緒皇帝曾經頒佈過一個詔書，名叫《明定國事詔》。光緒皇帝企圖通過這份詔書，將變法、改革確定爲國家的根本政策。大家可能不知道，光緒皇帝頒佈這份詔書之前，是請示過慈禧太后的，慈禧不僅表示同意，而且還表現得相當激進，慈禧太后講什麼呢？核心是六個字，說「今宜專講西學」，意思是說，皇帝你不是要變法嘛，很好啊！「今宜專講西學」呀。這不是很徹底、很進步嗎！進步到連光緒皇帝的老師——變法的一個主要的支持者翁同龢都覺得過頭了。光緒皇帝自己是不會去起草文件的，光緒皇帝把起草這個變法文件的任務，交給了他的老師翁同龢，而且把慈禧太后的思想「今宜專講西學」告訴了翁同龢，翁同龢改動了一下，叫做「以聖賢義理之學植其根本，又須博採西學之切於時務者，實力講求」。什麼意思？就是說，翁同龢在西太后的意見的基礎上，做了一點折衷，一點調和。他說，我們首先要把中國古代聖人的學問作爲國家的基礎，同時呢，把西方學問裏對我們有用的那部分東西學過來。所以從這個例子來說，西太后她是贊成變法的，而且是主張學西方的，有些變法的內容西太后是支持的。例如，當時維新派主張要廢八股文，頑固派就堅決表示八股文不能廢，雙方在皇帝面前發生爭論，爭論得很厲害。怎麼辦？請示老佛爺。

光緒皇帝從紫禁城跑到頤和園向老佛爺請示，你們想，老佛爺是什麼意見啊？老佛爺說八股文應該廢！由於老佛爺都表示八股文應該廢，所以維新變法的內容之一就是要廢八股文。可見，慈禧太后在一開始對變法是允許的，在某些問題上是支持的。但是，西太后的變法有一個底線，有一條不能夠超越的界限。這個界限是什麼？就是不能夠損害慈禧太后本人的權力，不能夠損害滿洲貴族的利益，步子不能走得太快，而且最重要的是，不能夠涉及政治體制方面的改革。維新派的改革、光緒皇帝的改革，恰恰和慈禧太后本人的權力以及滿洲貴族的利益發生了衝突，所以正是在這個情況下，西太后決心鎮壓，把譚嗣同他們六君子送到了菜市口，把他們殺了，把維新變法全部否定了。

五、《辛丑和約》與「新政」

在慈禧太后鎮壓維新派時，英國和日本出面保護了維新派的首領康有爲和梁啓超等人，因此慈禧太后非常仇恨洋人。此後，慈禧太后就想廢掉光緒皇帝。第一步是宣布光緒皇帝病重，命令朝廷的內外官僚保薦「精通醫理之人」給皇帝看病。第二步是「揑造」並公布光緒皇帝的病案和藥方，傳示各衙門及各國使館。第三步是選中端郡王載漪的兒子溥儁爲「大阿哥」（皇長子），繼承同治皇帝，準備隨時替換光緒皇帝。慈禧太后此舉受到部分大臣、江南紳商，特別是各國駐華使節的反對。策封「大阿哥」的儀式，各國公使無一參加。因此，慈禧太后更加仇恨洋人。

光緒二十六年（一九〇〇年），華北地區發生義和團運動，這個運動的口號是扶清滅洋。慈禧太后覺得義和團可以利用，下令向八個國家宣戰，進攻北京東交民巷的使館區。慈禧太后的宣戰詔書寫得非常慷慨激昂，裏面有這樣的話，「與其苟且圖存，遺羞萬古，孰若大張撻伐，一決雌雄。」又說：中國土地「廣有二十餘省，人民多至四百餘兆，何難剪彼兇焰，張國之威」！什麼意思？西太后把自己打扮成一個愛國者，說我們今天受洋鬼子欺負，與其馬馬虎虎地活著，還不如跟洋鬼子拚一拚，看看誰打得過誰？中國就土地來說，有二十多個省。就人口來說，有四百多兆，要打敗洋鬼子有什麼難的？這樣，西太后就下令向八個國家宣戰了。

西太后這個做法是愚蠢的，你想，腐朽的清王朝它怎麼可能是八個列強的對手呢？義和團的血肉之軀，怎麼可能跟洋人的洋槍洋炮相抗？我想，當時的義和團它一定有一套辦法，表面上看，刀槍不入，用刀砍，砍不進，用槍刺，刺不進，慈禧太后一看，信以為真，說行啊，咱們打吧！這一打，八個國家打到北京，西太后從北京匆匆忙忙帶著光緒皇帝出逃。臨行之前，還不忘處置光緒皇帝寵愛的珍妃，命太監崔玉貴將她扔到井裏淹死。這一次戰爭的結果，是訂立了一個《辛丑和約》。《辛丑和約》最重要的部分是賠款四億五千萬兩。這個四億五千萬兩是什麼概念呢？當時中國是四億五千萬人，就是每一個人要賠一兩銀子。第二點，就是拆毀大沽炮台，允許外國的軍隊駐紮在北京和北京到山海關的鐵路沿線十二處地方，這就是要清政府敞開國門，讓帝國主義者的軍隊駐紮在清朝中央政府的身邊。

八國聯軍入侵，慈禧太后帶著光緒皇帝倉促西逃，一直逃到西安。國破家亡，顛沛流離的生活不可能不對慈禧太后的思想發生影響。到了光緒二十七年（一九〇一年），慈禧太后就在西安用光緒皇帝的名義下詔，要繼續變法。光緒二十四年，慈禧太后用屠刀鎮壓了康有爲、梁啓超、譚嗣同他們領導的改革運動，僅僅三年時間，慈禧太后又不得不宣布要進行變法。這個變法，我們在歷史上稱爲「新政」，就是新的政治，它的內容大概是這樣幾個方面：第一是編練新軍，第二是廢科舉，興學堂，第三是獎勵實業，第四是宣布預備立憲，第五是進行法制改革。這些都是有利於發展資本主義，也有利於中國現代化的改革。它跨出的步子，有些地方比戊戌時期還大。但是，慈禧太后進行改革，其根本目的還是爲了鞏固滿洲貴族的統治。慈禧太后幻想，經過她的改革，滿洲貴族就可以千年、萬年地統治下去了，因此，新政改革並不徹底，對於「立憲」，即使是「君主立憲」，慈禧太后也顧慮重重，因此，她所同意的只是「預備立憲」，做做準備而已。

六、關於光緒皇帝之死

光緒三十四年（一九〇八年）十月二十一日，光緒皇帝去世。關於光緒皇帝之死，康有爲等迅速判斷是被毒死的。有一種說法，袁世凱曾經想用三萬金作爲代價，賄賂給皇帝看病的醫生力鈞，要他下毒，力鈞嚇得辭去御醫職務。不過，前些年，有人研究了光緒皇帝的醫案，認爲光緒確係因病死亡。此說似乎已成定案。但是，根據近年啓功先生回憶，他的曾祖父曾親見，光緒皇帝是在喝了「老佛爺」賞的一碗酸奶之後死去的。這就說明，這一事件還有進一步討論和研究的餘地。啓功先生說：

> 我曾祖遇到的、最值得一提的是這樣一件事：他在任禮部尚書時正趕上西太后（慈禧）和光緒皇帝先後「駕崩」。作為主管禮儀、祭祀之事的最高官員，在西太后臨終前要晝夜守候在她下榻的樂壽堂外。其他在京的、夠級別的大臣也不例外。大臣們都惶惶不可終日，就等著屋裏一哭，外邊好舉哀發喪。西太后得的是痢疾，所以從病危到彌留的時間拉得比較長。候的時間一長，大臣們都有些體力不支，便紛紛坐在台階上，哪兒哪兒都是，情景非常狼狽。
>
> 就在宣布西太后臨死前，我曾祖父看見一太監端著一個蓋碗從樂壽堂出來，出於職責，就問這個太監端的是什麼，太監答道：「是老佛爺賞給萬歲爺的塌喇。」「塌喇」在滿語中是酸奶的意思。當時光緒被軟禁在中南海的瀛台，之前也從沒聽說過他有什麼急症大病，隆裕皇后也始終在慈禧這邊忙活。但送後不久，就由隆裕皇后的太監小德張（張蘭德）向太醫院正堂宣布光緒皇帝駕崩了。接著這邊屋裏才哭了起來，表明太后已死，整個樂壽堂跟著哭成一片，在我曾祖父參與主持下舉行哀禮。

其實，誰也說不清西太后到底是什麼時候怎麼死的，也許她真的挺到光緒死後，也許早就死了，只是密不發喪，只有等到宣布光緒死後才發喪。這已成了千古疑案，查太醫院的任何檔案也不會有真實的記載。但光緒帝在死之前，西太后曾親賜他一碗「塌喇」，確是我曾祖親見親問過的。這顯然是一碗毒藥。而那位太醫院正堂姓張，後來我們家人有病還常請他來看，我們管他叫張大人。

啓功先生的說法來源於他的曾祖父禮部尙書溥良，他的曾祖父是當時情況的目擊者，其說有一定價值。啓功回憶中提到的太醫院正堂「張大人」，名叫張仲元。據傳，他在民國時期曾對人說：「據他所知，光緒之死，確係由於中毒，指授之人，即係慈禧。」因此，光緒皇帝之死可能和慈禧太后命人下毒有關。當然，這只是一種可能，不是確證，需要進一步的研究。我們不妨再介紹一些資料給大家參考。

有一位給光緒皇帝看過病的大夫叫屈桂庭，他回憶說：他給皇帝看過一個多月病，藥力有效，但是到十月十八日，皇帝卻突然肚子疼起來，在床上亂滾，大叫「肚子痛得了不得」。這位大夫認爲這一症狀和皇帝此前所生之病「絕少關係」，覺得很奇怪。是啊，是很奇怪。現在我們可以想：光緒皇帝突然「肚子痛」，是否和慈禧太后賞賜的這碗「塌喇」有什麼關係呢？

根據文獻記載，啓功先生的曾祖父十月十六日才從東陵回京，他看到慈禧太后賞「塌喇」應該就在這以後，和屈桂庭回憶的皇帝「肚子痛」的時間大致相合。然而，還令人奇怪的是，十八日當天給光緒皇帝看病的醫生們留下的病案，卻沒有任何皇帝「肚子疼」的記載，只有咳嗽、氣逆、作喘、胸膈堵截、大便躁急，腿軟、寒熱痲痹、耳鳴頭昏等等。這種情況令人懷疑，醫生們當時留下的病案有無可能仍然是「奉命之作」呢？

光緒皇帝自幼體弱是事實，長年多病也是事實，但是，正如啓功的曾祖父所說：「從沒聽說過他有什麼急症大病」。據內務府司員增德、增麟等寫給他們的哥哥增崇的信說：「皇上無病，所進的藥也不吃。」又稱：「據醫士云：此症不甚重，無非虛不受補之意。」至於病案上羅列的種種症狀，「係由春季所有的病症，均奉旨不准撤，全叫寫，其實病症不是那樣；要是那樣，人就不能動了。雖然煎藥，未必全吃了，故此一時不能見效」。力鈞於一九〇六年五月入宮，爲慈禧太后看病，療效甚佳。從一九〇七年八月二十八日起至同年十一月六日期間，又爲光緒皇帝單獨看病。他的診斷是皇帝「肝氣不舒，胃氣不健」，要皇帝喝牛肉汁、雞汁，飲葡萄酒，實行「飲食療法」。慈禧太后聽說力鈞在爲光緒皇帝看病後大怒，狠狠地罵道：力鈞爲何還不死？嚇得力鈞趕快裝病，用雞血滴在唾壺裏，假稱咳血，逃離宮廷。可見，慈禧太后並不希望光緒皇帝病癒。

光緒皇帝去世前的這一個月，從十月一日到十六日，皇帝一直堅持每天去儀鸞殿向慈禧太后問安，陪她吃晚飯，其間，光緒皇帝還曾接見日本使臣和西藏的達賴喇嘛，都不像有大病的樣子。據爲光緒皇帝寫《起居注》的官員惲毓鼎回憶：十月十日是慈禧太后生日，光緒皇帝自南海步行，入德昌門，正在活動筋骨，準備向慈禧跪拜，但是，慈禧卻傳旨，皇帝臥病在床，免拜。皇帝聽後「大慟」，很傷心。這時，慈禧太后已經得了痢疾，接連幾天拉肚子。她得到情報，光緒皇帝面有「喜色」，這使她非常惱怒，發狠說：「我不能先爾死」。這以後，就發生贈「塌喇」和光緒皇帝「肚子痛得了不得」的情況。十九日，宮中突然增加禁衛，太監們紛紛出東華門理髮，揚言「駕崩矣」。二十日，慈禧太后下旨：「醇親王載灃之子溥儀，著在宮內教養，並在上書房讀書。」「醇親王載灃，授爲攝政王。」二十一日，正式宣布光緒皇帝去世。此時，光緒皇帝剛剛三十八歲。

光緒皇帝去世的時候，溥儀只有三歲，西太后讓一個三歲的小孩當皇帝，司馬昭之心，路人皆知。爲什麼這麼做？她還想故伎重演，還想繼續垂簾聽政，繼續當中國的最高統治者。她命令載灃說，「以後所有軍國政事，悉秉承予之訓示，裁度施行」，就是說，「要按照既定方針辦」。儘管光緒皇帝死了，你載灃當上監國攝政王了，但是所有的軍政大事，都要按照我的訓示，都要按照我的意思來做。慈禧太后這時病得也不輕，但即使是到了這個時候，慈禧太后也仍然緊緊地抓住權力不放。她顯然不會想到，她自己很快也離開了這個世界。

七、蓋棺論定

西太后是一個什麼人？我想，如果簡單而言，慈禧是個權力迷。她一生善於抓權、奪權、集權，是一個善於搞宮廷政變的專家。在她統治中國的四十七年裏，她有三大罪過：第一大罪過是鎮壓了太平天國和捻軍的起義，第二大罪過是鎮壓了戊戌變法，將譚嗣同等幾個愛國的改革家送上了斷頭台，她的第三個罪過，是在她當權期間，訂立了兩個喪權辱國的條約，一個是《馬關條約》，一個是《辛丑和約》。這三大罪過，就讓慈禧太后永遠釘在歷史的恥辱柱上。當然，同時她也做過某些好事，主要是兩件，一件是支持具有現代化意義的洋務運動，另外一件實行了具有資本主義改革性質的「新政」。這是慈禧太后一生做過的兩件對於中國歷史發展有益的好事。

宋代偉大的愛國主義詞人辛棄疾有兩句詞，叫「青山遮不住，畢竟東流去」。意思是說江水浩浩蕩蕩，向東奔向大海，那是青山都擋不住的。慈禧太后她想爲清王朝建立萬年基業，建立永久的統治，雖然進行了某些改革，但是她的改革不到位，其目的仍然是集權於滿洲貴族，維護滿洲貴族的利益。所以，在慈禧太后死後的三年，就爆發了辛亥革命，結束了清朝兩百多年的統治，也結束了中國兩千多年的封建主義專制統治。歷史有它自己的發展規律，是不以任何個人的意志爲轉移的，這是我們研究了慈禧太后的一生以後應該得出的結論。

（二〇〇四年十一月十二日的演講，據馬燕女士整理稿修改、增訂。）

【附記】

關於光緒皇帝的真實死因，我一直有懷疑。多年以前，中央電視台的鍾里滿先生為拍攝文獻記錄片《戊戌變法》訪問我，我即將康有為懷疑袁世凱曾命人下毒的有關文獻介紹給鍾先生，請他留意。鍾先生鍥而不捨，找到了力鈞為光緒皇帝看病的醫案，找到了力鈞後人，後來又在清西陵文物管理處的配合下，先後找到了光緒皇帝死後留下的頭髮、內衣和部分骨骼，並且請中國原子能科學研究院的有關人員用現代科學方法多次檢驗，同時請北京市公安局法醫檢驗鑑定中心的專家參加研討，終於肯定了光緒皇帝的頭髮、內衣和骨骼中的砒霜均嚴重超標，「明顯大於致死量」，其死因係「急性胃腸型砒霜中毒」。這就解決了光緒帝之死這一大謎團，為清史研究作出了重大貢獻。其成果，《清光緒帝死因研究工作報告》和鍾里滿的《清光緒帝砒霜中毒類型及日期考》已發表於《清史研究》二〇〇八年第四期。

翁同龢罷官問題考察

維新運動剛開始，光緒皇帝頒佈《明定國是詔》後的第四天，翁同龢即被罷官，開缺回籍。多年來，絕大部分學者都認爲，這是西太后反對變法的重要安排，光緒皇帝出於被迫，但是，也有蕭公權、孔祥吉等幾位學者認爲，是光緒皇帝主動罷了翁同龢的官。本人研究相關資料、反覆思考之後，覺得前說無據，後說有理。由於這一問題牽涉到對戊戌維新史和西太后、光緒皇帝等歷史人物的認識，因作本文，進一步加以論證。

一、西太后最初同意變法，不會在維新伊始時就處心積慮地加以反對

維新運動中，西太后發動政變，下令捉拿康有爲弟兄，殺害譚嗣同等六君子，軟禁光緒皇帝，盡罷新法。西太后的這些舉措，鑄就了一個鐵杆頑固派的形象，也將自己永遠釘在歷史恥辱柱上。人們想像，西太后一開始就反對變法，老謀深算，之所以從光緒皇帝身邊趕走翁同龢，目的在於削弱維新派的力量，警告光緒。人們的這種想像是合理的。然而，問題的關鍵是，西太后是否一開始就堅決反對變法？

翁同龢日記一八九八年六月十一日（四月廿三日）條云：

是日上奉慈諭，以前日御史楊深秀、學士徐致靖言國是未定，良是，今宜專講西學，明白宣示等因，並御書某某官應准入學，聖意堅定。臣對西法不可不講，聖賢義理之學尤不可忘。退擬旨一道。①

「慈諭」，就是西太后的「諭旨」。當年六月一日，楊深秀上《請定國是，明賞罰，以正趨向而振國祚折》，陳述「台灣既割，膠變旋生」的危急形勢，要求光緒皇帝「明降諭旨，著定國是，宣布維新之意，痛斥守舊之弊」。②六月八日，徐致靖上《請明定國是折》，要求光緒皇帝立即施行新政，「求可求成，風行雷動，其有舊習仍沿，阻撓觀望者，亦罪無赦」。③根據光緒皇帝所言，西太后不僅讀過這兩份折子，而且給了積極評價：「良是。」至於變法方向，西太后指示，「今宜專講西學」，以至於老成持重的翁同龢都覺得「過頭」，要說一句，「西法不可不講，聖賢義理之學尤不可忘」，在所擬詔書中特別強調，變法必須「以聖賢義理之學植其根本，又須博採西學之切於時務者」。④

《明定國是詔》是頒示天下的文件，光緒皇帝不會也不可能假傳「懿旨」，翁同龢的日記也不會誤記，因而，這一則資料的真實性應該無可懷疑。然而，活躍在其中的西太后形象實在和我們多年來的印象相差太遠了。

又《康有爲自編年譜》記載云：

> 五月初五日，奉明旨廢八股矣。先是二十九日芝棟折上，上即令樞臣擬旨。是日，京師譁然，傳廢八股，喜色動人，連數日寂然。聞上得芝棟折，即令降旨，剛毅請下部議，上曰：「若下禮部議，彼等必駁我矣。」剛又曰：「此事重大，行之數百年，不可遽廢，請上細思。」上厲聲曰：「汝欲阻撓我耶？」剛乃不敢言。及將散，剛毅又曰：「此事重大，願皇上請懿旨。」上乃不作聲，既而曰：「可請知。」故待初二日詣頤和園請太后懿旨，而至初五日乃降旨也。⑤

六月十六日（四月二十九日），宋伯魯（芝棟）上《請改八股爲策略折》，痛斥八股文的空疏無用，要求光緒皇帝特別下詔，在科舉考試中「改試策論」。⑥接著，光緒皇帝和頑固派大臣剛毅之間激烈辯論：皇帝要立即降旨，而剛毅則堅決反對，惹得皇帝動怒，但是剛毅仍不屈服，抬出「請懿旨」相抗。六月二十日（五月初二日），光緒皇帝到頤和園請示。二十三日，頒佈詔書，自下科始，「一律改試策論」，維新派取得了一次重要勝利。

《康有爲自編年譜》的上述記載，本意是想說明光緒皇帝「上扼於西后，下扼於頑臣」的情況，但是，恰恰是這條資料，說明了在「廢八股，改策論」這一問題上，西太后支持的是光緒皇帝，而不是頑固派剛毅。⑦

關於西太后一開始並不反對變法的情況，近人筆記中多有記載。蘇繼祖《清廷戊戌朝變記》記載：「正月，康初上之書，上呈於太后，太后亦爲之動，命總署王大臣詳詢補救之方，變法條理，曾有懿旨焉。」⑧「康初上之書」，指一八九八年一月二十九日（正月初八日）康有爲所上《請大誓臣工，開制度新政局折》。在該折中，康有爲陳述埃及、土耳其、高麗、安南、波蘭、馬達加斯加等國被侵略、受欺侮，以至被宰割、瓜分的慘狀，警告光緒皇帝，「恐自爾之後，皇上與諸臣雖欲苟安旦夕而不可得矣」！⑨列強侵略、欺侮清王朝，西太后與清王朝共命運，康有爲的這段話打動西太后是完全可能的；甲午戰後，中國割地賠款，西太后從維護滿洲貴族和自身利益出發，在一定程度上同情或支持變法也是合理的。費行簡《慈禧傳信錄》稱：「適德人假細故擾我膠澳，舉朝無一策、帝復泣告后，謂不欲爲亡國之主。后曰：『苟可致富強者，兒自爲之，吾不內制也。』」⑩《清廷戊戌朝變記》還記載：西太后曾對光緒皇帝面稱：「汝但留祖宗神主不燒，辮髮不剪，我便不管。」又曾對慶親王奕劻等表示：「由他（指光緒皇帝——筆者）去辦，俟辦不出模樣再說。」⑪這些資料都說明，西太后最初曾經給予光緒以一定程度內的變法自由。

蘇繼祖自稱，他的書「採之都中上下口吻，證之京津先後見聞」，但是，戊戌政變屬於宮闈高層機密，人們所知甚少，蘇著所述大多來自「訪詢」，必然真僞雜糅。《慈禧傳信錄》的性質與之大體相同。二書所載上述各事，需要利用其他可靠資料驗證，才能使用。

西太后主張「講西學」由來已久。一八六二年（同治元年），清政府在北京設立同文館，培養外語人才。一八六六年（同治五年）十二月，奕訢上折，要求在同文館內添設天文算學館，以官方姿態邁開了向西方學習的第一步。折中，奕訢提出，以滿漢舉人等正途出身的五品以下、年齡在二十歲以上的京外各官入學學習，西太后批示：「依議，欽此。」當時，同治帝僅十歲。這一批示顯然反映西太后的態度。不久，奕訢再次上折，提出「識時務者，莫不以學西學、製洋器爲自強之道」，要求將招生範圍擴展到翰林院編修、檢討、庶吉士等高級文官。⑫該折再次得到西太后批准。一八六七年（同治六年）二月，奕訢提議以徐繼畬爲同文館事務大臣，當天就又得到批准。三月，御史張盛藻、大學士倭仁先後上折，反對設立天文算學館，認爲「根本之圖，在人心而不在技藝」，從而形成中國近代史上一次著名的改革與反改革論爭。

在這場論證中，西太后支持奕訢，「上諭」稱：「同文館招考天文算學，既經左宗棠等歷次陳奏，該管王大臣悉心計議，意見相同，不可再涉游移，即著就現在投考人員，認真考試，送館攻習。」⑬其後，頑固派仍不肯罷休，通政使于凌等人繼續上折反對，楊廷熙更利用旱災，要求兩宮皇太后收回成命，撤銷同文館。六月三十日，西太后命軍機處起草上諭，指斥楊奏「呶呶數千言，甚屬荒謬」，一場爭論得以平息。⑭與此同時，一場以軍事現代化爲主，包括興辦民用工業和新式文化教育在內的「洋務運動」興起，當時稱爲「自強新政」。應該承認，這場運動爲古老的中國引入西方的先進生產力和近代科學文化，於中國的發展、進步有益。

有意思的是，西太后不僅要求部分文官和知識分子學習西學，而且也要求光緒皇帝學。自一八九一年（光緒十七年）十二月一日起，光緒皇帝即奉西太后「懿旨」，每日上午在勤政殿學習英文，由同文館的兩位洋教習授讀。⑮這項學習，一直堅持到一八九四年（光緒二十年）十一月，才由西太后下令，與「滿書房」同時停止。讓皇帝學英文，今天看來平常，但在當時，卻是曠古未有、驚世駭俗之事。

西太后既然支持同治年間的「自強新政」，她在甲午戰後，國家蒙受奇恥大辱之際，自然有可能同意一定程度上的「維新」。《慈禧傳信錄》記載，西太后曾對光緒皇帝說：「變法乃素志，同治初即納曾國藩議，派子弟出洋留學，造船製械，凡以圖富強也。若師日人之更衣冠，易正朔，則是得罪祖宗，斷不可行。」⑯既給光緒皇帝以一定變法自由，同時又給光緒皇帝劃定不可逾越的界限。這是符合西太后在變法伊始時的心態的。該書載，光緒皇帝曾向西太后表示，「徒練兵製械，不足以圖強，治國之道，宜重根本」，並向西太后推薦馮桂芬的《校邠廬抗議》，都得到西太后的肯定。⑰這也是符合西太后的性格和思想發展邏輯的。辛丑和約之後，西太后下詔實行新政，甚至預備立憲，雖是形勢所逼，畢竟和她此前的思想性格相關。

維新派的重要人物張蔭桓在和日本駐華公使矢野文雄密談時曾稱：「太后具有開新之見。」⑱此說用以論衡「洋務運動」至維新初期的西太后，不爲無見。歷史事實表明。西太后與倭仁、徐桐、剛毅等頑固派畢竟有別，因此，當光緒皇帝開始維新時，她能表示同意，並且提出「專講西學」的主張。在這一情況下，她自然沒有急於從皇帝身邊趕跑翁同龢的必要。至於她後來鎮壓維新派，那是由於維新活動超越了她許可的底線，觸犯了滿洲貴族集團的利益和她個人的權力，並不能證明她一開始就處心積慮地反對變法。

梁啓超《戊戌政變記》稱：「自四月初十以後，皇上日與翁同龢謀改革之事，西太后日與榮祿謀廢立之事。四月廿三日皇上下詔誓行改革，廿五日下詔命康有爲等於廿八日覲見，而廿七日西后忽將出一硃諭強令皇上宣布……皇上見此詔，戰慄變色，無可如何！」⑲《戊戌政變記》以西太后和袁世凱爲主要攻擊目標，政治和個人感情色彩濃烈，科學性不足。此段說「西太后日與榮祿謀廢立之事」，梁啓超並非榮祿營壘中人，何所據而云然？又說「西后忽將出一硃諭」，光緒皇帝「戰慄變色」，梁啓超當時並不在光緒皇帝身邊，何從知道？清制，只有皇帝才可用「硃諭」，慈禧雖貴爲太后，也絕不能「犯禁」。光緒皇帝罷免翁同龢的「硃諭」現存中國第一歷史檔案館，確爲光緒親筆，足證梁啓超之誤。

蘇繼祖的《清廷戊戌朝變記》有一條記載與梁著近似，爲史學家們廣爲引用。該書稱：「太后已許不禁皇上辦事，未便即行鉗制，故于未見康時，先去翁以警之。是日諭旨三道，皆奉太后交下勒令上宣布者。皇上奉此諭後，驚魂萬里，涕淚千行，竟日不食。」⑳這段文字寫得歷歷如繪，似乎無可懷疑，然而，問題是，蘇繼祖並非朝廷重要人物，宮闈秘事，他何緣得見？得知？

《清廷戊戌朝變記》還有一條記載，被視爲西太后在變法伊始就有意破壞的鐵證。該書稱：六月八日（四月二十日）之後，翁同龢罷官之前，西太后曾召見奕劻、榮祿、剛毅等人，聲稱「皇上近日任性亂爲，要緊處汝等當阻之」。奕劻等同答：「皇上天性，無人敢攔」，剛毅則伏地痛哭，聲稱「奴才婉諫，屢遭斥責」。西太后又問：「難道他自己一人籌畫，也不商之你等？」榮祿、剛毅答稱：「一切只有翁同龢能承皇上意旨。」剛毅並哭求太后勸阻。西太后稱：「俟到時候，我自有法。」㉑其實，這段記載的謬誤是很明顯的。當時，變法尚未開始，或者剛剛開始，光緒皇帝還幾乎什麼都沒有做，西太后何來「皇上近日任性胡爲」之憤？如果是這樣，她怎麼可能在差不多同時又肯定楊深秀、徐致靖要求變法的奏折，訓示光緒皇帝：「今宜專講西學」？

仔細考察晚清文獻，關於翁同龢被罷官出於西太后意旨的各類記載，不是出於傳聞，就是出於猜測，無一可以視爲確鑿有據的信史。

歷史家治史，有時難免受到既定觀念的制約。人們之所以易於認定「罷翁」之意出於西太后，其原因蓋在於認定西太后是鐵杆頑固派，而又不很瞭解翁同龢與光緒皇帝這一對師徒之間關係的發展與變化。

二、罷免翁同龢出於光緒皇帝本意

研究是誰罷了翁同龢的官，首先要研究翁被罷前後的朝局和人事安排。

維新運動進入高潮前，翁同龢一身兼任軍機大臣、總理各國事務衙門大臣、協辦大學士，戶部尚書等職，權極一時。這一時期，翁同龢做了兩件「吃力不討好」的事情：（一）舉借外債、內債。《馬關條約》規定，清政府須向日本賠款兩億三千萬兩白銀。翁同龢身為戶部尚書，籌款還債是其職責。《條約》簽字後不久，翁同龢即開始向俄、法、英、德等國借款。一九八八年二月，翁同龢派張蔭桓為代表，與英商滙豐銀行簽訂條約，借款一千六百萬英鎊。此外翁同龢又發行國債，以昭信股票為名，向國內官民各界借貸，同時加徵鋪稅、房捐等稅。（二）處理膠州事件。一八九七年十一月，德國以兩名傳教士被殺為由，派遣軍隊搶佔膠州灣，向清政府提出六項照會。交涉中，翁同龢擔心事態擴大，採取「低顏俯就」的軟弱態度，所擬答覆德方的「照會稿」不僅奕訢不以為然，連西太后都覺得「甚屈」。十二月十一日，翁同龢在上朝時為自己的主張辯護，語氣激烈，引起同僚驚愕。翁同龢日記云：「詞多憤激，同列訝之，余實不能不傾吐也。」㉒

上述二事都受到言官和個別地方官僚的批評。一八九八年三月，御史何乃瑩、徐道焜、高燮曾等人陸續上奏，批評發行昭信股票過程中的弊端。同年四月，安徽藩司于蔭霖上奏，指責翁同龢辦理膠州灣事件之不當，「外則徇德人之請，內惑于張蔭桓之言，以至於今日無所措手」，同時指責翁同龢以江蘇、江西等四省釐金作抵向英、德借債的失策，批評翁「獨任私智，釀成巨禍」，要求他與李鴻章、張蔭桓共同「讓賢」。㉓五月二十九日，御史王鵬運上奏，指責翁同龢與張蔭桓：「辦理洋務，偏執私見，不顧大局，既欲遇事把持，又復性成畏葸。」該折並指責二人在借洋債過程中有私納回扣行為，要求將二人「聲罪罷斥」。㉔

上述言官彈劾對光緒皇帝和西太后有影響。六月十日（四月二十二日），光緒發佈上諭云：榮祿著補授大學士，管理戶部事務；剛毅著調補兵部尚書、協辦大學士，刑部尚書著崇禮補授。這是光緒皇帝宣布變法前的人事安排，必然經過西太后同意，或者竟是西太后的意旨。它的要點是，在翁戶部尚書一職之上加了一個「管部大臣」榮祿，顯然與言官對翁舉借外債、內債的批評有關，但「上諭」並不曾免去翁的任何職務，更不曾觸動翁的其他權力，可見光緒皇帝和西太后對言官的彈劾並不過分重視，還不想對翁採取大動作。只是在五天後，情況才突然發生變化。六月十五日（四月二十七日），光緒皇帝再次發佈上諭，將翁同龢「開缺回籍」，同時命王文韶迅即來京陛見，直隸總督著榮祿暫行署理。這兩道上諭相距時間極近，可見罷免翁同龢是突然起意，而非早有預謀，因此，不得不採取緊急措施：調王文韶來京以填補翁同龢的空缺，以榮祿署理直隸總督，填補王文韶入京後留下的空缺。倘使六月十日發佈第一道上諭時就有罷翁之意，就沒有必要分成兩步，更沒有必要命榮祿「管理戶部事務」，過幾天再挪到「署理直隸總督」的位置上。

如果上述分析可以成立，那末，罷免翁同龢的直接原因就要從光緒皇帝發佈六月十日的上諭以後找，而據翁同龢日記，這以後幾天發生的事情又確實大有關係。六月十二日，翁同龢與光緒皇帝之間發生嚴重衝突。翁同龢日記云：「上欲于宮內見外使，臣以為不可，頗被詰責。又以張蔭桓被劾，疑臣與彼有隙，欲臣推重力保之，臣據理力陳，不敢阿附也。語特長，不悉記，三刻退。觸几有聲，足益弱矣，到館小憩。」㉕可見，翁同龢和光緒皇帝當日的衝突有兩方面內容：一是接見外國使節的禮儀，一是推薦、提拔張蔭桓問題。

清初以來，清朝皇帝會見外國使節的禮儀一直是重大爭論，雖不斷改進，但始終沒有將「洋人」平等相待。光緒皇帝久有進一步改革的願望，但屢屢受到翁同龢的反對。一八九八年春，光緒皇帝批准外國使臣的車馬可以直入禁門，但翁同龢反對。同年四月，德國亨利親王訪問北京，光緒皇帝準備在毓慶宮接見，同時批准其乘轎進入東華門，仍然受到翁同龢反對，以致惹得光緒皇帝「盛怒」，逐條駁斥翁同龢意見，並且借指斥剛毅爲名，發洩了一通對翁的不滿。㉖六月初，光緒皇帝擬在乾清宮接見外國使臣，翁同龢再次反對。十二日，光緒皇帝重申此意，遭到翁的又一次反對，因而「頗被詰責」。㉗從翁自己記下的這短短四個字，不難想見當年君臣互相辯駁以及光緒皇帝動怒的情況。

張蔭桓是康有爲同鄉，長期在總理各國事務衙門任職，又曾出使美、日、秘三國，見識開通，支持維新，是光緒皇帝企圖重用的人物之一。五月十七日，徐桐參劾張蔭桓「居心鄙險，唯利是圖」。㉘同月末，王鵬運繼續參劾翁同龢與張蔭桓，「奸庸誤國，狼狽相依」，但光緒皇帝不爲所動，他一面表示要將王「交部議處」，一面要翁同龢「推重力保」，意在爲重用張蔭桓掃除障礙。不料翁同龢很倔強，就是不肯推薦張蔭桓，以致和光緒皇帝長時間頂撞，「臣據理力陳，不敢阿附也。語特長，不悉記。」從這短短的幾句話中，也不難想像翁頂撞光緒皇帝的激烈程度。

不幸的是，第二天又發生翁同龢阻擋光緒皇帝召見維新派人員之事。據《翁同龢自訂年譜》記載：六月十三日（四月二十五日）徐致靖奏保康有爲、張元濟、黃遵憲、譚嗣同、梁啓超爲「通達時務人材」，求才若渴的光緒皇帝意欲即日召見，但翁同龢卻主張「宜稍緩」。㉙十四日早朝，翁在是否賞給張蔭桓「寶星」獎章問題上又和光緒皇帝鬧起彆扭，他聲明「只代奏不敢代請」，意在說明他本人不贊成嘉獎張蔭桓，但是，光緒皇帝卻馬上決定，「張某可賞一等第三寶星」，當面否定了翁的意見。㉚

翁同龢推薦過康有爲等維新黨人，但是，翁同龢的維新理念、學術觀點和康有爲等始終存有差距。一八九八年二月，光緒皇帝向翁同龢索閱黃遵憲的《日本國志》，翁的回答不合光緒皇帝的心意，很受光緒皇帝「詰難」。㉛康有爲的《新學僞經考》早就被翁視爲「說經家一野狐」，㉜及至翁讀到康的《孔子改制考》，更有意拉開和康的距離。五月二十六日（四月初七），光緒皇帝命翁同龢傳諭康有爲，命其將此前進呈的書籍再抄一份，但翁同龢居然回答：「與康不往來。」這自然引起光緒皇帝的驚訝，追問緣故，康答：「此人居心叵測」。第二天，光緒皇帝再次索要康書，翁同龢回答如前。兩個人都很執拗，在光緒皇帝「發怒詰責」的情況下，翁同龢將此事推給總理各國事務衙門，但光緒皇帝仍然寸步不讓，要翁親自傳知康有爲，不料翁仍然拒絕，反問皇帝：「張某日日進見，何不面諭？」㉝光緒皇帝貴爲天子，何能忍受翁同龢的這種執拗和搶白！㉞

翁同龢頂撞光緒皇帝的事件非僅上述數例，也非僅一時。一八九八年二月，光緒皇帝爲解決膠州灣事件，命翁同龢前往德國駐華公使館談判，但翁始終堅拒。第一次，翁稱：「此舉無益」；第二次，翁稱：「未敢奉詔。」當時，翁爲抗辯講了許多話，其固執態度使在場的人都感到驚訝。翁在日記中自云：「同人訝余之憨。」又過了幾天，皇帝再次催促，翁仍然「頓首力辭」。在場的恭親王奕訢不以翁的態度爲然，但也拿翁沒有辦法，只好改派李鴻章和張蔭桓前往。㉟對此類事件，光緒皇帝都容忍了。

光緒皇帝不可能事事忍耐，長久忍耐。頒佈《明定國是詔》後，光緒皇帝急於任用新人，迅速推行變法，卻一再受到翁同龢的阻撓和反對，這樣，儘管翁同龢與光緒之間有多年的「師生之誼」，甚至有過「情同父子」的經歷，然而在翁同龢一次又一次地頂撞之後，他已被光緒皇帝視爲維新變法的障礙，其被「開缺」的命運就是必然的了。

「開缺」上諭寫道：「協辦大學士翁同龢近來辦事多不允協，以致眾論不服，屢經有人參奏，且每於召對時，諮詢事件任意可否，喜怒見於詞色，漸露攬權狂悖情狀，斷難勝樞機之任。」研究該上諭，可知將翁同龢「開缺」理由有二：一是「近來辦事多不允協」，其內容當即上述舉借內外債及處理膠州灣事件，但是，前文已述，光緒皇帝對有關彈劾並不十分重視，寫在這裏，不過是順手牽來的一條理由，而其真正原因則顯然是，「每於召對時，諮詢事件任意可否，喜怒見於詞色，漸露攬權狂悖情狀」，其所指，當即上述翁同龢與光緒皇帝的一連串衝突。這些衝突都發生於君臣「召對」之間，光緒皇帝如冬日飲冰，點滴在心，而西太后則不會很清楚。即此一點，亦可以證明，「開缺」上諭爲光緒親筆，出自本意。

筆者的這一判斷還可以從光緒皇帝頒發「開缺」上諭及其後幾天內對翁同龢的態度得到證

明。

人們熟知，戊戌政變前夕，當光緒皇帝感到大事不妙，危險在即時，曾透過楊銳、林旭帶出密詔，要「諸同志」妥籌「良策」，並向康有爲解釋要他迅速離京，「將來更效馳驅」的意思。如果罷免翁同龢出於西太后意旨，而光緒皇帝只是被迫，他一定會盡一切可能，尋找機會，向翁有所說明，至少，要作出某種暗示，然而，種種事實說明，光緒皇帝表現得很嚴酷。

首先，頒發「開缺」上諭當天，光緒皇帝就不讓翁同龢有和自己見面的機會。《翁同龢日記》載，當日晨，翁入朝後，「看折治事如常。起下，中官傳翁某勿入，同人入，余獨坐看雨。」㊱只是在「同人」退朝之後，翁才「恭讀」到那道決定自己命運的「上諭」。其次，第二天，翁照例要向皇帝謝恩。《翁同龢日記》載：「午正二駕出，余急趨赴宮門，在道右叩頭。上回顧無言，臣亦黯然如夢。」㊲此時，翁同龢可謂傷心之極，而光緒皇帝卻「回顧無言」，任何表示也沒有。當日傍晚，光緒皇帝命南書房王太監給翁送去紗葛，但這是端陽節的「例賞」，此外仍然「無言」。以上種種，說明光緒皇帝在竭力避免當面向「師傅」宣布這一出自己意的殘酷決定時所必然會有的尷尬，也說明，光緒皇帝除了「開缺」上諭所列舉的理由之外，沒有其他「隱情」須向「師傅」表白。

也許有學者認爲，這種情況乃是由於光緒皇帝害怕西太后的淫威，所以不敢有任何表示。其實，這完全是一種沒有根據的猜想。翁同龢被「開缺」之後，光緒皇帝第二天就召見康有爲，命其在總理衙門章京上行走，許其專折奏事，接著，一連串地頒發「新政」詔書，完全是一種放手大幹的心態。倘使西太后強迫光緒皇帝罷免翁同龢，而光緒皇帝又膽小到不敢向親愛的「師傅」做任何表示，他必然瞻顧、徘徊，小心翼翼，何敢如此雷厲風行地迅速推動變法！

凡此都說明，翁同龢被「開缺」出於光緒皇帝本意，而非西太后干預。

光緒皇帝銳意改革，求治心切，是其優點，但年輕氣盛，操之過急，遇事衝動，是其缺點。翁同龢縱有不當，但總不應該輕率地將其趕出朝廷，自毀股肱。不久之後，罷免禮部六堂官事件再一次暴露了光緒皇帝性格中的這一缺點，感情用事，懲罰過重，打擊面過大，又破例沒有向西太后請示，在自身準備不足的情況下挑戰西太后長期掌握的權力，從而引起西太后和頑固派的強烈反彈。限於本文主題，這裏就不論了。

三、西太后批准罷免翁同龢

那末，西太后是否和「開缺」翁同龢毫無關係呢？也不，她是此事的批准者。理由很簡單，西太后長期掌握最高權力，罷免翁同龢這樣的大臣可以說是當時的頭等大事，光緒皇帝不可能不和西太后商量。如果西太后不同意，光緒皇帝決不可能一意孤行。翁同龢被罷後，光緒皇帝曾告訴康有爲，黜革高級官員的權力「握在太后自己手中」。㊳根據《清代起居註冊》和《德宗實錄》等史料，六月十一日《明定國是詔》頒佈後，十二日、十三日，光緒皇帝和西太后分居紫禁城和頤和園兩處，未曾見面，十四日，光緒皇帝早朝之後，返回頤和園。當日正午，翁同龢也趕到頤和園，向西太后請安，西太后還關心地問了一句：「遠來飯否？」要翁「且下去飯」。㊴次日，光緒皇帝即頒發將翁「開缺」回籍的上諭。顯然，正是十四日下午光緒皇帝和西太后的會晤，決定了翁被趕出朝廷的命運。

西太后之所以批准光緒皇帝的要求，而未提出異議，原因複雜。

西太后是個自私自利、嗜權如命的人。同治皇帝去世，她選擇年幼的載湉，就是爲了便於繼續控制國家權力。因此，在光緒皇帝成年之後，仍遲遲不肯歸政，而且對任何危及她的權力的人都堅決打擊。

翁同龢受到過西太后的寵信。一八六五年（同治五年），被任命爲弘德殿行走，教讀同治帝。一八七六年（光緒二年），被任命爲毓慶宮行走，教讀光緒皇帝。此後，歷任刑部尙書、工部尙書，戶部尙書、軍機大臣、會辦軍務大臣，總辦皇太后萬壽慶典大臣等要職，多次受到西太后召見，所受恩寵，一時少見。但是，自一八九四年（光緒二十年）珍、瑾二妃事件後，寵信漸衰。當年十一月，西太后藉口「有祈請干預種種劣跡」，將光緒皇帝寵愛的珍妃、瑾妃降爲「貴人」。此事是西太后打擊光緒皇帝親信的開端。事件中，翁同龢再三要求西太后「緩辦」，並且抬出光緒皇帝相抗，當面詢問西太后：「上知之否？」㊵事後，御史高爕曾上折，直斥「懿旨」，西太后召見翁同龢等人，指令批駁，但翁同龢卻主張「以靜攝之，毋爲所動。」㊶

十二月，安維峻上奏，請殺對日妥協的權臣李鴻章，聲稱和議爲「皇太后旨意」，尖銳地提出：「皇太后歸政久，若遇事牽制，何以對祖宗天下？」光緒皇帝指示拿交刑部治罪，但翁同龢卻以安維峻「究係言官」爲理由要求從寬處理。㊷這些，都曾引起西太后對翁的不滿。當時對西太后專權不滿的還有侍郎汪鳴鑾與長麟，他們在光緒皇帝面前指責西太后只是咸豐皇帝的「遺妾」，與光緒皇帝「本非母子」，勸光緒皇帝「收攬大權」。一八九五年十二月，光緒皇帝被迫將汪、長二人革職，永不敘用。次年二月，西太后爲減少光緒皇帝與翁同龢等人的接觸機會，決定裁撤漢書房，翁同龢的多年授讀生涯自此結束。㊸一個月之後，御史楊崇伊參劾珍妃之師、翰林院侍讀學士文廷式「遇事生風」，「議論時政」，結果，文被革職，永不敘用。一時間，北京氣氛沉悶，翁同龢也「惶惶自危」。㊹

翁同龢是漢臣，他與光緒皇帝關係親密，滿洲親貴早就不滿。一八九六年二月，傳教士李提摩太向大學士剛毅陳述，中國應該研究其他國家，西太后應該有兩個外國女教師，光緒皇帝應該有兩個外國導師，要求剛毅設法讓他見到皇帝，剛毅的回答是：「他對於皇帝沒有影響，翁同龢最有力量，在內閣裏，漢人按照自己的意思實行一切，甚至恭親王、禮親王（都）是無足輕重的人，他宣稱翁同龢蒙蔽了皇帝的視聽。」㊺四月三日，在北京的維新派成員吳樵致函汪康年報告：「自毓慶宮撤後，盤遊無度，太上每謂之曰：咱們天下自做乎？抑叫姓翁的做？」㊻這裏所說的「太上」，應指西太后或另一位身分極高的貴族；「每謂之曰」的對象應是光緒皇帝。兩份材料都說明，滿洲親貴對翁同龢日益增長的權力及其對光緒皇帝的影響深懷不安。但是，這以後的一段時期內，西太后與翁同龢之間還維持著既不算好也不算壞的關係。

一八九七年（光緒二十三年）九月，翁同龢還被加任爲協辦大學士，在官階上再次上升。西太后的特點是敢於重用漢臣，曾國藩、李鴻章、左宗棠都受到她的信任。沒有充分必要，她不會輕易甩棄翁同龢。這種情況，一直維持到一八九八年五月底，恭親王奕訢去世。

據金梁的《四朝佚聞》記載，奕訢去世前，曾對臨視的西太后「泣奏翁心叵測，並及怙權」。㊼又據光緒時期的御史趙炳麟稱：「恭王卒，大事決同龢，剛毅腹誹觖望，時京中爲之語曰：自言自語剛樞密，獨斷獨行翁相公。剛毅、蓮英合搆同龢于太后，遂開缺回籍。」㊽剛毅與翁同龢素不相合，某次二人論事，意見衝突，幾乎當面翻臉。㊾奕訢去世後，剛毅爲防止翁的權力繼續上升，向西太后「進讒」是可能的。當翁同龢仍然受到西太后寵信時，剛毅等人的讒言不會有多大作用，但是，當翁同龢寵信漸衰時，剛毅之流的讒言就會發生影響。不過，六月十日的上諭僅任命榮祿爲大學士，管理戶部事務，並未解除翁同龢的戶部尚書、協辦大學士職務，說明西太后也還沒有決定甩棄翁同龢。但是，這以後幾天，光緒皇帝和翁同龢之間連續發生的衝突使情況急劇變化。張謇的兒子張孝若寫道：

> 等到恭王一死，小人漸漸出頭擅起權來，在太后那一方面，就要排斥翁公，使帝黨孤立；在帝這一方面，此時已經懷了變政的決心，覺得翁公過於持重，常常掣他的肘，心上也不願意。所以太后既要去翁，他也無可無不可。㊿

這裏所說的「小人」，仍指剛毅。張謇是翁同龢的門生，與翁相知甚深。戊戌政變後，翁同龢曾將他和光緒皇帝關係的部分情況告訴張謇，張謇又告訴了張孝若。上述光緒皇帝覺得翁「過於持重」，苦於被「掣肘」等情，非局外人所能知，當亦出自翁同龢本人。張孝若敘述此段歷史時，不採光緒皇帝被迫之說，而從西太后和光緒皇帝兩方面分析翁同龢被罷官的原因，是有道理的。但是，揆諸史實，光緒皇帝與翁同龢之間關係的惡化應是主因，而西太后方面，則是次因。

（原載《近代史研究》二〇〇五年第三期）

①陳義傑整理：《翁同龢日記》第六冊，中華書局一九九八年版，第三一三三頁。

②孔祥吉：《救亡圖存的藍圖——康有為變法奏議輯證》，台北聯合報系文化基金會一九九八年版，第七十一頁。

③同上書，第九十六頁。

④《翁同龢日記》，第六冊，第三一三三頁；中國史學會編：《戊戌變法》（一），上海人民出版社，上海書店出版社二〇〇〇年版，第三十七頁。

⑤《戊戌變法》（四），第一四七至一四八頁。

⑥孔祥吉：《救亡圖存的藍圖——康有為變法奏議輯證》，第一一三至一一四頁。

⑦西太后支持部分改革的情況參見《翁同龢日記》第六冊，光緒二十三年正月念三日條。當時翁「論及

兵須精練，借款之難，節省之難」，西太后當即表示：「綠營可盡裁，局員當盡撤。」，見該書第三〇八一頁。

⑧《戊戌變法》（一），第三三一頁。

⑨孔祥吉：《救亡圖存的藍圖——康有為變法奏議輯證》，第五頁。

⑩《戊戌變法》（一），第四六四頁。

⑪同上書，第三三一、三四二頁。

⑫中國史學會主編：《洋務運動》（二），第廿四頁。

⑬《穆宗實錄》卷一九九，《清實錄》第四十九冊，中華書局一九八七年版，第五六〇頁。

⑭同上書，卷二〇四，第六四〇頁。

⑮《翁同龢日記》，第五冊，第二四八一頁。

⑯《戊戌變法》（一），第四六四頁。

⑰同上。

⑱日本外務省檔案：《各國內政關係雜纂》，1-6-2-4，日本外交史料館藏。參見孔祥吉、村田雄二郎：《罕為人知的中日結盟及其他》，巴蜀書社，二〇〇四年版，第二五二至二五三頁。

⑲《戊戌變法》（一），第二六〇頁。

⑳同上書第四六四頁。

㉑《戊戌變法》（一），第三三一頁。

㉒《翁同龢日記》，第六冊，第三〇六七頁。

㉓《請簡用賢能大臣並陳五事以救時局折》，《於中丞奏議》，台北文海出版社影印本，第一三六至一四一頁。

㉔《權奸誤國請予罷斥折》，光緒朝軍機錄副奏折，內政類，職官項，縮微膠捲第四〇五卷，中國第一歷史檔案館藏。

㉕《翁同龢日記》，第六冊，第三一三三頁。

㉖《翁同龢日記》，第六冊，第三一〇九頁。

㉗《翁同龢日記》，第六冊，第三一三三頁。

㉘《參張蔭桓貪奸誤國折》，光緒朝軍機錄副奏折，內政類，職官項，縮微膠捲第四〇五卷，中國第一歷史檔案館藏。

㉙《近代史資料》第八十六號。

㉚《翁同龢日記》，第六冊，第三一三三頁。

㉛《翁同龢自訂年譜》，《近代史資料》第八十六號。

㉜《翁同龢日記》第五冊，第二六九六頁。

㉝《翁同龢日記》，第六冊，第三一一八頁。

㉞有學者可能認為，上述各事，均出於翁同龢日記所載，戊戌政變後，翁為了避禍，曾對日記作了修改，因此不能完全相信。不錯，翁在政變後確實修改過日記，但僅限於少數幾處，今人已作過考證。

參見孔祥吉、村田雄二郎：《翁文恭公日記稿本與刊本之比較——兼論翁同龢對日記的刪改》，《歷史研究》二〇〇四年第三期。更重要的是，翁去世的時候，光緒皇帝還健在，翁不會也決不敢修改日記中和光緒皇帝有關的部分。這是因為，第一，翁忠於光緒；第二，修改如有不實，將是欺君大罪。

㉟《翁同龢日記》，第六冊，第三〇八九至三〇九〇頁。

㊱《翁同龢日記》，第六冊，第三一三四頁。

㊲同上。

㊳《中國的危機》，《戊戌變法》（三），第五〇九頁。

㊴《翁同龢日記》，第六冊，第三一三三頁。

㊵《翁同龢日記》，第五冊，第二七五四頁。

㊶《翁同龢日記》，第五冊，第二七五六頁。

㊷《翁同龢日記》，第五冊，第二七六五頁。

㊸《翁同龢日記》，第五冊，第二八七八頁。

㊹吳樵：《致汪康年》，《汪康年師友手札》，第一冊，第四八一頁。

㊺《中國的維新運動》，《戊戌變法》（三），第五五八頁。

㊻《汪康年師友手札》，第一冊，第四八〇頁。

㊼《戊戌變法》（四），第二二二頁。

㊽《光緒大事彙錄》卷九，《趙柏岩集》。

㊾《翁同龢日記》，第六冊，第三〇六八頁。

㊿《南通張季直先生傳記》，《戊戌變法》（四），第二四五至二四六頁。

康有為謀圍頤和園捕殺西太后確證

戊戌政變時期，清朝政府曾指責康有爲「謀圍頤和園，刦制皇太后」，以之作爲維新派大逆不道的罪狀。當時道路傳言，議論紛紛，史籍、筆記中多有記載。但是，由於這一消息過於聳人聽聞，康有爲對此又一直矢口否認，多年來，歷史學家們大都不予置信。實際上，它確有其事。康有爲不僅曾準備「刦制」西太后，而且曾準備乘機捕殺。筆者於日本外務省檔案中獲得了可靠的證據。

一八九八年九月二十八日，清政府將譚嗣同、楊深秀等六人處決。次日，以光緒皇帝的口氣發佈上諭說：

主事康有為首倡邪說，惑世誣民，而宵小之徒，群相附和，乘變法之際，隱行其亂法之謀，包藏禍心，潛圖不軌，前日竟有糾約亂黨，謀圍頤和園，劫制皇太后，陷害朕躬之事，幸經察覺，立破奸謀。又聞該亂黨私立保國會，言保中國不保大清，其悖逆情形，實堪髮指。朕恭奉慈闈，力崇孝治，此中外臣民之所共知。康有為學術乖僻，其平日著作，無非離經叛道，非聖無法之言。茲因其素講時務，令在總理各國事務衙門章京上行走，旋令赴上海辦官報局，乃竟逗留輦下，構煽陰謀，若非仰賴祖宗默佑，洞燭機先，其事何堪設想！①

中國並不是一個法治傳統很盛的國家，單憑「惑世誣民」、「離經叛道」、「非聖無法」一類字眼，清政府完全可以下令捉拿康有爲，處決譚嗣同等人，「上諭」特別提出「謀圍頤和園，劫制皇太后」，顯然事出有因。

據惲毓鼎《崇陵傳信錄》一書記載：政變前夕，當西太后盛怒還宮時，曾指責光緒皇帝說：「我撫養汝二十餘年，乃聽小人之言謀我乎？」又說：「癡兒，今日無我，明日安有汝乎？」②惲毓鼎曾隨侍光緒多年，上述記載自非無根之談。費行簡的《慈禧傳信錄》一書所記與惲書大體相同，但更明確。它記西太后大罵光緒說：「汝以旁支，吾特授以大統，自四歲入宮，調護教誨，耗盡心力，爾始得成婚親政。試問何負爾，爾竟欲囚我頤和園，爾真禽獸不若矣！」③《清廷戊戌朝變記》所載亦同。西太后責問光緒說：「康有爲叛逆，圖謀於我，汝不知乎？尚敢回護也！」④綜觀上述材料，可以確定：西太后認爲，光緒皇帝和康有爲串通，準備將她囚禁於頤和園，因而才有前述二十九日的上諭。

對清政府的指責，康有爲多次矢口否認，反說是袁世凱的離間計。一九〇八年，他在《上攝政王書》中說：

戊戌春夏之交，先帝發憤於中國之積弱，強鄰之侵凌，毅然維新變法以易天下。其時慈宮意旨所在，雖非外廷所能窺伺，就令兩宮政見小有異同，而慈孝感召之誠，終未嘗因此而稍殺。自逆臣世凱無端造出謀圍頤和園一語，陰行離間，遂使兩宮之間常有介介，而後此事變遂日出而不窮，先帝所以備歷艱險以迄今日，實維此之故。⑤

康有爲這封信的主旨在於說明光緒「仁孝」而西太后「慈」，因此說了許多違心的話，如所謂「慈孝感召之誠」云云，即是自欺欺人的謊言。康有爲進一步聲稱：「推袁世凱所以造出此無根浮言之故，全由世凱受先帝不次之擢，其事頗爲廷臣所矚目，而盈廷洶洶，方與新政爲難，世凱忽生自危之心，乃幻出此至狠極毒之惡謀，如俗諺所謂苦肉計者以自求解免，此戊戌冤獄之所由起也。」康有爲的這段話實在沒有多少說服力。袁世凱爲了自求解免，向榮祿、西太后邀寵，出面告密就可以了，何必一定要造出「謀圍頤和園」一類的謠言來呢？須知，一經查實沒有此事，袁世凱的欺誑之罪也不會很小。老奸巨滑的袁世凱不會這麼幹的。

然而，「謀圍頤和園」一說確實出於袁世凱。他的《戊戌日記》對譚嗣同夜訪有詳細的記載，內稱：

（譚）因出一草稿，如名片式，內開榮某謀廢立弒君，大逆不道，若不速除，上位不能保，即性命亦不能保。袁世凱初五請訓，請面付硃諭一道，令其帶本部兵赴津，見榮某，出硃諭宣讀，立即正法。即以袁某代為直督，傳諭僚屬，張掛告示，布告榮某大逆罪狀，即封禁電局鐵路，迅速載袁某部兵入京，派一半圍頤和園，一半守宮，大事可定。如不聽臣策，即死在上前各等語。予聞之魂飛天外，因詰以「圍頤和園欲何為？」譚云：「不除此老朽，國不能保，此事在我，公不必問。」⑥

袁世凱自認，是他向榮祿告密的。袁在日記書後中稱，他寫這篇日記，是爲了「交諸子密藏」，「以徵事實」。⑦當然，袁世凱爲人陰險奸詐，他的話不能輕信，必須以其他材料驗證。

王照逃亡日本後，在與犬養毅的筆談中說：

梁啓超、譚嗣同於初三夜往見袁，勸其圍太后，袁不允。⑧

在維新運動中，王照與康有爲關係密切。當新舊兩派鬥爭日益尖銳的時候，康有爲曾動員他遊說聶士成率軍保衛光緒。⑨譚嗣同夜訪袁世凱之際，康有爲又曾和他一起商議，「令請調袁軍入勤王」。⑩因此，他的話不會沒有根據。

李提摩太在《留華四十五年記》中說：

在頒佈維新諭旨時，守舊派怨恨皇帝荒唐的計劃，可能很快地使中國毀滅，他們懇求慈禧將一切的政權都掌握在她自己手裏。她下諭秋天要在天津閱兵。皇帝恐怕在檢閱的藉口之下，慈禧將要奪取所有權柄，而把他放在一邊。維新黨催著他要先發制人，把她監禁在頤和園，這樣才可以制止反對派對於維新的一切障礙。皇帝即根據此點召見榮祿部下的將領袁世凱，計算在他的支持下，帶兵至京看守她住的官殿。

又說：

維新黨都同意要終止反動派的阻力，唯一的辦法就是把慈禧關閉起來。⑪

李提摩太是康有爲替光緒皇帝聘請的顧問，參與維新機密。光緒求救的密詔傳出之後，康有爲、譚嗣同曾分別拜訪他，和他一起商討「保護皇帝」的辦法。因此，李提摩太的上述回憶自然也不是捕風捉影之談。

許世英在回憶錄裏說：戊戌那一年，他在北京，聽到「圍園」的有關傳說，曾經跑去問劉光第，劉說：「確曾有此一議」。⑫許世英的回憶錄寫於晚年，他沒有說謊的必要。

梁啓超記譚嗣同夜訪袁世凱時說：

榮祿密謀，全在天津閱兵之舉。足下及董、聶三軍，皆受榮所節制，將挾兵力以行大事，雖然，董、聶不足道也，天下健者，惟有足下，若變起，足下以一軍敵彼二軍，保護聖主，復大權，清君側，肅宮廷，指揮若定，不世之業也。⑬

史家們千萬不能忽略這「肅宮廷」三字，如果不對西太后採取措施的話，宮廷又如何能「肅」呢？

西太后是維新運動的最大障礙。殺一個榮祿，並不能完全解決問題。由殺榮祿而包圍頤和園，處置西太后，這是順理成章的事。事實上，維新派早就有過類似想法。康有為聲稱，如果要「尊君權」，「非去太后不可」。⑭楊深秀也曾向文悌透露：「此時若有人帶兵八千人，即可圍頤和園，逼脅皇太后」。⑮

最可靠的確證是畢永年的《詭謀直紀》。畢永年，湖南長沙人，會黨首領，譚嗣同、唐才常的好友。戊戌政變前夕到達北京，被引見康有為，受命在包圍頤和園時，乘機捕殺西太后。《詭謀直紀》是他關於此事的日記，節錄如下：

二十九日……夜九時，（康）召僕至其室，謂僕曰：「汝知今日之危急乎？太后欲於九月天津大閱時弒皇上，將奈之何？吾欲效唐朝張柬之廢武后之舉，然天子手無寸兵，殊難舉事。吾已奏請皇上，召袁世凱入京，欲令其為李多祚也。」

八月初一日，僕見譚君，與商此事，譚云：「此事甚不可，而康先生必欲為之，且使皇上面諭，我將奈之何！我亦決矣。兄能在此助我，甚善，但不知康欲如何用兄也。」午後一時，譚又病劇，不能久談而出。夜八時，忽傳上諭，袁以侍郎候補。康與梁正在晚餐，乃拍案叫絕曰：「天子真聖明，較我等所獻之計尤覺隆重，袁必更喜而圖報矣。」康即起身命僕隨至其室，詢僕如何辦法。僕曰：「事已至此，無可奈何，但當定計而行耳，然僕終疑袁不可用也。」康曰：「袁極可用，吾已得其允據矣。」乃於几間取袁所上康書示僕，其書中極謝康之薦引拔擢，並云赴湯蹈火，亦所不辭。康謂僕曰：「汝觀袁有如此語，尚不可用乎？」僕曰：「袁可用矣，然先生欲令僕為何事？」康曰：「吾欲令汝往袁幕中為參謀，以監督之何如？」僕曰：「僕一人在袁幕中何用，且袁一人如有異志，非僕一人所能制也。」康曰：「或以百人交汝率之，何如？至袁統兵圍頤和園時，汝則率百人奉詔往執西后而廢之可也。」

初三日，但見康氏兄弟及梁氏等紛紛奔走，意甚忙迫。午膳時錢君告僕曰：「康先生欲弒太后奈何？」僕曰：「兄何知之？」錢曰：「頃梁君謂我云：先生之意，其奏知皇上時，只言廢之，兄何不一探之等語。然則此事顯然矣，將奈之何？」僕曰：「我久知之，彼欲使我為成濟也，兄且俟之。」⑯

成濟，三國時人，司馬昭黨羽，曾以劍刺殺魏帝曹髦。此件大約寫作於一八九九年初。當時，畢永年和康有爲矛盾已深，寫成後交給了日人平山周，平山周交給了日本駐上海代理總領事小田切萬壽之助。同年二月八日，小田切萬壽之助將它上報給日本外務次官都築馨六。⑰它爲瞭解康有爲謀圍頤和園，捕殺西太后的有關活動提供了最確鑿的資料，⑱它所記載的某些情節也可與其他資料互相印證。例如捕殺西太后的人選，除畢永年外，還曾急催唐才常入京，這正與袁世凱《戊戌日記》所載譚嗣同稱「電湖南召集好將多人」相合。又如它記載康有爲告訴畢永年，已派人往袁處離間袁世凱與榮祿之間的關係，這同《康南海自編年譜》的說法一致。當然，也有個別情節不準確，例如它記夜訪袁世凱的爲康有爲、譚嗣同、梁啓超三人，這是因爲譚嗣同沒有將全部真實情況告訴畢永年，出於猜測之故。

在《上攝政王書》中，康有爲說：「今者兩宮皆棄臣民而長逝矣，臣子哀痛有所終極，過去陳跡漸如煙雲。雖然，千秋以後之史家，於戊戌之事豈能闕焉而弗爲記載，使長留謀頤和園之一疑案不得表白，則天下後世非有疑於先帝之孝，則有疑於先帝之明，而不然者又將有疑於大行太皇太后之慈。」⑲爲了維護封建倫理，康有爲力圖否認有關事實。他沒有想到，這一「疑案」終於得出了違反他的意志的「表白」。歷史是糊弄不得的。

（原載《光明日報》一九八五年九月四日）

【附記】

承日本立命館大學副教授松本英紀惠借日本外務省檔案縮微膠捲，特此致謝。

①《德宗實錄》第四二七卷。
②《戊戌變法》（中國近代史資料叢刊）第一冊，第四七六頁。
③同上，第四六六頁。
④同上，第三四七頁。
⑤同上，第二冊，第五一八頁。
⑥《戊戌變法》第一冊，五五〇至五五一頁。有關情節袁世凱生前也曾對人說過，張一麐任袁世凱幕僚時也有所聞，見《心太平室集》卷八。
⑦《戊戌變法》第一冊，第五五五頁。
⑧《戊戌變法》第四冊，第三三二至三三三頁。
⑨同上。
⑩《戊戌變法》第四冊，第一六一頁。
⑪《戊戌變法》第四冊，第五六二至五六四頁。
⑫台北，《人間世》半月刊，第五卷第四期第廿六頁（一九六一年四月）。
⑬《戊戌變法》第四冊，第五十二頁。
⑭《戊戌變法》第四冊，第三三一頁。
⑮日本外務省檔案1.6.1.4.2-2.491183。

⑯日本外務省檔案1.6.1.4-2-2,491315-491318。

⑰日本外務省檔案1.6.1.4-2-2,491312-491314。

⑱馮自由在《畢永年削髮記》一文中有簡略記載，但未說明資料來源，見《革命逸史》初集，第七十四頁。

⑲《戊戌變法》第二冊，第五一九頁。

康有為「戊戌密謀」補證

戊戌政變前夜，康有爲爲了挽回局勢，曾與譚嗣同、梁啓超密謀，利用袁世凱，乘機派畢永年捕殺西太后。有關事實，前文已作闡述。近讀梁啓超致康有爲密札一通，發現它不僅爲戊戌密謀提供了新的有力證據，而且說明了梁啓超力主掩蓋事實真相的情況和政治目的，因據之以作補證。

密札首尾均佚，中云：

（上脱）唐已撤回矣。頃得諸要人為我斡旋，各事可稱順手。惟張、鹿兩軍機仍不慊於吾黨，監國之待彼革，處處還其體面，故尚不無小小阻力。弟子已有書與張，通殷勤，釋前嫌，若吾師別致一函更妙（函寄此間可也）。

師所上監國書奉到時，袁賊已敗，故措詞不能不稍變易，已僭改若干，謄寫遞去矣。戊戌密謀，鄙意謂必當隱諱，蓋投鼠忌器，今兩宮皆殂，前事非復嗣統者所忍言，非傷德宗，傷孝欽，為監國計，實無從理此曲直也。故弟子寫信入都，皆力辯戊戌絕無陰謀，一切悉由賊虛構，專歸罪於彼一人，則可以開脱孝欽，而事易辦。師

> 謂何如？望此後發論，跟此一線，以免異同，為叩！黨禁之開必非遠，然忌我者眾，賊雖敗而死灰尚未盡，今後所以處之者，益當慎重。若此次再出岔，則中國真沉九淵矣。師謂何如？①

函中所言唐，指唐紹儀。張、鹿兩軍機，指張之洞與鹿傳霖。監國，指攝政王載灃。袁賊，指袁世凱。德宗，指光緒。孝欽，指西太后。函中提到「袁賊已敗」，故知此函作於一九〇九年一月二日，清政府罷斥袁世凱之後。函中所言「彼革」，亦指袁世凱。「處處還其體面」，指載灃以袁世凱患有「足疾」，「開缺回籍養疴」爲名革除了他的職務。所謂「戊戌密謀」，即指包圍頤和園，軟禁以至捕殺西太后的計劃，因爲「誅榮祿」等一類打算，早已由梁啓超在《戊戌政變記》等處公布，不必再「隱諱」了。

戊戌政變後，康、梁流亡海外，對袁世凱出面告密，以致「六君子」被殺、光緒被囚的行爲一直懷恨在心，多次策劃倒袁。一九〇八年十一月，光緒和西太后相繼死去，由光緒的弟弟載灃攝政。這使康、梁大爲興奮，視爲「討賊復仇」的絕對機會。他們多方活動，聯絡滿漢貴族、大臣，企圖使清政府懲辦袁世凱，其中重要的方式就是給載灃上書。

在《上攝政王書》中，康有爲力辯「謀圍頤和園」，說這是袁世凱捏造的「無根浮言」，「至狠極毒」，惡貫滿盈，要求載灃像康熙誅鰲拜，嘉慶誅和珅，西太后殺肅順一樣處置袁世凱，「爲先帝復大仇，爲國民除大蠹」。②從梁札可以看出，《上攝政王書》是經由梁啓超之手轉遞給載灃的，其間經過梁啓超的「僭改」，而其「僭改」的最重要之處則是周到地掩蓋「戊戌密謀」。

還在一九九〇年，康有爲在給英國人濮蘭德的書信中就曾說：「蓋自前年八月，慶、榮、剛諸逆賊欲弒皇上，而假託於僕，誣以進毒丸，欲殺弟而即弒皇上，一起兩得；既而足下見救，弟不可殺，則改誣以圍頤和園。」③當時，光緒是西太后的階下囚，康有爲泄露「圍園」密謀必然會危及光緒。現在囚人者與被囚者都已經死去，康有爲覺得時勢不同了，因此在《上攝政王書》中作了某種透露，而這遭到了梁啓超的強烈反對，聲言「戊戌密謀，鄙意謂必當隱諱」，要求老師和他統一口徑：「以後發論，跟此一線，以免異同。」

確實，梁啓超比他的老師精細。載灃雖然是光緒的親弟弟，但他的地位是西太后給予的。把「圍園」這樣的密謀提到載灃面前，就會使他處於十分爲難的地位：「非傷德宗，傷孝欽，爲監國計，實無從理此曲直」。肯定密謀是正義之舉吧？這就要證明西太后不義；而且，光緒與密謀的關係也無法交代。如果光緒知情，這就有悖於「孝道」；如果不知情，又難免失察之過，和改良派力圖塑造的光緒形象大相徑庭。這一時期，梁啓超還有一封給肅親王善耆的書札，中云：「德宗皇帝之仁孝與英明，皆天下所共聞也。以仁孝之德宗豈其對於太皇太后而有此悖逆之舉？若謂全由康有爲主謀，德宗不預知，試思德宗豈昏庸之主，由疏逖小臣之康有爲得任意播弄者耶？」又云：「使德宗而與聞康之謀，德宗不得爲仁孝也；使德宗而爲康所賣，是德宗不得爲英明也，而德宗豈其然哉！」④康有爲的《上攝政王書》中也有類似的一段話，當即梁啓超的「僭改」之一。這段話很好地說明了梁啓超的內心矛盾。他權衡再三，只有「力辯戊戌絕無陰謀」，一切均由袁世凱「虛構」，「專歸罪於彼一人」，這樣，就可以撇開西太后的關係，「而事易辦」，載灃下決心懲辦袁世凱就容易多了。

梁啓超力主掩蓋事實真相的另一考慮是「開放黨禁」。載灃攝政後，康有爲、梁啓超除活動倒袁、懲袁外，同時還企圖爲戊戌一案平反，其內容包括：撫恤「六君子」，起用因參與變法而被罷斥的維新黨人，允許康、梁等合法地從事政治活動等。如果包圍頤和園一類密謀泄露，必將增強反對力量，惹起許多麻煩，不如矢口否認來得乾淨。所以，梁啓超又告誡康有爲，不能再「出岔」了：「黨禁之開必非遠，然忌我者眾，賊雖敗而死灰尚未盡，今後所以處之者，益當慎重。」

對梁啓超的考慮，康有爲深以爲然。所以他不僅同意梁啓超的「僭改」，而且終其身一直守口如瓶。一九二六年，當袁世凱的《戊戌日記》在《申報》上發表時，曾經有人認爲「個中人物，只有南海」，希望他出面「證明是非」，但是，康有爲卻保持沉默，「始終未有隻字相答」。⑤康有爲的疏忽之處在於，他沒有想到畢永年留下了一份日記，也沒有將梁啓超的密札銷毀，使得我們在「確證」之後，還可以「補證」。

（原載《文匯報》一九八六年四月八日）

①蔣貴麟：《萬木草堂遺稿外編》（下），台北版，第八六〇至八六一頁。

②《戊戌變法》第二冊，第五二一頁。

③《康有為政論集》（上），中華書局一九八一年版，第四二四頁。

④《梁啓超年譜長編》，上海人民出版社一九八三年版，第四七八頁。

⑤張一麐：《致蔡元培書》，《中國現代史叢刊》（二），台北版，第一至二頁。

天津「廢弒密謀」是維新派的虛構

戊戌政變史上有所謂天津「廢弒密謀」，說的是慈禧太后曾與榮祿密商，準備於光緒二十四年（一八九八）九月，利用皇帝奉慈禧太后到天津閱兵之機，廢掉以至殺掉光緒皇帝。這一問題的真相，至今尚未揭開，是百年前那場驚心動魄的鬥爭留下的謎團之一。

一、康有為、譚嗣同、梁啓超說「有」，袁世凱、榮祿說「無」

光緒二十四年七月，維新、守舊兩派的鬥爭漸趨激烈。同月二十九日（九月十二日），康有爲曾對自湖南來京的會黨領袖畢永年說：「汝知今日之危急乎？太后欲于九月天津閱兵時弒皇上，將奈之何？」此說見於一八九九年初畢永年以日記體所寫的《詭謀直紀》。

八月初三日（九月十八日），譚嗣同夜訪袁世凱時，對袁說：「榮某近日獻策，將廢立弒君，公知之否？」此說見於袁世凱以日記體所寫的《戊戌紀略》。

以上所述，都比較簡略，梁啓超的《戊戌政變記》則寫得比較詳細。該書多處提到慈禧太后的「廢立」密謀。

一處說：自從恭親王奕訢於同年四月初十日（五月二十九日）去世後，皇上就每天與翁同龢商量改革之事，而慈禧太后則每天與榮祿「謀廢立之事」。

一處說：四月二十七日（六月十五日）這一天，光緒皇帝連下數道詔書，均出於慈禧太后之意。一是將翁同龢開缺回籍，二是規定二品以上受職官員皆須到皇太后前謝恩；三是命王文韶、裕祿來京；四是任命榮祿爲直隸總督、北洋大臣；五是決定九月間，皇上奉皇太后巡幸天津閱兵。梁啓超由此分析說：「蓋廢立之謀，全伏於此日矣！」

一處說：榮祿與慈禧太后決定閱兵，目的是「脅皇上至天津因以兵力廢立」。該書並稱：「此意滿洲人多知之，漢人中亦多爲皇上危者，而莫敢進言。」

關於弒害光緒皇帝一事，《戊戌政變記》並沒有指實在天津閱兵時，而是籠統地說：戊戌年四月以後，北京謠言極多，都說皇上病重，或說張蔭桓進紅丸，康有爲進紅丸。梁啓超分析說：「蓋西后與榮祿等有意造此謠言，以爲他日弒害皇上，及坐康、張等罪名之地也。」

綜上所述，可見，所謂天津「廢立密謀」或「廢弒密謀」之說，均出於維新派。

對維新派此說，袁世凱不相信，榮祿本人則堅決否認。當八月初三譚嗣同向袁世凱透露「廢弒密謀」時，袁世凱就立即表示：「在津時常與榮相晤談，察其詞意，頗有忠義，毫無此項意思，必係謠言，斷不足信。」八月初五日（九月二十日）榮祿得知此訊，立即大聲呼冤說：「榮某若有絲毫犯上心，天必誅我！」

有耶？無耶？

二、天津「廢弒密謀」問題疑竇重重

所謂天津「廢弒密謀」之說，十分可疑。

第一，如果慈禧太后和榮祿確有此意，那末，事屬極密，康有爲等人何從得知？關於這一點，梁啓超在《戊戌政變記》中也承認：宮廷廢立之意，「事秘難知」。既然「事秘難知」，又何以能言之鑿鑿？

第二，光緒皇帝軟弱無能，純屬光杆司令，如果慈禧太后和榮祿確實準備將他廢掉或殺掉，在北京辦理就可以了，何必遠到天津，勞師動眾？關於此，蘇繼祖在《清廷戊戌朝變記》中就曾指出：「夫太后、榮相每以爲此其時也，可以廢立矣，必在宮中調兵入衛，決不及出京到天津，行此大舉動也。況今日京師之臣民，不知有是非久矣，苟行廢立，尚有敢謂其不然者乎？不待以兵力壓制之耳。」應該承認，這一質詢是很有力量的。證以後來情況，也確實如此。八月初四日（九月十九日），慈禧太后真正發動政變了，只須車駕從頤和園回到紫禁城即可，簡簡單單，何曾費什麼力氣？

第三，光緒皇帝和慈禧太后的矛盾有一個發展過程。四月二十七日之時，距離光緒皇帝下詔變法不過四天，還幾乎什麼也沒有做，招致后黨不滿的幾件事，如精簡詹事府等衙門、罷斥懷塔布等六個禮部大臣，都發生在七月，慈禧太后和榮祿何以在四月時就如此狠心，要將皇帝廢掉、殺掉？

第四，慈禧發動政變，抓康有爲，殺六君子，和光緒皇帝的矛盾前所未有地尖銳化了，對光緒皇帝的處分也僅止於軟禁瀛台，但是仍然保存了他的皇帝名號，並沒有廢，更沒有殺，何以在四月時就既想廢，又想殺？

第五，慈禧太后發動政變後，召榮祿回北京任事，榮祿即聲稱，「庶幾與父言慈，與子言孝」，以調和慈禧太后與光緒皇帝的矛盾自任，並不曾落井下石。據金梁的《四朝佚聞》記載，榮祿在慈禧太后面前，「常爲帝寬解」，爲光緒皇帝說幾句話。光緒二十五年十一月（一八八九年十二月），慈禧真想廢棄皇帝了，榮祿還曾出面勸阻，以避免外國干涉爲名，想了一個設立「大阿哥」的辦法，使光緒的名號一直保持到去世。既然光緒在實際上成爲階下囚之時，榮祿都不曾企圖加害於他，何以當初就既想廢，又想殺？

根據以上各點考察，所謂「天津廢弒密謀」之說並不可信。

那末，所謂天津「廢弒密謀」之說到底是怎麼形成的呢？在《戊戌政變記》中，梁啓超又說：

> 七月二十九日，皇上召見楊銳，賜以密諭，有朕位幾不能保之語，令其設法救護，乃諭康有為及楊銳等四人之諭也。當時諸人奉詔涕泣，然意上位危險，諒其事發在九月閱兵時耳！

在維新運動中，康有爲最初主張開議院，後來爲避免守舊派反對，改爲建議開懋勤殿，邀請中外人士討論制度改革。七月二十九日（九月十四日），光緒皇帝到頤和園向慈禧請示，慈禧不悅。其間，慈禧並嚴厲批評光緒罷斥禮部六大臣處理不當。第二天，光緒皇帝就召見楊銳，授以密詔，告以「太后不願將法盡變」，自己權力不足，勉強做去，「朕位且不能保」云云。康有爲等見到這道密詔後，既緊張，又驚慌，懷疑慈禧太后等要對皇帝下毒手。「然意上位危險，諒其事發在九月閱兵時耳？」一個「意」字，一個「諒」字，說明了所謂天津「廢弒密謀」只是維新派的一種猜想。

自當年四月二十七日清廷決定在天津閱兵起，維新派就懷疑其中有鬼，關於此，康有爲在《自編年譜》中也說：「先是慮九月天津閱兵時即行廢立，夙夜慮此。」這裏的「慮」字，也說明了所謂「天津廢弒密謀」云云，只是維新派的一種憂慮，一種擔心而已。

敵我兩派鬥爭到白熱化階段時，精神難免高度緊張，將對方的行動、舉措估計得過於嚴重，所謂「風聲鶴唳，草木皆兵」是也。

三、維新派自身武力奪權計劃的需要

既然所謂「天津廢弒密謀」只是維新派的一種猜測與憂慮，並無情報根據，那末，維新派爲什麼要將它視爲事實呢？這是由於維新派自身武力奪權計劃的需要。

在維新運動中，康有爲最初企圖通過成立學會、報刊宣傳等手段自下而上地鼓吹變法。光緒二十四年四月二十八日（六月十六日），康有爲被光緒召見後，感到皇帝英明，即轉變爲「尊君權」，主張通過擴大皇帝的權力，藉以實行變法。然而，很快，康有爲等就發現，當時，中國大權掌握在慈禧太后手裏，皇帝並無多大權力。於是，康有爲就準備武力奪權。其辦法是，利用一支軍隊，包圍頤和園，逮捕慈禧太后，將她殺掉。康有爲等認爲，慈禧一死，變法的阻力就不足道了。

最初，康有爲、譚嗣同看中的是淮軍將領聶士成，要王照利用和聶的把兄弟關係去做說服工作，許以事成之後提拔聶爲直隸總督。但是，王照不認爲光緒皇帝和慈禧太后之間有勢不兩立的矛盾，拒絕見聶。於是，康有爲就將希望寄託在袁世凱身上。他和譚嗣同制訂了一個兩步起事計劃：先命袁世凱在天津起兵，殺死榮祿；然後命袁帶兵進京，包圍頤和園，同時命畢永年率領敢死隊百人，乘機逮捕慈禧太后，將她殺掉。

要實現這一計劃，就必須說服光緒皇帝，也必須說服袁世凱、畢永年等人，而這就需要一個堂皇正大的理由，「天津廢弒密謀」正適應了這一需要。它一可以嚇唬光緒皇帝，使他就範；二可以激發袁世凱、畢永年等人「保衛皇上」的激情；三可以在事成之後，作爲向天下萬世交代的理由。

如前述，七月二十九日，康有爲動員畢永年時就是這麼做的：他先是告訴畢，太后準備弒皇上，問畢怎麼辦，然後才逐步向畢透露自己的圍園計劃。後來，八月初四日，譚嗣同夜訪袁世凱時也是這樣做的：譚先是告訴袁世凱：榮祿「將廢立弒君」，然後向他出示準備奏呈光緒皇帝的奏章，內稱：「榮某謀廢立弒君，大逆不道，若不速除，上位不能保，即性命亦不能保。」譚嗣同準備在說服袁世凱之後，即攜帶這一道奏章，深夜進宮去說服光緒皇帝，要求皇帝次日交給袁世凱一道硃諭，命他立即帶本部兵在天津行動。當然，根據康有爲的指示，準備對皇帝留一手，只說明廢太后，而不說明殺太后。譚嗣同對說服光緒皇帝很有信心，聲稱「我有挾制之法，必不能不准」。自然，按「廢弒密謀」，光緒不僅皇位不保，連性命都要丟掉，怎能不批准維新派的計劃？

因此，與其說「天津廢弒密謀」是康有爲等人的猜測或憂慮，不如說是他們的虛構，其目的在於爲自身的武力奪權服務。

四、一切假話、假史都應該揭露

戊戌維新運動中，康有爲、譚嗣同、梁啓超等密謀包圍頤和園，捕殺西太后，借此爲中國的改革事業開闢道路，這是事實。但是，在《戊戌政變記》等書中，梁啓超卻對此諱莫如深，一而再、再而三地否認，相反，對於莫須有的「天津廢弒密謀」卻一而再再而三地加以敘述、渲染。無他，梁啓超寫作《戊戌政變記》時，維新派和清政府的鬥爭還在繼續，因此，自然無法嚴格按照歷史的本來面目寫作。這是應於理解的。

為了政治鬥爭的需要，康有為、梁啓超等曾經改造過部分史料，僞造過部分史料，說過不少假話，對此，史學家出於維護歷史真相的目的，已經多有揭露，但是，還不能說已經揭露得很夠。「天津廢弒密謀」就是應於揭露的假話之一。

（原載《中華讀書報》一九九八年七月十五日）

袁世凱《戊戌紀略》的眞實性及其相關問題①

戊戌政變前夜，譚嗣同夜訪袁世凱是中國近代史上的重要事件，任何講述維新運動史的專著都不能不闡述它。關於夜訪情況，袁世凱的《戊戌紀略》和梁啓超的《戊戌政變記》都有較詳細的記載。在這兩份資料中，袁世凱的《紀略》寫於光緒二十四年八月十四日（一八九八年九月二十九日），距譚嗣同夜訪不過十一天，爲當事人親筆所記，屬於直接資料；梁啓超的著作，其內容當據譚嗣同轉述，且係流亡日本後追記，屬於間接資料，而且，梁啓超晚年還曾自述，《政變記》並非「信史」，其中有個人「感情作用」支配，將「真跡放大」之處。②因此，袁世凱的《紀略》似應更爲可靠。但是，由於袁世凱是中國近代史上的「大奸大憝」，被認爲「一生善於作僞」，所以，儘管他信誓旦旦地保證《紀略》的真實性，仍然不能爲人們所取信。有關夜訪等記載，史家們寧可取梁而棄袁，其結果是使戊戌政變的真相長期得不到正確揭示。

本文將對袁世凱《戊戌紀略》的真實性作出評估，並由此探討戊戌政變中一些撲朔迷離的問題。

一、袁世凱的《紀略》主要情節可靠，而梁啓超則有意隱瞞

袁世凱《戊戌紀略》的主要情節是譚嗣同夜訪袁世凱，勸他帶兵包圍頤和園，除掉西太后。

對此，《紀略》記譚嗣同拿出一份事先寫好的擬上光緒皇帝的奏章，內稱：

> 榮某謀廢立弒君，大逆不道，若不速除，上位不能保，即性命亦不能保。袁世凱初五請訓，請面付硃諭一道，令其帶本部兵赴津，見榮某，出硃諭宣讀，立即正法。即以袁某代為直督，傳諭僚屬，張掛告示，布告榮某大逆罪狀，即封禁電局、鐵路，迅速載袁某部兵入京，派一半圍頤和園，一半守宮，大事可定。如不聽臣策，即死在上前。③

當袁世凱詢問譚嗣同，「圍頤和園欲何爲」時，譚嗣同直言相告：「不除此老朽，國不能保。此事在我，公不必問。」譚嗣同所稱頤和園中的「老朽」，當然指的是慈禧太后。

這是維新派精心設計的一份完整的政變計劃，分兩步。第一步，誅榮祿。其理由是榮祿向慈禧太后獻策，借九月天津閱兵，光緒皇帝巡幸天津之機，廢弒皇帝。關於此，梁啓超《戊戌政變記》記譚對袁世凱稱：

榮祿密謀，全在天津閱兵之舉，足下及董、聶三軍，皆受榮所節制，將挾兵力以行大事，雖然，董、聶不足道也。天下健者惟有足下，若變起，足下以一軍敵彼二軍，保護聖主，復大權，清君側，肅宮廷，指揮若定，不世之業也。

《康南海自編年譜》云：

乃囑譚復生入袁世凱所寓，說袁勤王，率死士數百扶上登午門而殺榮祿，除舊黨。

又記袁表態云：

殺榮祿乃一狗耳！然吾營官皆舊人，槍彈火藥皆在榮祿處，且小站去京二百餘里，隔於鐵路，慮不達事泄。若天津閱兵時，上馳入吾營，則可以上命誅賊臣也。

在以上記載裏，梁啓超、康有爲一方，袁世凱爲另一方，雙方記載相較，在第一步殺榮祿上完全一致，可見雙方記載均屬實。

維新派政變的第二步是殺慈禧太后。其進行步驟是：袁世凱帶兵入京，包圍頤和園，由維新派自己的人動手殺掉慈禧。關於此，畢永年《詭謀直紀》記錢惟驥奉梁啓超之命，試探畢永年態度時曾說：

> 頃梁君謂我云：先生之意，其奏知皇上時，只言廢之，且俟往圍頤和園時，執而殺之可也，未知畢君肯任此事否？④

可見，袁世凱關於維新派政變的第二步所述，也屬實。畢永年是譚嗣同的生死之交，維新派計劃由畢永年動手，執行慈禧太后的死刑，所以，譚才對袁說：「此事在我，公不必問。」稍後，又再次對袁強調：「去此老朽，無須用公。但要公以二事，誅榮某，圍頤和園耳！」⑤

由上述可見，袁世凱關於譚嗣同夜訪的主要情節的記載不僅是可靠的，而且是準確、適度的，沒有誇張之詞。反觀梁啓超的有關記載，則只有誅榮祿的第一步，對第二步，則堅決否認，稱之爲誣衊、捏造之詞。⑥不僅如此，而且在光緒皇帝、慈禧太后相繼去世，形勢變化，康有爲有透露之意的時候，梁啓超還認爲「必當隱諱」，要求康有爲繼續保守秘密，「望此後發論，跟此一線，以免異同」。⑦

袁和梁的記述，在大關節上，到底誰可信呢！

二、《紀略》大多數的次要情節也可靠，僅在少數問題上有掩飾和美化

袁世凱《戊戌紀略》不僅主要情節可靠，其次要情節，許多地方也可以一一考實。現擇其要者分述如下：

英艦遊弋問題。《戊戌紀略》稱：初三日將暮，「得營中電信，謂有英兵船多隻遊弋大沽海口，接榮相傳令，飭各營整備聽調，即回寓作覆電。適有榮相專弁遺書，已調聶士成帶兵十營來津駐紮陳家溝，盼即日回防。」查台灣中研院所藏總理衙門收電檔，八月初二日，聶士成致電榮祿云：「昨下午六點鐘由營口來兵船七艘，三隻泊金山嘴，四隻泊秦皇島，風聞係英國兵艦。」同日，又電云：「現外國兵輪已泊塘沽口內。」八月初三，榮祿即據此電告總理衙門。可見，《紀略》所稱「英兵船多隻遊弋大沽海口」一事，確有來歷。又據八月六日天津《國聞報》載，聶士成軍確於初四、初五由蘆台拔隊來津。可見，《紀略》所稱榮祿調聶士成軍來津駐紮，亦係事實。⑧

反間計問題。《戊戌紀略》載，譚嗣同爲了打動袁世凱，曾特別提出，榮祿阻礙袁世凱晉升。譚的原話是：「此人（指榮祿——筆者）極其狡詐，外面與公甚好，心內甚多猜忌。公辛苦多年，中外欽佩，去年僅升一階，實榮某抑之也。康先生曾先在上前保公，上曰：『聞諸慈聖，榮某常謂公跋扈不可用』等語。此言甚確，知之者亦甚多。」關於此事，《康南海自編年譜》記，當年六月，康爲了離間袁世凱和榮祿的關係，曾派徐致靖的侄子徐仁祿對袁說：「我

（指康）與卓如、芝棟、復生屢薦於上，上言榮祿謂袁世凱跋扈不可大用。」兩者完全相合，特別是「跋扈不可用」云云，竟完全一致。

關於反間計，《詭謀直紀》也記載，康有爲曾對畢永年說「吾已令人往袁處行反間之計，袁深信之，已深恨太后與榮祿矣！」

電召湖南好漢問題。《戊戌紀略》稱，譚嗣同曾對袁世凱說：「我雇有好漢數十人，並電湖南召集好將多人，不日可到。」關於此，《詭謀直紀》記：畢永年曾建議發電湖南，催唐才常入京同謀，得到康、梁、譚三人贊同，連發兩電催促。

光緒皇帝密諭問題。《戊戌紀略》記，譚嗣同曾向袁世凱出示光緒皇帝的密諭，其內容大概爲：「朕銳意變法，諸老臣均不順手，如操之太急，又恐慈聖不悅。飭楊銳、劉光第、林旭、譚嗣同另議良法。」

關於此諭，楊銳兒子後來交出的正本爲：「近來朕仰窺皇太后聖意，不願將法盡變，並不欲將此輩荒謬昏庸之大臣罷黜，而用通達英勇之人令其議政，以爲恐失人心。雖經朕屢次降旨整飭，〔而〕並且隨時有幾諫之事，但聖意堅定，終恐無濟於事。即如十九日之硃諭，皇太后已以爲過重，故不得不徐圖之，此近來之實在爲難之情形也。朕亦豈不知中國積弱不振，至於阽危，皆由此輩所誤，但必欲朕一旦痛切降旨，將舊法盡變，而盡黜此輩昏庸之人，則朕之權力實有未足。果使如此，則朕位且不能保，何況其他！今朕問汝，可有何良策，俾舊法可以全變，將老謬昏庸之大臣盡行罷黜，而登進通達英勇之人令其議政，使中國轉危爲安，化弱爲強，而又不致有拂聖意？爾其與林旭、劉光第、譚嗣同及諸同志妥速籌商，密繕封奏，由軍機大臣代遞，候朕熟思，再行辦理。朕實不勝十分焦急翹盼之至！」將袁世凱所述和密諭正本相較，雖有長短之別，但精神實質完全相同；特別值得注意的是，在沒有提到康有爲這一點上，二者也相同。

《戊戌紀略》又記譚在袁面前埋怨說：「硃諭在林旭手，此爲楊銳抄給我看的，確有此硃諭，在三日前所發交者，林旭等極可惡，不立即交我，幾誤大事。」查有關記載，光緒皇帝的密諭是七月三十日交給楊銳的，但楊銳驚恐不知所以爲計，直到八月初三才通過林旭交到康有爲、譚嗣同手裏。這些情況，足證《紀略》有關記載相當精確。

袁的推宕策略問題。《戊戌紀略》記，袁世凱沒有答應譚嗣同立即回津舉事的要求，而是推到九月天津閱兵時動手。袁稱：「九月即將巡幸天津，待至伊時軍隊咸集，皇上下一寸紙條，誰敢不遵，又何事不成？」關於此，《詭謀直紀》載，初四一早，畢永年向譚嗣同詢問夜訪結果時，譚答稱：「袁尚未允也，然亦未決辭，欲從緩辦也。」兩者所述相合。

舉薦張之洞。《戊戌紀略》記袁世凱初五請訓時，曾向光緒皇帝推薦張之洞，說是「變法尤在得人，必須有真正明達時務、老成持重如張之洞者贊襄主持，方可仰答聖意。」按，袁世凱在七月二十九日從天津奉召到北京時，即有推薦張之洞的打算。當日，錢念劬致電張之洞云：「袁臬明後見，欲請帥入樞。」⑨

根據以上六條，可證在若干次要情節上，袁世凱的《戊戌紀略》也沒有說謊，其記述基本可靠。

袁世凱有無不老實之處呢？當然有。其一，上引《康南海自編年譜》記袁世凱稱：「殺榮祿乃一狗耳！」關於此，梁啓超《戊戌政變記》所載更爲詳細具體。不僅有對話，而且有對話時的神態。據該書，當譚嗣同說到「榮祿固操、莽之才，絕世之雄，待之恐不易易」時，袁怒目視曰：「若皇上在僕營，則誅榮祿如殺一狗耳！」譚嗣同夜訪袁世凱之後，必然向康、梁作詳細彙報。袁世凱的這一表態必然給了康、梁以深刻印象，所以幾年之後，康有爲想再次利用袁世凱的時候，曾經給袁寫過一封信，內稱：

中國岌岌危亡，橫睇海內，能救者惟公耳。八月三夜之言，僕猶記之，慷慨而許誅爾朱。中間之變，殆出於不得已。蓋聞爾朱已先調董、聶之軍，無能為役，殺身無益，不若留以有待。此實志士之苦心也。

「爾朱」，北魏時有爾朱榮，權奸。這裏暗指榮祿；所稱「八月三夜之言」，當即「殺榮祿如殺一狗」的慷慨表示。給袁世凱本人寫信，自無揑造袁本人言行的可能。⑩

衡以上述記載及資料，譚嗣同夜訪時，袁世凱曾有過「誅榮祿」的表態（哪怕是虛與委蛇），應無疑義。但是，袁世凱在《戊戌紀略》中卻隻字未提。「殺榮祿如殺一狗」云云，在袁世凱看來，既有損他的形象，泄露之後也影響他和榮祿的關係，加以掩飾是必然的。

其二，在《紀略》中，袁世凱對自己頗多美化。在維新和守舊的兩派鬥爭中，袁世凱投靠守舊派，主要是出於對雙方力量對比和個人利害的考慮，並非如他自己所說是出於所謂「人臣之大義」。這一點，讀者極易明白，無須多言。

《紀略》在某些細節上也可能還有一些可疑之處，但是，就總體言，它的真實性較《政變記》爲高。

三、相關問題

如果我們肯定《戊戌紀略》基本可信，那末，與戊戌政變相關的幾個撲朔迷離的問題就可以迎刃而解了。

（一）天津閱兵時的廢弒密謀

維新派要袁世凱舉兵的理由是榮祿與慈禧太后密謀，在九月天津閱兵時廢掉甚至殺掉光緒皇帝。八月初六日晨，袁世凱告密時曾將此點告知榮祿，但榮祿堅決否認。據《戊戌紀略》，榮祿聽後，臉色陡變，大聲呼冤說：「榮某若有絲毫犯上心，天必誅我。」

榮祿內心是否一丁點兒「犯上」的想法都沒有，筆者不能妄測，但是，所謂天津閱兵時的廢弒密謀則可以否定。其理由：一、光緒皇帝光杆一個，沒有實權，要廢要弒，在北京即可，不必待到天津閱兵時候，也不必如此大動兵戈，麻煩費事。關於此，前人已經指出：「夫太后、榮相每以爲此其時也，可以廢立矣，必在宮中調兵入衛，決不及出京到天津，行此大舉動也。況今日京師之臣民，不知有是非久矣，苟行廢立，尚有敢謂其不然者乎？不待兵力以壓制之耳！」⑪二、決定在天津閱兵，時在七月初八日，那時，光緒皇帝還沒有下令精簡機構，也還沒有斥革懷塔布等禮部六大臣，和慈禧太后、榮祿的矛盾尚未尖銳化，慈禧太后還不會下如此狠心。三、後來，慈禧太后真正發動政變了，其過程十分簡單，車駕從頤和園還宮即可，對光緒皇帝，也僅止於剝奪實權，軟禁於中南海瀛台，並沒有取消其皇帝的名分，她在七月時怎麼可能就有廢弒之想呢？四、即使有廢弒之想，事屬極密，康有爲等何從得知？對此，維新派從無說明。因此，可以肯定，所謂廢弒之說乃是維新派的一種虛構。梁啓超說：「然意上位危險，諒其事發在九月閱兵時耳！」⑫康有爲說：「先是慮九月天津閱兵即行廢立，夙夜慮此。」⑬這裏的「意」字、「諒」字、「慮」字，都很能說明實質。當兩種政治力量進行生死較量時，神經過敏，估計情況過於嚴重是常有的事。

然而，問題又不只此。維新派之所以虛構天津閱兵時的廢弒之說，與其說是出於疑懼，毋寧說是出於需要——爲己方的政變製造輿論。

維新派早就認爲變法的最大障礙在於慈禧太后，計劃有所處置。當年四月廿九日（六月十七日），光緒皇帝召見康有爲的第二天，梁啓超即致函夏曾佑云：「西王母主持於上，它事不能有望也」。⑭後來，王照流亡日本，向犬養毅透露說：

俄而康被薦召對，即變其說，謂非尊君權不可，照亦深以為然。蓋皇上既英明，自宜用君權也。及叩尊君權之道，則曰非去太后不可，並言太后與皇上種種為難之狀。⑮

由此可知，處置慈禧太后的計劃當醞釀於康有爲被光緒皇帝召見後不久。至於處置方法，則是利用「兵力奪權」。⑯康有爲、楊深秀都曾表示：「此時若有人帶兵八千人，即可圍頤和園，逼脅皇太后」。⑰爲此，康有爲曾想利用王照和聶士成的把兄弟關係，動員聶執行這一任務，許以事成後任命聶爲直隸總督，爲王照拒絕。這以後，康有爲才轉向依靠袁世凱。但是，要處置慈禧太后，必須得到光緒皇帝首肯，也必須有一個堂皇的理由動員內部，而天津閱兵時廢弑皇上之說正好可以滿足這兩個需要。它一可以製造緊張氣氛，嚇唬光緒皇帝，逼他按維新派的路子走；一可以動員畢永年和袁世凱等人出來「勤王」。《詭謀直紀》載，七月二十七日康有爲曾對畢永年說：

汝知今日之危急乎？太后欲於九月天津大閱時弒皇上，將奈之何！吾欲效唐朝張柬之廢武后之舉，然天子手無寸兵，殊難舉事。吾已奏請皇上，召袁世凱入京，欲令其為李多祚也。

試想，如果沒有太后想「弒皇上」這一條理由，畢永年、袁世凱如何肯出死力效命？事成之後，又何以向天下後世交代？

此外，守舊派沒有天津廢弒密謀還可以從榮祿對光緒皇帝的態度上得到證明。《戊戌紀略》載，袁世凱在向榮祿告密時曾表示：「此事與皇上無涉，如累及上位，我惟有仰藥而死耳！」為此，二人「籌商良久，迄無善策」。又記載，榮祿奉召入京時，袁世凱叮囑他：「皇上萬一不安，天下後世，其謂中堂何！我亦世受國恩，倘上有不安，惟有以死報之！」而榮祿則答以「此事在我與慶邸，決不至累及皇上」，聲稱：「慈聖，祖母也；皇上，父親也。處祖母父親之間，為子孫惟有出死力以調和。」云云。

在封建社會中，皇帝是國家的象徵，光緒又還年輕，來日方長，榮祿、袁世凱在決定向慈禧告密時，不願牽扯光緒皇帝是可能的。上引袁世凱對榮祿所說的一番「忠義」之言，目前雖難以找到證明資料，但是，榮祿對袁世凱的答語卻是有旁證可稽的。據當時報紙報導，榮祿入京後，確曾以「調和」自命，聲稱此行目的，「庶幾與父言慈，與子言孝」。⑱這裏的語氣、基調和《戊戌紀略》所記他和袁世凱的對話相同。有記載說，次年，在慈禧太后真正想廢掉光緒皇帝時，榮祿曾建議立「大阿哥」，保持皇帝名義。⑲還有記載說，榮祿有時還能在慈禧太后面前為光緒皇帝「寬解」。⑳凡此，均可證明《戊戌紀略》記榮祿稱「決不至累及皇上」，以及他企圖「調和」之說為不虛。既然在光緒皇帝實際上成為階下囚時，榮祿都不贊成將他廢掉，此前自然更不會有將他廢掉、殺掉的想法。

附帶應該論及的是，榮祿的思想和主張大體上屬於洋務派，和奕劻、剛毅等有別。將榮祿描繪爲死硬、兇惡、陰險的頑固派，是梁啓超等人誇張、渲染，「將真跡放大」的結果。

（二）慈禧太后政變與袁世凱告密的關係

《戊戌紀略》述，袁世凱於八月初五日返津後，即到榮祿處告密，「略述內情」稱：「皇上聖孝，實無他意，但有群小結黨煽惑，謀危宗社，罪實在下，必須保全皇上以安天下。」話還未說完，連續來了兩位客人，袁世凱得不到講話機會，便告退，約好第二天早晨再次拜訪。初六一早，榮祿主動到袁處瞭解情況，袁詳述譚嗣同夜訪情節。二人商量如何保護光緒皇帝，沒有找到辦法。當晚，榮祿召見袁世凱，發現北京來的御史楊崇伊在座，楊帶來了慈禧太后當日宣布「訓政」的消息。等等。

袁初五晚向榮祿告密時，何以不要求榮祿屏退入座的兩位客人？榮祿何以不單獨留下袁世凱深談，而要待到第二天早晨才去找袁詢問？這些情況，由於資料不足，不好揣測。㉑但是，袁所述的告密情節清楚地擺脫了他和慈禧太后發動政變的關係，是否可靠呢？

慈禧初六「訓政」，立即命步軍統領衙門捉拿康有爲、康廣仁弟兄和御史宋伯魯，沒有下令捉拿譚嗣同等，這是慈禧「訓政」和袁世凱告密無關的鐵證。袁世凱告密而不提譚嗣同，或者慈禧有意緩捕譚嗣同都是不可能的。因此，慈禧太后的再次「訓政」應與袁世凱告密無關。關於此，時賢已有論述，茲不詳論。筆者只想指出，此點亦可證《戊戌紀略》的有關記載屬實。

(三)楊崇伊的作用

《戊戌紀略》載，政變當天，楊崇伊即從北京匆匆趕到天津，向榮祿報告慈禧再次「訓政」消息。楊如此積極，正說明了他和「訓政」的密不可分的關係。慈禧「訓政」，應從他身上找尋原因。按，楊崇伊屬於李鴻章系統的守舊派，他連強學會都反對。懷塔布等六個禮部堂官被斥革後，他曾於七月二十八日到天津與榮祿密謀。其後，他即通過慶親王奕劻於八月初三日向在頤和園的慈禧上書，要求太后再次「訓政」。這道奏章指責文廷式創設大同學會，「外奉廣東叛民孫文爲主，內奉康有爲爲主」，又指責康有爲偕其弟康廣仁及梁啓超來京講學，將以煽動天下之士心」，「不知何緣，引入內廷，兩月以來，變更成法，斥逐老成，藉口言路之開，以位置黨羽。」這道奏章特別使慈禧太后不安的是關於伊藤博文的消息：

> 風聞東洋故相伊藤博文即日到京，將專政柄。臣雖得自傳聞，其應如響。伊藤果用，則祖宗所傳之天下，不啻拱手讓人。

按，伊藤博文於當年七月二十三日來華後，即陸續有英國傳教士李提摩太及中國官員提議任用他爲顧問或「客卿」，光緒皇帝且決定於八月初五日接見他。慈禧太后本來就對變法不滿，在她看來，如果光緒皇帝任用伊藤，得到洋鬼子的幫助，其後果將不堪設想。因此，她才於初四日晚匆忙還宮，並於初五日中午光緒接見伊藤時坐在簾後監聽。關於此，張蔭桓回憶說：

伊藤覲見，又係我帶領。時太后在簾內，到班時，我向伊藤拉手，乃外國禮而太后不知。上殿時挽伊之袖，對答詞畢，又挽伊袖令出，就賜坐，太后皆見之。㉒

張蔭桓把他獲罪的根源歸結爲慈禧太后看見他和伊藤握手、挽袖，未免過於簡單，但是，這則材料說明了慈禧太后匆匆還宮「訓政」，除了她對維新運動不滿外，還在於害怕光緒和洋鬼子結合。㉓

還有一條材料可以說明楊崇伊奏章的作用，這就是，慈禧「訓政」後，除了首先下令逮捕他奏章中攻擊的康有爲弟兄外，接著，又於八月初十日下令訪拿或密拿文廷式和孫文，於十四日下令拿辦梁啓超，這三人，都是楊崇伊奏章中的參劾對象。

慈禧太后政變和楊崇伊奏章之間的關係，前人早已指出。例如，長期在光緒皇帝左右供職的惲毓鼎就認爲楊崇伊的奏章導致政變。㉔政變發生後幾天，葉昌熾和幾位關心此事的友人討論，「各證所聞，知莘伯發難無疑義」。㉕只是由於梁啓超在《戊戌政變記》中明確指認慈禧政變成於袁世凱之手，因此，人們普遍不採惲、葉二說，結果，愈相信梁啓超，許多史實之間就愈加顯得矛盾扞格，膠葛不解。

明確了楊崇伊在促成慈禧太后政變中的作用，那末，後續的問題就很清楚了。

八月初六晨，袁世凱向榮祿詳細報告了譚嗣同夜訪的全部情節。當晚，楊崇伊到天津向榮祿報告慈禧太后政變消息，榮祿特意召來袁世凱。初七日，楊崇伊返京，自然，他會帶走袁世凱告密的全部資訊。胡思敬《戊戌履霜錄》云：「（榮祿）遣人變服齎蠟書，馳告奕劻，奕劻言於太后。」㉖「變服齎蠟書」云云，情節未必如此，但是，他指出榮祿「遣人」入京告變應該是可信的。誰能當此重任呢？楊崇伊自然是再合適不過的人物了。

《戊戌政變記》、《慈禧傳信錄》等書載，榮祿在袁世凱告密後，迅即親身入京向慈禧太后告變。許多史家均視此爲信史，其實，這不過是梁啓超等人的猜測之談。《戊戌紀略》載，榮祿於八月十日（**九月二十五日**）奉召入京，這才是可信的。

慈禧太后從奕劻那裏得知譚嗣同夜訪情節應爲八月初七日下午以後，因此，八月初八日凌晨，慈禧太后立即密令逮捕譚嗣同等人。㉗八月十三日（**九月二十八日**），清政府處斬譚嗣同等人的「上諭」，指責康有爲等「首倡邪說」、「構煽陰謀」，其主要內容爲「糾約亂黨，謀圍頤和園，劫制皇太后」，這就是袁世凱告密後增補的罪狀了。

（四）光緒皇帝的知情程度與賜袁世凱密諭問題

八月初五日，袁世凱向光緒皇帝請訓。梁啓超《戊戌政變記》稱：光緒皇帝曾賜以「硃筆密諭」，㉘英人濮蘭德的《慈禧外紀》稱：光緒在乾清宮密室召見袁世凱，「告袁以所定機密之謀」，「付以小箭一支，爲執行帝諭之據，又付以上諭一道」。其他如陳夔龍《夢蕉亭雜記》、費行簡《慈禧傳信錄》、蘇繼祖《清廷戊戌朝變記》等書，都有賜袁世凱「手詔」或

「密諭」的記載。㉙其中最有權威的當推張一麐的《古紅梅閣筆記》，該書在敘述譚嗣同「謀圍頤和園」的有關情節後記載云：「次日召見，德宗示以所命。」㉚張並加注說明，他的有關記載「皆袁所親告人者」。張是袁世凱的幕客，一九〇九年袁世凱被清政府趕回老家前夕，他曾向袁面問顛末，袁第二天即將《戊戌紀略》交付給他。因此，張說似乎不容置疑。但是，此說卻與《戊戌紀略》所述相反。

據《戊戌紀略》，初五日，袁世凱向光緒皇帝請訓時，只有袁世凱一人獨白，在他勸光緒皇帝「忍耐待時，步步經理」，任用老成持重的張之洞出面贊襄變法後，皇帝雖然「動容」，但是，「無答諭」，什麼話也沒有說，當然什麼密詔也沒有給。兩者孰爲信史呢？

查畢永年《詭謀直紀》，八月初二日，梁啓超曾說：「（康）先生之意，其奏知皇上時，只言廢之，俟往圍頤和園時，執而殺之可也。」又上引《戊戌紀略》載，譚嗣同夜訪時，曾向袁出示一份擬好的奏章，其中談到「如不聽臣策，即死在上前」；譚並對袁說：「今晚必須定議，我即詣宮請旨辦理。」可見，譚嗣同要在和袁世凱說定後才入宮死諫，袁世凱既未同意，譚嗣同自無深夜入宮面奏的必要，光緒皇帝因而也不可能知情。初四晚，慈禧太后還宮，第二天，即對光緒皇帝採取了嚴密的監視措施，袁世凱請訓時，即有某侍衛大臣竊聽。㉛自然，光緒皇帝不可能對袁世凱有什麼指示，也不可能以密詔相付；如果有，他的命運肯定要比軟禁瀛台糟糕得多。㉜

以上闡釋了與《戊戌紀略》相關的四個問題。多年來，史家們爲這些問題爭論不休，傷透了腦筋；現在是否到了廓清迷霧、還其本相的時候了呢？

四、題外贅言

維新運動是近代中國比較完全意義上的改革運動。康有爲、梁啓超等人無疑站在領導時代潮流的進步方面，但是，康有爲、梁啓超爲了政治鬥爭的需要，也說過假話，製作過一些假的或半真半假的資料。關於這一方面，史家已有所論證。多年來，我們已經習慣了這樣的思維方式，凡進步人物說的話都可信；凡反面人物說的話都不可信。實際上，歷史是極爲複雜的。進步人物可能說假話，反面人物也可能說真話。一切史料都必須經過考證和檢驗，否則，我們就可能被虛假的東西牽著走，陷入迷宮而不能自拔。

（原載《近代史研究》一九九八年第三期）

①筆者見到的《戊戌紀略》抄件共兩種。一種藏於中國社會科學院近代史研究所，收入中國近代史資料叢刊《戊戌變法》（一），改題為《戊戌日記》；一種存於湖南省博物館，注明係袁政府秘書監夏壽田（午詒）家藏（館藏號，史1,3068）。

②梁啓超《中國歷史研究法》第五章第二節：「如吾二十年前所著《戊戌政變記》，後之作清史者記戊戌事，誰不認為可信之史料，然謂所記悉為信史，吾已不敢自承，何則？感情作用所支配，不免將真

跡放大也。」見《飲冰室合集》專集，七十三，第九十一頁。

③中國近代史資料叢刊《戊戌變法》（一），上海人民出版社一九五七年版，第五五〇至五五一頁。

④日本外務省檔案，161422。筆者整理本見《近代史資料》總六十三號。

⑤參閱本書《康有為謀圍頤和園、捕殺西太后確證》。

⑥《戊戌政變記》，中華書局一九五四年版，第六十四、九十二頁。

⑦梁啓超《致康有為密札》，蔣貴麟《萬木草堂遺稿外編》（下），台北版，第八六〇至八六一頁。參閱本書《康有為戊戌密謀補證》。

⑧參見黃彰健《戊戌變法史研究》，中研院歷史語言研究所專刊之五十四，一九七〇年版，第五二四至五二五頁。

⑨《張文襄公集》卷一五六，第廿九頁。

⑩台灣中研院近史所藏康有為未刊文稿，縮微膠捲。

⑪蘇繼祖《清廷戊戌朝變記》，《戊戌變法》（一），第三三六頁。

⑫《戊戌政變記》，中華書局一九五四年版，第七十三頁。

⑬《康南海自編年譜》，《戊戌變法》（四），第一五九頁。

⑭《梁啓超年譜長編》，光緒二十四年四月二十九日，上海人民出版社一九八三年版，第一一二頁。

⑮王照《關於戊戌政變之新史料》，《戊戌變法》（四），第三三一頁。

⑯王照《方家園雜詠記事自批》，《梁啓超年譜長編》，第一四三頁。

⑰《康有為事實》，日本外務省檔案，1614–2–2，491183。

⑱《中堂入京》，《國聞報》，光緒二十四年八月十一日。

⑲《崇陵傳信錄》，《戊戌變法》（一），第四七八頁。

⑳金梁《四朝佚聞》，《戊戌變法》（四），第二二二頁。

㉑根據徐世昌《韜養齋日記》（未刊稿），袁世凱八月初五晚，曾與徐世昌談話，所談內容亦不得而知。

㉒《驛舍探幽錄》，《戊戌變法》（一），第四九二頁；又蘇繼祖《清廷戊戌朝變記》亦云：「伊藤為日本改革領袖，皇上急欲面詢變法方略，預定於殿內間設酒果以便詳詢一切，而是日太后先在屏後坐聽，以鑒察之，上僅能與照例數語而退。」，見《戊戌變法》（一），第三四六頁。

㉓蘇繼祖《清廷戊戌朝變記》稱：「（太后）原定初六日還宮，皇上於初三日代傳懿旨，忽于初三日酉刻進城，諸務倉卒未備。所以匆匆還宮者，為監視皇上見伊藤也。」見《戊戌變法》（一），第三五五頁。

㉔《崇陵傳信錄》，《戊戌變法》（一），第四七六頁。

㉕《緣督廬日記鈔》，《戊戌變法》（一），第五三一頁。

㉖《戊戌變法》（一），第三七八頁。

㉗魏允恭《致汪康年等人函》云：「今早五更又奉密旨拿楊銳、劉光第、譚嗣同、林旭等四人，弟親見步軍統領監送等車，想已發交刑部，惟林旭尚未尋著。」該函末署八月八日。見《汪康年師友手札》

（三），上海古籍出版社一九八七年版，第三一一五至三一一六頁。

㉘中華書局版，第六十四頁。

㉙上海中華書局一九三四年第五版，第一四六頁。

㉚《心太平室遺集》卷八。

㉛《古紅梅閣筆記》云，袁世凱請訓退朝後，「有某侍衛大臣拍其背曰：『好小子！』蓋西后遣人詗之，而以為立言得體也。」

㉜我過去曾相信光緒皇帝初五日對袁世凱有密諭或密詔，見拙文《光緒皇帝與戊戌密謀》，《歷史教學》一九八六年第十二期，應予撤銷。

唐才常佚札與維新黨人的湖南起義計劃

日本國會圖書館藏唐才常致宗方小太郎手札一通，爲中華書局版《唐才常集》所未收，迄今尚未有人論及。它爲研究唐才常和自立軍起義提供了新資料。

函稱：

執事前日騶從往漢，匆匆未及拜送，至以為歉。茲有沈君愚溪、林君述唐，擬與田野橘治君同往湖南，開辦學堂、報館等事。此舉頗繫東南大局，至為緊要。必須開創之時，極力衝破。以後舉行諸事，自然順理成章。頃悉白岩、荒井、宮阪諸君，皆於日內來漢，妥商一切。務乞先生與數君子及沈、林二人公同會議，謀定後動，但求挾一必行之志，毋為浮議所移。湖湘幸甚！大局幸甚！（下略）

末署「小弟唐才常頓首。華十月十九日。」

宗方小太郎，號北平，日本肥後人。一八六四年生。年輕時從學於軍國主義分子佐佐友房。中法戰爭期間到中國。一八九〇年接受日本海軍部任務，在中國收集情報。一八九四年中日甲午戰爭爆發，曾化裝潛入威海衛、旅順兩要塞刺探。一八九八年在漢口經營《漢報》。同年歸國，發起組織東亞同文會。一八九九年，東亞同文會會長近衛篤麿漫遊歐美後，便道訪華。十月二十五日，抵達上海。二十七日，從上海出發赴漢口，宗方小太郎隨行。函云：「執事前日驂從往漢，匆匆未及拜送。」本函作於一八九九年十一月二十一日（光緒二十五年十月十九日），可知唐才常當時在上海。函中所言沈君愚溪，指沈藎，湖南長沙人。戊戌變法時即與譚嗣同、唐才常交往。一九〇〇年二月，在上海與唐才常共同發起組織正氣會（旋改稱自立會），任事務員。同年七月，參加張園國會。後被推爲自立軍右軍統領，在湖北新堤發難。林君述堂，指林圭，湖南湘陰人。長沙時務學堂學生。戊戌政變後留學日本。一八九九年冬歸國，參加組織正氣會。一九〇〇年在漢口組織自立軍機關。八月被捕，二十二日被害。田野橘治，一作田野橘次，日人。唐才常等創立的正氣會時，對外託名東文譯社，即以田野橘治爲社長。後來，他又出版《同文滬報》，爲自立軍作鼓吹。

唐才常與宗方小太郎相識於戊戌政變之後，二人曾和康有爲一起，在日本商量推翻西太后統治的起義計劃。宗方小太郎一八九八年十月二十一日日記載：

與柏原同至加賀町訪問康有為，湖南〈南〉學會代表人唐才常在座。唐係湘中志士，聲言因擬發動義兵，來日借兵並兼請聲援。康有為頻頻乞求援助。余稱：日本政府決不輕易出兵，但如時機到來，不求亦將提供援助。目前，只有我輩能為義軍增添力量，期望使諸君之志願得以實現。康稱：南學會員約一萬二千名，均為上流士子。前任湘撫陳寶箴為會長，徐仁鑄、黃公度為首領。湖南勢力實在此會。一旦舉事，將引軍直進，略取武昌，沿江東下，攻佔南京，然後移軍北上。官軍能戰者僅袁世凱、聶士成、董福祥三軍，合計不過三萬人。義軍倘能進入湖北，當可得到張之洞之回應云云。談話自十一時至午後二時歸。①

柏原，即犬養毅的親信柏原文太郎。宗方的這一頁日記提供了康有爲、唐才常起義的計劃輪廓和進軍路線。當時，距西太后重新訓政不過四十天，康有爲、唐才常就已經決心以武力爲維新事業開闢道路，這不能不說是一個躍進。舊說以爲變法的失敗就是改良派墮落的開始，這一劃分未免過於機械。

唐才常與宗方小太郎的第二次見面在十一月一日。當日宗方日記云：

> 湖南人畢永年、唐才常等來訪。唐係南學會代表人，擬在湖南舉義，為求我同志助力而來。余懇切勸諭，約以暫且沉潛待機，在此間專力準備，待余至清國後妥定方略。②

畢永年，長沙人，譚嗣同、唐才常的好友。戊戌政變前夕，康有爲圖謀利用袁世凱的力量包圍頤和園，其中捕殺西太后的任務即交給了他。這時，他正和唐才常一起籌劃起義。顯然，唐才常對宗方願為義軍「增添力量」的表示極感興趣，因此，第二天便偕畢永年登門拜訪。

唐才常原是戊戌變法時期的激進派。他與康有為一起確定了起義計劃後，即積極從事籌備與組織工作，一八九九年春，畢永年偕宗方的同學、日人平山周赴漢口會見林圭，三人一起入湘，聯絡各地哥老會。同年五月，畢永年派長沙人張燦、譚祖培、李心榮赴日，會見宗方，要求迅速在湖南舉義。③此前，唐才常也回到國內，在上海主編《亞東時報》。這年秋，唐才常再次赴日，得見孫中山，商定孫、康兩派合作，共同在湖南、湖北及長江流域起兵的計劃。這一時期，唐才常還聯絡了在東京高等大同學堂學習的林圭、蔡鍔等一批留學生，決定回國舉事，十一月，孫中山、梁啓超為之餞行。不久，唐才常首途回滬，林圭及田野橘治也於同月中旬到達上海。唐才常致宗方小太郎函正是在此情況下寫成，由林圭等親手遞交的。

湖南是康有為、唐才常起義計劃中的發動點。唐才常派沈藎、林圭及田野橘治去武漢的目的是聯絡張之洞，通過張取得合法身分，以辦學、辦報為名在湖南進行軍事準備。信中，唐才常要求宗方與沈藎、林圭及白岩、荒井、宮阪等人，「公同會議，謀定後動」，顯然指起義一類事情，如果只為了辦學、辦報，是不值得如此重視的。

在唐才常致函宗方的前十八天，宗方曾在武昌訪問張之洞，瞭解他的態度。談話中，張之洞激烈地指責康有為一派欺君賣國，對日本政府驅逐康有為出境表示感謝，宗方則答以並非驅逐，而是有志之士勸告康有為自動離日的結果。張之洞便順著宗方的話頭，進一步要求「勸告」梁啓超離日。宗方發現張之洞並非如康有爲所言有可能回應義舉，失望而去。④這可能是促使宗方改變對唐才常起義態度的原因之一。

沈藎、林圭、田野橘治的湖南計劃也因未能打通張之洞的關節而無法進行。據田野橘治記述：「當時上海有日本愚物三人，竟向予等之計劃直開反對之運動，以阻撓之不使行。」⑤這裏所說的「日本愚物三人」，當即唐函所稱「白岩、荒井、宮阪」。他們不願充當沈藎等人和張之洞之間的仲介。田野忿忿地表示：「倘彼愚物而爲德、法人，予必贈以決鬥書，而先流其血以浣恨矣！」⑥田野的記述表明，圍繞對康有爲、唐才常起義的態度，日本大陸浪人間產生了嚴重的對立。

白岩等人的態度是宗方小太郎態度的反映。在策劃起義的最初階段，宗方表示支持，這使康有爲等增強了起義的決心；但是，宗方後來卻並不積極。他們和康有爲等發生關係本來就是爲日本侵略政策服務的，因而其反覆變化也就不奇怪了。

儘管宗方等改變了態度，但是，唐才常、沈藎、林圭等還是積極籌備，不過計劃中的起義中心卻逐漸轉移到了湖北。

（原載《歷史檔案》一九八八年第三期）

①《宗方小太郎文書》，日本原書房版，第六七三頁。

②《宗方小太郎文書》，第六七三頁。

③《宗方小太郎文書》，六七四頁。

④《宗方小太郎文書》，第六七六至六七七頁。

⑤《自立會史料集》，岳麓書社一九八三年版，第二〇七頁。

⑥《自立會史料集》，第二〇八頁。

須磨村密札與改良派請殺袁世凱的謀劃

一、引言

一九〇八年十一月十四日，光緒皇帝去世，根據西太后的意旨，立醇親王載灃之子溥儀爲帝，載灃以攝政王監國。十五日，西太后也突然死去。這一連串的事件給了流亡在海外的改良派以極大震動，也帶來了巨大希望。當時，梁啓超正居留於日本兵庫縣須磨村的怡和別莊。他於二十二日邀約神戶同文學校前校長湯覺頓、現校長張壽波、學監吳肇祥一起商量，「就清國皇室當前發生的事變進行了種種謀議」。①二十三日，以日本中國領署、同文學校等名義向國內發出掛號或普通郵件共八封。二十五日，繼續發出若干封。這些書信，經日本情報人員秘密檢查後抄錄了四封，由兵庫縣知事服部一三上報給外務大臣小村壽太郎，現存於日本外務省外交史料館。它們反映了當時改良派力圖促使清政府誅殺袁世凱的緊張活動，有較重要的史料價值。但是，書信中運用了不少隱語，意思晦澀；日本情報人員辨讀漢字草書的能力又很差，抄件訛誤嚴重。筆者參考各種文獻，反覆揣摩，讀懂了這些書信的大部分內容，因整理闡述如次。那些不可解，或者雖解而不正確的部分，只好留待高明。

二、密札解讀

為了盡可能保存原貌，現照錄日本情報人員抄件全文。改正的字加〔〕號，增補的字加〈〉號，雖改正而有疑問的字加問號，無法辨讀或無法排印的字以××代替。所有標點，均根據筆者對文意的理解重新釐訂。

其一：

封　書

須磨怡和別莊

北京西四牌樓南磚塔胡同內錢串胡同路北柵欄門外務部長大人（壽卿勳啟）

日本中國領署緘

文　意

新帝既立，醇邸攝故〔政〕。以醇王之賢，薄海內外，必以平〔手〕加額。帷

〔惟〕討賊復仇之舉，刻不容緩。而當此變亂紛纂之際，最不能不取奇才異能之士，以定危局，以報先帝，更宜行大賞罰，以一新天下之耳目，一吐天下之公憤。公親枝忠報，當必有嘉猷遠漠〔謨〕獻替，當路如蕭、澤者，此時真可定奇謀成奇勳在〔者〕也。潘公人極沈擊〔摯〕，有大決斷，作多常士，望公推誠。茲為公偵諸要人，急叩之。匆匆傷變，為書不詳。然石〔所〕言至重，不揣固陋，談〔祈〕高明英斷（？）。敬談〔祈〕為圖〔國〕珍重。第〔弟〕名心叩。十月二十五日。②

本札及下二札均爲十一月二十三日發。在本札中，發信人隱名，僅署「名心叩」，當爲梁啓超。受信人長大人，應爲長福，是改良派在清朝貴族中的內應。他字壽卿，一作綬卿，宗室正紅旗人。一九〇一年被清政府派赴日本，入弘文學院學習警務。其後任駐神戶領事，和梁啓超關係密切，曾參加政聞社。歸國後在外務部任主事，爲改良派做過不少事情。函中所言蕭，指肅親王善耆，時任民政部尚書；澤，指載澤，時任度支部尚書。他們都是清朝貴族中的實權派。函中所言潘公則指潘博，康有爲的學生，他一名之博，字若海，號弱庵，曾打入善耆主持的民政部任職，是改良派在北京從事秘密工作的重要人物。③

戊戌政變前夜，康、梁等人計劃利用袁世凱的力量，包圍頤和園，軟禁以至捕殺西太后，消滅變法的反對力量。但是，由於袁世凱告密，形勢突然變化：光緒被囚，六君子被殺，新政完全被推翻。因此，康、梁對袁世凱有切齒之仇。一九〇七年春，康有爲批示梁啓超、麥孟華二人，將「倒袁」作爲首要任務。他在信中說：「今先其大者，自以倒劭爲先。」康有爲並指示，必要時可以進行暗殺，聲言：「魯難未已，則以聶政行之，亦不得已也。」④馬良也向梁啓超提出，對袁世凱，可以送他一丸子彈。⑤光緒去世，改良派普遍認爲是袁世凱所害，而且懷疑他會進一步篡奪清朝江山。當時有一份傳單說：「袁世凱乘太后病危，潛通內侍，鴆弑皇上，密召姜、楊各軍入京自衛，將又弑新帝篡位。」⑥這份傳單不一定出自康、梁之手，但卻反映了他們的觀點。對載灃的攝政，他們是滿意的，因爲載灃是光緒的親弟弟。清朝歷史上，當權力遞嬗之時，曾經有過康熙誅鰲拜、嘉慶誅和珅，西太后誅肅順等例子。康、梁有鑒於此，決定利用時機，力促清政府誅殺袁世凱。

十一月十八日，梁啓超以康有爲和他自己的名義致電各省督撫，中云：「兩宮禍變，袁爲罪魁，乞誅賊臣，伸公憤。」⑦有關資料表明，這一時期，他們還直接給載灃打過電話，「請誅賊臣以安社稷」。⑧

梁啓超的第二步便是給長福寫信，說明形勢危急，「變亂紛纂」，「討賊復仇之舉刻不容緩」，勉勵他以宗室的身分提出「嘉猷遠謨」。由於長福地位不高，梁啓超的主要希望寄託在善耆、載澤二人身上。從一九〇七年夏起，善耆便和梁啓超建立了聯繫。信中所謂「行大賞罰」，「一新天下之耳目」，「一吐天下之公憤」等，主要是寫給善耆等人看的。「定奇謀，成奇勳」者，即以非常手段處決袁世凱之意。本函將潘博推薦給長福，要求他們推誠相見，通力合作，在清政府「要人」之間活動。後來，爲聯繫方便，潘博就住在長福家裏。

其二：

封　書

北京西四牌樓南磚塔胡同內錢串胡同路北柵欄門外務部長　長大人（壽卿勳啟）

日本中國領署緘

文　意

綬公吾足〔兄〕尊右：不意三日之間，迭遭圖〔國〕恤，面〔而〕先帝上賓，文〔尤〕為天下人石〔所〕同疑。嗚呼！不意奸賊意〔竟〕敢悖逆如此。

先帝已失，奸賊猶逍遙法外，呼天搶地，如何之〔如何〕！僕以前此謠諑避嫌，石〔不〕能入北，窮居海外，忽問〔聞〕此岌，權〔摧〕痛如〔何〕言！比東〔來〕朝局若何？僕不〔所〕知者惟恃報紙，詞多影響，且紛雜莫是，焦苦愈不可狀，務請明此耳！京上委公，飛示詳區，玉〔至〕禱玉〔至〕禱！寶雲令清濁上之都，專丙此事，特有何仁，至×時望與密話，寶雲因匆促，故區石〔不〕能詳，當其致副書覆，工〔旦〕夕待令。

本札受信人仍爲長福，發信人應爲須磨村會議參加者湯覺頓、張壽波、吳肇祥三人中的一個。函中云：「僕以前此謠諑避嫌，不能入北，窮居海外。」湯覺頓於一九〇八年春受梁啓超委派，秘密前往北京，和善耆、良弼等人聯繫，但不久即受人懷疑，再度避居海外。⑨據此，可知發信人爲湯覺頓。

本札稱光緒之死（上賓）「爲天下人所同疑」，憤慨於「奸賊竟敢悖逆如此」，雖不十分肯定，但已相當明確地把袁世凱視爲兇手。「先帝已失，奸賊猶逍遙法外」二語，含蓄地提出了誅袁要求。由於已有梁札，所以湯覺頓在本札中僅要求長福火速通報「朝局」。「至禱至禱」以下，當時日本情報人員就已經看不懂，特別標注了「不明」二字，筆者目前也還不能解讀清楚。其中寶雲，似指梁啓超，大意當爲迫切期待長福有所指示，本人「待令」北上云云。

其三：

封　書

上海〈海〉寧路須徵呈〔里〕香山何禺〔寓〕何清逸先生

（同文學校）

文意

茲公：夜〔報〕已到了。此數日內沈靜之局面，使〈人〉悶絕。此次在南方，當無從著手，惟有此〔北〕行之一法。然今日見夜〔報〕，山公確已首途。恐茲公井〔並〕入北，正石〔不〕易了。無論如何，必以〔須〕設法，能此為妙。子箋處，最當注意也。今日夜〔報〕紙言，倉主提議，速布憲法，手段真是可畏。奈何奈何！匆匆。即請

大安。餘詳荷函

今日×××語夜〔報〕已收到。

兩渾

本札反映了梁啓超爲誅袁而採取的第三個步驟。受信人何清逸，名天柱，改良派在上海的據點——廣智書局的實際負責人，當即函中所言茲公。山公，指岑春煊。倉主，指袁世凱。⑩荷，指湯覺頓。⑪兩渾，當時書信中的隱語，常用於受信人、發信人均隱名之時。

岑春煊是袁世凱的老對頭。一九〇六年，清政府將岑從兩廣調任雲貴總督，岑春煊認爲是奕劻和袁世凱的奸計，託病就醫上海，暗中和改良派發生關係。一九〇七年春，奉旨調補四川總督，但同時清政府又規定他「毋庸來京請訓」。岑春煊乃於啓程赴任舟次武漢之際，突然乘

車入京，在西太后面前參劾奕劻「貪庸誤國」，被任命爲郵傳部尙書。他和瞿鴻禨聯結，接連參劾了袁世凱的親信朱寶奎和段芝貴二人，被外放兩廣總督。在他出京到達上海之際，梁啓超曾秘密自日本返滬，準備和他會談。因瞿鴻禨已被免職，岑本人也因「暗結康梁」之嫌被參，二人未能見面。自此，岑春煊即居留上海。

一九〇八年十一月，光緒病重的消息傳出後，岑春煊曾準備帶著醫生入京，已經訂好了船期。⑫聽到光緒的噩耗後，岑春煊更爲「激昂」。⑬十九日，上海《神州日報》從北京發出專電稱：「岑春煊即將起用。」二十日又報導稱：「前兩廣總督岑宮保向居滬北垃圾橋地方，前晚接到京電，著即來京等因，宮保當即北上。」二十二日，日本報紙也報導說，岑春煊於二十日通過蕪湖，擬經漢口入京。⑭梁啓超致何天柱函中所稱：「山公確已首途」，當即本此。從信中可以看出，梁啓超準備派何天柱隨岑春煊北上，但因岑已上路，感到「不易」，但仍表示，「無論如何，必須設法，能此爲妙。」函中所言「倉主提議，速布憲法」云云，據《大公報》及日本報紙報導，袁世凱在光緒、西太后相繼去世後，曾向清政府提議，迅速召開國會，實行憲政，以安人心。⑮梁札當即指此。袁世凱在載灃登台後，地位岌岌可危，但是，他卻迅速抓住了「速開國會」、「速行憲政」一類題目，藉以收買人心，爭取好感。因此，梁啓超發出了「手段真是可畏」的感嘆。

其四：

封書（書留）

上海海寧路須徵里香山何寓何大人清逸啟

神戶同文學校

文意

對偉兩公同釜（鑒）：構父來，得具忠（悉）偉公不獲與山公偕行，誠大憾事。今所憂者，無途可以入都可（耳）。無論如何，必須設法者。答（若）能者（有）得，自有生發，不一日得（待）一日也。十乘昨未（來）一書，乃事前取（所）發，不遇（過）告急可（耳），尚待次凶（函）乃有別消息也。

今晨東電言，子箋已起用，此亦可注目者。偉公入北，當必能見比（此）公也。

名心叩

高叟與山公偕否？座（望）示知。

本札十一月二十五日發。書留，日語掛號信之意。受信人中的對公，指麥孟華；⑯偉公，指何天柱（清逸）。⑰發信人仍署「名心叩」，當爲梁啓超。函中所言構父，指向瑞彝，是改良派的重要成員。

在改良派中，麥孟華和岑春煊關係最深。一九〇七年春，岑春煊調任四川總督時，曾特聘麥孟華隨行。岑春煊準備舟次武漢時突然改道入京的計劃，麥孟華也深知，並擬借岑之力入京活動，岑也表示願「出力相助」。⑱但因事機不密，消息泄露，麥孟華的隨行計劃被迫作廢。後來，陳慶桂曾參劾岑春煊「逗留滬上，將有他圖，皆麥某一人爲之主謀。以應行嚴緝之人，而竟倚爲心腹」。⑲但這並未影響岑、麥二人之間的關係。

光緒逝世後，麥孟華也認爲關鍵在於載灃能否「行大賞罰」、「戮一二人」，如果袁世凱不死，後果將不堪設想。因此力促岑春煊入京，曾進言說：「上崩必出賊手（且后亦必有變），亟當預馳入北，聯有力者申大義。」⑳由於岑、麥之間的關係已經暴露，因而，隨岑北行的任務自然落到了改良派在上海的另一員大將何天柱身上。從密札看，梁啓超從向瑞彝處得悉，何天柱終於未能隨岑北行，感到極大遺憾，但仍堅持北上方針，再次強調「無論如何，必須設法」。因爲只有在北京，他們的誅袁謀劃才有可能「生發」。

函中提到的十乘，看來是改良派在北京的密探，應指潘博。他向梁啓超報告了光緒病重的消息，所以函中稱：「十乘昨來一書，乃事前所發，不過告急耳，尚待次函乃有別消息也。」函中提到的子箋，應指瞿鴻禨。前函稱：「子箋處，最當注意也。」本函稱：「今晨東電言，子箋已起用，此亦可注目者。」當時，有人估計，瞿鴻禨有可能再次被起用。梁啓超並估計何天柱入京時，將能見到他，看來是改良派寄以希望的一位人物。至於所言高叟，改良派密札中有時稱他爲固哉，蓋取《孟子》「固哉高叟之爲詩也」之義，當是岑春煊的幕僚。

三、請殺謀劃的失敗

改良派雖然作出了請殺袁世凱的種種謀劃，但其進行卻困難重重。

首先是湯覺頓北行受阻。由於嫌疑未消，北京方面發函勸他暫時不必返國。㉑其次是岑春煊聽了別人的話，對北京政局採取「沉吟觀變」態度，決定暫不北上。報上並發表了「聞岑春煊咯血病甚劇，不能北來」的消息。㉒這一切使改良派很生氣，也很失望。麥孟華在致康有爲書中憤憤地說：「初聞彼議論，以爲一倜儻士，今彼先事絕無佈置（前此弟尚以為彼有密謀，不令我輩知耳，今乃見其實無預備也），既不能謀，臨事又復首鼠，又不能斷，嘉州無可復望矣。」㉓此外，子箋的起用也迄無確訊。雖然康、梁二人都很關心此事，但麥孟華只能告以「此間尚無聞」。㉔

儘管如此，改良派仍然在作努力。他們分析了形勢，覺得載灃的地位並不十分鞏固。麥孟華函稱：「今醇勢頗搖搖，然彼非行大英斷，則勢必不能固；欲其行大英斷，則非有人運動不可。」㉕於是，他們決定，由何天柱攜帶康有爲從海外匯來的款子，單獨入京「運動」。㉖何天柱此行的成果如何，不得而知，長福方面卻給梁啓超傳達了善耆和載澤的訊息：元兇必去，決無中變，不必擔心。㉗一九〇九年一月二日，載灃以袁世凱患有足疾爲名，命他開缺回籍休養。

對袁世凱的開缺，改良派中有人表示滿意，徐勤函稱：「袁賊被逐，爲之狂喜。中國雖未即強，然罪人斯得，大仇已復，吾黨天職，亦可少盡矣。」㉘但康、梁二人都不甘心。梁啓超致書善耆，認爲對袁世凱，「雖明正典刑，殊不爲過」，至少也應該明詔宣布他的罪狀，加上「革職」、「交地方官嚴加管束」一類字樣。㉙他估計張之洞可能會成爲討袁的障礙，因此極力主張「和張」，通過各種途徑進行拉攏。康有爲則仍然企圖以光緒被毒爲理由要袁世凱的腦袋。他於一九〇九年一月致書梁啓超說：「惟覽來各書意，北中不欲正名，極不欲認弒事。此義最宜商。以《春秋》之義正之耶？抑豈彼等隱忍了事耶？」㉚他提出：在倫敦時，有人告訴他，袁世凱曾以三萬金賄買御醫力鈞下毒。康有爲建議揭發此案，查訊力鈞。他並曾準備發動各埠華僑簽名上書，給清政府施加壓力，已經寫好了《討賊哀啓》，內稱：「醇王以介弟攝政，仁明孝友，應有討賊之舉；我會本以保皇爲事，忠義昭著，應發討賊之義。」㉛與此同時，康有爲又起草了《上攝政王書》，此書經梁啓超修改後發出，信中，康有爲提出，袁世凱「苟有弒逆之事，其惡固擢髮難容；即無弒逆之跡，其惡亦難從末減」。他歷數袁世凱「造言誣君」、「縱匪誤國」、「招權納賄」等罪狀，以康熙誅鰲拜等事爲例，要求載灃將袁世凱「明著爰書，肆諸東市」。康有爲並憂心忡忡地警告載灃：袁世凱雖然離開了朝廷，但「潛伏爪牙，陰謀不軌」，清朝的「宗社」之憂，「且未有艾」。㉜書上，沒有結果。一九一一年，在武昌起義的疾風暴雨中，載灃不得不起用袁世凱。

袁世凱之所以沒有被殺，並非載灃有愛於袁世凱，而是因爲：一、袁世凱羽翼已成，且外有帝國主義的支持；二、清朝貴族集團已經極端衰弱，不僅遠非康熙誅鰲拜的時代，連西太后誅肅順的時代也不能相比了。載灃非不欲也，實不能也。

（原載《復旦學報》一九八六年第三期）

①《兵庫縣知事服部一三致外務大臣小村壽太郎》，兵發秘第四〇七號，日本外務省檔案1.6.1.4-2-1（3），440838。

②日本外務省檔案，1.6.1.4-2-1（3），以下各札均同，不一一注明。

③康有為：《粵兩生集序》，《粵兩生集》。

④《梁啓超年譜長編》，上海人民出版社，第四四九頁。

⑤同上，第四五一頁。

⑥《東京憲政分會會員公檄》，日本外務省檔案，1.6.1.4-2-1（3），440886。

⑦《清國革命黨領袖經歷及行動調查》，明治文庫藏《有松英義關係文書》；又見日本外務省檔案1.6.1.4-2-1（3），440805。

⑧《戊戌變法》第二冊，第五一七頁。

⑨參閱《梁啓超年譜長編》，第四五〇、四七一、四七五頁。

⑩山，取岺字之頭；倉主，因袁世凱以小站練兵出身，小站出稻，故由此取義。

⑪《梁啓超年譜長編》，第五一八至五一九頁。

⑫岑春煊：《樂齋漫錄》，台北文星書店，第十八頁。

⑬《某某來書》，《康有為與保皇會》，上海人民出版社，第三八九頁。

⑭《大阪朝日新聞》，一九〇八年十一月廿二日第二版。

⑮《大公報》，一九〇八年十一月廿二日《大阪朝日新聞》一九〇八年十一月廿二日第一版；《東京朝日新聞》，一九〇八年十一月廿四日第二版。

⑯麥孟華曾於一九〇七年春受岑春煊之聘入蜀。佚名《致梁啓超書》：「乃者與對費九牛二虎之力，為入蜀之計。」（《梁任公先生知交手札》第四十六頁）據此可知對公為麥孟華。

⑰何名天柱，字擎一，故以偉公相稱。

⑱《蛻庵致任公書》，《梁任公先生知交手札》（一），台北文海出版社，第四十二至四十四頁。

⑲《梁啓超年譜長編》，第三八三頁。

⑳《某某來書》，《康有為與保皇會》，第三八九頁，原信殘缺，從內容判斷，知為麥函。

㉑《梁啓超年譜長編》，第四七五頁。

㉒《神州日報》，一九〇八年十一月廿一日。

㉓《某某來書》，《康有為與保皇會》，第三八九頁。

㉔《某某來書》，《康有為與保皇會》，第三八九頁。

㉕《某某來書》，《康有為與保皇會》，第三八九頁。

㉖《某某來書》，《康有為與保皇會》，第三八九頁。
㉗《梁啓超年譜長編》，第四七七頁。
㉘《致康有為書》，《康有為與保皇會》，第三八七頁。
㉙《梁啓超年譜長編》，第四八〇頁。
㉚《梁啓超年譜長編》，第四八一至四八二頁。
㉛《戊戌變法》第一冊，第四三四頁。
㉜《戊戌變法》第二冊，第五一七至五二二頁。

畢永年生平事跡鉤沉

在戊戌維新以至興中會惠州起義期間，畢永年都是個重要人物，但是，迄今爲止，人們對他所知甚少。馮自由辛勤收集辛亥革命史料多年，著有《畢永年削髮記》一文，是目前最完整的畢氏傳記，但該文訛誤甚多，關於畢氏的下落，竟認爲「不知所終」。①近年來出版的一些辛亥革命史著作，在涉及畢氏生平時，敘述也常有謬誤。這就啓示我們，有必要對畢氏的生平進行研究和探索。

一

畢永年，號松甫，一作松琥，湖南長沙人。一八七〇年（同治九年）生。八歲時隨父叔往來軍中，練就了一身過人的膽識。長大時讀王船山遺書，受到民族思想的熏陶。當時，曾國藩、胡林翼、左宗棠還是不少湖南老鄉的崇拜對象，畢永年卻憤然表示：「吾鄉素重氣節，安得有此敗類」。②一八九四年（光緒二十年），江標督學湖南，以「變風氣，開闢新治爲己任」，試士的內容注重輿地、掌故、算學、物理及世界形勢等內容，即使是制藝，也允許議論時事。③畢永年所作文即有「民不新，國不固，新不作，氣不揚」之語，認為中國三代以下，天下囂囂的原因在於「陳陳相因，氣頽於寐」，表明了這個年輕人已經具有鮮明的維新思想。④一八九七年（光緒二十三年），與唐才常同時考取拔貢。自此，即與唐才常、譚嗣同結為好友，經常一起商議救國大計。三個人都重視會黨的力量，畢永年並親自加入哥老會，往來於漢口、岳州、新堤、長沙等地。他體格魁偉，為人豪放不羈，輕財好義，很快就結識金龍山堂龍頭楊鴻鈞，騰龍山堂龍頭李雲彪及張堯卿、辜天佑、師襄等人，得到他們的信任。

一八九八年（光緒二十四年）二月，譚嗣同、唐才常等在長沙組織南學會，講演並討論新學，畢永年成為會中的活躍分子。當時，譚嗣同等以「保種」、「保教」相號召，而畢永年卻獨持異議，認為首先必須開通民智，「示群民以人皆讀書之益」，「俾知通商之局，終此不更，則中西聚處日繁，不必再作閉關之想」。某次會上，他對譚嗣同說：「所謂保種、保教，非保之於今日，蓋保之於將來也。此時若不將此層揭破，大聲疾呼，終屬隔膜，愈欲求雪恥，愈將畏首畏尾。或以西學為沽名之具，時務為特科之階，非互相剿襲，則僅竊皮毛矣。」畢永年的話觸動了譚嗣同的心思，回答說：「王船山云：抱孤雲，臨萬端，縱二千年，橫十八省，可與深談，惟見君耳。然因君又引出我無窮之悲矣。欲歌無聲，欲哭無淚，此層教我如何揭破？會須與君以熱血相見耳。」⑤

四月十四日（夏曆三月二十四日），畢永年在《湘報》發表《存華篇》，將中國傳統思想和西方天賦人權觀念結合起來，認為權為人人共有之權，國為人人共有之國，只有發揚民權，才有可能上下一心，保存中華。文稱：

人人皆承天地之氣以為命，即人人皆有自主之權以立命。權也者，我與王侯卿相共之者也；國也者，非獨王侯卿相之國，即我群士群民共有之國也。既為群士群民共有之國，則為之上者，必無私國於己、私權於國之心，而後可以綿綿延延，鞏祚如磐石；下亦必無不在其位，不謀其政之心，而歧視其國為乘鑾服冕者之國，然後可以同心合作，上下一心，保神明之冑於一線，救累卵之危於泰山。⑥

文章痛切地陳述了列強瓜分中國的危急局勢，呼籲清朝統治者「殷憂啓聖，恐懼致福，乘此伐毛洗髓，滌穢蕩瑕，與天下更始」。當時，湖南學會林立，畢永年除與黃遵憲、徐仁鑄、熊希齡等人共同發起組織湖南不纏足會外，⑦又和唐才常共同發起成立公法學會，研究中外通商以來所立約章，作爲「將來自強之本」。畢永年手訂章程十七條，規定會中集資訂閱各報，會友各持日記一本，將研究心得按「大弊」、「小疵」、「議增」、「議改」四項分類編記，定期傳觀討論。⑧

爲了使南學會的活動內容更爲豐富，四月下旬，譚嗣同、熊希齡、畢永年分別致函嶽麓書院山長王先謙，邀請他來會講學。王雖是湖南名儒，但爲人守舊頑固。五月，王先謙覆函畢永年，指責南學會諸人「侈口徑情，流爲犯訕」，「所務在名，所圖在私」。王要畢氏「閉戶自修，不立名目，不事爭逐」，否則，「請各行其是，毋復後言」，⑨葉德輝並擬將此函刊刻張揚。⑩此後，湖南守舊派對南學會和《湘報》的攻擊愈來愈厲害，皮錫瑞等曾公舉畢永年去日本人辦的報館任主筆，以便在外人的保護下得以放言無忌。⑪由於學會一類的活動受阻，畢永年又曾受譚嗣同之命，和唐才常相偕去漢口聯絡哥老會。⑫

同年八月二十一日（七月初五日），譚嗣同應光緒皇帝之召入京。九月五日（七月二十日），被任命爲四呂卿銜軍機章京，與楊銳、林旭、劉光第共同參預新政。爲了追隨譚嗣同，畢永年也於八月間離開湖南，經上海入京。途經煙台時，與日人平山周、井上雅二等相逢。九月十二日（七月二十七日），相偕抵京。畢永年住在廣升店中。次日，會見康有爲。當時，正是帝后兩黨鬥爭白熱化的時候，康有爲早已從譚嗣同處得知，畢永年是會黨好手，命他留京相助。當日，畢永年移居南海會館，與康有爲住到一起，得以參預密謀。康有爲計劃命畢永年往袁世凱幕中爲參謀，並計劃命畢永年統率百人，在袁世凱兵圍頤和園時乘機捕殺西太后。畢永年認爲袁世凱膽小，又是李鴻章之黨，恐怕靠不住，而且自己是南方人，初至北京，統領彼此不相識的士兵，不可能在短期內收爲心腹，得其死力，因此，對接受這一任務表示猶疑。九月十九日（八月初四日）晨，當他從譚嗣同處獲悉，譚已將密謀向袁世凱和盤托出時，立即預感到事情必敗，表示「不願同罹斯難」，並勸譚嗣同「自謀，不可與之同盡」。⑬當日午後，畢永年即遷居於附近的寧鄉館。二十日（八月初五日），康廣仁、梁啓超準備推薦畢永年爲李提摩太的秘書，爲畢氏所拒。當夜，畢永年致書譚嗣同，勸他速自定計，不要白死。又致書梁啓超作別。二十一日（八月初六日），畢永年急馳出京。同日，西太后即下令逮捕康有爲，查抄南海會館。

畢永年行至上海之際，得到譚嗣同等殉難的噩耗，即自斷辮髮，發誓不再隸屬於滿清統治之下。⑭不久，應橫濱大同學校校長徐勤之邀，隨日人安永東之助東渡，⑮在橫濱會見孫中山，討論國事，感到意氣投合，於是加入興中會，走上新的道路。

二

在畢永年離京之前一日，康有爲即倉皇南下。十月二十六日（九月十二日），康離港赴日。到日本後，即與唐才常一起制定了一項湖南起義計劃。其內容爲，利用南學會的力量和影響，在長沙起兵，引軍直進，攻取武昌，然後沿江東下，佔領南京，再移軍北上，進取北京，推翻西太后的統治。⑯日本人宗方小太郎表示支持這一計劃。十一月一日（九月十八日），畢永年曾與唐才常一起訪問宗方，再次說明該項計劃，要求宗方相助。⑰宗方是個中國通，負有爲日本軍方在中國收集情報的任務，當年正在漢口經營《漢報》。他勸畢、唐二人沉潛待機，作好準備，待他到中國後妥商方略。其後，畢永年並介紹唐才常會見孫中山，商量在湘、粵及長江沿岸各省的起義計劃。爲此，當時正在日本的興中會會長楊衢雲飛函通報在香港的革命黨人：「我們的計劃獲得成功，和湖南的維新派取得合作」。⑱同月，唐才常首途回國。十二月，畢永年接到湖南即將起事的電報，也偕平山周回到上海。離日之前，他曾有一函致日本文部大臣犬養毅，函云：

先生見教極是，湘人素稱勇悍，彷彿貴邦薩摩。今日因西后淫虐之極，湘人激於義憤，咸思一旦制其死命。僕遠在此間，不知湘中刻下已有舉動否？但昨飛電急催，不得不發，則將來各國干預時，亦望貴國出面干預，則僕等自有成算，惟先生察之。⑲

維新派由於自身沒有多大力量，最初依靠光緒皇帝，戊戌政變後，企圖依靠列強，本函正反映出這種情況。同時，畢永年又有《留別諸君子詩》，答謝餞別的犬養毅諸人，詩云：

日月久冥晦，川嶽將崩摧。中原羯虜淪華族，漢家文物委塵埃。又況慘折忠臣燕市死，武后淫虐如虎豺。湖湘子弟激義憤，洞庭鼙鼓聲如雷。我行遲遲復欲止，蒿目東亞多悲哀。感君為我設餞意，故鄉風味儼銜杯。天地澄清會有待，大東合邦且徘徊。短歌抒意報君貺，瞬看玉帛當重來。⑳

末署「雙湖浪士畢永年拜呈，均希哂政」。一八九八年五月，康有爲曾與日本駐華公使矢野文雄約定，舉行「兩國大合邦會議」，實行兩國聯合。詩中所稱「大東合邦」即是指康有爲的這一計劃；但詩中又有「羯虜」、「漢家」之語，表明這一時期畢永年的思想已經越出了康有爲的範疇。上函及詩稿的原件今均存日本岡山市木堂紀念館。

畢永年在上海稍作停留，即與平山周相偕赴漢口，會見原湖南時務學堂學生林圭，三人一起入湘，具體設計了在長沙縱火起義的計劃。㉑畢等先後到過長沙、瀏陽、衡州等地，遍訪哥老會頭目及康有爲視爲同黨的人物，包括威字營統領黃忠浩、熊希齡的父親熊兆祥等，發現情況和預料相反，不僅熊、黃不敢有輕動之心，而且整個湖南人心消沉。㉒南學會、公法學會已經消亡解體，《湘報》改爲只錄上諭的《匯報》，時務學堂改爲求是書院，恢復了老一套。半年前生龍活虎的氣概喪失殆盡。只有在和哥老會頭目楊鴻鈞、李雲彪等人的接觸中，才使畢永年和平山周感到鼓舞。㉓一八九八年（光緒二十五年）二月初，二人回到上海。

此際，唐才常已因康有爲的一再催促，離滬赴港，經由廣西桂林入湘，畢永年讀到了康有爲的一封來信。信中，康有爲指使畢永年「製造事端」。㉔其內容已無可查考，可能是康有爲得悉湖南人心消沉後，要畢等製造排外事件以激動民氣。畢永年對康有爲的作法本來就已經不滿，讀信之後，大爲憤激，因而便記述康有爲密謀包圍頤和園、捕殺西太后等情節，題爲《詭謀直紀》，交給平山周，平山周交給日本駐上海代理領事小田切萬壽之助。小田切隨即於二月八日抄呈日本外務次官都築馨六。此後，畢永年就和康有爲分道揚鑣了。

爲了向孫中山彙報湖南之行的情況，畢永年於一八九九年春再到日本。當時，王照和康、梁的關係已完全惡化。原來，王照雖然贊成維新，但主張調和帝后矛盾，利用西太后推行變法，反對康有爲擁帝斥后的做法。戊戌政變前夕，光緒皇帝通過楊鋭帶出密詔，要楊等「妥速籌商」，如何既能使「舊法全變」，而又不至於得罪西太后，「有拂聖意」，但康有爲卻將它點竄改作，與光緒皇帝的原意有所背離。由於王照瞭解這一秘密，流亡日本後受到康、梁的嚴密監視，王照不能忍受，在平山周的誘導下與犬養毅筆談，說明「今康刊刻露布之密詔非皇上之真密詔，乃康所僞作者也」。筆談中，王照曾引畢永年爲證，聲言「今畢兄在此，證康、梁之爲人，幸我公一詳審之」。㉕筆談之末，畢永年作跋說：

> 王君又告予曰：原因保薦康、梁，故致此流離之禍，家敗人亡，路人皆為嘆息。乃康、梁等自同逃共居以來，陵侮壓制，幾令照無以度日。每朋友有信來，必先經康、梁目，始令照覽，如照寄家書，亦必先經康、梁目始得入封。且一言不敢妄發，一步不敢任行，幾於監獄無異矣。予見王君淚隨聲下，不禁憤火中燒。康、梁等真小人之尤，神人共憤，恨不令王君手戮之。㉖

此跋雖主要記述王照所言，但充分反映出畢永年對康、梁的敵視態度。

三

畢永年、平山周的湖南之行雖然沒有發現可以立即起事的徵兆，但卻認為湖南是哥老會大本營，有會員約十二萬人，組織嚴密，其頭目沉毅可用，因此，孫中山聽取了他們的彙報後，便決定在湖南、廣東、湖北三省同時大舉，並命畢永年再次回國運動。一八九九年夏，畢永年先到漢口，在宗方小太郎的漢報館任主筆。不久，因不堪報館中的日本人虐待中國僕役棄職。㉗他再度入湘，向會黨頭目介紹孫中山的為人，勸他們和興中會攜手反清。同年秋，畢永年偕楊鴻鈞、李雲彪、張堯卿等六個會黨頭目赴港。行至上海時，路費不夠，畢永年只好讓楊、李等先行。他寫了一封信給在港的陳少白和日人宮崎寅藏，附有哥老會頭目的小傳。宮崎對這些小傳稱頌不已，認為文字不多，簡明痛快，人物性格躍然紙上，有如讀《三國志》、《水滸傳》一般。㉘李等向陳少白及宮崎表示：「當今之世，不通外情，而漫欲揭竿者，恐貽不測之禍於百年之後。而吾徒之中，能通外情，仍深屬望於孫君，願待畢君之來共議之。」㉙一星期後，畢永年得到陳少白的資助到港。大家一致同意畢永年的意見，決定將哥老會、三合會、興中會合併為中和堂興漢會，推孫中山為會長，各事均在其指揮下行動。於是制定綱領三條，歃血盟誓，並且刻了一枚圖章，由宮崎帶回日本，交給孫中山。十月二十九日（九月二十五日），畢永年致函宗方小太郎云：

> 久不相見，渴念殊深，惟德業益宏，無任翹企。弟因諸友牽帥，遂遽棄貴館之委

任而相隨伊等至香港，鄙懷實所歉仄，幸先生諒焉。此間一切情形，高橋先生當已面述尊聽，弟不贅陳，惟勉竭綿力細心組織之，以俟機會而已。然尚冀先生不忘疇昔之言，生民幸甚。㉚

函中所言高橋，指日本人高橋謙，東亞同文會廣東支部長。「惟勉竭綿力細心組織之」，當指興漢會事。「不忘疇昔之言」，當指宗方小太郎支持湖南起義的諾言。

興漢會組成後，畢永年攜諸會黨頭目東渡日本，會見孫中山，受到殷勤的款待。十二月返港，經費發生困難。當時，康有爲正在香港，他新從美洲歸來，得到華僑的資助，囊中富有，暗中贈送給會黨頭目數百元。畢永年認爲不能收，而哥老會頭目卻愉快地接收了，再次倒向康有爲一邊。㉛畢永年受此刺激，在湖南籍同鄉紫林和尚的影響下，憤然削髮爲僧，易名悟玄。他遺書平山周作別云：

弟自得友仁兄，深佩仁兄義氣宏重，常思運雄力為敝國拯生靈，可謂天下之至公者矣。第惜吾中國久成奴才世界，至愚且賤。蓋舉國之人，無不欲肥身贍身以自利者，弟實不願與斯世斯人共圖私利，故決然隱遁，歸命牟尼。今將雲遊，特來告別。仁兄一片熱腸，弟決不敢妄相阻撓，願仁兄慎以圖之，勿輕信人也。㉜

信中，畢永年表示，日內即將往浙江普陀山，第二年三月，將由五台、終南而入峨嵋，從此萍蹤浪跡，隨遇而安，不復干預人世間事。畢永年的削髮使興漢會和湘、鄂會黨之間的聯繫大受影響。一九〇〇年一月二十六日（光緒二十五年十二月二十六日），林圭曾致函孫中山在香港的代表容星橋，對之惋惜不已，但林圭認爲，畢永年是熱血漢子，「終無死心，必仍起而救世」。㉝果然，畢永年沒有當幾天和尚，又跑到上海，和唐才常一起，籌組正氣會。四月一日（三月十一日），唐才常在上海開設富有山堂，畢永年被推爲副龍頭。㉞

五月十六日（四月十八日），畢永年介紹長沙人張燦等訪問正在上海的宗方小太郎，要求迅速在湖南舉義。㉟這一時期，畢永年在上海來往的人物除宗方外，有文廷式、汪康年、唐才常、張通典、荻葆賢等，大體都是自立會的領導人。也就在這一時期，畢永年和唐才常在政治主張上發生分歧。唐才常繼續游移於保皇與革命之間，畢永年則要求他斬斷和保皇會的關係。兩人辯論了一晝夜，畢永年痛哭而去。六月，畢永年易名安永松彥，南下福建、廣東，聯絡會黨。七月十五日（六月十九日）致函宗方小太郎云：

滬上兩次賜書，均已收到，拜讀之餘，益增感激。先生如此不辭勞瘁，為支那力圖保全，況彥本父母之邦耶！敢不竭慮捐身，以副先生相知之雅乎？惟台灣之事，全賴先生注意成之，或乞先生偕中山氏往台一行，或即留中山寓於台地。彥願力任閩中之事，而與服部君及粵中諸豪聯為一氣，或不甚難。因彥之友多在五虎口、華秋、電光、射馬、長門、金牌、閩安諸炮台及馬尾、南台諸營中者，但得佳果五千枚，便可消暑熱。彥雖無救焚拯溺之材，然台中既得先生及中山之布署，而粵中又有服部之肆應，或者其有成乎？㊱

服部，指服部二郎，陳少白的化名。當時，孫中山正企圖以台灣爲基地，在廣東、福建沿海發動大規模的起義。由本函可見畢永年在興中會中的地位及其在福建的廣泛聯繫。「佳果五千枚」，當指起義所需的槍械，畢永年要求宗方提供幫助。同函又稱：

如貴邦人尚有以緩辦之說進者，願先生勿聽也。彥孑然一身，久無父母兄弟妻子之念，惟此痛恨胡虜，欲速滅亡之心輒形諸夢寐，不能自已。先生知我，伏祈諒之。

畢永年反對「緩辦之說」，急於滅亡「胡虜」之心洶湧澎湃而不能自制，從這裏，不僅可以看到他的熾烈、高昂的革命熱情，而且也不難窺知他和唐才常終於分手的原因。

七月十六日（六月二十日），孫中山自西貢抵達香港。由於香港政府對孫中山有過驅逐令，因此，孫中山只能在船上佈置軍事。畢永年被任命爲民政部長，平山周被任命爲外務部長。此際，孫中山正通過粵紳劉學詢運動李鴻章在廣東獨立，畢永年贊成這一計劃。他在廣州密切注視李鴻章的舉動，致書平山云：

李翽子已去肇慶、廣安水軍中，大約一二禮拜可回省城。李鴻章氏已出條教，大有先事預防之意，或納粵紳之請，其將允黃袍加身之舉乎？然天命未可知也。日內又查察滿洲人之流寓戶口，未審有何措施？此公老手斫輪，如能一順作成，亦蒼生之福。

聞楊翽子偕蕭姓到港，必謁仁兄，未知有何言，乞勿以秘密告之，因楊材劣，而蕭姓又新交也。弟日內集諸同志，咸踴躍聽命，弟欲乘此機，一一深結之，俾勿冷其心意，然無資足用也。乞仁兄畀弟二百元，或百五十元亦可，否則百元必須允賜。茲乞紫林氏代到港，乞交彼攜回至盼！㊲

李翽子，指李雲彪；楊翽子，指楊鴻鈞。他們這一年曾到上海，結交唐才常，發現唐誇張聲勢，所言不實，又轉回廣東，重新和畢永年合作。㊳紫林氏，指紫林和尚。他原爲有志之士，因躲避清政府的追捕遁入佛門，浪跡四方，但仍然和哥老會頭目有聯繫，同情並支持畢永年的事業。㊴本函反映出畢永年惠州起義前夕的活動情況。畢永年寫此函後不久，即離粵赴港，改名普航，仍以掌握哥老會爲職責。

十月六日（閏八月十三日），惠州起義爆發。十一月七日（九月十六日），義軍因餉彈殆盡解散。畢永年回到廣州，賣掉西服，仍著僧裝，和紫林和尚一起隱居於廣州白雲山。有書致同志稱：「他日有奇虬巨鯨，大珠空青，任吾大陸破壞之責者，其人今或爲僧也耶?吾方入其群以求之。」㊵一九〇二年一月十四日，畢永年逝世於惠州羅浮山寺，年僅三十二歲。㊶

（原載《民國檔案》一九九一年第三期）

①《革命逸史》初集。

②《革命逸史》初集。

③胡思敬：《江標傳》，《碑傳集補》卷九。

④《沅湘通藝錄》卷一，叢書集成本。

⑤《湘報》第廿九號，一八九八年四月八日。

⑥《湘報》第三十四號，一八九八年四月十四日。

⑦《湖南不纏足會總會董事題名》，同上，第廿八號。

⑧《公法學會章程》，同上，第四十八號。

⑨《翼教叢編》卷六。

⑩皮錫瑞：《師伏堂未刊日記》，《湖南歷史資》，一九五九年第一期，第八十九頁。

⑪同上，第一一四頁。

⑫唐才質：《戊戌見聞錄》，轉引自鄧潭洲：《譚嗣同傳論》，上海人民出版社一九八一年版，第六十九頁。

⑬畢永年：《詭謀直紀》，日本外務省檔案1.6.1.4-2-2,491315-491318。

⑭民表（秦力山）：《畢永年傳》，《自立會史料集》，岳麓書社一九八三年版，第二一九頁。

⑮《宮崎滔天氏之談》，《宮崎滔天全集》，日本平凡社版，第四卷，第二八九頁。

⑯《對支回顧錄》下冊，第三八一、三八二頁。

⑰《對支回顧錄》下冊，第三八一、三八二頁。

⑱謝纘泰：《中華民國革命秘史》、《孫中山與辛亥革命史料專輯》，廣東人民出版社一九八一年版，第三〇二頁。

⑲參見拙作：《犬養毅紀念館所見孫中山、康有為等人手跡》，《歷史檔案》，一九八六年第一期。

⑳參見拙作：《犬養毅紀念館所見孫中山、康有為等人手跡》，《歷史檔案》，一九八六年第一期。

㉑民表（秦力山）：《林錫圭傳》，《自立會史料集》，第二三一頁。

㉒小田切萬壽之助：《湖南地方近況及送呈畢永年著〈詭謀直紀〉之件》，日本外務省檔案1.6.1.4.2-2,491312-491314。

㉓《湖南現狀》（平山周回日談話），《知新報》第八十五冊，一八九九年四月三十日。

㉔小田切萬壽之助：《湖南地方近況及送呈畢永年著〈詭謀直紀〉之件》，日本外務省檔案室1.6.1.4.2-2,491312-491314。

㉕《王照與木堂翁筆談》，《大公報》一九三六年七月廿四日，據抄件印布。「今畢兄在此」之「畢」字，抄件隱去。

㉖《王照與木堂翁筆談》，《大公報》一九三六年七月廿四日，據抄件印布。抄件跋下有「湖南□□□錄意附識」數字，隱去之三字，當為畢永年。

㉗《亡友錄》，《宮崎滔天全集》第二卷，第五六〇頁。

㉘《宮崎滔天全集》第一卷，第一五二、四一一頁。

㉙《宮崎滔天全集》第一卷，第一二三頁。

㉚日本近代立法會收集，縮微膠捲，日本明治文庫藏。

㉛平山周簽注：《總理年譜長編初稿各方簽注彙編》（上），油印本。

㉜平山周：《中國秘密社會史》，商務印書館一九一二年版，第一四六頁。

㉝《致孫中山代表容星橋書》，《悟庵先生成仁錄》。

㉞《岳州鎮容呈匪情一案》，《俞廉三遺集》卷一〇一。

㉟《對支回顧錄》下冊，第三八三頁。

㊱日本近代立法會收集，縮微膠捲，日本明治文庫藏。

㊲平山周簽注：《總理年譜長編初稿各方簽注彙編》（上），油印本。

㊳《清國之形勢及秘密結社》，日本外務省檔案，1.6.1.4-2,490899。

㊴《亡友錄》，《宮崎滔天全集》第二卷，第五六一頁。

㊵民表（秦力山）：《畢永年傳》，《自立會史料集》，第二三〇頁。

㊶《長沙畢永年先生追悼大會通告》，《民立報》，一九一二年一月四日。

孫中山在一九〇〇年
——讀日本外務省檔案札記

一八九七年八月十六日，孫中山自加拿大抵達日本橫濱。三天後，一份標明秘字的密報便送到了外務大臣大隈重信的面前。自此，日本情報人員即十分注意孫中山的動態，各種報告不斷送向外務省。日積月累，數量相當可觀。這些報告，和其他關於中國革命者的情報彙集在一起，名爲《各國內政關係雜纂支那之部・革命黨關係（含亡命者）》。現藏於日本外務省外交史料館，檔案號爲1.6.1.4-2-1。它們是研究孫中山和中國革命史的重要資料。美國國會圖書館曾將其中少部分攝成縮微膠捲，但是，不知由於什麼原因，大部分遺漏未攝。一九八五年，我應京都大學人文科學研究所狹間直樹教授之邀，赴日訪問，有機會閱讀了全部該項檔案。現就其中一九〇〇年部分略作探索。

一九〇〇年是中華民族的多事之秋。這年六月，中國北部土地上掀起了波瀾壯闊的義和團運動，英、美、法、德、俄、日、意、奧八個帝國主義國家組成聯軍，大舉入侵中國。這時，孫中山正居留於日本。他憂心如焚地注視著國內外形勢，千方百計地利用時機，籌備發動反清起義，拯救危難中的祖國。檔案反映出，孫中山的意思是：在南方建立共和國，然後逐漸向北發展，推翻清朝政權。六月上旬，他與人密談說：「目前北京方面形勢異常不穩」，「如清政府勢力失墜，即我輩奮起之良機」。他表示：「我等之最終目的是與南方人民共商大計，割取清帝國之一部另建一新共和國。」①八月，和孫中山一起行動的日本人內田良平也透露：「孫逸仙及其一派黨徒策劃之目的爲，以江蘇、廣東、廣西等華南六省爲根據地，建成一獨立的共和政體，然後逐漸向華北方面伸展勢力，推翻愛新覺羅政權，最後統一支那十八省，在亞洲建成一大共和國。」②爲了達到這一目的，孫中山縱橫捭闔於香港英國當局和日本政府之間，同時積極爭取李鴻章、康有爲、容閎等人，力圖建立廣泛的合作。

當時，香港英國當局正在策動兩廣總督李鴻章據華南「自主」，孫中山對這一計劃表示過興趣。爲此，他於六月十一日離日南行。七月十二日，李鴻章調任直隸總督，途經香港，曾與港督卜力（N.A.Blake）會談。有關情況，孫中山於七月二十四日向日本「某訪客」介紹說：「太守（指卜力——筆者）向李氏說明形勢，言稱：按刻下清國時局，實爲分割廣東、廣西兩省之良機等等，並慫恿李鴻章以孫逸仙爲顧問，出掌兩省之主權。李氏答稱：將觀察今後時局之趨勢，徐行處斷。」孫中山並稱：「太守所言，蓋係欲以兩廣爲英國屬領，以擴展其利益範圍。」③這段言論顯示，孫中山雖然在華南「自主」問題上與香港英國當局發生密切關係，但對其侵略意圖是洞若觀火的。

關於孫中山南行的情況，檔案稱：「目前孫逸仙潛赴香港之際，曾與香港太守進行密商。密商之事似已略見端倪，故又暫來我國。其後，香港太守已有通告前來，略謂：密商之事，當可接受。」④孫中山南行時，一直未能與卜力見面。這裏所說的「密商」，可能發生在孫中山的代表與卜力之間。據卜力八月三日給殖民大臣張伯倫的備忘錄，他和孫中山的代表確曾有過一次會見。卜力要求孫中山等人起草一份「有許多人簽名的送給列強的請願書，清楚地表明他們所要求的改革，並且說明，他們採用這種方法，是爲了避免在目前的危機中會使列強爲難的行動。」⑤卜力報告說，他的建議已送交孫中山的「革新派」。日本外務省檔案所述，當即此事。檔案又稱：「孫之同志已將其所謀事項草成一紙建議，擬請交香港太守。」⑥檔案並提供了該項建議的具體內容，共四條：

（1）移都中央（**上海或漢口**）；（2）頒行自治制（**中央政府將就施政問題向各國公使徵詢意見，地方政府將就自治制問題向各國領事徵詢意見**）；（3）改革刑政，使其公平；（4）廢科舉，興實學。

從這四條看來，它就是我們今天可以看到的《致港督卜力書》中的《平治章程》。該函由孫中山領銜，有陳少白、楊衢雲、鄭士良、史堅如等興中會骨幹聯合簽名。所不同的是，《平治章程》爲六條，較檔案多出兩條，文字亦有很大懸殊。這種情況說明，檔案所收可能是最初的稿本，而今存《平治章程》則是後來修改的結果。值得注意的是，檔案記載，平山周認爲，上列第二項所謂「中央政府將就施政問題向各國公使徵詢意見」等語，「將使國家之獨立爲之喪失」，特地於八月二十四日趕到門司，和正在登輪回國、秘密前往上海的孫中山商談，建議削除此條。⑦這就說明，《平治章程》到這時還未定稿，今本《孫中山全集》將它定爲當年

六、七月之間的作品，看來須要修正。

由於八國聯軍的入侵和各派政治力量的活躍，中國政局呈現出微妙多變的形勢。老奸巨滑的李鴻章離開香港之後，到上海就逗留不前了。他要等一等，觀察一下風向。孫中山此次前往上海的目的之一就是為了和李鴻章會談。他認為，北京政府當時已全為「排外思想者」所佔據，光緒皇帝隨時有被害的可能。只要光緒皇帝一死，南方督撫們便會「另行動作」。早在八月上旬，他就聲稱：「清國南方各省督撫以及新進有識之士，在滿清朝廷尚存在之期間，固將維持現狀；但隨時勢之演變，遲早必與我等意見一致。基於此情況，身入故國固屬危險，但就某些地區而論，作為達到目的之一種手段，亦可通過無甚危險之和平途徑與有上述思想的人士相會合，實屬最為必要。基於此原因，只要無何危險，亦願與李鴻章會談。」⑧後來，他又進一步聲稱，如果時機許可，願與劉坤一、張之洞一見。⑨

孫中山此行目的之二是為了聯絡容閎。當時，容閎在唐才常等人的推戴下，已經出任上海中國國會會長，在其起草的英文宣言中聲稱：「不認滿洲政府有統治清國之權，將欲更始以謀人民之樂利。」孫中山對此表示歡迎。他說：「中國政治改革派中亦有不同派系之分。當今之局，彼此間絕不可糾纏於以往在發展當中所生之某些感情隔閡而互爭短長，亟應消除成見，廣為聯合，團結一致，共同謀劃。吾等仰為首領之人乃係容閎。此人曾任駐美公使，在國內頗孚眾望。據推測，此人正與李鴻章等地方督撫及康有為一派中之重要人物暗相聯結，從事政治改革之策劃，正在循序漸進之中；本人亦欲廁身其間，竭誠效力。」⑩孫中山並表示，如果時勢合宜，他準備直入北京一行。

孫中山此行的目的之三，是爲了透過英國駐上海領事繼續與香港當局談判。檔案稱：「又聞，孫抵上海後，將由英國領事串通，與香港太守秘議，並將通過此次國際談判以遂其志」。⑪

孫中山啓程之後，在輪船上曾經以筆答的形勢對「訪客」發表過一次書面談話。中云：「前略誠如君言，伊侯不過爲政策之詭變，不得止〔已〕而爲此反對保全之言，原無唱分割之論，僕聞之略安。」當時，八國聯軍已經攻陷北京，在對華政策上形成了兩派意見。一派主張瓜分中國，一派主張「保全中國」，即形式上保持中國的完整。兩相比較，後者對中國人民略爲有利。伊藤博文是日本政界名流，對日本政府有舉足輕重的影響，因此，孫中山極爲關心他的主張，明確地表示「喜聞保全之論，而惡分割之言」。⑫這段話，雖是寫給「訪客」的，實際上是寫給伊藤和日本政府的。筆答中，孫中山還傾訴了對祖國命運的憂慮和對民族獨立、統一的渴望。他說：「吾國自有史鑒以來，數十餘朝，每當易朝，有暫分裂者，有不分裂者，而分裂者多。生靈塗炭，民不聊生。而自行分裂尚如此，況爲他國所瓜分者乎！故有識之士，甚畏分割也，且更畏外國之分割也。」⑬這段話，表現了一個偉大的愛國主義者的襟懷。

孫中山抵達上海的時候，正是張之洞在武漢血腥鎮壓自立軍起義之後。英國政府爲了維護其在長江流域的利益，終於決定支持張之洞。對唐才常等人的逮捕是經過英國代理領事傅磊斯同意的。正因爲這樣，所以英國駐滬領事對孫中山的來訪只給予了冷淡的接待。孫中山還在船上和李鴻章的幕僚劉學詢進行了會談，也沒有什麼結果。九月三日，孫中山與容閎、容星橋等人同船抵日。容閎對九州《日出新聞》社記者說：「英國對清國之行動，其真意何在，實不可知！世間蓋無心事難測之如英國人者。」⑭這應該也反映了孫中山此時此際的心情吧！

上海之行失敗使孫中山轉而繼續經營南方。九月二十五日，孫中山乘輪由神戶駛赴台灣，經過馬關的時候，曾與玄洋社頭目、日人平岡浩太郎會談。談話中，孫中山對日本政府的冷淡態度流露出不滿之情，平岡解釋說：日本政府之所以冷淡，「一是出於對英國外交策略上的考慮；但更主要者，乃因先生對日本尚無任何貢獻。」平岡接著向孫中山提出：「現今台灣土匪尚未剿平，兒玉總督爲此頗費心機，且對我國之國力消耗亦實匪尠。且今日台灣匪徒已絕非台灣本地之土人，其主要動力實來自隔岸閩、粵兩省人之煽動與資助。」平岡要孫中山協助兒玉，「根除匪患」，並稱，這將是對日本的一項「厚貺」。此後，「我等即可以兒玉總督爲中心，在日本爲先生奔走效力，裨先生得遂大志」。自從日本帝國主義侵佔台灣後，台灣各族人民即不斷發動反抗鬥爭，給予侵略者以很大困擾。平岡的這一席話主要目的在於誘使孫中山爲日本的侵台政策服務。孫中山當時表示：「當在可能範圍內竭盡綿薄。」⑮後來的事實表明，孫中山的這種表示乃是虛與委蛇，他的真實目的在於利用日本台灣總督兒玉的力量，在華南發動起義。

九月二十八日，孫中山抵達基隆，隨即與平山周同赴台北，與兒玉的代表台灣民政長後藤新平會談。後藤「許以起事之後，可以相助。」⑯其後，孫中山即在台北建立指揮中心，聘請日本軍人參加，一面命鄭士良於十月八日在廣東惠州舉行起義，一面積極籌備在廈門以南雲霄縣的銅山港登陸。但是，日本政府迅速改變了態度。十月二日，外務大臣青木周藏致電駐神州領事豐島舍松等，告以孫中山的起義意圖，有許多日本人可能是他的同謀。電報稱：「台灣總督已經下令，打電報通知他們可能到達的港口的日本領事。他們或許已經到達中國，即使沒有上述電報，萬一他們中一些人到達你的地區，你要嚴密地監視他們的舉動，並且作出最大的努力，防止他們的陰謀實行。」⑰十月十九日，山縣有朋內閣辭職，繼任的伊藤博文內閣採取同一態度。

日本政府態度的變化和帝國主義之間的矛盾有關。

義和團運動期間，日本東亞同文會和日本政府都曾蓄謀乘機侵略中國南方。六月十八日，東亞同文會召集幹事會。會長近衛篤麿主張「嚴密審時度勢，如有一發可乘之機，自應奮勇前進，以謀帝國之利益。」但他同時又表示，必須「與列國保持協調」，「諦視俄國之動靜，乃爲明智」。因此幹事會一致議決，暫不對中國出兵，以期「養精蓄銳，一旦時機成熟，自當一展鵬翼，佔領南方之目的地」。⑱內田良平原計劃慫恿孫中山在南方起義，他自己則同時糾集土匪，在華北舉事，佔領朝鮮，引發日俄戰爭。但是，當他將這一計劃向「幕後謀主」彙報時，「幕後謀主」認爲，「日俄衝突不久必將發生，今日如在華北舉事，難免引起列強干涉」。⑲正是這些顧慮，促使日本政府放棄了原定奪取廈門，佔領福建的野心勃勃的計劃，並相應地改變了對孫中山起義的態度。

十一月十日，孫中山失望地離開基隆，再赴日本。他在與人談話時說：「本人對日本政府之行動極爲關注。蓋以日本在地理上較列國佔有優勢，並且出動軍隊最多（指八國聯軍中的日軍——筆者），顯示出極大的軍事力量，使列國爲之震駭。既如此，本人預期日本政府在外交上亦將採取同等步驟，在一切事務中俱居於主導地位。果如斯，則本人亦將奮起崛起，與日本政府步調相諧，以期大舉謀事。詎料日本政府優柔寡斷，此次又有坐視利益爲他國所奪之勢，爲此狀況，本人的事業又安得不受挫折！」又說：「本人之事業繫於日本，日本既不能主動占居主導地位，則本人之事業即將無可作爲。」⑳孫中山當時將全部希望都傾注在日本政府身上，一旦落空，其沮喪心情是不難想像的。

但是，孫中山畢竟是百折不撓的革命家，再赴日本之後，立即著手準備新的起義，十一月下旬，他與人談話稱：「本國目前形勢，將是舉事之大好時機，我同志等亦大有奮發之志，正在穩步前進。」他一面與日商簽約，購買兩百五十萬發彈藥，一面努力摸清伊藤博文內閣的態度。他說：「舉事之前必須取得一二強國之支持，至少必須取得諒解。現今日本內閣更迭未久，外交方針尚未明確，看來依靠日本尚不如轉倚已示諒解之英國爲佳；但必須探明舉事之際日本政府將取何種態度。」㉑由於找不到革命的依靠力量，孫中山只能搖擺於英、日兩國政府之間。徹底擺脫對帝國主義的幻想，這段路對孫中山來說是漫長而又遙遠的。

（原載《清史研究通訊》一九八六年第四期）

【附記】

本文所引日本外務省未刊檔案，大部分為鄒念之先生所譯，謹此致謝。

①《神奈川縣知事淺田德則致外務大臣青木周藏報告》，秘甲字第二一二號，一九〇〇年六月十一日發。

②《福岡縣知事深野一三致外務大臣青木周藏的報告》，高秘字第八四八號，一九〇〇年八月廿六日發。

③《兵庫縣知事大森鐘一致外務大臣青木周藏的報告》，兵發秘字第四一〇號，一九〇〇年七月廿五日發。

④《福岡縣知事深野一三致外務大臣青木周藏的報告》，高秘字第八七四號，一九〇〇年九月二日發。

⑤《卜力致張伯倫》，一九〇〇年八月三日，英國外交部檔案，第十七組一七一八卷（四六），第三六四至三六七頁，轉引自史扶鄰：《孫中山與中國革命的起源》，中國社會科學院出版社一九八一年版，第一八一頁。

⑥《福岡縣知事深野一三致外務大臣青木周藏的報告》，高秘字第八七四號，一九〇〇年九月二日發。

⑦《福岡縣知事深野一三致外務大臣青木周藏的報告》，高秘字第八七四號，一九〇〇年九月二日發。

⑧《神奈川縣知事周布公平致外務大臣青木周藏的報告》，秘甲字第三〇八號，一九〇〇年八月十日發。

⑨《福岡縣知事深野一三致外務大臣青木周藏的報告》，高秘字第八七四號，一九〇〇年九月二日發。

⑩《神奈川縣知事周布公平致外務大臣青木周藏的報告》，秘甲字第三三四號，一九〇〇年八月廿二日發。

⑪《福岡縣知事深野一三致外務大臣青木周藏的報告》，高秘字第八七四號，一九〇〇年九月二日發。

⑫《兵庫縣知事大森鐘一致外務大臣青木周藏的報告》，兵發秘字第五九三號，一九〇〇年九月廿二日發。

⑬《兵庫縣知事大森鐘一致外務大臣青木周藏的報告》，兵發秘字第五九三號，一九〇〇年九月廿二日發。

⑭《長崎縣知事服部一三致外務大臣青木周藏的報告》，高秘字第三三六號，一九〇〇年九月七日發。

⑮《福岡縣知事深野一三致外務大臣青木周藏的報告》，高秘字第一〇〇〇號，一九〇〇年九月廿八日發。

⑯孫中山：《建國方略》第八章。

⑰《外務大臣青木周藏致駐福州領事豐島舍松等電》，一九〇〇年十月二日收，《歷史檔案》，一九八六年第三期。

⑱《關於清國亡命者孫逸仙等人動靜之報告》，乙秘字第三二六號，一九〇〇年六月十九日發。

⑲《福岡縣知事深野一三致外務大臣青木周藏的報告》，高秘字第八四八號，一九〇〇年八月廿六日發。

⑳《福岡縣知事深野一三致外務大臣青木周藏的報告》，高秘字第一一三一號，一九〇〇年十一月十五日發。

㉑《神奈川縣知事周布公平致外務大臣加藤高明的報告》，秘甲字第五〇〇號，一九〇〇年十一月廿七日發。

一九〇一年至一九〇五年的拒俄運動

在侵略我國的帝國主義國家中，沙皇俄國是貪婪而野心尤大的一個。還在十九世紀，沙俄帝國主義就強迫清朝政府簽訂一系列不平等條約，掠奪了我國東北、西北一百五十多萬平方公里的土地。一九〇〇年，它在夥同其他帝國主義國家組成八國聯軍入侵我國的同時，又武裝搶佔我國東北三省，妄圖一口吞下黑龍江以南一百餘萬平方公里的土地。隨之，沙俄政府將一個又一個「密約」強加於中國當局，企圖鞏固其侵略成果，攫取更大的權益。

沙俄帝國主義的陰謀如果得逞，不僅東北三省要淪爲俄國的屬地或附庸，勢必還將激起國際帝國主義對我國的瓜分狂潮。「存亡呼吸爭此刻！」在東北人民被迫實行武裝抗俄，保家衛國的同時，一場以反對簽訂「密約」，要求收復東北爲中心的拒俄運動，在我國廣大人民中轟轟烈烈地掀起來了。

一、愛國救亡的熱烈動員

一九〇一年至一九〇五年的拒俄運動，前後持續四年。中間，因沙俄侵略形勢的變化，鬥爭的焦點在不同時間裏也有所變化，總共經歷了三個階段：即一九〇一年反對沙俄迫訂條約霸佔奉天的鬥爭；一九〇三年反對沙俄拖延撤兵的鬥爭；一九〇三年至一九〇五年反對沙俄重占奉天和在東北與日本進行帝國主義戰爭的鬥爭。

一九〇〇年十月，沙俄侵略軍強迫清朝盛京將軍增祺簽訂了《奉天交地暫且章程》，規定沙俄要在瀋陽設立「總管」一員，奉天將軍所辦各項「要政」，「該總管應當明晰」。還規定，奉天省城等處應留俄兵駐防，在奉天的中國軍隊一律解散，武器收繳，營壘拆毀。①這樣，沙俄政府雖然表面上聲稱要將奉天省交還清朝政府，實際上卻在力圖把它變爲自己武力控制之下的殖民地。一九〇一年年初，沙俄外交大臣拉姆斯道夫又提出書面約款十二條，規定沙俄有駐兵東北「保護」鐵路權，有出兵幫助「剿撫」權，有要求革辦中國官吏權，中國不得駐兵東北，不得運入兵器，不得自行造路，等等，全面剝奪了我國對東北的主權。此外，《約款》還要求將蒙古、新疆、華北等地劃爲沙俄的勢力範圍。②消息傳出，立即激起了中國人民的巨大憤怒。

三月十五日，上海愛國人士集會於張園，汪允中、汪康年、蔣觀雲等發表演說。與會者嚴正譴責沙俄的侵略野心，揭示民族危機的嚴重，號召人民「出死力以爭此一日之命」。會議同時要求清朝政府「力拒俄約，以保危局」，③並於會後向江、鄂兩督呈遞《公稟》，主張反擊沙俄帝國主義侵略。

三月二十四日，上海愛國人士得悉沙俄政府逼迫清王朝於二十五日、二十六日在俄方提出的約款上畫押，第二次集會於張園，再度要求清朝政府「始終堅拒」，「勿受恫嚇」。④張園拒俄會議得到了各地群眾的熱烈回應。江蘇、浙江、廣東、山東以至東北的群眾紛紛來函，捐款、捐物，表示支持。杭州城內貼滿了聲討沙俄帝國主義的揭貼——《普天同憤》。三月二十八日，召開演說會，要求籌集「備俄民款」，對俄「公戰」。⑤廣東香山、澳門以及香港的紳商也舉行集會，「聚議拒俄」。⑥在新加坡的華僑則強烈表示，沙俄侵略者的要求「萬不可許」。⑦

鬥爭很快取得初步勝利，清朝駐俄公使拒絕在約款上簽字。中國人民的堅決反對，是清朝政府終於不敢簽約的重要原因。

一九〇二年四月，清朝政府與沙俄簽訂《東三省交收條約》，規定沙俄侵略軍應分期從中國境內撤走。一九〇三年四月，圍繞撤兵問題，拒俄運動進入第二階段。按條約，當時沙俄應撤退在我國金州、牛莊等地的侵略軍，但是，不僅沒有撤出，沙俄政府反而乘機提出七項新的侵略要求。

四月二十七日，在上海的江蘇等十八省愛國人士再次集會於張園。與會者除譴責沙皇俄國的「吞併」政策外，還指斥推行「親俄」外交的清朝政府的「昏昧狂惑」。會議致電清朝政府外務部，表示對沙俄帝國主義的七項新要求，全國人民「萬難承認」。又通電各國表示：即使清朝政府承認，「我全國國民萬不承認」。⑧會後，馮鏡如等發起組織中國四民總會。四月三十日，四民總會集會，上海各界和愛國學社、愛國女學生等一千兩百餘人參加，蔡元培、馬君武等演說。會議議決改名為國民總會，「以保全國國土、國權為目的」。⑨鄒容等一千六百餘人先後簽名入會。

四月二十九日，在日本東京的中國學生集會於錦輝館。與會者激昂奮發，議決成立拒俄義勇隊，黃興等一百三十餘人簽名入隊，陳天華等五十餘人簽名加入本部。拒俄義勇隊以古希臘斯巴達人反擊波斯入侵，「扼險拒守」的事跡自勵，決心開赴東北，與沙俄侵略軍決一死戰。⑩

年輕的魯迅當時正在東京留學，他積極參加拒俄運動。錦輝館大會後，他迅速譯作《斯巴達之魂》，勉勵中國青年「擲筆而起」，像斯巴達人一樣誓死保衛自己的祖國。

五月二日，拒俄義勇隊改名為學生軍。十一日，由於日本政府的干涉，再次改名為軍國民教育會，吳永珊（玉章）、廖仲愷、陶成章、楊昌濟等積極捐款支持。與此同時，留日中國女學生則組織赤十字社，準備隨軍出征。

運動迅速發展到了北京、湖北、安徽、江西、廣東、浙江、直隸、江蘇、福建、湖南、河南各地。

四月三十日，京師大學堂學生集會。會後，向管學大臣和政務處呈遞《請代奏拒俄書》，又向各省督撫、各省學堂發出函電，呼籲「發大志願，結大團結」，「勿將東三省予俄」！⑪

湖北學生接到京師大學堂學生的函件後，各學堂同時停課，吳祿貞等數百人在曾公祠、三佛閣等處集會。學生們表示，祖國的一草一木也不能讓給侵略者。

安徽學生於五月十七日集會於安慶，決定成立安徽愛國會。準備在此基礎上，聯絡上海愛國學社和東南各省志士，進一步成立國民同盟會。

大半個中國都在動員：江西大學堂組織義勇隊，福州成立海濱公會，湖南學生申請領槍備戰，廣東人士聯名抗爭，直隸四百餘人上書，河南召開演說會……較之第一階段，運動的規模和參加的階層都更爲廣闊了，愛國紳商、大中學生之外，少年兒童、基督教徒、八旗生員等也都積極投入鬥爭。爲了激勵同志捨身救國，有些青年知識分子甚至跳水、跳海，慷慨赴死。

一九〇三年九月，沙俄政府將七項侵略要求合併爲五條，重新向清王朝提出。十月二十日，沙俄侵略軍強行闖入奉天城，升起沙俄旗幟，再次佔領奉天，拒俄運動進入第三階段。

十二月，蔡元培等在上海組織對俄同志會，「以研究對付東三省問題之法」。⑫對俄同志會發刊日報《俄事警聞》，專門報導沙俄侵華消息，號召全國人民奮起拒俄。一九〇四年三月，日俄戰爭爆發，對俄同志會改組爲爭存會，《俄事警聞》也改名《警鐘日報》。十一月，因反對清朝政府聯俄，再度改組爲反對聯俄會。

與對俄同志會成立時期相近，上海還出現了對俄同志女會，組織婦女投入拒俄鬥爭。

由於沙俄侵華機構道勝銀行在上海以重息借提錢莊現銀，接濟東北的俄國侵略軍，一九〇四年一月，上海錢業商人集議，決定共同查察勾結沙俄的奸商。同月，有人向上海商人發出傳單，建議停止供應在上海的俄國兵船所需煤、菜等物。拒俄鬥爭從政治鬥爭進入經濟領域了。

與上海相呼應，在趙聲、章士釗等發動下，南京水師、陸師、高等師範等學堂的學生集會於北極閣，要求編立「民兵」，增設武備功課，練習兵操，以備抗俄。

民族危機深深地激動著海內外中國人民的心。滬、寧之外，新疆的回族人民表示願一戰強俄；東京中國留學生紛紛停課，集會聚議，籌組「義勇鐵血團」；陳天華於感憤之中寫血書寄回湖南，要求湘人預備死戰；遠在美洲的華商則打電報回國，表示願承擔對沙俄侵略軍作戰的費用。

這一時期，各地拒俄組織不斷湧現。廣東有助國拒俄同志議會，哈爾濱有商民自保會，錦州有仇俄會，湖北也有人發起組織拒俄會。其中，以丁開嶂的抗俄鐵血會為最突出。

丁開嶂原是京師大學堂師範館學生。一九〇三年曾參加過上書要求拒俄的活動，日俄戰爭爆發後，他和同學朱錫麟、張榕等三人共同出關，組織抗俄武裝。朱錫麟成立東亞義勇隊，張榕倡辦「東三省保衛公所」，組織「關東保衛軍」，丁開嶂則創立抗俄鐵血會。鐵血會聯絡了活躍於直隸、奉天、吉林、黑龍江省的「綠林領袖」，「小夥數百，大夥數千，最大之夥數萬」，⑬決心將沙俄侵略軍從我國境內趕出去。

像丁開嶂等這樣直接投入抗俄武裝鬥爭的知識分子為數並不多，但它是這一階段拒俄運動的一個特色。沙皇俄國侵略行動的加劇起了警醒作用，迫使俄運動的先進分子不能再停留在集會、演說、通電等常用的抗議形式上。

這一階段運動的另一特色，是工人階級的活躍。

東北工人直接受沙俄帝國主義壓迫和剝削，因此，對沙俄帝國主義最仇恨，「無論何事，皆喜與俄人相抗」，「其心恨俄人實深」。一九〇四年二月，在旅順沙俄海軍工廠工作的兩千餘名中國工人全體罷工。三月，被沙俄霸佔的東北各礦山中國工人也相率罷工。沙俄侵略者以增加工資爲爲餌，誘騙工人復工，但工人堅持鬥爭，「勢甚洶洶」。⑭其中，武山煤礦工人更組織起來攻擊沙俄侵略者。不少工人逃離工廠、礦山，投入東北人民抗俄武裝。

一九〇四年底，沙俄帝國主義在日俄戰爭中戰敗，潰逃上海的阿斯科艦水兵無故殺害上海工人周生友，沙俄帝國主義拒絕交出兇手，上海人民掀起了要求懲凶的鬥爭。第一商學會舉行演說會，對俄同志女會所在的宗孟女學演出了俄兵殺斃周生友的影戲，《警鐘日報》發表了《爲俄兵砍斃華人事敬告全國同胞》和《寧波人可以興矣》等一系列文章，號召「聯合群力，同盟罷工」。一九〇五年一月十四日，在上海的各省商董於商務總會集會，決定停用俄國銀行鈔票，周生友的寧波籍同鄉工人則在全市散發傳單，定於十五日開四明公所會議，準備停工罷市。次日，數千工人在四明公所前聚會。由於清朝政府的破壞和上海資產階級頭面人物的妥協，這次鬥爭未能進一步向前發展。清朝政府要人們「靜候妥辦」，⑮資產階級上層要人們「靜候上憲商辦」，⑯但是，「眾商明白者十之一二，工作則無一明白者。」⑰就是說，民族資產階級的一部分動搖了，而工人階級則是不妥協的。周生友事件是拒俄運動的尾聲。年輕的中國工人階級在事件中簡短的表現，就顯示了自己突出的性格。

日俄戰爭後，沙俄帝國主義在東北侵佔的權益因戰敗而逐漸爲日本帝國主義所取代，中國人民反對帝國主義侵略的群眾運動，也由拒俄轉入其他中心。

二、拒俄運動與反清革命

清朝政府中，慈禧太后、李鴻章等屬於親俄派。他們企圖依靠沙俄帝國主義的幫助維持自己腐朽的統治。對於沙俄政府的侵略要求，他們是準備予以滿足的。一九〇七年，當拉姆斯道夫將書面約款十二條改頭換面，壓縮爲十一條時，李鴻章就明確表示，可以「照允」，⑱要楊儒「酌量畫押，勿誤」！⑲張之洞、劉坤一、袁世凱等屬於親英、日派。因爲背景不同，他們和李鴻章之間存在著一定矛盾，反對在沙俄政府提出的約款上簽字。但是，不管是親俄派也好，親英、日派也好，都反對人民自己發動的拒俄運動。

第一階段，清王朝流亡西安，既自顧不暇，又鞭長莫及，直接出面干預的是在南方的張之洞等人。一九〇一年四月，張之洞電寧、滬當局，攻擊張園拒俄會議「借俄約爲名，陰實是自立會黨藉端煽眾」，囑劉坤一下令「設法阻止，以消亂萌」。⑳同月，杭州地方當局以「惑人觀聽」、「有礙時局」爲理由出示禁止張貼拒俄揭帖，已經貼出的幾百張被撕得精光。㉑

值得注意的是，這一時期親政府的上海《申報》連續發表《密約解》等文，聲稱約款云云，「類皆傳聞無據之詞」，㉒攻擊拒俄運動的參加者「故爲謠諑以駭民人」，「不俟朝旨，獨斷專行，勾結匪人，擅與友邦開釁」，「罪在必誅，法無可貸」。㉓顯然，這是官方準備大肆鎮壓的前奏。

第二階段，清朝政府的猙獰面目就暴露無遺了。

在北京，京師大學堂學生召開拒俄大會的當晚，學堂當局就出示禁止，胡說拒俄不是「學生分內之事」。㉔此後，學堂當局開始在學生中查察「會黨」。不久，奉旨會辦京師大學堂事宜的張之洞又親到學堂，警告學生，「學堂以外之事不可以作。」㉕

在安慶，安徽地方當局誣衊愛國會的活動「搖惑人心」，「有違國家法律」，下令不准演說，不准結社，不准出售與閱讀新書新報，違者「指名提究」。㉖安慶知府拘捕了愛國會發起人，封閉了西學堂，安徽大學堂開除了「議論拒俄」的學生十數名。㉗

在上海，清朝商約大臣呂海寰密告江蘇巡撫恩壽，說是「有所謂熱心少年，在張園聚眾議事，名為拒法抗俄，實則希圖作亂」，要求密拿嚴辦。㉘恩壽立即要上海道照會各國領事，指名逮捕蔡元培等四人。

在湖北，武昌知府梁鼎芬居然召集停課聚會拒俄的學生，大放厥詞，說是：「（爾等）只宜用功寫字讀書，以圖上進。此等不干己之事管它則甚！就使以東三省送給俄人，爾等亦不必干預！」㉙有的學生因為參加了拒俄會議就被梁以「性情浮動」為理由懸牌開除。

東京中國留學生的拒俄活動尤其使清王朝惶惶不安。駐日公使蔡鈞密電外務部，說是留學生「以拒俄為名，實圖不軌」，正「分派會黨」、「糾合同志」、「密置黨羽」於長江、北洋等地，準備起事，云云。㉚於是，清朝貴族、署理湖廣總督端方立即密電沿江沿海及直隸各地

「一體嚴備」。㉛五月底或六月初，清王朝發出了《嚴拿留學生密諭》，大罵留學生編立義勇隊，要求與沙俄侵略軍作戰的行動「有礙邦交」，要蔡鈞等「時偵動靜」，要各地方督撫查拿「行蹤詭秘」，「有革命本心」的歸國留學生，「就地正法」。㉜六月二十一日，清王朝外務部根據慈禧太后「嚴密查拿，隨時懲辦」的指令，再次密電沿江沿海各省督撫，攻擊愛國學生「肆行無忌」，「猖狂悖謬」，要他們務必將這些「敗類」查拿到手。㉝

各地的拒俄運動幾乎無例外地遭到了鎮壓。南京各學堂頒佈條例：禁聚眾演說國政時事，禁書信往來中有「編義勇隊」、「拒俄」等「駭人聽聞」之語。成都的「青年組織」、「學社」一律被通知閉歇。有些地方的學堂居然在黎明時搜查學生宿舍，將《蘇報》等新書新報概付一炬。

清朝政府爲什麼如此仇視拒俄的愛國者呢?道理很簡單。第一，運動打擊了侵略者和賣國賊，這就是所謂「擅自與友邦開釁」，「有礙邦交」；第二，人民自己發動鬥爭，漠視了「神聖」的君主專制，這就是所謂「把持國家政事」，㉞「不俟朝旨，獨斷專行」。爲著「免蹈各國民權之弊」，㉟清廷在對付「革命」的名義下，毫不留情地對拒俄運動予以鎮壓。

應當指出，拒俄運動確實一開始就有革命黨人參加，清廷並不完全是誣指。早在十九世紀末年，孫中山和他的同志就開始了革命活動，孫中山與興中會在海外華僑、留學生以及國內進步群眾中都有一定影響。革命黨人是真誠的愛國者、他們一面參加拒俄，一面也自覺地通過這個運動來擴大其影響。㊱但是，在運動開始時，與中國其他政治勢力相比，革命派的力量還是微弱的，在國內就更加微弱了；只是在拒俄運動進行的年代裏，它的力量才有了長足的發展。在此過程中，沙俄和清朝政府幫了革命派的大忙，使革命派對人們的啓導收到了自己未曾料及的效果。

清朝政府對拒俄運動竭盡禁止、摧殘、鎮壓之能事，嚴重阻礙了運動的開展，但歸根結柢，反動統治者所收得的效果恰恰與其主觀願望相反。被空前的民族危機捲入拒俄運動的人們，絕大多數不是革命者，他們對救亡途徑的認識很不一樣，統治者的「新政」，改良派的「維新」，在他們中間都有市場，許多人甚至甘心情願去為大清效命疆場。可是，報國之門卻被堵塞了。這就不能不激起人們對反動統治者的憤怒，迫使人們深思：為什麼這個政府拿中國權益去結歡「與國」那麼大方，而對愛國「子民」倒視若仇敵呢？清朝政府對外投降、對內鎮壓，進一步暴露了其帝國主義走狗的真面目。這種反動面目的暴露，對於反清革命運動的高漲有著重大意義。此前，清政府這種面目已經暴露得頗為充分，它夥同帝國主義侵略者血腥鎮壓了義和團運動。但是，當時的知識分子們對義和團的事業缺乏正確理解，因而也就沒有能引起他們的切膚之痛。這一次，在強敵入侵之際，手無寸鐵的青年學子、名流學者也因愛國遭受不測，知識分子階層中的震動與憤慨明顯地強烈起來。拒俄運動的先進分子很快信服了孫中山及其同志的結論：只有反清革命才能挽救祖國的危亡。

毛澤東指出：「辛亥革命是革帝國主義的命。中國人所以要革清朝的命，是因為清朝是帝國主義的走狗。」事實正是如此。二十世紀開端，八國聯軍戰爭和辛丑和約造成的空前深重的民族危機警醒了中國人民，爲民族、民主革命運動的高漲提供了重要推動作用不容忽視。不信，請看運動中群眾迅速革命化的進程。

拒俄運動的領袖之一蔡元培，原是清朝的翰林院編修，一九〇一年以後逐漸趨向激進，一九〇二年組織中國教育會。但是，到參加拒俄，他至少還不是堅決的反清革命者。一九〇三年底，他還曾希望團結清朝政府共同抵禦沙俄侵略。在他主編的《俄事警聞》上，發表過《告革命黨》等文，認爲在「盜劫吾物」之際，不應該「不追盜而徒責吾僕通盜之罪」，㊲建議包括清朝統治者在內的滿、漢「合起來」，「商議打退俄國的法子，免得我們旗人、漢人通通受罪」。㊳然而，清朝政府背叛了包括滿族人民在內的中國各族人民的利益，現實粉碎了他的幻想，終於使他成爲革命派的代表人物之一。又如黃宗仰，原是常熟清涼寺的和尙，日益緊迫的民族危機使他不能安於寺院生活。張園會上，他慷慨陳詞；國民公會中，他熱情謀劃。然而，清朝政府卻指名逮捕他，迫使他流亡日本。「要禦外侮先革命」，㊴他得出了要挽救民族危機，必須推翻清朝政府的結果，於是他「對佛誓發十大願，大願逐滿不成佛」，㊵跟著孫中山幹起革命來了。拒俄運動更把許多青年推向反清革命的前列。後來犧牲於廣州「三二九」之役的方聲洞當時逢人便痛論國事，「謂非一刀兩斷，顛覆滿清政府，以建共和，則吾人終無安枕之一日」。㊶吳玉章在回憶當時情況時也說：「我雖然不是很自覺地參加了這一運動，但這一運動卻在我的生活中掀起了巨大的波瀾，把我推入了革命的洪流。」㊷類似的情況很多，檢閱清末革命志士的經歷，許多人都是在拒俄運動中開始其政治生涯並投向反清革命的。

輿論界的變化顯得更加突出。一九〇三年六月五日，《蘇報》揭載清朝政府的《嚴拿留學生密諭》。緊接著，發表《讀〈嚴拿留學生密諭〉有憤》等文，憤怒地譴責清朝政府「以我土地江山」，「送人贈友」的賣國行徑，指出：「小丑不除，大敵難禦」，號召「以排滿爲業」，㊸明確地喊出了反清的革命口號。《蘇報》原來是一張高唱「保皇立憲之說」的報紙，正是在拒俄運動中，它的主人陳範憤於人民的拒俄要求，「清廷均弗置恤，且有拘捕留學生代表之命令」，「因而改倡排滿之說」，㊹使之變成革命派的重要喉舌。

繼《蘇報》之後，東京中國留學生主辦的《江蘇》、《浙江潮》等雜誌的態度也日益明朗。六月二十五日，《江蘇》第四期發表《革命其可免乎》一文，痛斥清朝政府鎮壓拒俄運動，「目爲悖逆，指爲不軌」，「移文州郡，傳電畿疆，羅織搜索，防若寇賊」的行爲。九月二十一日，該刊第六期《〈支那分割之危機〉譯後語》中更加鮮明地表示：「滿清政府而不欲與俄人戰，而不敢與俄人戰，乃並不願他人之與俄人戰，乃並欲出其代表者之許可權以禁四萬萬主人翁之與俄人戰，則我同胞不可不秣馬以先與滿清政府戰。」

此外，鄒容的《革命軍》修改、出版於拒俄運動高潮中，陳天華的《警世鐘》也寫作、出版於這一時期。兩書都是宣傳反清革命的代表作，其作者也都是拒俄運動的活動分子。在《覆湖南同學諸君子》中，陳天華曾針對清朝政府對留學生拒俄的攻擊誣衊，剖白過參加者的愛國之心。他在信裏說，他對清朝政府一見留學生結社愛國，「則遂大驚小怪，屢索而不得其解，我政府之識見如此……此誠可爲痛哭流涕者矣」。㊺可以說，《警世鐘》就是他「屢索」之後的結果，答案是必須打倒清朝這個「洋人的朝廷」。這兩部書和其他許多同類作品集中地出現在這段時間，並且立即受到讀者的熱烈歡迎，正是形勢急劇變化的反映。

輿論是先聲。在《蘇報》等明確地喊出反清口號後，一些拒俄組織陸續轉變爲革命組織。還在五月份，軍國民教育會就曾派出兩名特派員到天津去見清朝政府的北洋大臣袁世凱，請他主戰，表示願爲前驅。但是，特派員剛到上海，清朝政府軍機處就接到上海地方當局的電報，說是：「近來愛國黨欲假拒俄之說，擬將北上，恐有不軌事宜。」㊻到了天津，連袁世凱的影子也見不著，每次都被阻於門外；所能見到的清朝官吏都要他們「從事學問」，不要干預國事。於是，兩名特派員只能回到東京。七月五日，軍國民教育會召集全體大會，由特派員彙報歸國之行，秦毓鎏等十五人提出了一份《意見書》，要求將原訂宗旨中的「實行愛國主義」改爲「實行民族主義」，以賣國的滿族貴族集團爲革命對象。這一意見雖然遭到了湖北留學生、原拒俄義勇隊成員王璟芳等的激烈反對，王在會上聲嘶力竭地叫嚷：「大清不可背負」，㊼但是，《意見書》還是獲得了軍國民教育會絕大多數會員的贊成，僅有十餘人退會。

軍國民教育會的變化是中國留日學生轉向革命的重要標誌，從這以後，「革命思潮遂駸駸乎有一日千里之勢」。㊽這裏，孫中山的經歷是很有意思的。一九〇一、一九〇二兩年，孫中山在日本，志同道合者寥寥；有人把他視爲怪人，甚至把他想像爲「江洋大盜」。一九〇三年夏秋間，孫中山自河內抵達日本橫濱，情形就大不一樣了，程家檉、楊篤生等拒俄運動的活躍分子紛紛訪問他，研究革命進行方針。孫中山極爲興奮，在東京青山創設革命軍事學校，規定了「驅除韃虜，恢復中華，創立民國，平均地權」的誓詞。很快，這個誓詞就通過《警鐘日報》和國內群眾見了面。

轉變後的軍國民教育會決定了鼓吹（宣傳）、暗殺、起義等三種進行方法，總部設在東京，上海、保定等地後來都設有支部。它還派出過十二個「運動員」，分赴國內外「籌集經費」，「聯絡同志」。㊾

以楊篤生爲首的一些人組成軍國民教育會暗殺團。一九〇四年，他們曾潛入北京，謀炸親俄派頭子慈禧。同年冬，清朝退職官僚王之春在上海勾結沙俄領事和軍官，運動親俄，拒俄同志會成員又曾策動萬福華槍擊王之春。

黃興是十二個「運動員」之一。一九〇三年十一月，他在長沙與章士釗、秦毓鎏等創立華興會，確定了由湖南起義，直搗幽燕的策略。

武昌是拒俄運動的又一中心。一九〇三年曾公祠拒俄大會上，呂大森曾直斥清朝政府「昏瞶」，㊿會後，積極分子們自然形成了花園山秘密機關。次年五月，以「革命排滿」爲宗旨的科學補習所成立，呂大森被推爲所長。

江浙地區的光復會也是在拒俄運動的基礎上發展起來的，它的前身就是軍國民教育會暗殺團，對俄同志會會長蔡元培是該團的骨幹。一九〇四年，暗殺團改組，正式定名爲光復會，對俄同志會併入光復會。

這一時期，還曾出現過安徽武毅會（岳王會）、南京知恥學社、上海福建學生會、福建文明社、江西易知社等若干革命團體。其中一些團體或者與拒俄組織有著淵源關係，或者由拒俄運動的活動分子作爲骨幹。

一切都說明了，拒俄運動的高潮正在轉變和發展爲民族民主革命的高潮。

三、不可避免的政治分野

在拒俄運動的第一階段，主要還是改良派在活動；到了第二階段，運動發展爲革命派和改良派的聯合行動，革命派對運動進程的影響日益顯著。隨著運動的深入，革命派和改良派之間的分歧愈益明顯，鬥爭也日趨尖銳。

一九〇三年四月二十七日的張園拒俄會，據改良派的報紙說：「因有二人演說之詞不合眾意，眾人有上前駁詰者。」⑤又說：「有一黨人及野蠻浮薄之學生等，專以敗壞秩序爲事」，「肆意騷擾」。㊷顯然，這是指革命派對於改良派的鬥爭。不久，改良派的機關報《中外日報》機關發表論說，含沙射影地攻擊革命派在拒俄運動中的主張「不合時勢」，是什麼「人方病寒而投之以治熱之藥」。㊸針對這種挑釁，激進的《蘇報》指出：張園拒俄會是愛國集會，表現了中國人民「國家思想之萌芽」，應該「引而進之」，不應該消極指責。又指出：《中外日報》的態度是一種「保守」思想，其主筆是「素與康、梁爲緣者也」。㊹

戊戌變法後，革命派曾企圖爭取改良派共同反清，改良派中的某些人如梁啓超等也曾虛與委蛇，顯示出一副要與革命派合作的樣子。他們之間的分歧發展爲公開論戰，拒俄運動中的鬥爭是一個環節。冰炭不相容。當時曾有人投函《蘇報》，要求雙方「晤談」或「函商」，遭到《蘇報》的明確拒絕。[55]在國民公會問題上，改良派和革命派的鬥爭就更加白熱化了。最初，國民公會標榜「無所謂派別」，它的報名地點既設在愛國學社，又設在《新民叢報》上海支店，是革命派和改良派的聯盟。然而，在發展進程中，康有爲的門徒龍積之和國民公會發起人之一馮鏡如把它改名爲國民議政會，力圖納入「立憲」運動的軌道。他們竭力宣揚：「皇上者中國之皇上」，計劃以七月九日爲陳請慈禧歸政光緒的日子。龍積之等人的企圖受到了鄒容的堅決抵制，鄒容帶頭痛罵馮鏡如，愛國學社學生紛紛脫會，迫使國民議政會無形解散。[56]

感受到革命派的威脅，改良派的槍頭就逐漸指向革命派了。這以後，他們也還談沙俄等帝國主義對中國的侵略，但主要是爲了嚇唬清朝政府，同時也嚇唬革命派，爲其改良主義的政治主張服務。《中外日報》發表過一篇題爲《論政府當求消化亂黨之法》的論說，說是革命黨興起的原因就在於：清朝政府任憑沙俄佔據東三省，於是革命黨就認爲政府沒有顧惜土地與憫恤人民之心，想造反了。爲政府計，應該「銳意維新」，這樣，革命黨就會「消化」，「普天之下悉是甘雨和風」了。[57]在另一篇題爲《革命駁議》的論說裏，改良派揚言：一搞革命，就要發生內亂，外國人就會乘虛而入，沙俄以「平亂」爲藉口侵佔東北就是前車之鑒。文章聳人聽聞地批判革命派道：「奈何欲自啓亂機，而勾引外人，使其瓜分吾宇耶？」[58]你想革命嗎？一頂賣國主義的帽子就甩過來了。

與改良派針鋒相對，革命派指出，小小變法只能起欺騙和裝飾作用，解決不了挽救中國危亡的問題。至於帝國主義的干涉也並不可怕，只要革命思想能普及全國，「人人挾一不自由毋寧死之主義」，那就可以和侵略者相周旋。即使不幸被強敵所屈服，但黃河伏流，一瀉千里，總有消滅帝國主義「殖民政略」的一天。㊾改良派懼怕帝國主義，不敢革命；革命派不那麼怕帝國主義，所以敢於革命。但是，怕根未淨，總覺得打起來不是帝國主義的對手，因而不敢堅決反帝。

改良派宣揚光緒「聖明」，清朝政府可以依賴；革命派就以清朝政府喪地辱國、鎭壓拒俄運動、投降沙俄爲例說明其不可依賴。一九〇三年時章太炎指出：清王朝的「滿洲故土」已經被沙俄搶走了，不能把喪失國土的罪魁捧出來當元首。㊿一九〇四年初，孫中山也指出：東北是清朝的「發祥之地」，這樣的地方都丟了，發展下去，必然是「日削百里，月失數城，終底於盡」。要挽救國家的危亡，必須「發奮爲雄，大舉革命」，「傾此殘腐將死之滿清政府」。針對改良派畏懼帝國主義干涉的儒夫心理，孫中山還指出：「我愈畏縮，則彼愈窺伺」，叩頭、乞憐不能阻止帝國主義的侵略。他以清朝政府爲例說：「清國帝后今日日媚外人矣」，「媚外人之中又與俄爲最親暱矣，然而據其發祥之地者則俄也。」(61)

不同人從同一事件中常常會引出不同的結論。沙俄侵奪我國東北，改良派由之引出的是中國不能革命，革命派由之引出的是中國必須革命。

誰掌握真理，誰就將贏得群眾。拒俄運動期間，革命派和改良派的鬥爭還只是一次前哨戰，但是，勝負卻很快就有了分曉。

一九〇四年底，日本《萬朝報》譯載德國一家報紙的議論，提到一項世界商業統計表已經承認我國長城以北爲沙俄的勢力範圍，因此，引起留學生中的極大騷動。改良派乘機活動，再度企圖將拒俄運動引入「立憲」的軌道。

先是由梁啓超的一個門徒出面召集四川留學生開會，提出了一份《要求歸政意見書》，共六條，要求慈禧太后歸政光緒，宣布立憲，召還康有爲，並決定推張瀾爲「伏闕上書」的代表。

一九〇五年初，中國留學生就《要求歸政意見書》展開大辯論。結果，大多數人反對。福建、安徽、貴州、直隸四省同鄉會批評其爲「不切時勢，無補時局」，江西同鄉會批評其爲「徒事喧囂，毫無實際」，兩廣同鄉會在留學生會館貼出了「兩粵學生全部大反對川策六條」的標語，廣西同鄉會則明確宣告：「抵禦瓜分之策，以革命爲宗旨。」[62]

改良派遭到了一次慘敗。這次辯論預示了《民報》時期革命派對改良派辯論時的大勝。

四、未能解決的歷史課題

拒俄運動鋒芒所向，直指沙俄帝國主義及其走狗清朝政府中的親俄派。同這夥兇惡而強大的敵人作鬥爭，特別是要使鬥爭超出發宣言、提抗議、集會、結社的範圍，以武力驅逐侵略者，必須擁有足以制勝的雄厚實力。

領導這場運動的民族資產階級和部分知識精英是懂得這個道理的，他們指出：對於沙俄侵略者，「非結合大群不足以禦之」。63從何處聚集力量呢？他們向全國各階層的各種人，上至政府、疆吏、領兵大員，下至術士、遊民、乞丐、娼妓，無論男女老少，或者革命黨、立憲黨、保皇會、守舊派，乃至道學先生、厭世派，都發出或準備發出救亡的呼籲。但是，在這些包容甚廣的人群中，主要依仗哪種人的力量呢？半殖民地半封建中國社會階級關係的錯綜複雜，又使他們對此躑躅彷徨。他們之所以同時向如此眾多的、相互間格格不入以至敵對的人們發出呼籲，正說明他們心中無數。

中國民族資產階級曾經寄希望於自己。有人提出：「與其官爭於上，不如商爭於下」，建議停止對俄的茶絲貿易，「無論如何重價，不准出售與彼」。64主張用自身的力量而不依賴「官爭於上」，這是民族資產階級覺悟的表現。但是，他們的經濟力量畢竟太微弱了，這種呼籲如同投向大海的石子，沒有激起多大波瀾。

另一些人則寄希望於青年學生。他們認爲：學生是中國社會的「主人」，爲存亡之「關鍵」，「中國之興，興于學生」。65鄒容於一九〇三年五月發起中國學生同盟會，正是這一思想的反映。青年學生在運動中表現最爲活躍，最爲激進，但是也有人懷疑莘莘學子們的作用，他們問道：以少數學生去和「如虎、如狼、如蛇、如蠍」的沙俄侵略者作戰，行嗎？

在當時的歷史環境下，中國民族資產階級是先進的階級，但是這個階級包括知識分子在內，人數很少，經濟力量有限，只靠本階級的群眾是做不出很多事來的。資產階級要和國內外反動勢力鬥爭，就必須援引其他階級的力量。

他們曾經企圖依靠清朝的某些督撫。然而，事實證明，張之洞、劉坤一、袁世凱、端方們的「拒俄」，不過是因為自身的特殊利害發出的空喊，這流人在鎮壓拒俄的群眾時卻是實幹的。人們的希望破滅了。《蘇報》激烈地批評軍國民教育會最初採取的請願做法是「熱昏」。「不識人頭，吃煞苦頭」。求助於袁世凱之流，不是要「吃煞苦頭」嗎？⑯

也曾有些人企圖依靠某些帝國主義國家。二十世紀初年，英、日、美等國在爭奪我國東北問題上和沙俄有激烈的利害衝突，因此，有人主張聯合英、日、美共同作戰，有人建議請各國「公斷」。這當然都是無法做到的。於一籌莫展之際，改良派居然附和美國提出的將東三省闢為各國公共通商口岸的主張，企圖利用列強的力量排擠沙俄。日俄戰爭爆發了，不少人聲援日方。鄭觀應等在廣州等地捐款組織赤十字社，準備療治日本傷兵。在革命派中，也有人倡議「編成義兵」，附入日軍，去打頭陣。由於對沙俄侵略的仇恨，很多人幼稚地把同情寄予日本方面。

這種情況也遭到了批評。魯迅就認為此類人「太無遠見」，曾專門寫信給蔡元培，提請他辦《俄事警聞》時注意。⑰有人正確地指出，爭奪著的雙方都同樣垂涎於我國的「膏腴繡壤」，⑱「中國不能自立，無論何國，均未可恃」，我們不能「自委棄其國民之責任」而一味求助於人。

不錯，帝國主義國家之間的矛盾，清朝統治集團中各派系之間的矛盾，可以也應當利用，但是把獲勝的希望寄託於此卻是幻想。

儘管改良派不敢得罪清廷，康有爲等甚至可笑地把局面的改觀懸於光緒重新親政的空想上，而那種企圖依靠某些帝國主義的傾向更難於克服，但運動中的先進分子已經逐漸認識到上面這些看上去「強大」的力量並不可恃，開始向另外的方面去尋求助力。在運動的第二、第三階段，革命派參加領導運動之後，他們曾經注意到人民群眾的力量。

一九〇四年時，有人提出過「民戰」的口號。他們指出：「民仇俄人，痛入骨髓」，只要能把人民動員起來，那末，擲瓦礫、施坑陷都會是鬥爭的辦法。沙俄侵略軍不過二十萬，東北居民則在千萬以上，「以十民殺一俄兵，俄兵立盡矣！」⑲這個口號無疑是進步的。廣大人民群眾中蘊藏著巨大的愛國反帝鬥爭力量。除了把人民動員起來，又靠誰來戰勝俄國侵略者呢？不過，要實現「民戰」，卻非易事。

有人主張動員會黨。他們認爲：會黨具有「剛腸俠骨」，「天不怕，地不怕」，只要「統統聯絡起來」，「莫說是一個俄羅斯，更是十個也不可怕了」。⑳

當時，東北活躍著無數支抗俄武裝。在最著名的「忠義軍」以外，影響較大的還有一種隊伍，由於多武裝馬隊，被清王朝稱爲「馬賊」。「馬賊」的成分和政治態度雖然複雜，但參加抗俄的「馬賊」，鬥爭卻很英勇。他們毀鐵道，割電線，焚燒糧庫，劫奪槍枝彈藥，騷擾、襲擊俄軍，給了侵略者以沉重打擊。這一事實吸引了拒俄運動的活動分子們。一九〇四年二月，

《警聞日報》發表時評，讚揚「馬賊」昭如日月，為「吾民族之代表」，宣稱：「吾不能不愛馬賊。」

近代中國的新型知識精英總是不耐煩難，希望順當地利用現成的有組織的力量。由於對會黨和「馬賊」缺少實際瞭解，上述議論未免流於理想化，但那種急於獲得下層群眾回應的心情則是可以理解的。

他們也曾直接向工農群眾發出呼籲。

我國拒俄運動發生、發展的時候，距巴黎公社成立已經三十餘年。此間，國際工人運動有了長足的發展。這一事實，使得拒俄運動的活動分子們不得不對我國年輕的無產階級抱有熱切的期望。《俄事警聞》宣稱：工人是「世界上第一等有力量的」。⑪由對俄同志會成員主編的《中國白話報》則熱情介紹外國工黨的鬥爭「能夠制皇帝、官府的死命」。⑫他們要求中國工人能「學著外國工人，結成一個大黨」，「打退東三省的俄國人，叫各國不來奪我們的地方」。⑬

主張動員農民的人也有。《俄事警聞》在題為《告農》的社論中說：俄國奪了東三省，全國人都應該出力，農民「勞苦慣了」，「當兵是頂相宜的」，而且「人數本來多」，只要本領也好了，又明白「道理」，「肯拚命去一打」，「俄國自然打退了」。《俄事警聞》並應許：「那時候，你們可以想個把田地歸公的法子。」⑭

以農民為主體的義和團是抗擊八國聯軍入侵的主力，在東北，也是抗擊沙俄入侵的主力。

他們所進行的鬥爭，儘管存在著弱點，卻無疑是一種「民戰」。對義和團，清王朝和改良派都誣之爲拳匪。在拒俄運動中，革命派中的某些人卻獨能作出較爲正確的評價。他們讚譽其「不可奴隸、不可屠割之一種毅然獨立之血誠」，是中國「前此未有之特色」。⑺

在二十世紀初年，出現這種讚揚工農，主張發動工農展開反帝鬥爭的觀點是難能可貴的。當時，以孫中山爲首的革命派生氣勃勃，爲了反帝反封建鬥爭，他們需要群眾的力量，敢於向勞動人民發出呼籲。由於眼界比較寬，革命派感到自己比改良派有力量，他們滿懷信心地批判了流行一時的「不戰亡，戰亦亡」的悲觀主義論調。但是，應當指出，即使在這時，他們也並不真正認識勞動人民。如前所述，對工農的呼籲，乃是向社會上類型眾多的人發出的呼籲中的一種，他們並沒有認識到，只有工農才是拒俄反帝的最主要的動力。

一九〇三年，當上海成立「四民公會」時，《浙江潮》第五期發表過一篇時評，大意說，中國有一件最可悲痛的事便是，「士」爲士、農、工、商四民之首，不能自成一社會，而又與其他社會隔絕，所以，「日日言社會改革，言社會發達而無效」。文章要求該會成爲「國民之機關」，「自士社會以待合於其他種種各社會」。這段評論可謂「切中時弊」。然而，拒俄運動中，它始終是空談，「士」們除了熱衷在本階級群眾中活動外，並沒有認真去做「合於」其他社會的工作，還是一個孤零零的自居的「首」。當上海工人爲周生友案投入拒俄鬥爭時，《警鐘日報》的「士」們可以在報上大談「工民革命」，指手劃腳，但是卻不跑到工人中去做點實際工作。丁開嶂、張榕跑到東北去了，但是，主要依靠的也還是地方上層人士和「馬賊」

中的上層頭目。一九〇三年的「四民公會」無工無農，是個「二民」公會，實際上主要是知識分子的「一民」公會。此後的對俄同志會狀況也是這樣。該會極盛時不到兩百人，他們非常懊惱地感慨道：「義勇之軍，偵探之隊，徒抱虛願，一無表現，所藉手者，區區《俄事警聞》之報告而已。」⑯沒有人民大眾參加，當然只能是這樣一個結果。

哪些階級、階層、人士是反對帝國主義的力量？誰又是其中的主要動力？這是一切反帝鬥爭都必須解決的歷史課題。拒俄運動中的知識精英們接觸到這個問題並試圖予以解決，他們在這方面所取得的成就應當給以恰當的估價，但是，離解決這個問題的路程還很遠。

反帝而不依靠人民，不發動工農群眾，必然無所成就，最終仍然要和帝國主義者妥協。後來辛亥革命之所以失敗，這是一個重要原因。拒俄運動也已經預示了這一前景。

五、反對沙皇奴役的世界人民鬥爭的一部分

我國的拒俄運動不是孤立的，它是二十世紀初年反對沙皇奴役的世界人民鬥爭的一部分。世界人民熱烈地同情和支持我國的拒俄鬥爭。還在一九〇〇年十二月，列寧就在《火星報》第一號上發表《中國的戰爭》一文，論述中國人民反對沙皇侵略的正義性，號召俄國工人階級奮起鬥爭，「以結束政府的專制統治」。回應列寧的號召，布爾什維克揭露了沙俄政府在中國的犯罪政策，俄國社會民主工黨巴庫委員會在傳單裏寫道：「難道俄國人民需要滿洲這一

塊外國的土地嗎？」⑰一些在中國的國際友人還積極參加了拒俄運動。例如一九〇三年有德國友人在南京「見中國人即握手，告以中國前途之苦及改變之不可緩」，「語及東三省事，輒切齒怒目。」⑱一九〇四年日俄戰爭期間，居住在哈爾濱的猶太、波蘭友人曾聯絡中國勞工，準備起事抗俄。

我國人民也熱烈同情和支持世界人民反對沙皇的鬥爭。

一九〇三年，在俄國社會民主黨領導下，烏克蘭、高加索等地爆發罷總工鬥爭。對此，《江蘇》雜誌發表文章說：「暴動！暴動！俄羅斯果不得不暴動，俄羅斯終不能不演革命之活劇。倒專制舊政體，建共和新政府，爲日非遠矣。」⑲一九〇五年一月，彼得堡的工人由罷工鬥爭發展爲準備武裝起義。消息傳到我國，《警鐘日報》立即發表《請看俄國之工人》一文，讚美俄國工人「立志之堅」。⑳在當時，沙皇還是個龐然大物，但是，中國拒俄運動分子們相信俄國人民：「斯拉夫民族真好男兒，真不愧爲偉大之人民。善於動！善於殺官吏！殺君主！」㉑他們認爲，在這樣的人民面前，沙皇政府是遲早要完蛋的。

列寧曾經指出過：「俄國是各族人民的監獄。」㉒在這個監獄裏，猶太人所受的壓迫極爲嚴重。中國拒俄運動的活動分子們尖銳地揭露了一小撮沙俄反動分子對猶太人的虐殺：「或挖其兩眼，或斷其四肢於板，以刀碎割。小兒則攜往最高之處擲下，或則腰斬。」這是怎樣一幅慘絕人寰的畫面呀！中國拒俄運動的活動分子們語重心長地警告人們：「吾悲猶太，吾不能不慮夫將爲猶太者。」㉓

波蘭曾長期爲沙皇俄國、普魯士、奧地利等所瓜分，沙皇政府在其佔領區實行殘暴的殖民統治。在《猛回頭》、《新湖南》等小冊子中，中國拒俄運動的活動分子們譴責了這種統治。對於波蘭人民的鬥爭，中國拒俄運動的活動分子們尤其寄以殷切的期望。一九〇四年三月，他們見到了一份波蘭義勇軍的討俄檄文，情不自禁地歡呼：「偉哉！波蘭之民族！壯哉！波蘭之志士。」他們專門寫了《波蘭之志士》、《讀〈波蘭義勇軍組織主意書〉》等文章，指出：「彼俄國者，裂波蘭故土最多，壓波蘭遺民最酷。擒賊先王，首在覆俄」。文章建議波蘭志士利用日俄戰爭的機會奮起抗俄，乘熊腳被扎的時候「突刃其腹」。中國拒俄運動的活動分子們相信，經過鬥爭，「必有一波蘭新國出現於波羅的海之濱」。[84]

此外，對於反對沙皇奴役的芬蘭、瑞典、挪威、丹麥、波斯、土耳其等國人民的鬥爭，中國拒俄運動的活動分子們也都表示了關切，並看成是對我國人民的支持，「此爲我國報深仇、雪大恥，樹我完全獨立之旗」之「大機會也」。[85]

一九〇四年二月五日，《俄事警聞》發表過《俄禍》一文，中云：

> 若夫俄，則尤虎狼之尤者也。自彼得大帝以來，以吞併與國，囊括全球為志，彼意非使史拉夫人種為全世界之主不止。此非我中國之禍，而全世界之禍。

這段話值得重視。馬克思指出：「資產階級的沙文主義只不過是一種虛假的裝飾，它給資產階級的種種無理要求罩上了一件民族的外衣。」㊻沙皇推行「囊括全球」的侵略政策，並不是爲了使「史拉夫人種爲全世界之主」，而是要使俄國的一小撮地主和壟斷資本家爲「全世界之主」。在這一點上，《俄事警聞》講得不對。但是，沙俄帝國主義是軍事封建帝國主義，它的壟斷資本主義和封建農奴制殘餘密切結合著，它把帝國主義的各種最壞因素都集中了起來，而且變本加厲了。因此，極富於侵略性，是當時世界的大禍害。《俄事警聞》發出的這一「警聞」又是正確的。中國拒俄運動的活動分子看清沙皇的侵略野心，明確自己鬥爭的意義，就更加鼓舞了自己的鬥志。

一九〇一年至一九〇五年的拒俄運動是我國近代一次較大規模的群眾性反帝愛國運動。它打擊了沙皇吞併我國領土的野心，揭露了清朝統治者對內鎭壓、對外投降的面目，表現了我國人民不甘屈服於內外敵人的愛國主義精神和革命精神，促進了民族民主革命高潮的到來，在近代中國史上，是起了積極作用的。

（與王學莊合作，原載《社會科學戰線》一九七八年第四期）

①《清季外交史料》第一四四卷。

②楊儒：《中俄會商交收東三省電報彙抄》。

③《中外日報》，一九〇一年三月十六日。

④《中外日報》，一九〇一年三月廿五日。

⑤《中外日報》，一九〇一年四月六日。
⑥《中外日報》，一九〇一年四月五日。
⑦《中外日報》，一九〇一年四月四日。
⑧《蘇報》，一九〇三年四月廿八日。
⑨《蘇報》，一九〇三年五月一日。國民總會在實際成立時，定名為國民公會。
⑩《致北洋大臣袁緘》，《浙江潮》第四期。
⑪《蘇報》，一九〇三年五月廿日。
⑫《俄事警聞》，一九〇三年十二月十五日。
⑬《大陸》，第二年第四號。
⑭《警鐘日報》，一九〇四年四月六日。
⑮《外務部發商約大臣盛宣懷電》，《俄兵砍斃華人案抄檔》。
⑯《時報》，一九〇四年十二月廿九日。
⑰《外務部收上海道袁樹勳電》，《俄兵砍斃華人案抄檔》。
⑱《李傅相來電》，楊儒：《中俄會商交收東三省電報彙抄》。
⑲《李傅相來電》，楊儒：《中俄會商交收東三省電報彙抄》。
⑳《致江寧劉制台、上海盛大臣》，《張文襄公電稿》卷四十五。
㉑《集成報》第一冊，光緒二十七年三月上浣。

㉒《申報》，一九〇一年三月廿八日。

㉓《申報》，一九〇一年四月廿三日。

㉔《大公報》，一九〇三年五月四日、六月十二日。

㉕《大公報》，一九〇三年五月四日、六月十二日。

㉖《大公報》，一九〇三年六月十三日。

㉗《國民日日報》，一九〇三年八月廿三日。

㉘張篁溪：《蘇報案實錄》，《辛亥革命》（一），第三七二頁。

㉙《蘇報》，一九〇三年五月十九日。

㉚《大公報》，一九〇三年六月廿八日。

㉛《中外日報》，一九〇三年六月三十日。

㉜《蘇報》，一九〇三年六月五日。

㉝《外務部發沿江沿海各省督撫電旨》，端方檔。

㉞《致劉制台、盛大臣》，《張文襄公電稿》卷四十五。

㉟《大公報》，一九〇三年八月三十日。

㊱《青年會與拒俄義勇隊》，《革命逸史》初集。

㊲《俄事警聞》，一九〇三年十二月三十日。

㊳《俄事警聞》，一九〇三年十二月卅一日。

㊴《書感》，《江蘇》第六期。
㊵《抱撼歌》，《江蘇》第六期。
㊶《方聲洞小史》，《神州日報》，一九一一年八月二日。「滿清政府」四字，原報為「□□政府」。
㊷《從甲午戰爭前後到辛亥革命的回憶》，《吳玉章回憶錄》，中國青年出版社版，一九七八年版，第十九頁。
㊸《蘇報》，一九〇三年六月十日、十一日。
㊹《陳夢坡事略》，《革命逸史》初集。
㊺《蘇報》，一九〇三年六月十四日。
㊻《蘇報》，一九〇三年六月廿六日。
㊼《中外日報》，一九〇三年十月十五日。
㊽《甲辰馬福益長沙之役》，馮自由：《中華民國開國前革命史》第一冊。
㊾《軍國民教育會紀事》，該會自印本。
㊿《科學補習所始末》，張難先：《湖北革命知之錄》。
51《中外日報》，一九〇三年四月廿八日。
52《大公報》，一九〇三年五月五日。
53《中外日報》，一九〇三年五月十二日、十四日。
54《蘇報》，一九〇三年五月十八日。

55 《蘇報》，一九〇三年六月二日。

56 中國少年之少年（柳亞子）：《中國來亡小史》，《復報》第十期。

57 《中外日報》，一九〇三年七月卅一日。

58 《中外日報》，一九〇三年六月七日。

59 《蘇報》，一九〇三年六月十二日、十三日。

60 《駁康有為論革命書》，《太炎文錄》卷二。

61 檀香山《隆記報》，轉引自《檀山華僑》。

62 《大陸》，第三年第二號。

63 《中國四民總會處知啓》，《蘇報》，一九〇三年四月三十日。

64 《中外日報》，一九〇一年三月廿八日。

65 《蘇報》，一九〇三年五月三十日。

66 《蘇報》，一九〇三年六月六日。

67 沈瓞民：《魯迅早年的活動點滴》，《上海文學》，一九六一年第十號。

68 《俄事警聞》，一九〇四年二月廿五日。

69 《警鐘日報》，一九〇四年三月五日。

70 《俄事警聞》，一九〇四年一月廿九日。

71 《俄事警聞》，一九〇四年一月十日。

(72)《時事問答》，《中國白話報》第五期。
(73)《時事問答》，《中國白話報》第五期。
(74)《俄事警聞》，一九〇四年十二月廿二日。
(75)《對於俄約之國民運動》，《江蘇》第二期。
(76)《警聞日報》，一九〇四年三月十五日。
(77)《史學譯叢》，一九五七年第五期，第一〇〇頁。
(78)《朱臻仕》，《江蘇》第七期。
(79)《江蘇》第六期。
(80)《江蘇》第六期。
(81)《警鐘日報》，一九〇五年一月廿六日。
(82)《革命的無產階級和民族自決權》，《列寧全集》第廿一卷，第三九二頁。
(83)《經世文潮》，第四期。
(84)《警鐘日報》，一九〇四年三月九日。
(85)《抗俄鐵血會檄文》，《大陸》第二年，第四號。
(86)馬克思：《〈法蘭西內戰〉初稿》，《馬克思恩格斯選集》第二卷，第四二七頁。

陳天華的《要求救亡意見書》及其被否定經過

許多著作都提到陳天華有一份《要求救亡意見書》，但史學家們迄未見到。一九八五年，我在日本外務省檔案中將它找到了。原件爲鉛印傳單，附於警視總監安立綱之給外務大臣小村壽太郎的報告之後。①

一九〇五年一月，日本《萬朝報》譯載德國某報的一篇文章，聲稱各國商業統計表關於中國領土已不列長城以北，承認其爲俄國範圍，「此實瓜分政策」云云。這一消息在中國留日學生中引起了騷動。四川學生首先集會，有人提出《要求歸政意見書》，主張西太后將「大政」歸還光緒皇帝，「以一主權」，同時，要求清政府「宣布立憲以定國是」。該意見書提議於一九〇五年二月四日（夏曆元旦）致電清政府，陳述意見，並隨撰詳細呈文，公舉代表二、三人到北京伏闕上書。②在這一情況下，陳天華撰寫並印刷了《要求救亡意見書》，在留日學生中散發。

《意見書》全文約三千餘字。開宗明義，首先說明當時形勢和不得已擬向清政府請願，要求救亡的苦衷。《意見書》稱：

> 近日以來，警電紛至，危迫情形，視前尤急，同人等焦心灼慮，苦無良策，乃於無可如〔何〕之中，作一死中求生之想，則惟有以救亡要求政府也。

《意見書》將清政府譬喻爲「管屋者」，將國民譬喻爲主人，說是：「主人有屋，托人管理，不慎於火。管理者以非其屋也，將任其延燒，爲主人者豈能不以屋如焚焰，必責其賠償而急促之使救火乎？」

關於請願的目的，《意見書》說明，在於勸止清政府及其大臣們出賣國家權益。它稱：

> 目的惟何？但使朝廷誓死殉國，勿存為一印度王之思想，賣吾儕以救活；為大臣者實事求是，勿抱一為小朝廷大臣之主義，以吾儕之權利，為彼等富貴之媒。

當時，印度已淪爲英國的殖民地，印度國王則成爲侵略者卵翼下的兒皇帝。陳天華要求清政府以印度爲鑒，不要使中華民族陷入更悲慘的境地。

關於請願的條件，《意見書》向清政府提出對外條件三項，對內條件四項。對外條件爲：一、勿以土地割讓於外人，竭死力保護礦山、鐵路、航權；二、勿以人民委棄於外人，人民之生命、產業、利權，絲毫不容外人侵犯；三、勿以主權倒授於外人，力杜外人駐兵內地並掌握用人行政之權。對內條件爲：一、實行變法；二、早定國是；三、予人民以地方自治之權；

四、許人民以自由著述、言論、集會之權。《意見書》同時提出國民義務四項：一、當兵；二、納租稅；三、募公債；四、為政府奔走開導。《意見書》要求清政府履行條件，國民履行義務，雙方處於對等地位。它說：「吾儕之義務有一未盡者，不待政府誅之，吾儕必自誅之。吾儕對於政府盡義務矣，而政府之於吾儕所求者或不之許，或許而陽奉陰違，行之不力，或竟顯違吾儕所訂之條件，則吾儕必盡吾力之所能以對付於政府，誅一人而十人往，誅十人而百人往。吾儕不死盡，政府不得高枕而臥也。」

《意見書》的主要篇幅是設為問答，以二人辯難的形式，解釋各種疑問，說明請願活動的必要。最後，《意見書》表示，將以留學生全體名義，在兩週內赴北京實行。「有志偕行者請至神田西小川町一之一東新社（**陳天華住址——筆者**），商訂出發，反對者請即函告，否則作為默認。」

《意見書》表現了陳天華一如既往的愛國主義熱情。他認為，國家由土地、人民、主權三要素組成，有一個要素不具備，就不能稱之為國家。《意見書》指出：當時帝國主義者紛紛向清政府索取土地和勢力範圍；在非洲、美洲的華僑和東三省的難民倍受帝國主義虐待；主權無一不被外人掌握。因此，中國「早已等於瓜分，且更甚於瓜分」。《意見書》呼籲中國人民及時設法，拯救國家危亡。它說：「救死者必于將死未死之時，不可待於已死；救亡者亦必於將亡未亡之時，不可待於已亡。」這些地方，和陳天華的名著《猛回頭》、《警世鐘》的基本精神是一致的。但是，在對待清政府的態度上，卻有了顯著的變化。原先，陳天華指斥清政府是

「洋人的朝廷」，認爲「滿洲政府抱定一個『漢人強滿人亡』的宗旨，死死不肯變法」，主張以暴力將其推翻。「改條約，復政權，完全獨立」，建立一個嶄新的國家；③而現在則希望以和平請願的方式促使清政府豁然警醒，外拒強敵，內行變法。兩相對比，不能不認爲是一個重大的變化。在寫作《意見書》之前，陳天華曾會見梁啓超，二人多次通信，《意見書》反映出改良派的影響是無庸置疑的。

《意見書》末段，陳天華設想有一個革命者出來質詢：「吾儕平日之所主張，非革命乎？今乃欲倚賴於政府，何其進退失據也？」對此，《意見書》回答道：

> 政府之將以土地、人民、主權三者與外人，一彈指間也；而吾子之革命，旦夕可舉乎？吾恐議論未定，而條約上之效力發生，已盡中華之所有權移轉於他人手矣，則何如要求政府，與之更始以圍〔圖〕存乎？

這段話可以看作是陳天華對自己改變主張的解釋。在陳天華看來，革命不會很快發生，遠水救不了近火，國家危亡在即，只能以請願的形式阻止清政府賣國，這樣會便捷得多。

然而，陳天華畢竟不同於改良派。這就是，他對於和平請願的作用並不十分誇大，對清政府能否改弦更張也並不抱很多幻想。《意見書》說：

吾儕之要求，所以使政府應付外人之要求外，而亦留一二以應吾儕之要求也。蓋使彼惟虞外人之一方面，而不虞國民之方面，則必至舉吾儕盡售之於外人，以保固其印度王、小朝廷大臣之名位不止。今吾儕乃預先警告之，吾儕雖被售，而必不使安固其印度王、小朝廷大臣之名位，是亦僥倖望其勿售也。

這裏說得很清楚，和平請願的目的只是「僥倖望其勿售」。有些地方，《意見書》又說：

至於警告而不聽，則吾儕自必有繼續之行為，決非僅如公車上書之故事也。各國民黨之對於政府也，必先提出要求之條件，要求而不納，然後有示威之舉動，而無不如此者。吾儕躐等以為之，則政府不知吾等意向所在，而國民亦不知吾等之宗旨為何，縱擲數人之頭顱亦不過等諸無意識之作為，而吾儕之主義，終難暴白於天下。惟先將主義標出，可平和則平和，當激烈則激烈，一出於公，而不雜以一毫之私，使政府有所擇取，使國民有所依然，於將來或不至全無影響。此吾儕今日之苦心也，政府之無可望則久已知之矣。

這裏，陳天華明確宣布，清政府「無可望」，是扶不起來的阿斗，因此，鬥爭方式不能僅限於「公車上書」一類故事，而是要將「吾儕之主義」表白於天下，「可平和則平和，當激烈則激烈」，可見，陳天華並沒有封死通向革命的道路。

在《意見書》中，陳天華還說：「吾儕之欲以救亡要求政府也，非謂如是即可以救亡也，乃欲以求吾致死之所也。政府能與吾儕共致死于外人，則外人乃吾儕致死之所也；政府必欲以吾儕送之于外人，則政府乃吾儕致死之所也。」這裏，陳天華那種不惜一切，敢於與內外敵人拼死戰鬥的精神又表現出來了。

《意見書》散發後，立即受到了湖南留學生的強烈反對。一九〇五年一月二十七日，宋教仁在日記中寫道：「彭希明、徐運奎來，談最久。時陳星台將有北京之行，運奎謀與余極力反對其說，余允之。」④二十八日，宋教仁應彭希明之邀，至劉揆一處，與黃興、章士釗等會商，決定召開同鄉會干涉。當日，宋教仁在日記中又寫道：「時陳星台發有《要求救亡意見書》於學界，其宗旨專倚賴政府對外與對內之政策，而將北上陳於政府，余等皆反對其說。」⑤二十九日，在湘西學會例會上，宋教仁演說「瓜分問題」，激烈地反對向清政府請願，主張各省獨立自治。當日到會者五十餘人，有贊成者，有反對者，未能取得一致意見。三十日，在錦輝館召開湖南同鄉會，與會兩百人，一致決議反對陳天華的「要求政府之說」，贊成宋教仁的「全省獨立自治」主張。⑥二月一日，黃興、宋教仁和陳天華舉行「特別談判」，宋教仁批評陳天華「受保皇黨之運動」，雙方「辯難良久」，陳天華因受日本警署傳喚離去。⑦在警署時，日本當局通知陳天華，禁止散發《要求救亡意見書》。⑧二月二日，宋教仁得到黃興的通知：「陳星台事，已干涉其不作」。⑨

與此同時，東京留日學生就向清政府請願問題進行了廣泛的討論。廣西同鄉會認爲，「抵禦瓜分之策，以革命爲宗旨」。⑩福建、安徽、貴州、直隸四省同鄉會公函稱：「此次提議上書政府一事，公認爲不切時勢，無補時局，請置勿議。」⑪留學生會館幹事及各省評議員大會討論結果，反對請願者占十分之九。⑫這種情況，顯示出在東京中國留日學生中，革命日益成爲普遍的要求。正是在這種形勢下，在黃興、宋教仁的幫助下，陳天華糾正了自己的錯誤，再度煥發革命精神，重新執筆爲革命作鼓吹，寫下了《論中國宜改創民主政體》等名篇。

（原載《近代史研究》一九八八年第一期）

①《關於清國留學生行動》，甲秘第十三號，明治三十八年二月二日。
②《東京留學界議請歸政立憲之彙志》，《大陸》第一流年第二號。
③參見劉晴波、彭國興編校：《陳天華集》，湖南人民出版社版，第三十六、六十一、五十九頁。
④陳旭麓主編：《宋教仁集》，第五一二至五一四頁。
⑤陳旭麓主編：《宋教仁集》，第五一二至五一四頁。
⑥陳旭麓主編：《宋教仁集》，第五一二至五一四頁。
⑦陳旭麓主編：《宋教仁集》，第五一二至五一四頁。

⑧陳旭麓主編：《宋教仁集》，第五一二至五一四頁。
⑨《關於清國留學生行動》，甲秘第一三號，明治三八年二月二日。
⑩《東京留學界議請歸政立憲之彙志》，《大陸》第三年第二號。
⑪《東京留學界議請歸政立憲之彙志》，《大陸》第三年第二號。
⑫《東京留學界議請歸政立憲之彙志》，《大陸》第三年第二號。

同盟會的分裂與光復會的重建

一九〇五年，同盟會成立，實現了各派反滿力量的聯合，以孫中山爲代表的民族民主革命營壘出現了某種團結、興旺的景象，革命也取得了前所未有的進展。思想上，和改良派的論戰正在勝利進行，軍事上，萍、瀏、醴起義之後，各地革命黨人躍躍欲動，一個武裝起義的高潮正在醞釀。但是，好景不常，一九〇七年夏，同盟會發生嚴重分裂。此後，愈演愈烈，終於導致光復會的重建。

當革命正需要一個堅強有力的、統一的司令部時，同盟會卻陷於分崩離析的渙散狀態。對於這種情況，曾經有人主要以地域、宗派觀念來說明問題，以爲是廣東派與湖南派、江浙派之爭；又有人以爲是同盟會的三民主義和光復會的「一民主義」，即所謂資產階級、小資產階級革命派與地主階級反滿派之爭；這些解釋，都不符合歷史的本來面目。

一、張繼、章太炎、劉師培、陶成章掀起的倒孫風潮

革命進程中總難免有光明與陰暗兩面。辛亥革命之後，當年獻身於革命的先行者熱衷於闡

揚功烈，而對於這一進程中的不光彩的方面，大都不願涉及，或語焉不詳。因此，在討論同盟會的分裂與光復會的重建時，清理這一事件的過程是首要的工作。

一九〇七年初，孫中山與黃興曾因國旗圖式問題發生爭執。孫中山主張沿用興中會的青天白日旗，黃興則認爲青天白日旗與日本旗相近，「有日本併華之象」，必須迅速毀棄。①爭論中，黃興堅決毀棄青天白日旗的主張使孫中山很激動，他厲聲說：「僕在南洋，托命於是旗者數萬人，欲毀之，先擯僕可也。」②這樣，黃興也因而激動起來，他發誓要退出同盟會。

情感衝動常常驅使人走向歧途。冷靜下來之後，黃興接受了孫中山的方案，他致書胡漢民說：「余今爲黨與大局，已勉強從先生意耳！」③

儘管國旗風波沒有使孫黃關係破裂，但是，卻在孫中山和宋教仁之間投下了陰影。宋教仁本來就認爲孫中山「待人作事，近於專制跋扈」，當他得知此事後，就更增加了不滿，從而萌發了「早自爲計」的念頭。④三月一日，他向孫中山辭去同盟會庶務幹事一職。同月二十三日，偕白逾桓等離開東京赴奉天運動綠林武裝。

對孫中山的不滿使宋教仁以後一度參加了倒孫的行列，但在當時，還僅限於兩人間；去奉天之後，宋教仁仍然使用中國同盟會孫文、黃興的名義進行活動。⑤因此，在同盟會的內部矛盾中，國旗圖式問題只是一個小序曲。

對同盟會分裂具有決定意義的事件是孫中山接受日本政府贈款問題。

清朝政府鎮壓了萍、瀏、醴起義之後，感到對革命力量不可忽視，追尋「禍本」，認爲出於流亡在日本的孫中山，因此，通過駐日公使楊樞等出面交涉，要求日本政府逮捕並引渡孫中山。⑥日本西園寺內閣對此採取兩面政策，即一面向清朝政府表示，同意驅逐孫中山出境，一面又力爭不得罪中國革命黨人。日本政府通過內田良平、宮崎寅藏等對孫中山說：清廷要求日本把孫中山抓起來，日本政府考慮不抓，但孫中山必須迅速離日，否則不能保證安全。⑦同時，日本政府並資助五千元，⑧另一日本股票商人鈴木久五郎也資助一萬元，作爲孫中山離日的經費。當時，孫中山因急需一筆款子去中國南方發動，以便趁熱打鐵，適應萍、瀏、醴起義所帶動的革命高漲形勢，便接受了這兩筆資助。

除贈款外，日本政府還通過內田良平出面爲孫中山餞行。二月二十五日，內田良平在赤阪區三河屋設宴，應邀者有孫中山、章太炎、宋教仁、胡漢民、劉師培、汪東、宮崎寅藏、清藤幸七郎、和田三郎等人。⑨三月五日，孫中山偕胡漢民及日人萱野長知等南下。事後數日，西園寺內閣才通知清朝政府，已經驅逐孫中山出境。清朝政府立即大肆宣揚，炫爲外交上的勝利。

對日本政府的態度，孫中山是滿意的。他覺得，「各國政策無論如何文明，其對於與國必重於對民黨，但日本政府兩方面皆存好意，庶幾平等相待」，「殷勤備至」。⑩他完全沒想到，此事卻在同盟會中激起了巨大的風波。

鈴木久五郎資助一萬元一事章太炎是知道的，孫中山曾從中提取二千元交章太炎作爲《民報》經費，⑪章太炎嫌少，認爲一萬元應全部留下，但對日本政府資助五千元一事，章太炎等則一無所知。孫中山離日後，這一情況爲參加同盟會的日本人平山周、北一輝、和田三郎等採悉，首先和仲介人宮崎寅藏等吵了起來。接著，張繼、章太炎、劉師培、譚人鳳、田桐等也得知了這一情況，並傳聞孫中山臨行時的宴會就是一去不復返的保證，云云。⑫張繼等認爲孫中山「受賄」，「被收買」，「有損同盟會的威信」，便鬧了起來，張繼破口大罵，聲言「革命之前，必先革革命黨之命」。⑬章太炎把掛在《民報》社的孫中山照片撕下來，批上「賣《民報》之孫文應即撤去」等字。他以爲孫中山在香港，便把照片和批語寄去，以羞辱孫中山。⑭可能爲此事他還寫過聲討性的檄文。⑮剛到日本不久的劉師培也同聲附和。⑯他們一致要求罷免孫中山的同盟會總理職務。

在這一事件中，北一輝起了挑動和擴大矛盾的作用。他原是日本新潟佐渡地方一個釀酒業主的兒子，因家庭破產而傾向於當時流行的社會主義思潮。一九〇六年出版《國體論及純正社會主義》一書。同年十一月加入宮崎寅藏、和田三郎等組成的《革命評論》社。不久，又經宮崎介紹，加入同盟會。他認爲孫中山是西歐主義者，因而，憎惡孫中山，接近章太炎、宋教仁等人。在其所著《支那革命外史》一書中，他自述說：「當時所發生之內訌，諸友皆以發生於不肖入黨數月之後，因而歸罪於不肖之行動。然而不肖方以彼等各自之色彩逐步趨向鮮明爲快，深希彼等各自貫徹其思想之所向，因此敢於置不肖一身之毀譽於不顧也。」⑰從這段敘述不難看出，北一輝當時並不以同盟會的團結爲重，而是強烈期望分歧加大。他又說：「以孫君英美化之超國家觀視之，當其被逐時，日本政府贈予之數千金，未嘗不可視爲對亡命客所給予之國際憐憫，然以太炎國粹主義之自尊心視之，則深以孫君率留學生離去而不示威爲憾，且認爲孫君實不應密收金錢，如喪家狗之被逐，太炎之所以逼使孫君辭去總理之理由，亦可使人理解者也。」⑱《支那革命外史》一書寫於一九一四年，雖然事隔已久，偏袒章太炎等人的感情仍然很強烈。

平心而論，雙方都有其不當之處。

從孫中山一方看，他對西園寺內閣的兩面政策缺乏認識，這是事實。但是，當時中國革命黨人以日本爲活動基地，日本政府並未採取明顯的敵視態度，因此，自然不應採取率領留學生「示威」一類輕率的做法。孫中山處理不當的地方是：在接受日本政府贈款問題上沒有和大家商量，並說明有關情況。

從張繼等一方看，他們反對孫中山接受西園寺內閣的贈款可能不無道理，但是，孫中山接受贈款是爲了南下起義，他們視此爲「受賄」是錯誤的，由此大吵大鬧，提出革孫中山的命，要求撤換其總理職務尤其錯誤。章太炎的做法更是一種人身侮辱，是只圖一時痛快，不顧後果，嚴重傷害同志關係的行爲。

屋漏偏逢連夜雨。當東京的倒孫風潮正鬧得沸沸揚揚的時候，又傳來了黃岡、七女湖起義失敗的消息。這是孫中山離日後領導的第一次軍事行動，它的失敗使同盟會的內部矛盾猶如火上加油，反對孫中山的人日益增多。張繼等催逼同盟會庶務幹事劉揆一召集大會，罷免孫中山，改選黃興爲總理。劉揆一認爲孫中山接受贈款是爲了供應黃岡、七女湖起義急需，當時，孫黃二人正在籌劃於廣東發動新的起義，「萬一因總理二字而有誤會，使黨軍前途，頓生阻力，非獨陷害孫黃二公，實不啻全體黨員之自殺」，⑲因此，力排眾議。張繼於盛怒之下，和劉揆一扭打起來。與此同時，劉師培則進一步要求改組同盟會本部。他自己想當同盟會領導人，並企圖援引北一輝與和田三郎爲本部幹事，也遭到劉揆一的拒絕，因此，北一輝也對劉動了武。⑳

一波未平，一波又起。同年六月十七日，爲籌備在廣東欽、廉二府同時起義，孫中山派萱野長知赴日購械。在宮崎寅藏協助下，共購得村田式快槍二千支，每支帶彈六百發，計劃運至白龍港起岸，供革命軍使用。村田式在日本已經落後，在中國尚不失爲先進武器。但章太炎卻認爲不能使用，吵吵嚷嚷地說：「這種式子在日本老早不用了，用到中國去不是使同志白白地丟了性命嗎？可見得孫某實在不是道理，我們要破壞它！」㉑當時，宋教仁已被張繼從奉天叫回東京，㉒他支持章太炎，並聯絡了同盟會本部的一些人，以《民報》社名義用明碼打電報給香港《中國日報》，說是「械劣難用，請停止另購」。㉓因而，購械計劃擱淺。

在倒孫風潮中，陶成章支持張繼、章太炎等。據當時人回憶說：「其時黨人購買槍械靠日本浪人介紹代購」，「章太炎先生與陶公均主寧可少購，購必精良」，「而孫黃二人但求其多而價廉，認爲械多可張大聲勢」，「陶於爭論時堅持尤力，因與孫黃失和，我彼時耳聞其事，曾於日比谷昌口醫院訪陶時有『大家不要爭奪領袖』的話，陶聞言即謂：『年輕人不要胡說』，但言詞之中卻嫌孫先生武斷。」㉔這裏所說的「爭奪領袖」雖被陶成章斥爲「胡說」，但證以上引其他史事，當是事實。

倒孫風潮中支持張繼、章太炎等的還有譚人鳳、田桐、白逾桓等，但他們的表現不那樣突出，以後的表現也不盡相同。

欽廉起義由孫中山親自策劃。他聯絡了當地抗捐的民團，聯絡了在清軍中任職的同盟會員趙聲和郭人漳，並派黃興和王和順歸國領導，原以爲只要武器一到，立即可以組成一支「聲勢甚大」的軍隊，然後收兩廣，出長江，會合南京、武昌的新軍，形成破竹之勢，「革命可收完全之效果也」。㉕及至王和順攻克防城，武器不到，孫中山自覺失信於起義同志和當地團紳，極爲惱火，便由胡漢民出面致函同盟會本部，「力責之」，表示要執行黨中紀律。不久，又派林文回東京，禁制章太炎和宋教仁，令其以後不得再干預軍事問題。㉖九月，孫中山致函宮崎寅藏，譴責平山周、北一輝、和田三郎等「不顧公義」、「破壞團體」、「侵入內部，幾致全局爲之瓦解」。他將運動日本各方面的任務交給了宮崎一人，表示「不特平山、北、和田數子，不可使之聞知」，連同盟會本部及《民報》社中人，亦不必與之商議。㉗在同盟會的內部分歧中，北一輝等起了惡劣的作用，孫中山完全應該採取斷然措施。但是，專任宮崎一人，卻危險地表現了拋開同盟會本部和《民報》社的意向。

由於東京同盟會本部的混亂狀態日益嚴重，劉揆一寫信告知黃興，又寫信給馮自由、胡漢民，引用「萬方有罪，罪在一人」的譬語，要求馮、胡勸孫中山向東京同盟會本部引咎謝罪。對此，孫中山覆函謂：「黨內糾紛，惟事實足以解決，無引咎之理由可言。」㉘他表示可以辭去總理一職，但必須在同盟會本部及章太炎承認不是之時。㉙劉揆一要孫中山「引咎」，意在以孫中山的高姿態來平息越來越盛的倒孫風潮，但這是一種息事寧人的糊塗做法，孫中山對此表示拒絕是正確的。但是，他沒有及時採取積極措施來分辨是非，增強團結，而是等待「事實」的解決，要求同盟會本部及章太炎「承認不是」，這就不僅將分歧的種子保留了下來，而且以感情代替了理智。

在孫中山覆函劉揆一的同時，黃興也覆函稱：「革命爲黨員生死問題，而非個人名位問題。孫總理德高望重，諸君如求革命得有成功，乞勿誤會而傾心擁護，且免陷興於不義。」㉚孫中山是當時中國革命民主派的一面旗幟，黃興以其正確態度維護了孫中山的威信，也維護了同盟會的團結。但是，他也沒有做更多的工作來消除矛盾。

由於黃興拒絕出任同盟會總理，東京的倒孫風潮暫時平息下來了，但雙方的對立情緒仍然存在。這年七月六日，光復會會員徐錫麟在安慶發動起義失敗，清吏在審訊時問及行刺是否爲孫文指使，徐錫麟答道：「我與孫文宗旨不合，他亦不配使我行刺。」㉛在同盟會成立後，徐錫麟始終拒絕加入同盟會，他與孫中山「宗旨不合」的情況早已存在，但是，「不配使我行刺」云云，顯然由於倒孫風潮的影響，它反映了光復會領導人對孫中山遠非一般的不滿。

歷史上的政治鬥爭不乏借題發揮的例子，倒孫風潮可以說就是如此。它借助於幾個具體問題爆發出來，其中隱藏的是深刻的思想分歧。

倒孫風潮的主力是張繼、章太炎、劉師培、陶成章，他們當時都在不同程度上接受了日本社會主義運動中正在流行的無政府主義思潮的影響。

二、無政府主義派別的出現

二十世紀初年，國際社會主義運動中佔優勢地位的是第二國際的右傾機會主義和「左」的無政府主義，日本的情況也是如此。當時，日本已進入帝國主義階段，資本主義社會的固有矛盾充分表現出來，罷工鬥爭高漲，社會主義運動處於活躍階段。一九〇一年，在片山潛領導下，建立了社會民主黨。一九〇三年，幸德秋水組織平民社，宣傳「平民主義、社會主義、和平主義」，翻譯出版了《共產黨宣言》。一九〇六年，社會民主黨以社會黨的名義重新建立。但是，這一時期，日本社會主義運動又還很幼稚。片山潛說：「儘管在我們中間對於馬克思主義進行了熱烈的爭辯和討論，儘管我們翻譯馬克思和恩格斯的一系列經典著作，但是我們仍然處於一團混亂的狀態之中，不善於理解馬克思主義，在我們中間占統治地位的是馬克思主義跟改良主義和無政府工團主義的稀奇古怪的雜拌。」㉜一九〇七年，日本社會黨分裂為軟硬兩派。軟派以片山潛、田添鐵二為代表，在第二國際影響下，主張通過議會道路來實現革命；硬派以幸德秋水、堺利彥、山川均、大杉榮為代表，完全否定議會鬥爭，宣揚無政府主義，主張除「直接行動」——總同盟罷工外，別無其他革命的途徑。前者組織社會主義研究會，後者組織金曜（星期五）講演會。

日本社會黨開始分裂後不久，張繼、章太炎等便和硬派發生接觸並接受其影響。

一九〇六年，張繼根據幸德秋水的日譯本，轉譯了馬拉跌士達的《無政府主義》一書，成爲無政府主義的狂熱信徒。一九〇七年春，他和章太炎通過北一輝的關係結識幸德秋水，深受影響。在幸德秋水的遺物中，保存有章太炎、張繼一封求教的手札，中云：「明日午後一時，往貴宅敬聆雅教，乞先生勿棄。三月二十六日。」㉝此後，雙方來往日益密切。陶冶公回憶說：「（我們）參加了日本原始社會主義者幸德秋水爲首組織的座談會」，「經常以旅行玩山遊水爲名，到東京郊外一些地方秘密開會。」㉞不僅如此，幸德秋水等有時還深入中國留學生宿舍，大談特談巴枯寧和克魯泡特金的學說。㉟這樣，在中國留日學生和革命者中，就逐漸形成了一個傾向無政府主義的派別。對於這一派別，幸德秋水描述說：「亡命的革命黨中多數青年，則已不滿足於以往搞的驅逐韃虜，復我中華，創立憲政，創立共和政體等運動，而進一步主張民生主義，即社會主義，其中最進步的人則熱心倡導共產的無政府主義或個人的無政府主義，把幾萬冊雜誌、小冊子陸續秘密輸入其國內。」「對於當前的國會、選舉、商業、經濟，都根本不信任，他們對當前的政治組織和社會組織都表示絕望，而另外要謀求人民幸福之途。」㊱

一九〇七年四月，幸德秋水在《平民新聞》上撰文，提倡中國的革命家與日本的革命家攜手，東洋各國的社會黨應當聯合起來。㊲章太炎首先回應幸德秋水的倡議，開始與印度流亡在東京的革命者籌組亞洲和親會。和親會以「反抗帝國主義，期使亞洲已失主權之民族各得獨立」爲宗旨，主張凡亞洲人，無論民族主義、共和主義、社會主義、無政府主義皆可入會。㊳中國方面參加者有章太炎、張繼、劉師培、何震、蘇曼殊、陳獨秀等數十人，日本方面參加者有幸德秋水、山川均、大杉榮等。和親會約章表現了某些無政府主義的影響，例如它規定「無會長、幹事之職，各會員皆有平均利權」，這正是無政府主義者反對一切「在上之人」的傳統主張。六月，劉師培通過他的妻子何震出面創辦《天義報》，聲稱其宗旨在於「破壞固有之社會，顛覆現今一切之政府，抵抗一切之強權，以實行人類完全之平等」。㊴同月，正當倒孫風潮大起的時候，張繼和劉師培共同發起組織「社會主義講習會」，其廣告稱：「近日以來，社會主義盛於歐美，蔓延於日本，而中國學者則鮮聞其說，雖有志之士知倡民族主義，然僅辨種族之異同，不復計民生之休戚，即使光復之說果見實行。亦恐以暴易暴，不知其非」，因此，他們要研究「社會主義」。㊵這份廣告實際上是另樹一幟的宣言書，它應是劉師培改組同盟會本部的要求遭到拒絕之後的產物。

經過兩個多月的籌備，「社會主義講習會」於八月三十一日召開成立會。會上，劉師培表明了和孫中山完全不同的政治綱領。他宣稱：「吾輩之宗旨，不僅以實行社會主義爲止，乃以無政府爲目的」，「吾輩之意，惟欲於滿洲政府顛覆後，即行無政府」。據他說，如果「排滿以後另立新政府」，那就「勢必舉歐美、日本之僞文明推行於中國」，其結果必將是「中國人民愈無自由，愈無幸福，較之今日，尤爲苦困」。㊶「建立民國」是孫中山爲同盟會規定的重要任務，劉師培這裏所指責的「排滿以後另立新政府」，顯然針對孫中山和同盟會而言。

它表明，劉師培等決心和孫中山分道揚鑣了。幸德秋水參加了成立會，在演說中，他聲言社會主義運動中有兩派，「平和派屬馬克思，激烈派則屬巴枯寧」；又表示：「中日兩國，地域相近」，「兩國國民，均可相互扶助」，「以促無政府主義之實行」。㊷

最初，「社會主義講習會」每星期活動一次，後來改爲每月活動兩次。在講習會上發表演說，中國方面有張繼、劉師培、章太炎、陶成章、何震、汪公權、景定成、喬義生等；日本方面有幸德秋水、堺利彥、山川均、大杉榮、宮崎民藏等。

章太炎是講習會的積極分子，曾先後作過《國家論》、《人之根性惡》等講演。一九○七年十二月，又曾提議派張繼去青島舉辦講習會。當時，山東同盟會員邀請章太炎等派人去青島辦學，章回信說：「鄙意學堂不當驟辦，蓋此事既須經費，講師又不易求，不如專在學會講社會主義爲妙。溥泉可至青島一遊，與同人開講社會主義一兩禮拜。」㊸張繼所講的「社會主義」，當然是無政府主義。同一時期，章太炎在爲張繼所譯《無政府主義》一書的序言中也說：「若能循《齊物》之眇義，任夔蚿之各適，一人百族，勢不相侵，井上食李之夫，犬儒裸形之學，曠絕人間，老死自得，無宜強相陵逼，引入區中，庶幾吹萬不同，使其自已，斯蓋馬氏所未逮歟？」㊹章太炎這裏所說的「馬氏」，就是義大利佬無政府主義者馬拉跌士達。在章太炎看來，無政府主義雖然趕不上莊子的《齊物論》，但它還是實現人類平等，救護貧民的好藥方：「然其批搗政家，鋤犁駔儈，振泰風以播塵埃，鼓雷霆以破積堅，隳高堙卑，邱夷淵實，蕩覆滿盈之器，大庇無告之民，豈弟首途，必自茲始。雖有大智，孰能異其說耶？諒知大

戟蕘花，是時爲帝者也。」㊺

章太炎之外，陶成章也是講習會的積極分子。魏蘭《陶煥卿先生行述》記載說：「（丁未）冬，在清風亭，偕張繼等演說，提倡社會主義。」㊻這裏所說的清風亭，正是社會主義講習會集會的常用地點。

社會主義講習會介紹過馬克思主義。他們翻譯過《共產黨宣言》，劉師培還爲中譯本寫了個序。他稱馬克思主義關於階級鬥爭的理論爲「不易之說」，㊼「與達爾文發現生物學，其功不殊」。㊽但是，劉師培認爲，馬克思主義的革命性又還遠遠不夠。其一，馬克思主義不排斥作爲手段之一的議會鬥爭，這在他看來，就是導致第二國際「利用國會政策，陷身卑猥」的根由。㊾其二，馬克思主義主張無產階級在推翻了舊制度之後，還必須建立自己的國家，這在他看來，就是使人還要成爲國家的奴隸，「均背於平等之旨」。㊿

「社會主義講習會」推崇蒲魯東、巴枯寧、施蒂納爾、克魯泡特金等無政府主義者的思想，也推崇極端仇視資本主義文明，「否定政治」的托爾斯泰主義。

在他們看來，巴枯寧堪稱「近世之英傑」，(51)施蒂納爾的學說「最爲高尙」，(52)克魯泡特金的學說「最爲圓滿」，「悉以科學爲根據」。(53)托爾斯泰主義被稱爲「消極無政府主義」，「足箴中國新黨之迷」。(54)他們不要政府，不要國家，不要政治，不要軍隊，不要法律，幻想立即建立一個「完全平等」的人類社會。

章太炎的思想和劉師培等略有不同。他認爲不能立即廢除一切政府，而必須設新政府以爲

「無政府之階」，同時，他又認爲不能以「無政府」爲最高理想，而應該「高蹈」盡善盡美的「太虛」，即除「無政府」之外，還要「無聚落，無人類，無眾生，無世界」。㊺在章太炎這一時期的思想裏，無政府主義和佛教虛無主義是密切結合著的。

小資產階級不可能正確地理解和接受科學社會主義。二十世紀初年，中國近代工業還很微弱，無產階級還處在幼年階段，「社會主義講習會」諸人接觸到了馬克思主義，但卻拒絕接受，有其歷史必然性。

如果連馬克思主義都還被認爲革命性不夠，那麼，孫中山的革命民主主義綱領就更不在話下。「社會主義講習會」諸人和孫中山在一系列問題上存在著分歧。

一、**在對帝國主義的態度上**。孫中山「民族主義」思想的主要矛頭指向對外賣國投降的清朝政府，它包含有反對帝國主義侵略的愛國主義內容。但是，無可否認，孫中山對帝國主義存有某種幻想。他長年奔走世界各地，固然是爲了發動華僑，但也是爲了爭取帝國主義國家的援助。《民報》六大主義即要求「世界列國贊成中國之革新事業」。㊻對於日本政府，他尤其寄以希望。章太炎等人則強烈地反對帝國主義。他們認爲，帝國主義絕不可能贊助中國革命，也反對向帝國主義國家爭取任何形式的援助。對《民報》六大主義中的上述條文，章太炎解釋道：「此本含混言之，要之列國政府必不贊成。」㊼他聲言：「藉援強國，冀以自全，在品格則爲下劣，在事實則無秋毫之效，」㊽孫中山接受日本政府贈款一事之所以使章太炎等那樣激動，其原因蓋在此。

應該承認，在對帝國主義本質的認識上，章太炎等優於孫中山，但是，他們不懂得帝國主義國家之間存在著錯綜複雜的矛盾，由於這種矛盾，他們的對華政策（包括對中國革命的態度）並不完全相同，在不喪失原則的條件下，革命黨人並非不可以接受某些帝國主義國家某種形式的「援助」或「支持」。

二、在對民主立憲的態度上。孫中山指責中國數千年來的君主專制政體，主張通過「政治革命」以建立「民主立憲政體」。59《同盟會宣言》規定：「由平民革命以建國民政府，凡爲國民皆平等以有參政權。大總統由國民共舉。議會以國民公舉之議員構成之，制定中華民國憲法，人人共守。」60這是孫中山民權主義思想最完整的表述。孫中山認爲這種政體於中國「最爲相宜」。

「社會主義講習會」諸人則不然。他們不僅反對君主立憲，而且也反對民主立憲。章太炎說：「政府之可鄙厭，寧獨專制，雖民主立憲猶將撥而去之。藉令死者有知，當操金椎以趨塚墓下，見拿破侖、華盛頓則敲其頭矣！」61在「社會主義講習會」上，他大聲疾呼：「無論君主立憲，民主立憲，均一無可採。」62陶成章也說：「況且立憲實在是有弊病，無論什麼君主立憲、共和立憲，總不免於少數人的私意，平民依舊吃苦。」63在當時，他們尤爲激烈地反對代議制度，章太炎指責議院爲國家「誘惑愚民而鉗制其口」的工具，把「議士」和政府、官吏一起視爲「天下之最下流者」。64劉師培則指責議會政策爲萬惡之源，認爲「凡以議會政策爲目的者，無論出何黨派，決無有利平民之一日」。65

二十世紀初年，歐美、日本等資本主義國家議會選舉制度弊端百出。「社會主義講習會」諸人看到了這一點，但是，他們不瞭解，資產階級民主比之封建專制制度來，仍然是個大進步。

三、**在土地問題上**。孫中山看到了歐美資本主義發展所形成的貧富懸殊現象，因此，在民族主義、民權主義之外，特別提出了民生主義。孫中山民生主義的核心是「平均地權」，即由國家核定地價，現有的地價歸原主所有，革命後因社會進步所增加的地價歸國家所有，「爲國民所共用」，[66]《民報》稱之爲「土地國有」。孫中山主觀上企圖以此來防止資本主義發展所產生的弊端，而實際上，它只限制了地主階級對土地價格的壟斷，使土地買賣適合於現代工商業發展的需要，因此，列寧曾稱之爲「純粹資本主義的、十足資本主義的土地綱領」。[67]

《民報》時期，孫中山還沒有提出「節制資本」的口號，但《同盟會宣言》中有「敢有壟斷以制國民之生命者，與眾棄之」一語，[68]《民報》在和《新民叢報》辯論時，曾特別指出，國民經濟命脈不能「歸一二私人所壟斷」，[69]要求將郵政、電線、鐵道、銀行、輪船、煙草、糖酒諸事業收歸國家所有。可見，孫中山等反對的是壟斷資本主義，而不是一切資本主義。

和孫中山的「平均地權」思想不同，章太炎主張「均配土田，使耕者不爲佃奴」；[70]陶成章主張「把田地改作大家公有財產，也不准富豪們霸佔」。[71]劉師培則主張通過「農人革命」以沒收地主的土地，按口均分，「使人人之田，均有定額」。[72]他尖銳地抨擊同盟會的「土地財產國有之說」，指責其爲「名曰均財，實則易爲政府所利用。觀於漢武、王莽之所爲，則今之欲設政府又以平均地權愚民者，均漢武、王莽之流也」。⑬從無政府主義的立場出發，劉師培反對任何政權機構來干預土地問題，而主張訴諸農民群眾完全自發的行動。

劉師培等主張把土地分給農民，這自然較孫中山和同盟會爲急進，但其目的在於維護小私有制和小農經濟。他們反對在中國發展資本主義和近代工業。劉師培主張「殺盡資本家」，⑭稱實業爲「民生之蠹」。⑮據他說：工業日進，機械日新，那末，小民的生活也就愈加困難。⑯章太炎認爲，小艇如果可乘，就不必去造輪艦；躬耕如果可以足食，就不必去搞什麼機械。在「社會主義講習會」上，他甚至公然主張人類倒退回去學猴子，「擬猿可也」。⑰

四、在革命策略上，孫中山主張發動會黨、新軍以進行武裝起義

一八九五年，孫中山即在廣州舉行了武裝反清的最初嘗試。一九〇六年之後，他又積極籌備在廣東、廣西、雲南等省邊境發動起義。整個辛亥革命準備時期，在以武裝鬥爭推翻清朝政府這一點上，孫中山始終堅定如一。

劉師培等反對孫中山的武裝起義路線。一九〇七年，張繼譯出了德國無政府主義者羅列的《總同盟罷工》。該書提倡「非軍備主義」，主張以「直接行動」——全社會的總同盟罷工作爲「工人階級反抗掠奪者的不二法門」。⑱劉師培、章太炎均曾爲之作序。劉序認爲，如果羅列的策略能夠在中國推行起來，就會出現「握政之人，喪其所依」的局面，革命就大功告成了。他批評孫中山發動會黨以進行武裝起義的策略爲「罔恤民勞」。⑲章序的觀點與劉序大體相近。他天真地設想：只要全體勞動者發動起來，「一市之間，閉門七日」，那末，不僅統治

者的「饋餉役使」無人供給，而且連軍隊也將無法發揮作用，「雖有利器，且縮不前」了。⑧⓪這一時期，在東京的一些集會上，章太炎、劉師培、張繼三人曾密切配合，多次宣揚過總同盟罷工。例如一九〇七年十一月，留日中國學生因收回蘇杭甬路權事在東京集會，即首由章太炎建議運動省城罷市、罷工，次由劉師培聲稱「惟罷市、罷工尚爲有益」，末由張繼「申明無政府主義罷工之說」。⑧①

在「社會主義講習會」諸人中，陶成章這一時期是主張武裝起義的，但和孫中山在南方邊境發動不同，他主張在浙江、江蘇、安徽、福建、江西一帶發動。爲此，他於一九〇八年春夏間積極組織五省革命協會。

雙方在思想觀點和鬥爭策略方面的分歧大體如上，它們是導致同盟會分裂的真正原因。關於此，日人竹內善朔說：「到了明治四十年（一九〇七年），張繼、劉光漢⑧②（**當時都在二十四、五歲左右**）等優秀青年才受到社會思想的刺激，因而改變了過去指望通過『大陸浪人』取得日本朝野較著聲望的政治家們對中國革命提供援助的那種想法，轉而希望自己去掌握科學的、哲學的、條理清楚的革命原理，用以喚起人民大眾的覺醒。據我看來，他們正是爲了實現這個目的才開始面向社會主義，換言之，不依靠外力而要自力更生的這種願望促使他們開始了社會主義的研究。而恰恰在這一點上，恐怕正是孫文和章炳麟及其他青年革命黨員之間發生裂痕的原因所在。北一輝寫的《支那革命外史》一書中也曾提到，這大概是明治四十年孫逸仙從日本政府（？）某機關得到五千日元（**當時我們聽說是由犬養一派人從中斡旋的**）後離開日本的原因。《民報》社的人們都指責這件事，說孫文被收買了；其實，我們當時都有這樣一種感覺：孫文看來，對於當時留日青年中的這種思想變化情況，繼續在日本待下去也無能爲力了。因此可以說，當時的社會主義思想研究在一部分中國同志之間構成了發生內訌的原因。如果這種看法是對的話，這和日本社會主義者之間的派別問題如出一轍。可以說，思想的成長引起了他們之間的分裂，而且其中又攙雜了感情活動。」⑧③竹內善朔是幸德派的金曜講演會成員，同盟會分裂的目擊者，他的這段回憶爲我們提供了理解這一段歷史的第一手資料。

不難看出，「社會主義講習會」諸人的觀點中除謬誤的成分外，也有若干合理的成分，但是，極端狂熱的無政府主義把它們扭曲了。

無政府主義是一種小資產階級思潮，這一階級經常在「左」和右兩極滾動。列寧指出道：小資產者，在資本主義條件下，由於「經常受到壓迫，生活往往陡然下降，所以容易激發一種極端的革命狂熱，而缺乏堅韌性、組織性、紀律性和堅定精神」。「這種革命狂熱動搖不定，華而不實」，「很快就轉爲俯首聽命，消沉頹喪」。⑧④「社會主義講習會」諸人生長於半殖民地、半封建的中國，親身感受到了帝國主義的壓迫，親眼看見了或聽到了日本、西歐資本主義發展所造成的各種罪惡，因此，對中國資產階級民主主義革命的前途絕望。劉師培等認爲，與其在中國發展資本主義，還不如保持封建主義。劉師培聲稱：「若于政府尙存之日，則維新不如守舊，立憲不如專制」，「代議之制度，較之官吏之專制，其害尤深。」⑧⑤章太炎也表示，如果沒有均配土田、官立工場、限制財產相續、解散議員等四條作爲保證，那末，「勿論君民立憲，皆不如專制之爲愈」。㊱他說：「盛唐專制之政，非不可以致理」，㊲「今之專制，直刑罰不中爲害，佗猶少病」。㊳這就從「左」邊滑到右邊去了。

一九〇七年冬，由於悲觀失望，章太炎想到印度去做和尚。他先是通過清朝政府駐長崎領事卞綍昌向張之洞謀求路費，未成，又連續給短期歸國的劉師培夫婦寫過五封信，要他們和端方等聯繫。㊴他沒有想到，劉師培夫婦這時已決計叛變革命。到上海後，劉師培立即寫信向端方自首。次年一月，張繼因參加幸德派的第二十次金曜講演會，被日本警察追捕，輾轉逃往法國。㊵這樣，「社會主義講習會」就失去了一員幹將。其後。劉師培夫婦回到東京，改出《衡報》，託名在澳門出版，繼續高唱無政府主義，暗中則爲清朝政府作偵探。四月，章太炎與劉師培、何震、汪公權之間因事吵翻，章太炎從劉、何的住處搬回《民報》社。六月，發表《排滿平議》，明確表示和無政府主義決裂，宣稱「無政府主義者，與中國情狀不相應，是亦無當者也。」㊶這樣，「社會主義講習會」又失去了一員幹將。此後，劉師培夫婦逐漸受到東京中國革命黨人的冷落。在此期間，劉師培、陶成章之間也發生不和。這年十一月，劉氏夫婦回到上海。爲了製造混亂，挑撥關係，將章太炎要他們和端方等聯繫的五封信影印寄給了黃興等人。黃興當時「一笑置之」，㊷但以後卻從這五封信引發出了一場軒然大波。

三、第二次倒孫風潮

同盟會的內部矛盾本來就相當複雜，由於出現了劉師培一流內奸，它就更加複雜化了。

同盟會中無政府主義派別的出現反映出革命派內部政治、思想上的深刻矛盾。但是，除個別人與之稍有辯駁外，並沒有形成一場是非明辨的論戰。

從孫中山一面看，他對無政府主義的破壞性認識不足。曾經有人提醒他：無政府主義「其性質與同盟會之民生主義迥殊」，但孫中山卻回答說：「無政府論之理想至爲高超純潔，有類於烏托邦，但可望而不可即，頗似世上說部所談之神仙世界。吾人對於神仙，既不贊成，亦不反對，故即以神仙視之可矣。」[93]

從「社會主義講習會」一面看，由於張繼出走，章太炎、陶成章和劉師培之間不睦，這個派別也已處於渙散狀態，無法繼續活動，更無力從思想上、理論上對同盟會進行新的攻擊。除劉師培外，無政府主義的旗號也逐漸收了起來。

自一九〇八年下半年起，同盟會內部矛盾的焦點轉爲經費問題。

章太炎等人在東京掀起的風潮嚴重地傷害孫中山的感情，自此，他將全部心血和熱情都澆注到了南洋方面。一九〇七年八月，孫中山積極支持同盟會新加坡分會創辦《中興日報》，使之成爲宣傳革命和與改良派論戰的新陣地。他不僅親自爲該報撰稿，過問編輯、財務、招股等事，而且多次表示，《中興報》的文章議論「頗愜人心」，[94]「於大局甚爲有關」，[95]維持《中興報》乃「吾黨在南洋之極急務」，[96]要求南洋各地同志積極支持。

在此同時，孫中山又積極整頓南洋各地同盟會，並醞釀將它改組爲中華革命黨。[97]一九〇八年秋，他在新加坡建立同盟會南洋支部，訂立分會總章十六條及通信辦法三條，委胡漢民爲支部長，統一領導南洋各地同盟會分會，以期互相聯絡，「協力相扶，同心共濟」。[98]通訊辦法規定：各團體間至少每兩個月互相通訊一次，住址有移換時，須即時通知南洋支部，如有新團體成立，即由南洋支部發信通知。這樣，南洋支部實際上形成爲一個與東京總部並峙的中心。

和南洋相反，東京同盟會總部愈來愈渙散，《民報》的問題也愈來愈多。

《民報》在歸章太炎編輯後，逐漸傾向於談國粹，說佛理。孫中山、胡漢民離日後，原主要撰稿人朱執信、汪精衛等也陸續離日，《民報》談佛理的文章逐漸增多。一九〇八年二月印行的第一號居然以首要篇幅刊登《大乘佛教緣起說》。有讀者批評其爲不作「民聲」，而作「佛聲」。[99]這種不滿當然不會是個別的，因此，銷數銳減，「印刷房飯之費，不足自資」，[100]窘迫得開不了伙。章太炎有時就靠啃幾塊「麥餅」過日子。[101]其後，章太炎曾寫過五、六封信，打過三、四次電報，呼籲南洋方面接濟，據說，「或無覆音，或言南洋疲極，空無一錢，有時亦以虛語羈縻，謂當挾五、六千金來東〈相〉助，至期則又飾以他語，先後所寄，只銀圓三百而已。」[102]

爲了維持《民報》出版，陶成章準備親往南洋招股。對此，孫中山及東京部分革命黨人均加勸阻，理由是「南洋同志甚少，且多非資本家」，「必無效果」，建議在東京另籌。[103]陶成章沒有聽取這一意見，於一九〇八年八月南行。

陶成章南行的目的有二，除為《民報》募捐外，還要為籌備中的五省革命協會募集經費。到南洋後，陶成章向孫中山要求撥款三千元作為《民報》印刷費，並要求增加股款及維持費。據有關人士回憶：「孫中山四處張羅，無法籌措，乃出其手錶等物，囑往變款，以救燃眉之急」，陶成章因此發生誤會，與孫中山「爭持不休」。⑭此外陶成章又要求孫中山為他籌款五萬元，以便「回浙辦事」。對此，孫中山「推以近日南洋經濟恐慌，自顧不暇，斷難辦到」。⑮陶成章要求為他寫介紹函去各地募捐，孫中山同意了。⑯

「南洋經濟恐慌」並非完全是孫中山的托詞。自一九〇七年黃岡之役起，至一九〇八年五月河口之役止，孫中山共在南方邊境發動了六次起義，用去近二十萬元，南洋華僑中有力捐款的同盟會員大都已成強弩之末；加上河口之役後，六、七百名起義戰士被法國殖民當局解除武裝，強行押送至新加坡，又需要解決他們的生活出路問題，經濟更形拮据。十月十六日孫中山致檀香山同志函云：「黨中財政日困，雖香港一隅，或得檀埠同志之接濟，而他方則無法可設也。」⑰信中所言，應是事實。

由於在經費上沒有得到孫中山的積極支持，陶成章決計「獨自經營」。⑱他制訂了章程，開始以浙江同盟分會江、浙、皖、贛、閩五省革命軍佈置決行團為名進行籌餉。章程中，陶成章特別說明：「本光復會，由來已久。乙巳夏，由總會長蔡、湖南分會長黃，從輿論眾望，請孫中山先生為會長，開會日本東京，改名同盟會，而以本會附屬之。但該時浙江內地，勢力異常擴張，章程發佈已久，更改為難，故內地暫從舊名。然重要事務員，均任同盟會職事，故又名浙江同盟會分會。」又稱：本會「以浙江爲根基」，「以江、浙、皖、贛、閩五省爲本會辦事區域」。⑽這一章程突出地誇張光復會的作用。它絕口不提興中會，把成立在前的華興會說成是光復會的湖南分會，把光復會說成是同盟會的母體，並將「辦事區域」擴大到浙江以外的東南各省，顯然，都是在爲重新打出光復會旗號作準備。

南洋是同盟會的根據地。從興中會起，孫中山就在南洋活動，當地華僑對同盟會是熟悉的，光復會則還是一個陌生的名詞。因此，在一段時期間，陶成章還不得不仰仗孫中山和同盟會的威望。籌餉章程中，陶成章特別聲明「本會既爲同盟會分會，故本章程訂定後，移知東京總部及南洋支部」，所得款數「亦移知東京總會及星洲分會」。⑾但是，陶成章的募捐活動卻一直進行得很不順利。十一月，陶成章去到緬甸仰光，在《光華日報》上發表記述秋瑾、徐錫麟起義的《浙案紀略》以爲宣傳，臨行時募得千元。十二月六日，到檳榔嶼，該地辦事人聲稱，按章程，必須孫中山之人來運動方可，僅邀集三四人，認捐三百元。一九〇九年一月二十三日，到壩羅，正值《中興報》代表到埠演說，言「《中興報》事緊要」，並聲言：「陶君來此，不過來遊歷而已，並非籌款而來」，因此，亦僅認捐三百數十元。⑿至當年四月底，各地認捐總數不足三千元，且多未兌現。陶成章懷疑孫中山在「暗中設法播弄」，開始攻擊孫中山。他在致李燮和函中說：「弟自去歲南來，迄今已歷九月，所希望之目的，全然未達。」又說：「弟本不說中山壞事，蓋猶爲團體起見，不得不稍留餘地，至是逼弟無可奈何，不得不略陳一二已。」⒀其間，陶成章曾向孫中山索取介紹函至各地收款，爲孫中山拒絕。⒁

光復會的傳統活動地點在江、浙，陶成章在南洋「獨自經營」，明顯地造成了和南洋支部爭奪群眾和影響的對壘局面。如果說，東京的倒孫風潮表現爲對個人的不滿，「社會主義講習會」的建立表現爲思想上的分歧，這以後就進一步發展爲組織上的對立了。

離開壩羅後，陶成章活動於勿里洞、吧城、諫義里、文島等地（均為今印度尼西亞屬地），醞釀新的倒孫風潮。

還在一九〇九年五月間，陶成章就在文島等地散佈流言，聲稱孫中山將各處同志捐款攫爲己有，河口起義所用不過千餘元等等。[114]八月，陶成章去到檳港，結合李燮和、柳聘農、陳方度、胡國樑等七八人，以東京南渡分駐英、荷各屬辦事的川、廣、湘、鄂、江、浙、閩七省同志的名義起草了一份《孫文罪狀》，聲言孫中山在「同盟會初成立之際，彼固無一分功庸」；「在兩廣內地，固無一毫勢力」；「既得勢，彼乃忘其所自始」，「謊騙營私之念萌，而其毒其禍，遂遍及於南洋各埠矣」。《罪狀》稱：「罄南山之竹，書罪無窮；決東海之波，流惡無盡」，指責孫中山有「殘賊同志之罪狀」五條，「蒙蔽同志之罪狀」三條，「敗壞全體名譽之罪狀」四條，並表示：「惡莠不全，則嘉禾不長」，共提出要求九條，其主要者爲：

開除孫文總理之名，發表罪狀，遍告海內外。

另訂章程，發佈南洋各機關，令其直接東京總會。囑令南洋支部章程一概作廢。

公舉辦事二人，前往南洋各埠演說，收拾人心，揭破孫文詭謀，使其無立足之地。

再開《民報》機關。

兼於民報社內，附設旬報，凡《中興報》之所至，亦蹤尋之而往。

陶成章、李燮和等聲稱，只要開除了孫文，發表《罪狀》，「事必大有可爲，無論將次者開辦不至蒙害，即令既破敗者，熱心之人尚多，猶堪收效在桑榆也」。此外，《罪狀》並誣衊孫中山在香港、上海匯豐銀行貯款二十萬元；其兄在九龍起造屋宇，用款不足，孫中山電匯款項助建云云。[115]其後，陶成章便帶著這份《罪狀》趕赴東京，要求同盟會本部開會討論。

在東京的「倒孫風潮」之後，孫中山即不大過問同盟會本部和《民報》的工作，這是事實，但是，《罪狀》大部分屬於誣陷。它得到了少數江浙人的支持，卻遭到了黃興等的堅持拒絕。黃興一面向陶成章作調停、勸說，一面和譚人鳳、劉揆一聯名發表長達千餘言的致李燮和等公函，逐條爲孫中山申辯。

黃興的調停、勸說、申辯都沒有能打動陶成章。在公布《罪狀》的要求被拒絕後，陶成章便決定自行發表。他在致胡國樑函中表示：「與中山已不兩立」，「不若由二三人出面發表之，從此分爲兩歧罷了。」[116]其後，便由陳威濤、魏蘭將《罪狀》油印百餘份，寄給了南洋各報。

革命的首要問題是分清敵我，陶成章等把孫中山視爲敵人，不顧大局，不顧影響，惡意誣陷，這是一個極爲嚴重的錯誤。

陶成章等人的行動迅速影響了章太炎。在公布《孫文罪狀》的同時，章太炎也刊發《僞〈民報〉檢舉狀》，再次參加了對孫中山的攻擊。

《民報》於一九〇八年十月遭日本政府封禁，一九〇九年秋，黃興在林文等幫助下籌備恢復。因爲對章太炎主持時的《民報》不滿，黃興邀汪精衛到東京任編輯；又因避免日本政府干涉，託名以巴黎《新世紀》爲發行所。

恢復《民報》本來是陶成章等在《孫文罪狀》中提出來的「善後辦法」，但是，他堅持不能替孫中山「虛張聲勢」，必須以革除其總理職務爲先決條件。⑪自然，這也遭到了黃興的拒絕。因此，他便支持章太炎出面反對。章太炎由於多年困苦維持《民報》，一旦恢復，卻被排斥在外，因此，大動肝火。他指責續刊《民報》爲僞《民報》，在《檢舉狀》中攻擊孫中山「背本忘初，見危不振」，並主觀武斷地說：「夫孫文懷挾鉅資，而用之公務者十不及一，《民報》所求補助，無過三四千金，亦竟不爲籌劃，其乾沒可知已。」⑱沒有任何根據，一個想當然的「可知已」就定了孫中山「乾沒」鉅資的案！

對孫中山的公開誹謗爲保皇派提供了炮彈。不久，南洋《總匯報》發表了《僞〈民報〉檢舉狀》。其後，保皇派大規模地開展了對孫中山的攻擊，各種穢詞如水般潑來。他們辱罵孫中山爲「馬騙」、「棍騙」，誣衊其「假借革命名目，以爲衣食飯碗之計」，說是：「孫汶腔中，何嘗有一滴愛國之血，眼中何嘗有半點愛國之淚，心中何嘗有分毫愛國之思，不過口頭禪焉耳！」⑲

和陶成章、章太炎相呼應，當時在法國的張繼則寫信給孫中山，要求他「退隱深山」，或「布告天下，辭退同盟會總理」。⑳

這樣，就出現了第二次倒孫風潮。

敵人的辱罵、鎮壓並不可怕，可怕的是同營壘人的反誣和倒戈。長期以來，孫中山把實際領導起義的責任交給黃興等人，而以在華僑中募集起義經費爲己任。陶、章這兩份材料的公布對孫中山工作所造成的困難是可想而知的。爲了破壞孫中山赴美募捐，陶成章等甚至冒名作信，將攻擊材料寄發美州各華字日報，十月二十二日孫中山與王子匡函云：「近接美洲來信，謂有人托同盟會之名，致書各埠，大加詆毀於弟，不留餘地，該處人心頗爲所惑云。此事於聯絡華僑一方面，大有阻礙矣！」[121]但他毫不灰心，一面要求吳稚暉在巴黎《新世紀》上撰寫長文，「加以公道之評判」，[122]一面對張繼嚴正指出：「此時爲革命最衰微之時，非成功興盛之候，是爲弟冒艱危、茹困苦以進取之時代，非退隱之時代也。」他並憤憤地說：「同盟會及太炎至今未自認過，則弟已不承認爲彼等之總理者久矣。前去兩年，兩廣、雲南起兵，皆奉革命黨本部之名義，並未一用同盟會名義也。」[123]

經歷種種挫折而革命之志不撓，這是孫中山作爲一個偉大人物的突出優點，但是，因章太炎等少數人而遷怒於同盟會，仍然是以感情代替了理智。在很長一段時期內，東京同盟會員處於群龍無首的狀態，國內各地同盟會分會也無人領導，在這方面，孫中山不無責任。

一九一〇年二月，孫中山在舊金山建立同盟會分會，在誓詞中，將同盟會會員改稱中華革命黨黨員，開始實現其醞釀已久的打算。同年秋，抵達檳榔嶼後，又通知南洋各地同盟會分會，一律照改。[124]但由於同盟會已在群眾中留下深刻的影響，事實上難以執行，不久也就作罷。

得道多助，失道寡助。陶成章對孫中山的攻擊激起了革命黨人的義憤。東京方面，黃興等決定不和章太炎計較，只在即將續刊的《民報》上登一啟事，宣布章為「神經症之人」。他要孫中山「海量涵之」，表示「陶等雖悍，弟當以身力拒」。⑫⑤為了給孫中山赴美活動掃除障礙，黃興又函知美洲，指出有人從東京發函攻擊孫中山，「用心險毒，殊為可憤」，要求美洲同志乘孫中山到美機會，同心協力，以謀團體之進步，致大業之成功。⑫⑥

安南方面，中國革命黨人發表《河內公函》，詳述發動雲南、廣西起義的情況，針對陶成章的誹謗，一一予以駁斥。⑫⑦

南洋方面，革命黨人焚毀了陶、章散發的印刷品，⑫⑧派人調查，發現孫中山在九龍的家除幾間舊房外，別無所有；孫中山的哥哥孫眉自己蓋了草房子在那裏種地。於是，將實情公布，真相大白。⑫⑨

多年來，同盟會在其內部分歧中，既無同志式的討論，又無思想上的必要交鋒。現在交鋒了，這對於澄清真相，維護孫中山的威望來說都是必要的，但是，這種交鋒無助於填平雙方感情上的巨大鴻溝。

在倒孫風潮的掀起者中間，劉師培的叛徒面目此時已經暴露。一九〇八年冬，劉師培回上海後即出賣了同盟會會員張恭，不久，又投入端方幕中。一九〇九年八月，端方由兩江調直隸，報上發表了隨員名單，劉師培赫然在內。在此情況下，人們不得不思考，和劉師培一度關係極爲密切的章太炎是什麼人？他爲什麼對孫中山如此攻擊不遺餘力呢？在未經冷靜分析的情況下，東京革命黨人公布了章太炎致劉師培、何震五函，指責章太炎爲端方偵探。十一月三十日，《中興日報》發表《章炳麟與劉光漢之關係歷史》及《爲章炳麟叛黨事答覆投書諸君》等文。十二月，孫中山得悉保皇派報紙發表了章太炎的《僞〈民報〉檢舉狀》，認爲章太炎「破壞黨事之心已不留餘地」，要求吳稚暉將章太炎致劉師培、何震五函的筆跡照片寄給他，「以證明太炎之所爲，庶足以破其言之效力」。⑬⓪不久，香港《中國日報》、巴黎《新世紀》、舊金山《美洲少年報》先後發表了這五封信，《中國日報》聲稱章太炎受端方委任，擔任解散革命黨及充常駐東京之偵探員，《新世紀》指責章太炎以「萬金出賣一革命」。⑬①

將章氏五函的問題一下子提到如此的高度，當然也嚴重傷害了章太炎的感情。剛愎自負又極易衝動的章太炎對此的態度是可想而知的。

在第二次倒孫風潮中，思想分歧退居次要地位，但是，雙方的關係則由彼此猜忌、怨憎發展爲互相敵視和進行勢不兩立的攻擊，分裂成爲不可避免的了。

四、光復會的重建與倒退

陶成章到東京作了兩手準備：一手是爭取黃興，開除孫中山，另推同盟會總理，掌握同盟會的領導權；另一手是取消對同盟會形式上的附屬關係，公開分裂，重建光復會山頭。

在開除孫中山的要求被拒絕之後，陶成章便按第二手行事。他多次與李燮和、胡國樑等通函，聲稱同盟會東京總會已經「一敗塗地，無可整頓」，[132]必須「另行組織新機關」。[133]他說：「何妨另開局面乎？前次之事，終算一場大悔氣罷了！」[134]在此同時，又積極爭取章太炎，以光復會成立在先來打動他，說：「逸仙難與圖事，吾輩主張光復，本在江上，事亦在同盟會先，曷分設光復會？」[135]章太炎長期對孫中山不滿，他的性格又一向是任情孤注，不考慮利害得失，對此自然表示同意。

一九一〇年二月，光復會總部成立於日本東京，章太炎任會長，陶成章任副會長，章梓任庶務員，沈家康任書記員。[136]不久，新加坡、文島等地陸續建立分會。由於基本群衆在南洋，因此，光復會在南洋設行總部，代行東京本部職權，以李燮和、沈鈞業、魏蘭爲執行員，下設各地分會，形成了所謂「以南部爲根基，推東京爲主幹」的局面。[137]

後期光復會收容了同盟會包括原華興會內對孫中山不滿的分子，以同盟會的反對派面目出現，但是，比起同盟會，它在不少方面都倒退了。

章太炎是後期光復會中唯一的理論家。這一時期，他思想中的封建主義成份進一步增加。三月十日，他和陶成章在東京一起創辦《教育今語雜誌》，以「保存國故，振興學藝，提倡平民普及教育」爲宗旨。《緣起》中說：「恨歐學東漸，濟濟多士，悉舍國故而新是趨」，「同人有憂之，爰設一報」，藉以「明正道，辟邪詞」。[138]中國是個封建古國，清王朝是個實行高度封建專制主義的王朝，因此，在這一歷史條件下，「歐學」，即西方資產階級上升時期的民主主義文化，仍然可以發揮其進步作用，但是，《教育今語雜誌》卻視爲「邪詞」，要「辟」。在此之前，續刊《民報》正在介紹盧梭的《民約論》，《教育今語雜誌》的出版可以說唱的是對台戲。同年由章太炎編輯的《學林》也一樣充滿了國粹氣。該刊《緣起》說：「世人多急﹝利﹞近功，以古學不足治，惟異化之務」，它號召「一二耆儒故老」起來挽救即將「墜入糞壤」的「文武之道」。⑬⑨這裏所說的「異化」，指的是鴉片戰爭以來先進的中國人向西方尋找救國真理的熱潮，所謂「文武之道」，指的是長期成爲中國人民精神枷鎖的封建文化。在該刊第二期上，章太炎發表了著名的《秦政記》，歌頌「卓絕在上，不與士民等夷」的「天子」，說是「人主獨貴者，政亦獨制」。同期發表的《非黃》則抨擊「尚賢」、「任眾」的民主政治，說是「誠聽法，雖專任，與武斷莫比；誠尚賢，雖任眾，與武斷奚分？」如果說，一九〇八年章太炎發表《代議然否論》，主張「代議政體，必不如專制爲善」時，還曾經特別提出了一個「恢廓民權」的方案，那麼，這一時期，他已經更多地神往於「王者一人秉權於上」的法家封建專制主義了。

陶成章是後期光復會的組織者和實際領導人。這一時期，他的活動逐漸向改良主義方向靠近。

前文指出，當張繼等迷信「直接行動」——總同盟罷工時，陶成章仍然主張進行武裝起義，但是，光復會重建時，他卻拋棄了自己的主張。在《致石哥函》中，他說：「夫我輩之目的，在一舉覆清，若東放一把火，西散一盤沙，實屬有害而無益。」又說：「如不用暗殺，則用地方起兵，喪民費財，禍莫大焉！一有不慎，必引外國人之干涉，後事益難著手矣！」⑭⓪和人民群眾缺乏充分的聯繫，實行單純的軍事冒險，這是同盟會所領導的武裝起義的弱點，但是，這些起義畢竟打擊了清朝統治，鍛煉了革命者，教育了群眾，不能稱爲「有害無益」，更不能稱爲「禍莫大焉」，至於所謂「必引外國人之干涉」云云，更是被革命派痛駁過的改良派論調。

當時，國內各省革命力量迅速發展，他們武裝反清的總目標一致，只在策略上互有歧異：「有欲向雲貴以進取者，有欲向兩廣以進取者，有欲向江浙以進取者，有欲向兩湖以進取者，有欲向山東、河南以進取者，有欲向中央革命者」。⑭①這本來並不難統一，對於上述各種力量，陶成章一概採取排斥態度，他說：「如此紛紛之熱心人各欲乞此總會以求運動整頓，其將奈之何哉！當是時也，不與則名不正，言不順；欲與則無款以給之，即令有稍稍之款，與其一不與其二不可也，與其先不與其後不可也。全力助他人，未見他人之能集事，本己之方針，且先亂矣。秦末之項羽，隋末之李密，甚失敗皆因此也。」⑭②在陶成章看來，多一些人革命反而會造成麻煩，唯此一家最好，因此，他給光復會規定了「必不汲汲擴張」的關門主義方針。⑭③這《浙案紀略》中，陶成章說：「浙人素多個人性質，少團體性質，其行事也喜獨不喜群。」這可以說是陶成章的夫子自道。

一不靠武裝起義，二不靠全國各地的革命力量，陶成章靠什麼「一舉覆清」呢？他靠的是暗殺活動。光復會重建後，他曾建議集款數千金或萬金，專辦此事，以震動華僑，擴大影響。

⑭甚至，他想入非非地提出了一個實行「中央革命」的妓院方略：收羅一批美女，在北京開設妓院，誘惑滿族親貴，席間放毒，一網打盡。⑮

弱者和窮途窘促的人常常盼望奇蹟，妓院方略的提出，說明了陶成章和同盟會分裂後，既軟弱無力，又窮途窘促。

當然，生活中出現奇蹟的可能並不大，這一點，陶成章完全明白。因此，他爲後期光復會規定的方針是「專主個人運動，以教育爲根本」，「察學生之有志者聯絡之」。⑯據他說，如果能得到兩三個有資本的學生的贊成，就於願已足。光復會重建後，陶成章立即和章太炎編輯《教育今語雜誌》，目的在此；隨之，他在東京埋頭編寫小學歷史、地理教科書，目的也在此。一九一一年初，他又曾計劃到南洋找一個寺院住下，專力編撰教科書。《致杜哥》函云：「蓋弟近立定主意，不爲虛耗金錢之事，更不爲無益之舉，而虛耗其精神，實事求是，以圖漸進，不爲躐等。」⑰

「虛耗金錢」、「無益之舉」云云，指的都是武裝起義，「漸進」云云，指的就是教育。「不爲躐等」云云，完全是改良派的爬行哲學。和劉師培、章太炎一樣，陶成章也經歷了一個從「左」到右的轉化。

反革命的暴力必須以革命的暴力去推翻。同盟會領導的武裝起義雖然存在著種種弱點，但是，歷史證明了，使清朝皇帝滾下龍座的還是武昌新軍手中的槍炮，而不是陶成章的「教育根本」論。

在經費問題上，後期光復會也逐漸效法改良派。

同盟會解決經費問題靠在華僑中募捐，這使他們在一定的範圍內還能聯繫群眾。後期光復會成立後，陶成章主張靠經商，他說：「歷觀萬事，皆與財政相為因果，然財政之道，非自行籌劃無由，此商業之所以不得不速為經營。」[148]為此，他和李燮和等積極籌辦商業公司，計劃經營教科書籍、圖畫、科學儀器、體操、音樂用具、學校用品、衣衫、牙粉、肥皂等；並計劃把《教育今語雜誌》改變為廣告機關。[149]這一套，都是流亡海外的改良派的做法。

由於分裂不得人心，光復會重建會不久即在各方面陷入困境。

首先是對孫中山的攻擊不得不停下來。本來，陶成章已經編印好了《佈告同志書》一冊，「直言孫文種種之非」。由於輿論，包括光復會內部的強烈反對，僅散發了九冊，不得不宣布「餘皆不寄了」。[150]

其次是陶成章視為「吾輩面目所存」的《教育今語雜誌》停刊。陶成章原以為該刊發行後會「普及南方各地」，結果只售出了不到三百本，大部分擱置在代派所無人問津，[151]已銷之款又遲遲收不到，因而「虧折甚巨」，[152]「真正困難萬分」。[153]

再次是籌款門路均已斷絕。據陶成章說：內地可籌之處，久已籌之一空；東京萬無可籌；[154]南洋呢？所籌之款又不見寄來，氣得他準備發表聲明，將不再向南洋各地募捐。[155]

此外，商業活動也進行得極不順利。陶成章《致柱中》函云：「祈老哥善自珍重，勿以經商目的之不能遽遂，多生煩懣，致生理有礙也。」[156]

按照計劃，陶成章還準備創辦《光復報》與《光復雜誌》，但都因找不到作文之人而告吹。據陶成章說：章太炎雖有幾個弟子，但多半是爲了學成後往內地當教員，「非特不肯作文，且亦不能請其作文」，其中雖有一二稍有志者，但「皆欲獨善其身」，不願意介入。章太炎本人呢？「乃其不肯作文何」！章太炎反對創辦《光復報》和《光復雜誌》。[157]這一時期，陶、章之間可能也產生了某種矛盾。

革命需要團結，陶成章無忌憚的分裂行爲使他陷入了四面楚歌中。在東京，他覺得「實在難以過日」；[158]回南洋吧，當地同盟會員反對分裂的呼聲很高，「風潮方作，來反遭忌」。[159]一直躊躇到一九一一年四月，他才從東京回到南洋，已經是廣州起義的前夜了。

在籌備廣州起義過程中，黃興電邀李燮和、王文慶、陳方度等參加，建議「捐除意見，同任艱巨」，[160]主動向光復會伸出了合作之手。李燮和等積極回應。一九一〇年十月，李燮和受檳港同志委託，參加了孫中山在檳榔嶼召集的發難會議。會後隨即回檳港傳達，動員華僑捐款。經過幾個月的努力，籌得一萬七千餘元，由李燮和、陳方度帶給了黃興。不久，胡國樑、柳聘農也帶著募得的五千元趕到香港，向統籌部報到，一起參加了震驚中外的廣州起義。[161]

與此同時，陶成章也應李燮和、王文慶電召，到達香港，表示出和同盟會合作的意向。這樣，在經過了長期的分裂之後，同盟、光復矛盾重重的關係出現了轉機。但不幸的是，這一轉機很快就消失了。

廣州起義失敗後，趙聲極爲悲憤。一日，胡漢民招飲，食後，趙聲腹痛劇作，延醫診治，知為盲腸炎，經割治無效，於五月十八日逝世。趙聲先是光復會員，後加入同盟會，是在雙方會員中都具有威望的革命者。對趙聲之死，陶成章疑為胡漢民所毒，進一步加深了對同盟會的猜忌。其後，陶成章回到上海，在嵩山路沈宅開會時與陳其美發生衝突，陳掏槍欲打陶成章。數日後，陶匆匆離開上海，再返南洋。於是，舊矛盾之外又加上了新矛盾，同盟、光復之間的關係又增添了新的複雜因素，它埋下了辛亥革命後兩會繼續磨擦、齟齬、對立的種子。

通過以上分析，不難看出，同盟會的分裂是個複雜的歷史現象，它是一系列政治、思想、策略分歧和人事糾紛發展的結果。既有其時代原因，也有其社會原因。

中國資產階級民主革命發生於帝國主義時代，資本主義社會的弊端早已暴露無遺，因此，在這一情況下，必然會產生對資產階級民主革命的不滿、懷疑以至絕望的情緒。同時，中國又是個小資產階級極其廣大的國家，在國際無政府主義思潮一度抬頭的情況下，同盟會中有人接受這一思潮的影響是很自然的。中國同盟會的分裂發生於日本社會黨的分裂之後，張繼、劉師培諸人的行為不少是對後者的模仿。

「社會主義講習會」諸人在反對帝國主義、實行土地革命和不能建立資產階級共和國等問題上向同盟會提出了挑戰。由於中國民族資產階級的階級局限和其由娘肚子裏帶出來的特殊軟弱性，它無法解決這些問題。孫中山的三民主義在對改良派的論戰中已經被證明了不是很有力的理論武器；在回答「社會主義講習會」的挑戰上，當然更加發揮不了多大作用。

「社會主義講習會」諸人自身同樣也解決不了這些問題。在書面上，口頭上，他們可以連篇累牘、喋喋不休地發出極端革命的大言壯語，沈溺於「無政府革命」的狂熱幻想，然而，卻提不出任何切實可行的辦法。在嚴峻的現實前，他們中有些人很快向右轉，倒向封建主義和改良主義，或頹唐，或倒退，或動搖，或叛變投降。

同盟會的分裂淵源於思想分歧，但是，在其發展過程中，思想分歧逐漸被掩蓋起來，個人主義、宗派主義、分散主義和山頭主義逐漸上升，舊的感情上的裂痕和新的磨擦、猜忌、怨憎結合在一起，引發出新的攻擊。終於愈演愈烈，一發而不可收拾。

克服個人主義、宗派主義等傾向需要以大局爲重的廣闊胸襟和高度的組織觀念，而這，對資產階級、小資產階級來說，都是難以做到的。

站在中國革命的對立面的是帝國主義和封建主義。要推翻這兩個敵人，不僅需要強大的階級力量，也需要號令一致、步伐一致的戰鬥。當領導這一革命的司令部——同盟會處於思想分歧、組織渙散的狀態時，歷史就已經決定了這次革命必然是一次巨大的小產。

（與王學莊合作，原載《近代史研究》一九七九年第一期）

①《雪生年錄》卷一。
②《太炎先生自定年譜》。
③《胡漢民自傳》，《革命文獻》（三）總第三九四頁。
④《宋教仁日記》，一九〇七年二月廿八日。

⑤王以貞：《記有鈍初赴滿洲聯絡馬軍革命事》，全國政協文史資料未刊稿。

⑥《時報》，丁未一月二十七日。

⑦樊光：《光復會領袖章炳麟、陶成章合傳補充》，上海政協文史資料未刊稿。

⑧日本政府資助款數，說法不一，此用劉揆一說，見《黃興傳記》。

⑨《宮崎滔天年譜》，《宮崎滔天全集》（五），第六八七頁。

⑩《致檀香山同志書》，黃季陸編：《總理全集·函札》，一九四四年版，第一一二至一一三頁。

⑪胡漢民述：《南洋與中國革命》，見張永福編：《南洋與創立民國》。

⑫譚人鳳：《牌詞》，《近代史資料》，一九五六年第三期。

⑬北一輝：《支那革命外史》，東京，昭和十五年改訂六版，第四十八頁。

⑭胡漢民述：《南洋與中國革命》，見張永福編：《南洋與創立民國》。

⑮參見劉師培：《上端方書》，《建國月刊》第十二卷第四期。

⑯陶成章：《浙案紀略》，《辛亥革命》（三），第四十八頁。

⑰北一輝：《支那革命外史》，第四十七頁。

⑱《支那革命外史》，第四十八頁。

⑲劉揆一：《黃興傳記》，《辛亥革命》（四），第二八九頁。

⑳陶冶公：《中國同盟會原始黨報〈民報〉的歷史和我在報社服務的一些見聞》，全國政協文史資料未刊稿。

㉑胡漢民述：《南洋與中國革命》。

㉒李根源：《雪生年錄》卷一。

㉓馮自由：《吊章太炎先生》，《制言》第廿五期。

㉔許軼民：《從陶成章先生被害說起》，《上海文史資料選輯》，第四輯，油印本。

㉕孫中山：《建國方略》第八章，《總理全集．方略》，第六十八頁。

㉖《胡漢民自傳》，《革命文獻》第三輯，總三九九頁。

㉗《為防城起義望籌畫接濟餉械致宮崎寅藏》，《總理全集．函札》，第九十一頁。

㉘劉揆一：《黃興傳記》，《辛亥革命》（三），第二八九頁。

㉙《致張繼函》，孫中山佚稿，吳稚暉原藏。

㉚劉揆一：《黃興傳記》，《辛亥革命》（三），第二八九頁。

㉛《徐錫麟供》，陶成章：《浙案紀略》下卷，《辛亥革命》（三），第八十一頁。

㉜片山潛：《論馬克思主義在日本的發展》，《共產國際》七至八期，一九三三年俄文版，第八十四頁。

㉝石母田正：《續歷史與民族的發現》，東京，一九六九年版，第一九三頁。

㉞陶冶公：《無政府主義思想對同盟會的影響》，未刊稿。

㉟南桂馨：《山西辛亥革命前後的回憶》，《辛亥革命回憶錄》（五），第一四七頁。

㊱《病中漫談》，《高知新聞》，明治四十一年（一九〇八）一月一日。

㊲《幸德傳次郎遺文集》（三），第一二一頁。
㊳章太炎：《亞洲和親會約章》，未刊稿，陶冶公原藏。
㊴《天義》廣告，《民報》第十五號。
㊵《天義》，第二卷。
㊶《社會主義講習會第一次開會記事》，《天義》第六卷。
㊷《幸德秋水演說詞》，《新世紀》第廿五號。
㊸《致陳幹書》，章太炎佚稿。
㊹《民報》第二十號。
㊺《民報》第二十號。
㊻抄件。張篁溪曾將之篡改為《光復會領袖陶成章革命史》。
㊼劉師培：《〈產黨宣言〉中譯本序》，《天義》第六至十九卷。
㊽齊民社同人：《〈社會主義經濟論〉中譯識語》，《天義》第十六至十九卷。
㊾劉師培：《〈產黨宣言〉中譯本序》，《天義》第六至十九卷。
㊿劉師培：《歐洲社會主義與無政府主義異同考》，《天義》第六卷。
51《巴枯寧學術要旨》，《天義》第一卷。
52自由：《斯撒納爾無政府主義述略》，《天義》第八至十卷。
53劉師培：《苦魯巴特金學術述略》，《天義》第十一至十二卷。

54 《俄杜爾斯托〈致支那人〉節譯識語》，《天義》第十一至十二卷。

55 《五無論》，《民報》第一〇六期。

56 《民報》第一號封裏。

57 《答祐民》，《民報》第廿二號。

58 《答祐民》，《民報》第廿二號。

59 《三民主義與中國前途》，《孫中山選集》（上），人民出版社一九五六年版，第七十五頁。

60 《孫中山選集》（上），第六十九頁。

61 《官制索隱》，《民報》第十四號。

62 《社會主義講習會第三次開會記》，《天義》第八至十卷。

63 《龍華會章程》。該章程自署為甲辰（一九〇四）年作，實係有意倒填，應為一九〇七年冬至一九〇八年春夏間之作。關於此，筆者另有考證，見本書第一六六至一七四頁。

64 《官制索隱》，《民報》第十四號。

65 《社會主義與國會政策》，《天義》第十五卷。

66 《同盟會宣言》，《孫中山選集》（上），第六十九頁。

67 《中國的民主主義和民粹主義》，《列寧選集》第二卷，第四二七頁。

68 《同盟會宣言》，《孫中山選集》（上），第六十九頁。

69 馮自由：《民生主義與中國政治革命之前途》，《民報》第四號。

⑰《五無論》，《民報》第十六號。
⑳《龍華會章程》。
72《悲佃篇》，《民報》第十五號，參見《怪漢譯〈俄國第二次議會提議之土地本法案及施行法案〉序》，《天義》第十六至十九卷。
73《西漢社會主義學發達考》，《天義》第五卷。
74畏公（劉師培）：《女子勞動問題》，《天義》第五卷。
75《異哉中國婦人會》，《天義》第二卷，參見志達：《政府獎勵實業》，《天義》第五卷。
76《〈無政府主義〉序》，《民報》第二十號。
77《朱希祖日記》，一九〇八年三月二十日，稿本。
78《總同盟罷工》，見《工人寶鑑》。
79《天義》第八至十合卷。
80《太炎文錄》初編，《別錄》卷二。
81《黨人拒款之運動》，《神州日報》，一九〇七年十一月廿四日；參見《留學界拒款之運動》，《神州日報》，一九〇七年十二月四日。
82劉光漢、即劉師培。
83《明治末期中日革命運動的交流》，日本評論社《中國研究》（五），一九四八年九月。
84《共產主義運動中的「左派」幼稚病》，《列寧全集》第三十一卷，第十四頁。

85 《論新政為病民之根》，《天義》八至十卷。
86 《五無論》，《民報》第十六號。
87 《政聞社員大會破壞狀》，《民報》第十七號。
88 《與馬良書》，《民報》第十九號。
89 《黨人》，《新世紀》第一一七號。參見本書第一七五至一八九頁。
90 《金曜講演的大迫害》，《熊本評論》，明治四十一年（一九〇八）二月五日。
91 《民報》第廿一號。
92 曼華：《同盟會時代〈民報〉始末記》，《辛亥革命》（二），第四四七頁。
93 馮自由：《同盟會四大綱領及三民主義溯源》，《革命逸史》第三集。
94 《到暹羅前後致鄧擇如等函》，《國父全書》，台北版，第四一二頁。
95 《赴歐洲前致鄧擇如等各函》，《總理全集·函札》，第五十頁。
96 《致黃甲元囑籌款維持〈中興報〉函》，《國父全書》，第四〇八頁。
97 馮自由：《同盟會四大綱領及三民主義溯源》，《革命逸史》第三集；參見《致張繼函》，孫中山佚稿。
98 《為規定南洋各處團體通信辦法致鄧擇如函》，《總理全集·函札》，第四十六頁。
99 轉引自章太炎：《答夢庵》，《民報》第廿一號。
100 章太炎：《偽〈民報〉檢舉狀》，《南洋總匯新報》，一九〇九年十一月六日。

101 黃侃：《太炎先生行事記》，《制言》第四十一期。
102 章太炎：《〈偽民報〉檢舉狀》，《南洋總匯新報》，一九〇九年十一月六日。
103 南洋歸客：《駁詆毀孫中山者》，《民立報》，一九一二年十一月六日。
104 鄭螺生：《華僑革命之前因後果》，見黃警頑：《南洋霹靂華僑革命史跡》。
105 《由歐抵美前後致王子匡與留此同志各函》，《國父全書》，第四一七頁。
106 《華僑革命史》，《陳新政遺集》下。
107 《致檀香山同志請盡力籌款函》，《國父全書》，第四一一頁。
108 魏蘭：《陶煥卿先生行述》。
109 《憑單》，徐市隱：《緬甸中國同盟會開國革命史》第三節。
110 《憑單》，徐市隱：《緬甸中國同盟會開國革命史》。
111 《致鐵仙》，己酉三月九日，陶成章手札，湖南省哲學社會科學研究所藏，下同。
112 《致鐵仙》，己酉三月九日，陶成章手札，湖南省哲學社會科學研究所藏，下同。
113 《華僑革命史》，《陳新政遺集》（下）。
114 汪精衛：《致藍瑞元、黃蔡鳳書》，《革命之倡導與發展》（三），台北版，第五九一頁。
115 《神州日報》，一九一二年十一月二日。
116 《致若愚》，一九〇九年九月廿四日，陶成章手札。
117 《為陶成章誣謗事致孫中山函》，《黃克強先生全集》，台北版。

⑱《南洋總匯總報》，一九〇九年十一月六日。
⑲介民：《敬告捐助革命軍餉者》，加拿大《日新報》，一九一一年四月廿六日。
⑳轉引自孫中山《致張繼函》，吳稚暉原藏，未刊稿。
㉑《由歐抵美前後致王子匡與留此同志各函》，《國父全書》，第四一七頁。
㉒《在歐將去美國時致倫敦吳敬恆函》，《總理全集·函札》，第一〇六頁。
㉓《致張繼函》，吳稚暉原藏，未刊稿。
㉔馮自由：《同盟會四大綱領及三民主義溯源》，《革命逸史》第三集。
㉕《為陶成章誣謗事致孫中山函》，《黃克強先生全集》。
㉖《為孫中山受謗致各同志望同心協助函》，《黃克強先生全集》。
㉗胡漢民：《致南洋同志書》，鄒魯：《中國國民黨史稿》第一冊。
㉘《華僑革命史》，《陳新政遺集》（下）。
㉙胡漢民述：《南洋與中國革命》。
㉚《致吳敬恆請於〈新世紀〉評論〈日華新報〉破壞黨事謬論各函》，《總理全集·函札》，第一一〇頁。
㉛《黨人》，《新世紀》第一一七頁。
㉜《致若愚、鐵仙》，陶成章手札。
㉝《致若愚、柱中》，同上。

⑬《致亦逵、柱中》，同上。
⑮《太炎先生自定年譜》。
⑯《致柱中、若愚、彝宗、福生、文慶、佐新》，陶成章手札。
⑰章太炎：《致臨時大總統書》，《大共和日報》，一九一二年一月廿八日。
⑱《教育今語雜誌》，第一冊。
⑲《學林》，第一期。
⑭陶成章手札。
⑭《致石哥》，同上。
⑭《致石哥》，同上。
⑭《致石哥》，同上。
⑭《致石哥》，同上。
⑭魏蘭：《陶煥卿先生行述》。
⑭《致石哥》，陶成章手札。
⑭《致柱哥》，同上。
⑭陶成章函札殘頁，一九一〇年。
⑭陶成章函札殘頁，一九一〇年。
⑮《致鐵仙》，陶成章手札。

(151)《致福哥》，同上。
(152)《致彝宗、若愚、杜中、文慶》，同上。
(153)《致鐵仙、若愚》，同上。
(154)《致鐵仙、若愚》，同上。
(155)《致若愚、鐵仙》，同上。
(156)《致杜中》，同上。
(157)《致福哥》，陶成章手札。
(158)《致石哥》，同上。
(159)《致杜中、若愚》，同上。
(160)馮自由：《光復軍司令李燮和》，《革命逸史》第二集。
(161)胡國樑：《辛亥廣州起義別紀》，《建國月刊》第十四卷，第一期。

《龍華會章程》主屬考

在辛亥革命史研究中，《龍華會章程》①因為主張土地公有，很受史家注目。《章程》說：「要把田地改作大家公有財產，也不准富豪們霸佔，使得我們四萬萬同胞，並四萬萬同胞的子孫，不生出貧富的階級。」不少論著都樂於引證和評論這段文字，但是，《章程》本身需要加以考訂的若干問題，卻一直沒有受到應有的注意並從而得到正確解決。

認真讀過《龍華會章程》的人，都會發覺其中一個明顯的自相矛盾之處。它的標題上大書著「龍華會」字樣，而《會規十條》中的《命名》條卻說：「我們的會，就叫做革命協會。」龍華會是浙江哥老會的一個支派，陶成章《浙案紀略》載有它的始末；關於革命協會，該書也有記載，云：「戊申春夏間，浙江革命黨人另訂一新章，將合江浙皖贛閩五省各秘密黨會鎔鑄而一之，定其名曰革命協會」。②如果《章程》屬革命協會，應為一九〇八年事，但《檄文》之末卻明白寫著「甲辰正月朔日」，即一九〇四年二月十六日，恰當龍華會興盛之時。那末，現今之《龍華會章程》到底是一九〇八年革命協會的章程，還是一九〇四年龍華會的章程？

最能說明現今章程主屬問題的證據，首先在《章程》自身。

第一，《章程》正文說明了會名叫「革命協會」。它說：「我們的會，就叫做革命協會；山名，就叫做一統龍華山；堂名呢？就叫做漢族同登普渡堂。」它還有「我們這個革命協會」、「我們這個協會」等語。特別是《檄文》部分，開宗明義就問：「怎樣叫做革命？」接著答：「革命就是造反」，並詳加詮釋、發揮。它爲何首先在「革命」一詞上大做文章呢？理由顯而易見，就是因爲該團體係以「革命」二字命名的緣故。

第二，《章程》約束的對象是一批而不是某個會黨團體。《會規十條》說：「現在所設的官職，同洪家、潘家的舊官職是一式一樣的。」《入會規矩之次序》說：「大都督、左右都督，招兄弟入自己部下時，各照各會各教各黨的老規矩。」可見，它約束的對象包括著洪家（紅幫）、潘家（青幫）這哥老會的兩大派，包括著各教各會各黨。這種情況，龍華會是無法辦到的。

第三，《章程》變更了會黨舊有的章制。《章程》雖稱它的官職、制度與各會黨是一樣的，實際卻有增損，名稱都有所變更。這些變更當然是爲著將各會黨統一在協會內。其中最突出的變更是入會式。哥老會崇敬五祖、桃園結義、梁山泊和瓦崗寨，它的開山式與入會式是「場中正面壇中，設五祖、關聖等神」。龍華會是終南會的一支，終南會票布的中央即標明「關聖帝君之位」。《章程》則規定：「凡進我們這個協會的規矩，最好是在岳廟裏」，無論在何處，均須「設立公案，寫少保忠武王岳爺爺的神位一個」，配以楊再興、牛皋、施全。以對岳飛的崇拜代替對關羽的崇拜，明顯不同於包括龍華會在內的任何一個會黨團體。

第四，《章程》規定的活動範圍與《浙案紀略》所載革命協會活動範圍相同。《附錄》

說，擬將各股力量分爲五省十路，這五省恰好是江蘇、安徽、江西、浙江、福建。

以上四點表明，現今之《龍華會章程》正是「將合江浙皖贛閩五省各秘密黨會鎔鑄而一之」的「新章」，亦即革命協會的章程。

確認《章程》屬革命協會，除它自身外，其他方面也並不乏明證。一九一〇年，日本偵探山口升奉派來中國調查革命黨、保皇黨和會黨等各方面情況，回國後寫過一份題爲《清國形勢與秘密結社》③的報告書，其第三卷《中清地方》的第三章即爲《江南的革命協會》。該章內分五節：《會規十條》、《約章五條》、《入會式》、《新中國軍政署職官表》、《五省十路》。《章程》被刪節、合併或分割，納入相應的節內。這一材料說明，現今之《龍華會章程》在當時確實是被稱作革命協會章程的。

用山口報告書作證明也有其弱點，它沒有著錄《檄文》。好在《檄文》與《章程》其他部分的聯繫是緊密的。它開篇就闡發了會名的涵義，篇末還署明發佈者爲「新中國軍政省」，即出自革命協會的中樞機關。僅此兩點，就表明《檄文》不能與其他部分分割開來。山口引用《章程》是爲充實情報，不是爲保存文獻，他不引《檄文》，並不能動搖《檄文》在全篇中的地位。

不過，《章程》的主屬問題至此並未最終解決。會名「龍華」，發佈於「甲辰」，都是《章程》自己標明的，多數論者對此深信不疑。既是一九〇八年的革命協會章程，爲何又標上「龍華會」和「甲辰」年呢？個別企圖解決《章程》主屬問題的論者也在此躑躅不前，④因此，要徹底解決《章程》的主屬問題，就不能繞過文件自身設置的難關。

其實，《章程》到底產生於何時的問題並不難解決。每一種歷史文件都必然留有它產生的那個時間的痕跡。《龍華會章程》也不會例外。關於這點，可以考察《檄文》的內容。《檄文》說：

> 然而也有一種口口聲聲拍滿洲人馬屁的外國人，同著幾個亡心昧理的中國人，居然期望滿洲立憲。列位要曉得「立憲」二字怎麼樣解法。外面看看像是照各國的樣子，實在是把權柄集在皇帝同幾個大官身上，卻好借著「憲法」二字，用出種種的苛法來壓制我們。

這段談立憲的話，既揭露了搞立憲騙局的清朝政府，也譴責了企望清廷的立憲派和某些外國人。立憲主張在國內抬頭，始於一九〇四年日俄戰爭時。「甲辰日俄戰起，識者咸爲之曰：非日俄之戰，而立憲專制二政體之戰也。」及至日勝俄敗，「於是立憲之議，主者漸多」。⑤這年，有孫寶琦、張之洞、魏光燾、岑春煊奏請清廷立憲。一九〇五年，清廷派載澤等五大臣出國考察憲政，載澤等回國後即奏請宣布立憲。一九〇六年九月一日，清廷下詔「預備仿行憲政」。所謂「仿行」，意即照外國樣子辦。《檄文》既涉及清廷的假立憲，它怎麼可能寫成於動議立憲之前的「甲辰正月朔日」呢？在預備立憲的名義下，一九〇六年十一月，清廷頒佈中央官制，更定了幾個部的名稱，並增設資政院及審計院，集權於滿洲親貴。次年，開始改變地方官制，七月，頒佈外官制，收回了各省督撫的軍權和財權。這一切，不正是《檄文》所譴責的「外面看看像是照外國樣子，實在是把權柄集中在皇帝同幾個大官身上」嗎？因此，它的寫作時間，只能在清朝政府開始實行內外官制改革之後。

值得指出的是，所謂「口口聲聲拍滿洲人馬屁的外國人，同著幾個亡心昧理的中國人，居然期望滿洲立憲」等語，也是有事實可稽的。一九〇七年十月十七日，政聞社在東京錦輝館開成立大會，擁護立憲，梁啓超、蔣智由等邀犬養毅等八名日本人參加。犬養在會上說：「諸君如以鞏固獨立、保全領土爲前提而研究之，結果不認革命爲必要，如立憲黨之主張也，則不革命亦可。」⑥革命黨人張繼、陶成章、平剛等衝擊會場，打跑了梁啓超，張繼登台演說。這個犬養，起初表示同情革命派，現又食言自肥，因而，激起革命黨人不滿，張繼曾嚴詞詰問。事後，章太炎又作《政聞社社員大會破壞狀》⑦記其事，並發長論批駁犬養。《檄文》所云，應是隱指其事。

《檄文》又說：

況且立憲實在是有弊病，無論什麼君主立憲、共和立憲，總不免於少數人的私意，平民依舊吃苦，將來天下各國，定歸還要革命。……雖然成功之後，或是因為萬不得已，暫時設一總統，由大家公舉，或五年一任，或八年一任。年限雖不定，然而不能傳子傳孫呢！或者用市民政體，或竟定為無政府，不設總統，亦未可知。

這段話一般地反對立憲，無論其爲君主爲共和，而主張「定爲無政府」，顯係無政府主義的宣傳。它所說的共和立憲，亦即民主共和，這乃是當時革命派的基本政治主張。處在世界資本主義進入壟斷階段的歷史條件下，孫中山看到歐美各國「貧富不均」，「總由少數人把持文明幸福」，社會革命「是決不能免的」，但他認爲在中國可以採用「平均地權」的辦法加以預防；對共和立憲，則始終堅信。共和立憲作爲救國之道，在同盟會成立前後，除受封建統治階級和改良派攻擊外，革命派內部基本上是一致的。只是到了一九〇七年，這個主張才開始在內部受到一些人的起勁反對，這些人擁護或傾向無政府主義，自成一個小派別。他們說：「蓋政府者，萬惡之源也。不必論其爲君主、民主，不必論其爲立憲爲共和，既有政府，即不啻授以殺人之具。」⑧又說：「政府之可鄙厭，寧獨專制，雖民主立憲，猶將撥而去之。」⑨張繼在錦輝館持以批駁犬養毅的，就是這種無政府主義觀點。⑩《檄文》所宣傳的，也正是這個派別的觀點。同盟會內這個無政府主義派別的出現，是以一九〇七年六月劉師培、何震發刊《天義》報和張繼、劉師培發起「社會主義講習會」爲標誌的。《檄文》的草擬，當然也不會早於這個時間。

檄文還說：

單只為防我們漢人造反，便各處要緊的省分駐紮旗兵，監守著我們。還要我們辛苦地種出田來，養活他們。近來又想出新鮮法子，要想奪我們的各省田地，凡是好的都想歸給他們，那狗屁的上諭，反說是滿漢平等，時價估買。

這裏提到的「狗屁上諭」何所指？稽之文獻，甲辰正月之前沒有內容相似的上諭，而在一九〇七年秋，倒有一通《旗丁改籌生計諭》，中云：

我朝以武功定天下，從前各省分設駐防，原為綏靖疆域起見。迨承平既久，習為遊惰，坐耗口糧，而生齒滋繁，衣食艱窘，徒恃累代豢養之恩，不習四民謀生之業，亟應另籌生計，俾各自食其力。著各省督撫，會同各將軍都統等，查明駐防旗丁數目，先盡該駐防原有馬廠、莊田各產業，妥擬章程，分劃區域，計口授地，責令耕種。其本無馬廠、莊田，暨有廠田而不敷安插者，飭令各地方官於駐防附近州縣，俟農隙時，各以時價分購地畝，每年約按旗丁十分之一，或十數分之一，授給領種，逐漸推廣，世世執業，嚴禁典售。……旗丁歸農之後，所有丁糧詞訟，統歸有司治理，一切與齊民無異。……期於化除畛域，共作國民，用副朝廷一視同仁之至意。⑪

細究兩者，該諭提到「我朝以武力定天下」，派旗兵「各地駐防」，「綏靖疆域」，《檄文》就指責清朝「爲防我們漢人造反，便各處要緊的省分駐紮旗兵」。該諭要求各地方官爲駐防旗丁授田購買土地，《檄文》就指責其「近來又想出新鮮法子，要想奪我們各省田地」。該諭有「時價分購」，旗丁歸農後「一切與齊民無異」，「化除畛域，共作國民」，「一視同仁」的說法，《檄文》就指責其「反說是滿漢平等，時價估買」。兩相比較，可見《檄文》所抨擊的「狗屁上諭」，正是這通《旗丁改籌生計諭》。革命黨人對這通上諭是很注意的，曾經在《民報》上揭露其反動實質。⑫

以上三處所涉及的時事，均集中於一九〇七年的夏秋，這說明了《檄文》不可能產生於一九〇四年初，《章程》自署的「甲辰正月朔日」，純係倒塡。《旗丁改籌生計諭》頒佈於一九〇七年九月二十七日（光緒三十三年八月二十日），《檄文》稱之爲「近來」之事，可見《檄文》應寫於此後不久的一九〇七年冬或一九〇八年春。陶成章說，革命協會「新章」的制定在一九〇八年春夏間，《檄文》自身顯示的寫作時間是與之相符的。這一點，也是《章程》即革命協會章程的有力證明。

至此，可以進而討論《章程》標明的會名問題了。「龍華會」亦名「龍華山」，會主沈英（榮卿）、副會長張恭、周華昌，原是終南會骨幹。後來終南會首領或死或走，他們便另立了龍華會，時間約在一九〇二年。一九〇四年夏秋間，在浙江聯絡會黨的魏蘭結識沈英、張恭，繼又引陶成章前往，以發動龍華會回應夏曆十月初十日的華興會長沙起義。此後，龍華會成了光復會聯繫的一支重要的會黨力量。秋瑾組織光復會，「恃以爲大本營者，即此會也」。但是，龍華會在光復軍失敗時遭到了嚴重的破壞，此後再沒有恢復過活動。

龍華會與反清革命運動的關係雖很密切，但從前文舉出的例證看，現今的《章程》並不是它的章程，而是多個會黨聯合的章程。那末，這樣一個章程爲什麼又標上龍華會的名稱呢？不妨看兩段材料。

山口報告書說：

> 於是，陶成章、沈英、張恭等首倡者即聯合歸國留日學生等，糾集浙江、福建、江蘇、江西、安徽五省之頭目，在杭州召開大會，統一各會黨結為一團，建立一個名為龍華山漢族同登普渡堂革命協會的組織。

《中國秘密社會史》說：

> 於是，有陶成章、沈英、張恭等，倡議於杭州，集浙江、福建、江蘇、江西、安徽五省之頭目，開一大會，打作一團，名龍華會。

比較之下，兩條資料，譯筆雖異，內容文字卻基本相同，這至少可以估計它們是出自同一個原始資料。惟一較大差別，僅在於會名。但通過這一對比，就可以明確問題所在了。第一，平山所說的「龍華會」，雖有浙江龍華會首沈英、張恭介入，按其內容，卻正是山口說的革命協會，而非浙江龍華會。《龍華會章程》係這段文字的附錄，它理應是革命協會章程，當無疑義。第二，關於會名，山口報告書顯然是照所據原始資料移錄的，記載的是全名，而《中國秘密社會史》卻由於作者方面的原因，不顧會黨名稱有會名、山名、堂名的區別，給變成了「龍華會」。誤植的會名和倒填的時間，不經考察，被輕易地聯繫在一起，便釀成一件疑案。

附帶還可以指出，山口、平山都沒有說明革命協會倡議的時間，其原因可能在於無法解決《章程》自署時間和協會實際倡議時間的衝突，只好回避了事。山口不著錄《檄文》，很可能也出於此因。

現在，我們可以毫不猶豫地下一個結論：現今之《龍華會章程》，實即一九〇八年江浙皖贛閩五省革命協會章程。章程自署年月是有意倒填的。

（與王學莊合作，《龍華會章程探微》的第一部分，原載《歷史研究》一九七九年第九期）

①《龍華會章程》共七個部分，即《檄文》、《會規十條》、《約章五條》、《入會儀式》、《祭文》、《入會規矩之次序》和《附錄》，全文見平山周《中國秘密社會史》一書。該書商務印書館譯本初版於一九一二年五月。一九五四年《中國近代史參考資料選輯》增訂本和一九五七年中國近代史資料叢刊《辛亥革命》（以下凡引用此書者，不再注明），都在《龍華會章程》的總題下，選收了

《檄文》和《會規十條》兩部分。

②《浙案紀略》，全文見《辛亥革命》（三）。

③《日本外務省檔案》，縮微膠捲，MT109，北京圖書館藏。

④此前，魏建猷同志《龍華會和〈龍華會章程〉》一文曾指出關於《章程》主屬問題的矛盾。他認為它「可能是革命協會的章程」，但又說其擬定「不遲於一九〇三年」（《文匯報》，一九六一年十月五日）。趙金鈺同志則根據山口報告書斷言《章程》自《會規十條》以下為一九〇八年革命協會章程，而《檄文》仍是一九〇四年龍華會文件，它們是時間不同的「兩個不同組織的兩個不相關聯的文件」（《關於〈龍華會章程〉的幾個問題》，《光明日報》，一九六三年七月三日）。

⑤《立憲紀聞》，《東方雜誌》臨時增刊《憲政初綱》。

⑥《立憲黨與革命黨》，《政論》第三號，一九〇七年十二月。

⑦《民報》第十七號，一九〇七年十月廿五日。

⑧《政府者萬惡之源也》，《天義》第三期，一九〇七年七月十日。

⑨章太炎：《官制索隱》，《民報》第十四號，一九〇七年六月八日。

⑩景定成：《罪案》。

⑪《德宗實錄》第五七八卷。

⑫《預備立憲之滿洲》，《民報》第十九號，一九〇八年二月廿五日。

章太炎與端方關係考析

一

辛亥革命時期，曾經發生過一樁轟動一時的公案，即章太炎與清朝兩江總督端方的關係問題。

一九〇九年冬到一九〇一年年初，在陶成章、李燮和、章太炎等發動對孫中山的攻擊之後，香港《中國日報》、巴黎《新世紀》等報刊先後公布過章太炎給劉師培、何震夫婦的五封信。據此，《新世紀》斷言章太炎已經被端方收買：「此即太炎先生得金之清單。玩『攤年過久』一語，指十年八年而言，又玩『歲不過千餘元』一悟，即可推其總數，大約萬金。萬金出賣一革命，至爲便宜。」①《中國日報》則進一步宣稱：「據最近布告，言章與直督（端方後由兩江調直隸——筆者）幕員劉光漢和好如初，且受端方委託，擔任解散革命黨及充常駐東京之偵探員。」到清朝滅亡後的一九一二年，章太炎倒向袁世凱方面，同盟會會員主持的上海《民權報》便重新發表了這五封信中的四封，認爲是「以萬金出賣革命黨之一篇大罪案」。②該報說：「本報攻擊章者，在昔日以圖財之故而通清吏，作奸細，棄革命黨，攻擊孫中山；在今則主張專制，逢迎袁世凱，詆毀孫、黃，排斥同盟會。」③

章太炎與端方的關係到底怎樣呢？搞清楚這一問題，對於研究章太炎、同盟會的內部矛盾以至辛亥革命史都有一定的意義。

為了便於考察並方便讀者，現將章太炎致劉師培、何震的五封信及何震所加注解節錄如下：

致何震函一（以下簡稱函一，餘類推）云：「近想安抵滬上」，「所托諸事，務望盡力」。末署：「兄麟頓首」。

何震注解說：「此信無甚關係，惟觀『所托諸事，務望盡力』二言，則凡運動張之洞諸事，皆包括其中矣。」

致何震函二云：「聞妹將赴金陵，想近日已在途也。……劉、卞二處消息如何？幸告。」末署，「兄麟頓首，陽十一月二十五日。」

何震注解說：「劉、卞二處。劉即□□□姊，係章下獄後，劉允月貼二十金，至今未交者也。卞即前長崎領事卞綍昌，張之洞之女婿。彼于去年八月致函張之洞，誓言決不革命，決不與聞政治，且言中國革命決難成功，若贈以巨金，則彼往印度為僧。書為申叔所見，始知彼與官場有往來。及我返國，彼知吾兄何譽生與前長崎領事卞綍昌親善，彼為張婿，故囑我往長崎訪之，使再致書於之洞。」

函三云：「四、六君鑒：二十九日接得手示，知四弟在船甚苦。……四弟既不往寧，在滬交涉亦善。前書言恐有枝節，愚意可密致楊仁山書，令其轉圜。」末署「毛一頓首。十二月三十日。」

何震注：「四君、四弟，均劉申叔也。六君即何震也。毛一，章自稱也。……楊仁山者，池州楊文會也，以通佛學聞，南京官場多敬之，故彼欲囑何致書於彼，請其向江督爲彼乞恩。」

函四云：「黃、葉亦無他語，惟已明知四弟到滬，在外喧傳，黃更知兄欲出家。前數日有周尊者，自上海來信去：『聞黃抱香語，公欲出家。』則此事已稍漏泄矣。運動之事，想二子無不周知。」

何震注：「黃者，湖北人黃抱香也；葉爲黃友，浙江人，忘其名。黃見章不做《民報》，將疑彼無心革命，在東京對人宣言，故彼畏之甚，疑其盡知彼事。又葉爲鄰人，知申叔返滬，故信中言『運動之事，想二子無不周知』也。」

函五云：「領事按月支款之說，萬難允從。一、若按年分攤，則一歲不過千餘元，或僅數百，必不敷用。二、若攤年過久，章甫去江寧後，事即中寢。三、領事爲政府所派，非兩江私派，若果遷延抵賴，亦無如何，以留學官費證之可見。要之不以意氣相期，盡力磋磨，亦無益也。弟若轉圜，當要以先付三分之二，不則二分取一，如或未能，當面回覆。此則當令六弟任之。」末署「兄毛一白。陽三十日。」

何震注：「此信最有關係。何接彼第四信，復致書於彼，故爲疑問之詞，謂『將付領鉅款歟，抑至印後按月支款歟？請示明，以便開交涉。』彼乃以此函相答，反對按月支款之說。章甫者，端方也。」

要考察章太炎與端方的關係，首先要考察這五封信的真偽。

二

有些研究者認爲這五封信是假的。筆者認爲，何震的注解雖未可全信，但這些信卻是真的。

不妨先就這五封信的本身作一番考察。

五函署有月日，未標年份，它們是哪一年寫作的呢？何震注云：「黃見章不做《民報》」，《新世紀》也說：「彼時乃忽辭《民報》編輯之任，即在作此五書之時」。按，章太炎確曾一度辭去過《民報》編輯人的職務，《民報》第十八期《啓事》云：「本社總編輯人章君炳麟因腦病忽作，不能用心，頃已辭職，今仍請張君繼續接續主持。」該期印刷於一九〇七年十二月二十四日，顯然，五信即作於這一日期前後的一段時間內。

信的年份明確了，對它的考察就方便了。

首先，應該檢查一下受信人的行止與信的時間、內容有無衝突。

劉師培夫婦是一九〇七年二月去日本的。當年十二月前後，他們是否離開過日本呢？這年十二月四日，蘇曼殊在上海致劉三書云：「頃須俟劍妹（何震號志劍——筆者）來，方能定日東行。劍妹十五日回鄉，云一周可返，今逾半月未來，殊悒悒。」④可見當時何震不僅已從日本回到上海，而且又從上海回了「鄉」。同信又云：「申公有意明春返居滬瀆」。可見劉師培當時還在日本。不過，劉師培不是到次年才返滬的，據柳亞子回憶，一九〇七年冬天，他就曾在滬與劉氏夫婦及其他友人聚飲，並留有當時作的詩和攝的相片。⑤到一九〇八年二月二十六日，蘇曼殊在日本致劉三書云：「申叔伉儷西來。」⑥可見劉繼何之後，於一九〇七年冬也回國了，到次年二月，又一起再到日本。上述五函中，前二函單獨寫給何震，後三函寫給劉、何二人，其所署月、日，均與何震、劉師培當時的行程、活動狀況相吻合。

其次，應該考察一下五信的基本事實。

何震在注中說，「贈以巨金」，章太炎就到印度爲僧。函四中，章太炎也有「黃更知兄（章氏自稱——筆者）欲出家」之語。這一時期，章太炎是否有過類似的念頭呢？

一九〇七年六月二十八日蘇曼殊致劉三書云：「衲今後決意與太炎先生同謁梵土，但行期尚不能定。」⑦

同年十一月二十八日蘇曼殊致劉三書又云：「前太炎有信來，命曼隨行，南入印度，現路費未足，未能預定行期。」⑧

同年章太炎贈蘇曼殊照片題詞云：「當于戊申（一九〇八年）孟夏，披剃入山。」⑨

一九一六年章太炎《致許壽裳書》回憶云：「梵土舊多同志，自在江戶，已有西遊之約。」⑩

章氏弟子黃侃《太炎先生行事記》云：「睹國事愈壞，黨人無遠略，則大憤，思適印度為浮屠，資斧困絕，不能行。」⑪

綜上可見，章太炎在一九〇七年確曾計劃去印度做和尚，並為缺乏路費所苦。一九〇六年章太炎到日本後，逐漸和孫中山發生了思想上、政治上的深刻分歧。一九〇七年上半年，這種分歧通過孫中山離日時接受日本政府贈款和欽、廉起義購買日械等問題尖銳地爆發了出來，黃侃所謂「睹國事愈壞，黨人無遠略，則大憤」，應指此。想去印度做和尚，也應在這個時候。這一時期，章太炎自稱「震旦優婆塞」，⑫以示其歸依佛門之意，也是一個旁證。

章太炎是否曾通過劉師培夫婦從端方那裏取得去印度當和尚的費用呢？在劉師培秘密寫給端方的一封信中有關於章太炎的一段話，原文如下：

餘杭章炳麟少治經學，尤深於《春秋左傳》。……彼居東京歲餘，抑鬱不得志。初擬變易《民報》宗旨，以消弭種族革命（彼所作文詞均言佛理，或考古制，無一篇言及排滿革命）。嗣彼黨時有謗言，故彼即作檄斥孫文，並置身同盟會之外，近且辭《民報》編輯矣。即偶有講演，亦係黨人迫彼使為，非其志也。今擬往印度為僧，兼求中土未譯之經。惟經費拮据，未克驟行。倘明公赦其既往之愆，開以自新之路，助

> 以薄款，按月支給，則國學得一保存之人，而革命黨中亦失一績學工文之士。以彼苦身勵行，重於言諾，往印以後，決不至於有負於明公。惟此事宣露於外，則革命黨人或對彼潛加暗害，所謂愛之者害之也。《論語》有言：「君子成人之美」。尚祈明公之力踐此言也。⑬

該信向端方表示「大恨往日革命之非」，並獻「弭亂之策」，實際上是一封叛徒的自首書。通過這封信，劉師培和端方勾搭成功，成爲隱藏在革命隊伍中的一名內奸。

這封自首書與章氏五函有其相通之處：

第一，此信提及章氏「近且辭《民報》編輯」，可知寫於一九〇七年十二月或稍後，正是劉師培從日本回到上海之際。章氏函三寫於是年十二月三十日，中云：「四弟（劉師培）既不往寧，在滬交涉亦善。」時、地、人、事均合。

第二，章氏五函係託劉氏夫婦向端方謀求在印度爲僧款項，此信向端方明白地將此問題提出了。特殊之處僅在於劉的「交涉」是以替端方畫策並爲章太炎乞憐的方式提出的。這樣提出問題，很符合其叛變身分。他既替端方物色到一個理想的策反對象，也等於自己獻上一份可觀的觀禮，還替老朋友辦了事。

第三，章在函四中警告劉、何：「此事已稍漏泄矣」！此信也警告端方：「此事宣露於外，則革命黨人或對彼潛加暗害，所謂愛之者害之也。」秘密進行以保全章太炎的態度是一致的。

第四，爭執的付款方式是同一個。此信向端方提出的「按月支給」，正是章太炎在函五中極力予以反對的付款辦法。據何震注，何接第四函後，先寫信問章「將付領鉅款歟，抑至印後按月支款歟?請示明，以便開交涉。」於是函五才反對按月支款，要求劉去「轉圜」，爭取先付三分之二或二分之一。

此信與章氏五函爲什麼有這些重要的相通之處呢?合理的解答應該是，它們是同一樁事在不同場合留下的文件。不然，就不容易解釋此信中的這種情況：劉師培向端方比較真實地介紹了章太炎與孫中山的矛盾，卻抹殺章當時的革命活動，所謂想「消弭種族革命」，文章「無一篇言及排滿革命」，講演「亦係黨人迫彼所爲」等等，均非事實。這種曲筆，無非是要讓端方相信對章太炎可以「赦其既往之愆，開以自新之路」，痛快地拿出錢來。如果劉師培心中無底，一旦端方給了錢，章拒不接受，甚至予以揭露，那末，內奸的面目不就要暴露了嗎?顯然，他敢於預支章「決不至有負明公」的保票，就是因爲他是受章太炎的委託來「交涉」的。這封自首書的存在，證明了章太炎確曾通過劉師培向端方處活動，同時也證明了章氏五函是真的。

這封自首書是一九三四年偶然發現的，據有關線索判斷，它是從端方家中流散出來的。事後不久公布的章氏五函容易招人懷疑，這封自首書的真實性卻不好輕易否定。劉師培雖然號稱「才子」，他也不可能在編造假信之前，就預先遞一份與之呼應的信給端方，並使之留傳下來，以便在後人討論此段公案時繼續作僞。

其他方面的材料，也有力地證明了章氏確曾向端方謀款。

一九〇九年十月，當東京的革命黨人因章太炎和劉師培的來往而指責其爲「偵探」時，據陶成章說，章太炎「已有《辯書》一紙，將以付印」，這份《辯書》到底付印了沒有，現在還不清楚。但是，其內容從陶成章稍後的《致柱中、若愚手札》卻不難窺知。陶成章說：「太炎作和尚之意實有，至偵探，斷斷無之。彼居東京，每日講學，所出入者止學堂，何有官場特派員？昭昭在人耳目，誣妄太炎先生無益也。」柱中就是李燮和，在同盟會的內部矛盾中和章太炎、陶成章是站在一起的。事情已經發展到了連自己人都發生懷疑，說明對方提出的證據相當有份量，以致陶成章不得不出面保證：「至偵探，斷斷無之」，而於「作和尚之意」，不能不承認「實有」；至於與之密切相連的通過劉師培夫婦向端方謀款一事呢？則未置一詞，不加否定，實際上採取了承認的態度。陶成章當時在東京與章太炎朝夕相處，立場完全一致，他對李燮和的上述說明當然也反映了章太炎的態度。它表明，如果章太炎確有一份《辯書》的話，所「辯」者也只是並非「偵探」，而沒有否定通過劉師培夫婦向端方謀款這一事實。

此外，還有一些值得注意的現象。

前文談到，一九一二年上海《民權報》大罵章太炎時，曾重新發表章太炎致劉氏夫婦五函中的四函。事隔一日，五月五日，上海《民聲日報》以「記者」名義發表文章說明情況稱：

初，日人有漢字統一會之設，而張之洞亦贊成之。章氏曾為一文，揭諸《民報》，盛致譏評張氏之意。張氏於文學極自熹，聞章氏非之，思所以自解者，令其婿卞某托劉申叔代達殷勤，謂每年願致千金，而章氏多所要索，卞某不敢應，以語端方。端方固甚章甚，以為可以術致章氏歸國而後除之。章氏知其狙詐，則愈為讕言相弄。端知章不可利誘，其事遂寢。

該文認爲，《民權報》所發表的章氏四函「並無賣黨之證」，「謂章氏以術取清吏之財則誠有之，夫以術取清吏之財者，革命黨中寧止一章氏，要之非窮兇極惡，罪在不赦者也」。該文明顯地替章氏辯護，但承認「章氏以術取清吏之財則誠有之」。《民聲日報》是一張擁護袁世凱、吹捧章太炎的報館。它的主筆黃侃一九〇八年以後成爲章太炎的弟子，處處以維護乃師尊嚴爲己任。上海《天鐸報》發表過對章「不敬」的文字，黃侃便把該報主筆之一的柳亞子找去，「鐵青面孔」責問，要柳脫離該報。⑭ 試想，如果章太炎根本沒有通過劉師培和端方發生過關係，黃侃怎麼能讓本報「記者」作出這種答辯來呢？這個「記者」不是別人，應該就是極端熟悉章太炎東京生活的黃侃自己。

上海《神州日報》也是一家擁袁捧章的報館。它的主筆之一汪允中和章太炎同爲俞樾門生。對於《民權報》刊載的章氏函件，它同樣不敢否認，五月六日該報社論說：「其事之有無，姑不置辯。」又說什麼「小德出入，盡人難免」，意思是這只是「小德」！五月八日，該報又發表文章說：「夫章原書中有一字涉及黨人事實否？如以設法取人金錢即指爲賣黨之證，蓋黨人流離奔走時，其設法自濟者多矣，某報可謂其人皆賣黨乎？」這篇文章進而承認了事實，但「小德」問題也沒有了，而是「設法自濟」。

最後，必須著重指出的是致劉師培、何震五函是章太炎的親筆。曼華《同盟會時代〈民報〉始末記》說：「劉申叔夫婦以居東倍受黨人冷淡，亦相偕遄還國門，投效於滿吏端方。申叔抵滬時，且遺書黃廑午、林廣塵、湯公介等，詆章枚叔曾致函端午橋，由劉妻何震轉交，要挾鉅款二萬，即捨革命而不言，往印度爲僧以終其身云。內並附章氏關於此事之手書真跡照片，廑午等一笑置之。」⑮此文是根據湯增璧的回憶寫成的，湯增璧即湯公介，他是民報社職員，章太炎的友人。這段回憶雖有其失真之處，但關於章氏手書照片的說法應是可信的。劉師培散發的這份真跡照片，正是日後《中國日報》等報刊揭露章太炎的依據。

一九〇九年十二月，因爲美洲華僑受了陶、章攻擊孫中山的影響，對孫中山的感情「大不善」，爲了廓清影響，順利開展在美的籌餉活動，孫中山曾寫信給吳稚暉，要他將「劉光漢發露太炎同謀通姦之筆跡照片寄與弟用，以證明太炎之所爲，庶足以破其言之效力」。⑯隨後，這份真跡照片就影印刊登在美國《美洲少年報》上。

一九一二年，當中國同盟會廣東支部聽說袁世凱要委任章太炎任「國史院長」時，曾發表通電說：

章炳麟前乞充滿奴端方偵探，泄漏民黨秘密，筆據確鑿，尚存本處。今聞擬委國史院長，如此重大事件，付諸僉壬之手，勢必顛倒是非，搖惑萬世，誓不承認。⑰

可見，這份「筆跡照片」辛亥革命後還保存著。

章太炎不是謙謙君子，他不會容忍任何人對他無中生有，栽贓陷害，可是對於這件事，除了上面已經分析過的那份《辯書》外，他沒有作過任何公開解釋。這種異樣的沉默只能說明其中有難以否認的事實。

基於以上種種理由，筆者肯定章太炎致劉師培、何震的五封信是真的。

三

那麼，章太炎和端方的關係到底怎樣呢？

關於這個問題，在上述五函真僞問題的考證中實際上已可窺見其大概：章太炎確曾通過劉師培、何震夫婦跟端方聯繫，聯繫的中心問題是要端方給章太炎以去印度做和尚的經費，而章將從此脫離革命。劉師培在叛降端方時，向端方提出了這個問題，並在章、端之間聯絡交涉。章氏致劉氏夫婦的信，就是這種活動的記錄。

在脫離革命去印爲僧的背後是否還有更隱秘的政治交易？作這種指責的人沒有提出充分的

證據，筆者也沒有發現這方面的材料，從章太炎的思想和性格看，他也絕對不會幹這種事。但是，沒有這點，並不能否定章太炎向端方運動經費是一個難辭其咎的錯誤。端方是鎮壓革命最力的滿洲貴族之一，革命派恨之入骨。章太炎在和孫中山鬧翻之後，去和這樣一個人物發生關係，無怪乎事實公開後輿論大嘩了。

這裏，必須進一步考察的是章、端之間關係究竟達到何種程度。

一九一二年九月八日，北京《民主報》刊出該社職員的一篇文章，作者是與章太炎很熟的革命黨人，⑱文中說：章「因劉申叔與聖母何震受端方運動，每月得其乾修二百兩。」這條材料值得重視。前文提到，端方「資助」章太炎赴印度爲僧的錢應怎樣付給，劉師培提出的方案是「按月支給」，而章太炎不同意，認爲按月支給不可靠，錢也太少，必須先在總數中「先付三分之二，不則二分取一」。這條材料所說的每月二百兩銀子，顯然是一種折衷方案，它既維持了「按月支給」的付款原則，又將實數提高到章氏所不願意的「一歲不過千餘元或僅數百」的一倍以上。問題的關鍵在於章太炎曾否接收了這份「乾修」，按作者文章，章太炎是接收了的。但是，這一方案並沒有解決去印度的路費問題，章太炎並非謀衣謀食者流，顯然不會接受。作者所述，當係出於傳聞。

此後，這種關係有無進展？因爲得不到直接材料，只能從別的方面考查。章、端之間以劉師培作中間人，章、劉關係可以反映出這個問題。一九〇八年二月，即章太炎寫了第五函的次月，劉師培、何震即回到東京。劉師培返日後，一面繼續以「革命」的高姿態大唱無政府主義

「高調」，一面暗中做偵探，向端方密報革命黨人動態。這時，章太炎與劉、何關係很好，與兩人同住於麴田區飯田町，同在名爲研究「社會主義」，而實爲宣揚無政府主義的「社會主義講習會」上作演說。但是，不過兩個月，章就與兩人大吵特吵起來，只好搬回民報社，自此，劉、何與章反目成仇，何震表弟汪公權甚至宣布要和章太炎「白刀子進去，紅刀子出來」。他們之間爲什麼突然決裂呢？雙方事後都沒說明真實原因和細節，我們不能妄測這次衝突與章、端關係有關。但可以肯定，處於這種境況，由於失去中間人，章、端關係也就無法繼續和發展下去了。

不過，事態並不到此爲止。一九〇八年四月二十七日，廣州《國民報》刊出一則題爲《章炳麟出家》的「活劇曲」，中云：

（同志掃板唱）章炳麟拋卻了、平生抱負。（慢板）眼見得漢人中、少個幫扶。披袈裟，坐蒲團，不顧宗祖。縱不念、眾同胞，該念妻孥。況且是、我支那、蹉跎國步。望同志，抱熱心，休作浮屠。

（章炳麟中板唱）……因此上，除卻了三千苦惱，逼著我請個高僧來到東京披剃頭毛。我非是、主持厭世遁入空門愛棲淨土，我國人莫予肯彀故把禪逃，從今後理亂不聞興亡不顧，入沙門，參佛祖做貝葉工夫。

這篇戲文的史料價值，在於它反映出章氏出家消息傳播之廣，及革命黨人對此的態度。戲文批評章「理亂不聞興亡不顧」，態度是善意的，誠懇的。對此，章太炎沒有反應。緊接著，五月二十四日，上海《神州日報》又刊出了一則《炳麟啓事》：

> 世風卑靡，營利競巧，立憲革命，兩難成就。遺棄世事，不攖塵網，固夙志所存也。近有假鄙名登報或結會者，均是子虛，嗣後閉門卻掃，研精釋典，不日即延高僧剃度，超出凡塵，無論新故諸友，如此以事見問者，概行謝絕。特此昭告，並希諒察。章炳麟白。

這裏，除了去印度一節外，脫離革命和出家似乎都將實行了。但是，章太炎卻在六月九日出版的《民報》第二十一期刊登《特別廣告》，予以否認。

> 僕於陽曆五月二十四日赴雲南獨立大會，僕歸後即不見印章一方，篆書：章炳麟印。知是偵探乘間竊去，以後得僕書者，當審視筆跡，方可作準。再，近有人散佈匿名揭帖，偽造僕與錫良之電報，又有人冒名作信，在上海《神州日報》登《炳麟啓事》一則。其散佈匿名揭帖者，查得是山西寧武縣人，其冒名告白，尚待調查，合併聲明。

這則《廣告》戳穿了前述《啓事》是僞造的。它的僞造者是誰呢?這則《廣告》中提到了「散佈匿名揭帖」的是「山西寧武縣人」。當時,在東京的「山西寧武縣人」中,確有人信奉無政府主義,與章太炎不睦,並與劉師培關係密切。章太炎聲明已經「查得」,但沒有點名。至於「冒名告白」的作者,章氏只表示「尙待調查」,沒有公布結果。實際上,也只有劉師培一夥才會幹這種勾當。

這是因爲:章太炎找劉、何替他跟端方拉關係,使劉師培、端方都覺得有油水可撈,因而劉替章打了保票,狡猾的端方雖不肯將鉅款輕易付人,也還是出了高價,可是,章太炎居然食言——雖然在那裏醉心佛學,夢想「扶掖聖教」,請了一個名叫密尸邏的印度人在那裏教梵文,⑲但是,並沒有去印度,而且,仍然在《民報》上發表文章,倡導「排滿」。這樣,劉師培當然無法向他的主子交代了。情急無奈,只有不擇手段,僞造一個啓事在上海的報紙上登出來,好讓端方看到,說明他劉師培已經完成了任務。

總之,在章太炎和劉師培的關係破裂以後,章太炎和端方的關係也就無法存在了。一九〇八年十月,日本政府在封禁《民報》的同時,也封禁了劉師培的《天義報》和《衡報》。十一月,劉師培回國,繼續以革命黨人的身分在上海招搖撞騙。此後不久,他即將章氏五函由何震加注說明後寄給黃興等人。這一事實,說明端、劉的策反計劃已經徹底破產,只能利用這五封信搞臭章太炎,在革命黨人內部製造猜疑和矛盾。

章、端關係曾達到何種程度，如何結局，至此已比較瞭然了。前引《民聲日報》的文章說：「端方知章終不可利誘，其事遂寢」，這應該是可信的。

末了，附帶談一談章太炎與端方的關係問題爲什麼引起了軒然大波。這種情況的形成當然與章太炎此舉本身的嚴重性分不開，同時，也和同盟會內部矛盾的加劇有關。

在劉師培回國後不久，民報社發生縱火案。緊接著，又發生毒茶案。縱火、放毒的主犯都是劉師培的同夥汪公權。一九〇八年十二月，江、浙革命黨人在上海策劃起義，劉師培將這一情況密報端方，黨人張恭被捕，劉師培一夥的叛徒身分因而逐漸暴露。此後，劉即投入端方幕中任「文案」。一九〇九年八月，端方調赴直隸，上海報紙發表了隨員名單，其中就有劉師培。這樣，劉師培的叛徒身分就徹底暴露了。在此之後一月，陶成章、李燮和等聯絡少數人，發佈了一份所謂《七省同盟會員意見書》，誣陷孫中山吞蝕華僑鉅款，藉革命肥家，陶並親自跑到東京要求罷免孫中山的總理職務。同年十月，《民報》秘密在日本籌備復刊，章太炎又寫了《僞〈民報〉檢舉狀》，攻擊孫中山。陶、章二人肆意破壞團結，聲勢咄咄逼人，迫使孫中山、黃興等不得不回擊，以挽回影響。儘管陶成章是組織和發動這場攻擊的禍首，章太炎卻因舊日聲名及其同孫中山的長期矛盾而風頭最健。於是，章太炎與端方的關係被正式提出來了。

雙方的激烈情緒是可以想見的。在抨擊章太炎時，像吳稚暉那樣斷言章已經出賣革命，顯然夾有個人恩怨；他人斷言章背離革命，淪爲偵探，不是意氣用事，便是由於情況不明。章太炎和劉師培有過那樣一段極爲密切的關係，又有這樣五封信，當時，人們無法弄清全部情況，把章、端關係估計得更複雜些並不奇怪。在我們考察這樁歷史公案時，對於雙方過頭的話，都應根據可靠史實予以訂正。

關於同盟會內部的分歧和鬥爭，筆者將另文討論。這裏須要提出的是，同盟會內部日常事務和人事上的衝突是由於在政治、思想和鬥爭策略上存在分歧而引起的。但是在鬥爭開展之時，這種分歧並沒有被提出來展開應有的思想鬥爭，反而被個人的攻擊所掩蓋。這種現象也是當時革命派政治上不成熟的一種表現。我們在觀察同盟會內部的鬥爭時，不應被一些熱鬧事件所迷惑，忽略了背後的主要分歧，也不能認爲這些事件都不值一提，把它與背後的分歧看成截然兩回事。這樣，都無法掌握同盟會內部鬥爭的全貌。

（原載《南開學報》一九七九年第六期）

【附記】

本文發表後，有人贊成，有人懷疑。一九七九年，曾業英同志發現了章太炎覆浙江統一黨支部的一封信，為本文找到了確鑿的證據，其爭遂息。今錄章函如下：

浙江統一黨支部鑒：電悉。同盟南北諸報皆舉端方事件，以為攻僕之詞，其實不值一哂，請為諸君道其原委。僕自抵東辦報，親戚故舊，音問俱絕。後見同盟會漸趨腐敗，憤欲為僧，以求梵文於印度。又與安南、朝鮮諸學生立亞洲和親會，聞印度革命黨才高志堅，欲裹糧以從之，得所觀法。于時假貸俱絕，惟南皮張孝達有一二日之舊遊，後在東京關於文學教育諸事，亦嘗遺書獻替。張於革命黨素無惡感，不得已告貸焉。其書囑長崎領事卞某帶歸，卞即〈張〉之婿也。卞回國後，不敢請通，私以語端方，遂居為奇貨，反囑卞來告。其言十萬金五萬金者，皆憑虛餌人之語。僕亦欲達初志耳，何論出資者為端為張！而端遂欲致之鼓山（福建島）、普陀等處，僕遂決意不受。對敵之言，自有開合張弛，同盟會人遂云僕作偵探，然則黃興出洋留學，亦端方特與官費，其偵探耶非耶？同盟會業成而〈歸〉者，亦多仕宦，或為將弁、幕府之屬，其偵探耶非耶？誣人之言，以〔心〕所不可。《天鐸》、《民權》諸報，市井醜談，未脫南洋、美洲口吻，夫何足致辯哉！肅此敬復。章炳麟白。

（《越鐸日報》，一九一二年六月六日）

①《黨人》，《新世紀》第一一七號。
②《章炳麟之醜史》，《民權報》，一九一二年五月四日。
③《正告神州報》，《民權報》，一九一二年五月七日。
④《蘇曼殊全集》第一集，北新書局一九三一年版，第一九九頁。
⑤《南社紀略》，開華書局一九四〇年版，第八頁。
⑥《蘇曼殊全集》第一集，第二〇二頁。

⑦《蘇曼殊全集》第一集，第三三五頁。
⑧《蘇曼殊全集》第一集，第一九七頁。
⑨《越風》第十八期。文中云，該相片是其「三十九歲所造影象」。章生於同治七年十一月三十日，三十九歲生日應在一九〇七年一月中旬，故應作於是年。
⑩《制言》第廿五期。當時態度章太炎再次準備去印度學佛，「以維摩君士之身，效慈恩法師之事」。
⑪《制言》第四十一期。
⑫《梵文典序》，《天義報》第六卷。優婆塞，梵語。《涅槃經》：「歸依于佛者，真名優婆塞。」
⑬天津《大公報》，一九三四年十一月二日；《建國月刊》第十二卷第四期。
⑭《南社紀略》，第四十七頁。
⑮中國史學會：《辛亥革命》（二），第四四七頁。
⑯《總理全集》第三冊，成才近芬書屋，一九四四年七月版，《函札》，第一一一頁。
⑰《民權報》，一九一二年五月十一日。
⑱此人在東京曾見章太炎以臉盆「遙擊」黃興，又曾遇黃侃於途，「道太炎近事，為之咨嗟，太息不置」。
⑲楊仁山：《等不等觀雜錄》卷八。

何震揭發章太炎

——北美訪報之一

一九〇七年至一九一〇年之間，同盟會內部發生矛盾，陶成章、章太炎等對孫中山進行了尖銳的攻擊，同盟會中的擁孫派則進行反擊。當時日本、巴黎、新加坡、舊金山的許多中文報刊都捲入了這場分歧。多年來，我在海內外已經找到了許多資料，並在《同盟會的分裂與光復會的重建》、《〈民報〉的續刊及其爭論》、《章太炎與端方關係考析》等文中作過分析。但是，美洲方面的資料卻一直沒有找到。一九九〇年我訪問美國，特別留意查找，行程中安排了斯坦福大學一站，目的之一便是搜尋有關資料。

果然，我在史丹福大學胡佛研究所找到了當年革命黨人創辦的《美洲少年報》，雖然只剩下了寥寥幾張，但是，卻從中發現了何震爲揭發章太炎寫給吳稚暉的一封信，總算塡補了空白。

原函如下：

稚暉先生大鑒：

久慕大名，恨未晤面，以聆教誨，悵甚！留法同人發起《新世紀》，久為敝等所崇拜。不意日京民報社之章炳麟，因與先生有隙，即加詆毀，又因恨《新世紀》之故，並憾及留法之人，以及法國各學派。于此次張君溥泉如法，彼即虛造偽言，甚至欲將渠入獄，一月引渡清國，險惡如此，罪當如何！而東方無知之革命黨受其影響，亦排斥無政府主義及世界語，故貴報于東方不克發達，而觀十九期《民報》，載有答先生書一篇，痛加宣布。其言虛實，鄙人固不能知，但彼曖昧之歷史，則知之甚晰。試陳之以備參考。

章炳麟，一名絳，字太炎，又字枚叔，別號末底、西狩、載角，浙江餘杭人。幼嬰羊瘋疾（今尚缺二門牙），甫應縣試，其疾大作，遂納粟為國子生，且從伯兄習制藝，冀應鄉舉。則其革命思想，非具于壯年之前，且非蓄排滿主義，始以應試為恥，彰彰明矣（此事彼家族及炳麟親對吾言）！彼又受張之洞之招，供其役使。又皖人吳保初為故提督吳長慶子，彼在滬常主其家，則又非疾視官場者比。且彼庚子年偕保皇黨上書李鴻章（此書由章起稿），又致書張之洞及江南道員俞明震，多以變法冀清廷（今此稿猶存），並明震覆言，將此面呈老帥，老帥大悅云（即劉坤一）。去歲曾受鐵良二百金（係由國事偵探程家檉經手，劉林生言），又去年九月上張之洞書，與伸舊誼，逢迎其國學，末言若助以巨金，則彼於政治問題，不復聞問，並謝辭《民報》編輯（此言係下婢名□□所發）。餘甚多，不克枚舉。近已用針筆板照相法付印，俟成即寄上。外附《民報》十九期答先生原函寄上。是端已為同志中一友人披過。如合尊意，留登貴報。餘容續布。即頌自由幸福並祝《新世紀》無政府萬歲！

Chin上

西四月二十一日

本函僅署西四月二十一日。根據信中有關史實，知為一九〇八年四月二十一日。何震，字志劍，江蘇儀徵人。劉師培之妻。一九〇七年隨劉赴日，迅速成爲無政府主義的信徒，創辦《天義》雜誌，提倡「女子革命」，是個大出風頭的時髦女性。同年冬，與劉師培先後回國，雙雙爲清政府兩江總督端方收買，成爲隱藏在革命黨人中的內奸。一九〇八年初，二人回到日本，即在革命黨人中挑撥離間，製造矛盾，並企圖策反章太炎。章太炎一度和劉師培夫婦關係很好，三人曾同住一處，一九〇八年四月間鬧翻，大吵之後繼之以大打出手，於是，何震便企圖搞臭章太炎，寫信給吳稚暉便是其中的一招。不過，函中事實有真有假，必須仔細鑒別。

一九〇三年二月，吳稚暉等利用上海《蘇報》鼓吹革命。同年「蘇報案」發生，吳稚暉赴英國留學。一九〇七年六月，在巴黎創辦《新世紀》雜誌，宣傳無政府主義，提倡世界語。此前不久，章太炎曾在日本《革命評論》第十號發表《鄒容傳》，指斥「蘇報案」發生時，吳稚暉向清朝官吏告密。一九〇八年一月四日，吳在巴黎《新世紀》第二十八號發表致章太炎函，要求章說明立言根據。同月三十一日，章太炎在《民報》第十九號發表《覆吳敬恆書》，堅持認爲吳曾向清吏告密，同函並稱：「足下既作此鬼蜮事，自問素心，應亦慚惶無地，計窮詞屈，乃復效訟棍行徑，以爲造膝密談，非人所曉，洶洶然馳書詰問。足下雖詰問，僕豈無以答足下哉！」何函所稱「十九期《民報》載有覆先生書一篇，痛加宣布」，指此。何震寫信給吳稚暉，目的是利用矛盾，煽動吳對章的惡感。張溥泉，指張繼，當時亦爲無政府主義者。一九〇八年一月，因參加日本無政府主義幸德秋水派的活動，被日警追捕，輾轉逃亡法國。章太炎後來一度對張繼很反感，但何函所稱「彼即虛造僞言，甚至欲將渠入獄，一月引渡清國」云云，並非事實。

章太炎自幼奉父命學作八股文。一八八三年，章太炎十六歲的時候，赴縣應童子試，癲癇症突然發作，沒有終場就退出了。何震函說章「其革命思想，非具于壯年之前」，是事實。一八九六年八月，章太炎曾致函譚獻，希望他向張之洞推薦自己。一八九八年春，張之洞聘請章太炎爲《正學報》主筆，因意見不合，章太炎在武昌僅一個月即離去。何震函說章太炎「又受張之洞之召，供其役使」，雖然後一句話不確，但前一句話是事實。其他所述，如上書李鴻章，「以變法冀清廷」等，也均是事實，但是，這些都不足以爲章太炎病。孫中山不是也曾上書李鴻章嗎？

何震這封信中可以引人注意的有兩件事。一是所謂「去歲曾受鐵良二百金」問題。何震聲稱，此事「係由國事偵探程家檉經手，劉林生言」。鐵良（一八六三～？），字寶臣，清朝貴族。初爲直隸總督榮祿幕僚，後任戶部、兵部侍郎，繼任軍機大臣、陸軍部尙書，一九一〇年調任江寧將軍。程家檉（一八七二～一九一四）字韻蓀，安徽休寧人。一八九九年赴日留學。一九〇五年加入同盟會。次年歸國，任京師大學農堂科教授，並在清肅王善耆門下爲幕客，借機進行革命活動。劉林生，即劉揆一，孫中山離日後東京同盟會總部的負責人。一九〇七年徐錫麟刺殺安徽巡撫恩銘後，清朝貴族鐵良、善耆、端方等「各自設法向黨人施展金錢政策，使爲己用」。①當時，程受善耆委託，向東京同盟會總部提供贊助三萬元。劉徵求各幹事意見，眾論不一。一部分幹事接收了贈款，引起同盟會內部糾紛。事後，章太炎表態說：「此款如用途正當，收受無礙，惜未開會解決，致貽同志以口實。」②所謂章太炎接收鐵良贈款問題，當係由此引申而來。

另一事是所謂「去年九月，上張之洞書，與伸舊誼」問題。一九〇七年春，章太炎對西方資本主義社會的病症有所瞭解後，對革命前途悲觀失望，同時又因和孫中山的矛盾，對同盟會也悲觀失望，想到印度做和尚，借機瞭解印度革命黨人的經驗，但因缺乏路費，便於同年九月寫信向張之洞借錢，條件是：「若助以巨金，則彼於政治問題，不復聞問。並辭謝《民報》編輯。」十二月二十四日，章太炎在《民報》第十八號發表啓事，宣稱：「本社總編輯人章君炳麟因腦病忽作，不能用心，頃已辭職。」算是履行了部分條件。關於向張之洞借錢一事，後來章太炎本人承認說：「張於革命黨素無惡感，不得已告貸焉。」③因此，何震所述此事屬實。不過，應該指出的是，在若干重要情節上何震有隱瞞。章太炎給張之洞的信並非通過郵寄，而是由何震轉交張之洞的女婿卞綍昌，其後，又由何牽線，和清政府兩江總督端方洽談。這些，何震都不敢按本來情況講。所謂「此言由下婢名□□所發」云云，完全在撒謊。

何函又說：「今已用針筆版照相法付印，俟成即寄上。」後來，何震確曾將章太炎的有關信件寄給了吳稚暉。吳稚暉收到何震此函及「用針筆版照相法付印」的有關資料後沒有發表，曾致函劉師培、何震二人勸解。一九〇九年十月，同盟會內部矛盾再起。陶成章上書同盟會總部，要求罷免孫中山的總理職務，爲黃興拒絕，便刊發名爲《孫文罪狀》的小冊子。章太炎則因孫中山派汪精衛到東京續辦停刊多時的《民報》，自己被撇到一邊，便以「原《民報》社長章炳麟的名義」散發題爲《僞〈民報〉檢舉狀》的傳單，指責孫中山貪污鉅款，賣國賣友。於是，吳稚暉便在《新世紀》一一八號發表了何震寄給他的「用針筆版照相法付印」的五封信，作爲章太炎出賣革命的證據。同時吳又將何震上函寄給了《美洲少年報》，並且加注云：

此章與劉夫婦交惡時，劉妻何震知弟與章不睦，突如其來寄弟此書。當時弟勸劉、何，彼此同黨，不必傾軋，故未照何書登過一字。然彼所謂「辭謝《民報》編輯」，換用陶成章名，尚明明在《民報》上，彼之對《民報》，感情如此，今復老著面皮，自稱原《民報》主任，真虧他做得出！

當時章太炎向張之洞、端方借錢的情節已被說成是「背叛革命黨」，充當「滿洲鷹犬」、偵探，因此《美洲少年報》的編者在何函後面加了個跋，跋云：

俄國革命之盛，得力於大文豪之文學鼓吹，今中國革命黨之所謂大文豪，卑鄙如此，蠢劣如此，此中國所以為中國歟！讀竟擲筆三嘆。

末署：「庚戌正月初三寅刻編輯人觀心主記於敬虎堂，以志感喟。」但是，當時何震爲端方收買，充當內奸的事實已經大白於天下，因此，在見報之前，「觀心室主」又加了一個跋，跋云：

此乃端方偵探劉光漢之妻何震寄巴黎《新世紀》吳稚暉君之原函也，吳君轉到本報，以嘆息之。茲特照登，以示天下，見漢奸之當誅，與慕浮華者之不足共事也。

何震企圖搞臭章太炎，一時間，人妖顛倒，黑白難明，但是，何震自己還是很快就暴露了真面目。

（原載《近代史研究》一九九四年第二期）

①馮自由《記劉光漢變節始末》，《革命逸史》第二集，二一四頁。

②馮自由《清肅王與革命黨之關係》，同上第五集，第二三八頁。

③《覆浙江統一黨支部》，《越鐸日報》，一九一二年六月六日。

《民報》的續刊及其爭論

一九〇九年十月，同盟會本部在東京籌備續刊《民報》，以汪精衛為總編輯人，將原《民報》社長章太炎排除在外，章太炎憤而作《偽〈民報〉檢舉狀》，對孫中山等進行攻擊，引起《中國日報》、《公益報》、《中興報》、《星洲晨報》、《新世紀》等報刊的反擊，從而形成為同盟會分裂過程中的一大事件。對此，筆者已作過分析，①本文擬在舊作的基礎上，依據新發現的資料，作進一步的闡述和探討。

一、同盟會內部矛盾的加深和爭奪《民報》的鬥爭

《民報》是在和改良派論戰、宣傳革命思想中發揮了重大作用的刊物。按其編輯方針和內容，可分前後兩期。前期撰稿者主要為胡漢民、汪精衛、朱執信等，後期撰稿者主要為章太炎、劉師培、湯增璧等。一九〇八年十月，日本政府下令禁止第二十四號發行，《民報》出版中斷。在東京中國革命黨人討論續刊時，章太炎由於為支撐《民報》而吃盡苦頭，又由於和黃興、宋教仁之間發生分歧等多方面的原因，憤而當眾宣布，辭去社長職務，並聲明「不再與聞

《民報》之事」。②此後，革命黨人雖有意將續刊問題付諸實施，但印刷發行地點、經費、編輯人選等都發生困難，章太炎的位置也不好安排，因此，遲遲不能獲得進展。一九〇九年夏，革命黨黨人得到了「香港某君」的資助，決定以巴黎《新世紀》雜誌社爲掩護，仍在日本秘密印刷發行，黃興等「共舉」汪精衛爲總編輯人。這樣，有關困難逐一解決，停頓近一年的《民報》有了續刊希望。但是，同盟會的內部矛盾當時正在進一步加深，此事遭到了陶成章的強烈反對。

一九〇七年春，孫中山離日南下，準備在中國南方邊境發動起義，因缺乏經費，曾接受過日本政府的贈款，陶成章、章太炎等不明真相，在部分日本浪人的挑唆下，發動第一次「倒孫風潮」，要求罷免孫中山的同盟會的總理職務。由於黃興、劉揆一等人的抵制，這一風潮逐漸平息。一九〇九年春，陶成章因在南洋籌款收效不大，和孫中山及同盟會南洋支部矛盾日深，醞釀發動第二次「倒孫風潮」。同年秋，他在陳威濤支持下，③聯絡李燮和等起草《孫文罪狀》，大肆攻擊孫中山有「殘賊同志」、「蒙蔽同志」、「敗壞全體名譽」等罪行三種十二項。陶成章的目的仍然是罷免孫中山的同盟會總理職務，爭奪同盟會的領導，包括《民報》的編輯、出版權。《罪狀》指責孫中山爲了個人目的，企圖扼殺《民報》。它說：「《民報》名譽，爲南洋各埠所頂禮，孫文之出名，亦即由此而來。今彼名既成立，復有《中興報》之鼓吹，但《中興報》不得目爲南洋全體之機關，實係彼一人之機關而已。然使東京而有《民報》在也，是則加于《中興報》及《中國日報》之上，南洋華僑人心，勢必有所分馳，不得便其私圖。故于去歲陶君《民報》收單寄交之後，彼即托言籌款困難，並不發佈，至《中興報》之股，集款至於再而至於三，極言本報大有關係，我同志不可不出力協助、維持等之言。此去歲秋冬二季時之事也。」④《罪狀》又說：孫中山不僅要使得東京沒有《民報》，而且要使得南洋各埠除《中國日報》及《中興日報》之外，不再有中國的其他報章。「何則?中國各報均零星載有內地革命之事，使華僑見之，知我革黨非僅彼一人專有矣。」⑤《罪狀》以此作為孫中山「蒙蔽同志」的第一大罪。它附列善後辦法九條，其第四條為：「再開《民報》機關，通信各埠，以繫海內之望。」第五條為：「兼於《民報》社內，附設旬報，凡《中興報》之所至，亦蹤尋之而往，以為擴張勢力之舉，且以限止孫文謊騙之伎倆也。」⑥這裏，陶成章、李燮和把續刊《民報》的目的說得很清楚，除了所謂「繫海內之望」外，一是為了和《中興報》分庭抗禮，一是為了攻擊孫中山，「限止孫文謊騙之伎倆」。

《中興報》初名《中興日報》，一九〇七年八月二十日創刊於新加坡，第一任主編為田桐，是同盟會南洋支部的機關報。它創刊之後，繼承前期《民報》方針，和保皇黨的《南洋總匯新報》展開了激烈論戰。原《民報》主力胡漢民、汪精及革命黨人林文、居正等先後抵新，參加辯論。和章太炎主持的後期《民報》比起來，它顯得潑辣、銳利得多。其間，孫中山曾以南洋小學生為筆名，發表《論懼革命召瓜分者乃不識時務者也》等三篇文章，批駁保皇黨謬論。一九〇八年九月，陶成章也曾發表《規保皇黨之欲為聖人英雄者》等四篇文章。章太炎的著作《新方言》、陶成章的著作《中國民族權力消長史》，《中興日報》均曾發表告白，積極鼓吹。因此，它既不是孫中山一派的派報，更不是孫中山一人的私報。陶成章等攻擊《中興報》，目的在另樹一幟。後來，南洋華僑曾駁斥道：「夫《中興報》爲有限公司，全是華僑資本，雖爲開通民智起見，仍含營業性質，吾同人亦有附股者，何硬指爲孫君所辦？試問《中興報》之宗旨，果爲何等？自負革命功首，而必蹤其跡而破敗之？」⑦這後一個問題提得是好的。革命的刊物之間本應互相配合，彼此支持，爲什麼要「蹤其跡而破敗之」呢？

一九〇九年八月下旬，陶成章帶著《孫文罪狀》趕赴東京，要求同盟會總部開會討論。不久，汪精衛也到達東京。陶成章敏銳地感到，汪精衛此行的目的是爲了續刊《民報》。他致書李燮和等說：「精衛此次之來，一爲辯護孫中山，二則因南洋反對日多，欲再來東京竊此總會及《民報》之名，以牢籠南洋。蓋東京總會無人過問，故彼欲圖此以濟其私。」他聲明，《民報》的編輯權「不由眾議而自竊取者，無論何人」，「決不承認」。⑧繼而表示，《民報》專爲孫中山一人「虛張聲勢」，非先革除孫中山的同盟會總理職務不能辦報。⑨這樣，陶成章爭奪《民報》，另樹一幟的企圖就清楚地表現了出來。陶成章的要求遭到了黃興的堅決拒絕。在此期間，《民報》續刊的籌備工作開始，事爲支持陶成章的章太炎得知，立即起草《僞〈民報〉檢舉狀》，對孫中山進行了駭人聽聞的攻擊。由於它以「原《民報》社長章炳麟白」的名義並以傳單形式散發，因而，迅速引起各方面的注意。

二、章太炎的《僞〈民報〉檢舉狀》

《僞〈民報〉檢舉狀》是章太炎盛怒之下的產物。它反映了陶成章對章太炎的影響，也反映了章太炎長期積鬱的對孫中山的不滿，還反映了章太炎思想性格中的弱點：主觀、武斷、感情用事。

（一）指責續刊《民報》為僞。

章太炎說：「《民報》於去年陽曆十月，出至二十四期，即被日本政府封禁。時鄙人實爲社長，躬自對簿。延至今日，突有僞《民報》出現，主之者爲汪兆銘，即汪精衛，假託恢復之名，陰行欺詐之實。」⑩汪精衛是前《民報》的主要撰稿人，爲什麼他主編的《民報》就是「僞」呢?章太炎的理由是：《民報》被封禁時，自己是社長，曾在法庭上代表《民報》和日本政府打官司。

（二）指責汪精衛、胡漢民「標榜」孫中山。

章太炎說：「（鄙人）出獄之後，主任《民報》，幾及三年，未有一語專爲孫文者也。惟汪精衛、胡漢民之徒，眼孔如豆，甘爲孫文腹心，詞鋒所久，多涉標榜。」《民報》前期，汪精衛、胡漢民曾在他們的文章中，闡述了孫中山的民族、民權、民生三大主義，章太炎對此看不慣。他以「主任《民報》」三年，「未有一語專爲孫文」自誇，正說明他和孫中山的思想之間有扞格難合之處。

（三）指責孫中山不接濟《民報》的經濟困難，「背本忘初，見危不振」。

章太炎說：《民報》經費多次支絀。第一次在一九〇八年春天，由於萍、瀏、醴起義後，《民報》不能輸入內地，銷數減半，因此不僅付不出印刷費和房租，而且《民報》社連伙食都開不出，人跡杳無。其間，章太炎曾致書南洋，要求孫中山接濟，或派胡漢民、汪精衛東渡，但「或無覆音，或言南洋疲極，空無一錢，有時亦以虛語羈縻，謂當挾五、六千金來東相助，至期則又飾以他語，先後所寄，只銀圓三百而已」。第二次在一九〇八年秋，章太炎印製股票數百份，托陶成章帶到南洋募捐，但孫中山「坐視困窮，抑留不發」。第三次在《民報》被封後，準備遷地出版，同時，訴訟失敗，日本政府判令交納罰金一百五十元，章太炎交納不出，親身跑到警察署，準備坐牢，以苦役代罰金，幸得友人資助告免。章太炎憤憤地說：「夫身當其事者，親受詬辱則如此；從旁相助者，竭蹶營謀則如彼；而身擁厚資、豢養妻妾之孫文，忝爲盟長，未有半銖之助，不自服罪，又敢詆毀他人，此真豺虎所不食，有北所不受。」《民報》經費困難是事實，章太炎辛苦支撐《民報》也是事實，但說孫中山「身擁厚資，豢養妻妾」則是主觀臆想。

（四）指責孫中山「乾沒」鉅款，借革命以營私。

章太炎說：「孫文本一少年無賴，徒以惠州發難，事在最初，故志士樂與援引。……四五年中，名譽轉大，一二奮激之士，過自謙挹，獎成威柄，推爲盟長，同志又作《民報》以表意見……而孫文小器易盈，遂借此自爲封殖。在東京則言在南洋有黨與十萬，在南洋則言學生全部皆受指揮，內地豪傑悉聽任使。恃《民報》鼓吹之文，借同志擁戴之意，乘時自利，聚斂萬端。」章太炎提出的主要事實有兩項。一爲一九〇七年春，孫中山接收日本政府贈款事，章太炎斥之爲「密受外賄」。一爲欽州、廉州、鎮南關、河口等地軍費開支事。據章太炎統計，一九〇七年孫中山南行，四處籌款，不下三四十萬，但開銷只有四萬不到。他說：「鎮南關、河口之役，軍械至少，欽、廉亦未有大宗軍火，先後所購之銃，僅二百餘支，此外則機關銃四門，更無餘器（**此皆黃興口說**）。計其價值，不盈三萬，所餘款項，竟在何處？若云已悉散之會黨，由今核實，則關仁甫之攻河口也，所領薪水，但及三千，許雪秋亦得三千，梁秀春二千而已。先後所散，略及萬金。是則其說亦僞。夫孫文懷挾鉅資，而用之公款者，十不及一。《民報》所求補助，無過三四千金，亦竟不爲籌畫，其乾沒可知已。」在所有指責裏，這一條最有損於孫中山的形象，因而也最使孫中山感到惱火和委屈。在《致吳稚暉函》中，他曾自述因投身革命而使家庭破產的事實：「兩年前家兄在檀已報窮破產，其原因皆以資助革命運動之用，浮錢已盡，則以恆產作抵，借貸到期無償，爲債主拍賣其業。今遷居香港，寄人籬下，以耕種爲活，而近因租價未完，又將爲地主所逐。」並說：「自我一人於此兩年之內，除住食旅費之外，幾無一錢之花費，此同事之人所共知共見也。而此期之內，我名下之錢撥於公用者一萬四千元，家人私蓄及首飾之撥入公用者，亦千數百元。此我『攫利』之實跡，固可昭示於天下也。」⑪

（五）指責孫中山賣國賣友。

章太炎說：「雲南本中國之地，而欲贈送法人。」又說：「試觀黃興，非與孫文死生共濟者耶？而以爭權懷恨，外好內猜；精衛演說，至以楊秀清相擬。關仁甫，非爲孫文效死建功者耶？而以事敗逋逃，乃至密告英吏，誣以大盜。其背本無恩如此。」這一條指責很厲害，但由於過份無稽，因而人們並不大相信。

（六）勸阻華僑為續刊《民報》捐款。

章太炎說：「今告諸君，今之《民報》非即昔之《民報》。昔之《民報》，爲革命黨所集成；今之《民報》，爲孫文、汪精衛所私有。豈欲伸明大義，振起頑聾，實以掩從前之詐僞，便數子之私圖。諸君若爲孫氏一家計，助以餘資，增其富厚可也；若爲中國計者，何苦擲勞力之餘財，以盈饕餮窮奇之欲！」這一條是釜底抽薪，目的在斷絕續刊《民報》的經費來源。

透過凹凸鏡看世界，一切都改變了樣子。在章太炎的筆下，孫中山這個偉大的革命家成了貪財黷貨的江湖騙子，他的行爲一無可取。章太炎說：「綜觀孫文所爲，豈欲爲民請命，伸大義於天下，但擾亂耳！」章太炎的這份《檢舉狀》先在東京《日華新報》上發表。十一月六日，保皇黨在新加坡的機關報《南洋總匯新報》全文刊出，改題爲《章炳麟宣布孫汶罪狀書》。同月十一日、二十七日、二十九日，又分三天刊出了李燮和等的《孫文罪狀》。編者以無限輕蔑的口吻在跋語中說：「記者之意，不過欲使華僑知革黨之內容，如是如是，則已入迷途者宜急早回頭，將入而未入者更宜視之若浼。大之爲國家培無限之正氣，小之爲華僑惜有限之錢財，如是焉而已。」⑫整個辛亥革命時期，保皇黨一直利用這兩份「罪狀」作爲進攻革命黨人的炮彈。一九一三年二次革命失敗，袁世凱編印反動小冊子《國賊孫文》，也從中擷取了不少材料。

《檢舉狀》的作者是在革命黨中素負重望的章太炎，它攻擊的對象孫中山則是當時中國革命黨人的旗幟。因此，《檢舉狀》的散發和流布對革命黨人的威信是個巨大的打擊，也給同盟會的募捐活動製造了巨大困難。最初，黃興持克制態度，僅在《民報》第二十六號刊登告白，說明章太炎「好聽讒言」，「不計是非」，「不問情僞」，並不準備展開辯論。⑬但是，被《檢舉狀》所激怒，東京部分革命黨人已經平靜不下來了，他們決定拿出殺手鐧來回擊。

三、劉師培《致黃興書》的公布

一九〇七年夏曆八月，章太炎因和孫中山矛盾日深，對同盟會也日益不滿，準備去印度做和尚，但缺乏路費，曾通過劉師培之妻何震與長崎領事、張之洞的女婿卞綍昌聯繫，企圖向張之洞謀款，沒有接上關係。後又通過何震、劉師培與端方聯繫，企圖從端方手中取得路費。一九〇七年冬，何、劉二人先後返國，暗中向端方自首，章太炎爲謀款事，曾給二人寫過若干封信。次年春，劉、何二人返回日本後，與章太炎之間的關係破裂。章太炎曾在《日華新報》上揭露過何震。作爲報復，劉、何擬延聘律師起訴，後又擬將章太炎的有關信件彙印公布，但都沒有實行，僅去《民報》社將章太炎「痛毆」了一頓。同年冬，劉、何二人返國。到上海後，爲了在革命黨人中挑撥離間，劉師培即給黃興寫信，揭露章太炎要他們向張之洞、端方謀款的經過。信中說：

彼於去秋（指一九〇七年秋——筆者）之後，與僕同居，僕因平日所學，與彼相同，言奇折疑，遂成莫逆。然太炎當此之時，已無心於革命，欲往印度為僧；又以無款之故，欲向官場運動。乃作函於張之洞，辭多猥鄙，乃其稿藏於書中，猝為僕見。彼亦不復自諱，宣言士各有志，同盟會不足與有為，而研習佛教，亦當今急務。且與僕相商，言今長崎領事卞綍昌，為張之婿，於何震為戚屬，可將致張之函稿（此為第二函）托卞轉致，向張索款三萬，以二萬助彼旅費，以一萬歸僕，為印書之資。時震適以事返國，並為彼向餘杭家索款（得洋八百元），道經長崎，登岸訪卞。適卞已於前數日卸職，乘輪返國，此事遂成畫餅。然太炎心仍未已，復作函於震，使之向金陵劉姓索款，並向卞綍昌及池州楊仁山謀，使以此事干江督端方，復令僕返滬，共商此事。然僕等均知此事不易成，至滬以後，乃告以三萬元之款，必不可得，即成亦不過按月支款，冀寢其謀。而彼仍作函相促，並於《民報》登告白，言近罹腦疾，不克用心，並將此報寄至滬上，囑僕等由卞、楊轉示官場，僕等一笑置之。此報旋贈高某。⑭

信中所言章太炎情況，證以其他資料，大體屬實。所言自身態度，例如「冀寢其謀」、

「一笑置之」等，都在說謊。事實上，劉、何二人企圖以策反章太炎作爲向端方的見面禮，對「謀款」事是很積極的。由於劉師培這時還在僞裝革命黨，他不得不隱瞞了有關事實。信中，劉師培附寄章太炎的有關書信照片六紙，並說：「此六函外，尚有數函，因回國時，已在東京印照片，尚未完成，俟該照相館將此片寄滬後，再爲寄上，今印成者僅六片，故先寄上。」

黃興等接到劉師培此信後，曾開會研究過，認爲章太炎「心神狂亂，宗旨不定，稍涅即淄」，決議此後凡有關秘密事情，不與商量，同時，爲了給章太炎的回頭留有餘地，決定「諱莫如深，不予公布」⑮《僞〈民報〉檢舉狀》發佈後，東京部分中國革命黨人決定公布有關資料，作爲對章太炎的回擊。《日華新報》的編者原來是支持章太炎的，在獲睹有關資料後，立即轉變態度，以《章炳麟背叛革命黨之鐵證》爲題發表了劉師培致黃興書。按語說：「革命黨章炳麟到東以來，主持《民報》，頗爲該黨所歡迎。本報亦以其國學大家，殊器重之，是以章氏來函，無不爲之宣布。初謂章炳麟倡言道德者，必不作欺人語也。頃得革命黨劉光漢（現在北洋總督衙門充當幕友）致該黨黃某一函，披閱一過，令人髮指。章氏日言道德，而其個人之道德則如是！嗚呼！章氏休矣！己不正而欲正人，一何可笑之甚耶！說者謂章刊『僞《民報》』傳單，爲圖歸國地步。本社已得章炳麟背叛該黨之親筆函六紙，當付手民，刊成銅版，刊登報端，以告東京學界，毋再以章先生爲道德家。」⑯劉師培致黃興書及章太炎六函的發表成爲革命黨人向章太炎反攻的有力炮彈，筆戰日益激烈。

十一月下旬，香港《中國日報》以「東京訪函」名義發表《章炳麟與劉光漢之關係歷史》

一文，詳細地敘述了二人之間的離合關係。該文進一步宣稱：「章近致書直督幕中劉光漢，重申前約，願和好如初，目前劉已派委員到東京，與章交涉革黨事，謂端午帥令其解散革黨，事成許以重利，現章已允盡擔任云。」⑰按此文的說法，章太炎和端方的關係就不只是爲了取得做和尚的路費，而是發展爲因「重利」而出賣革命了。同日，《中國日報》又發表《爲章炳麟叛黨事答覆投書諸君》一文，宣布章炳麟已經「叛黨」，成了「滿洲鷹犬」，是「中國革命黨之罪人，《民報》之罪人」。該文說：「夫《民報》社長一職，乃由革命本部委任，豈章可據爲子孫萬世之事業乎?端方之賞金黃光耀目，章或可犧牲同志之生命以圖之耳，若《民報》原有之名字，則不容漢奸輩盜竊之也。」⑱這樣，革命黨人就找到了排除章太炎於《民報》之外的充足理由。

此後，同盟會系統的報紙在反擊章太炎時，大都採用《中國日報》的調子，指斥章太炎爲端方偵探，有的並提出章太炎和清陸軍部尚書鐵良也有曖昧關係。這些反擊，抵銷了章太炎散發《檢舉狀》所造成的影響，但是，卻中了劉師培的反間計，擴大了同盟會內部的裂痕，也給章太炎加上了誣妄不實之詞。章太炎和鐵良的關係，完全出於劉師培一流內奸的捏造；⑲他和端方的關係，也僅止於謀款。「偵探」云云，均屬子虛。

四、全盤否定章太炎的《民報》編輯工作

在胡漢民、汪精衛、朱執信等離日後，《民報》在大部分時間內由章太炎主持。《中國日報》等除在政治上指責章太炎「叛黨」外，也對章太炎的《民報》編輯工作進行了指責。這些指責，反映了《檢舉狀》公布後孫中山一派人的憤激情緒，也反映了他們對章太炎長期積鬱的不滿。

（一）指責章太炎不參加對《新民叢報》的論戰。

《中國日報》說：「章與梁啓超同辦《時務報》以來，與保皇黨之關係未嘗斷絕，《新民叢報》之《儒術真論》即章手筆。當《民報》與《新民叢報》筆戰之時，戰鬥皆精衛、漢民、懸解（朱執信）、寄生（汪東）諸君任之，章以與梁啓超交厚故，未有一文之助力。」⑳在革命派中，章太炎是最早批判梁啓超和康有爲的人，但是在《民報》和《新民叢報》論戰時，章太炎確實不大積極，他覺得胡漢民、汪精衛的文章「辭近詬誶」，㉑當梁啓超通過徐佛蘇出面建議停止辯駁的時候，章太炎主張「許其調和」。㉒

（二）指責章太炎提倡佛學，背離孫中山的「三大主義」和《民報》的「六大主義」。

《中國日報》說：「章炳麟以其一知半解、乾燥無味之佛學論，佔據《民報》全冊之大部，一若以《民報》爲其私有佛學之機關報也者。……由是各地閱者以《民報》主張佛學甚於本來之六大主義，多辭退不閱。」《公益報》也說：「足下弗悟，甫執文權、即叛《民報》本來宗旨之六大主義……所主張闡發民族、民權，民生之大問題者，足下偏摭拾一二佛經，爲佛氏傳教。」㉓章太炎在主持《民報》期間，發表過不少推崇佛學的文章。在這些文章中，既表現了章太炎改造佛學，尋求一種新的世界觀，使之爲民主革命服務的積極企圖，也表現了他所承受的佛學唯心主義和虛無主義的消極影響。而從根本上說，佛學是精神鴉片煙，它雖有某些精華，但卻包裹在艱深煩瑣的教義中。它不能也不應該成爲革命黨人的精神武器。章太炎撇開盧梭《民約論》等一類西方民主主義文化，也撇開業已爲革命黨人所接受的孫中山三大主義，在《民報》上大肆推崇佛學，這就走上了一條錯誤的道路，也脫離了革命黨人和廣大群眾。當時，四川革命黨人鐵錚就曾指出，佛學是「迂緩之學」，「上智之士猶窮年累月而不得，而況欲使普通之一般國民皆能明之以振起其氣概！」㉔日人夢庵也針對章太炎的《大乘佛教緣起說》指出：「此《緣起說》足以濟度惡劣政府乎？足以建設共和乎？佛教之平和思想，死於千載之上，曷得抱亡骸爲維持新世界、新真正之平和之具？」「《民報》之作此佛報者，抑出於何意乎？《民報》宜作民聲，不宜作佛聲也。」㉕應該承認，這些意見有一定道理。但章太炎性格執拗，對於佛學的嗜好也太深，先後發表《答鐵錚》、《答夢庵》二文，繼續堅持必須大力宣揚佛學，這就使革命黨人很失望。應該說，孫中山等之所以熱情扶助《中興報》，而對《民報》態度消極，這是一條重要原因；續刊《民報》時之所以排除章太炎，這也是一條重要原因。關於後者，《公益報》曾明白宣示：「顧同人之光復《民報》，志在發揮公理，非求泄發私怨也；志在宣揚民意，非求傳播佛聲也。故《民報》光復，不能使足下與聞，亦不欲以狂妄之夫再尸要地，以礙同志團體之進行也。」㉖

(三) 指責章太炎提倡無神論，攻擊基督教。

《中國日報》說「基督教素重人權自由主義，故內外同胞之主張民族、民權、民生三大主義者，以基督教徒爲多，乃章炳麟創爲無神論，以排斥耶穌之道，以致內外同志多疑《民報》爲排斥耶穌之機關報，搖惑人心，莫此爲甚。」㉗革命派這裏所說的基督教，指的是十六世紀歐洲宗教改革運動中產生的「新教」。在當時，它代表新興資產階級的利益；在近代，殖民主義者曾利用它作爲對外侵略的工具。章太炎批判基督教，主要目的在於反對帝國主義對中國的文化侵略。《中國日報》注意了團結基督教徒投入民主革命，但是卻看不到章太炎批判基督教的積極意義，也看不到章太炎提倡無神論的積極意義（雖然章太炎的無神論並不徹底），這在理論上是短視淺見的。

（四）指責章太炎批判《新世紀》，傷害同志感情。

《中國日報》說：「法國《新世紀》與《民報》同屬革命黨之機關報，原應同心戮力，以謀國事，乃章炳麟以個人私怨，竟借《民報》爲攻城之具，日向《新世紀》宣戰，第二十四號有《規新世紀》之文，占全冊之半，傷害同志之感情，徒貽外人之笑柄。」㉘辛亥革命前中國宣傳無政府主義的雜誌有兩個：一爲東京的《天義報》，創辦人爲劉師培、何震；一爲巴黎的《新世紀》，創辦人爲吳稚暉、李石曾、張靜江。兩個雜誌各有特點。前者和國粹主義糾結難分，帶有很大的封建性；後者則對國粹主義持批判態度，反對封建文化的色彩較濃。章太炎受過劉師培無政府主義的影響，但對《新世紀》則始終深惡痛絕；在和劉師培決裂之後，即以《新世紀》爲靶子對無政府主義進行批判。他先後發表過《排滿平議》、《四惑論》、《駁中國用萬國新語說》、《規新世紀》等文。這些文章，並沒有抓住要害，但他公開宣布「無政府義者，與中國情狀不相應」，㉙總反映了思想上一個方面的進步。

章太炎對《新世紀》的批判也有缺點。還在中國教育會時期，章太炎和吳稚暉之間就因事不和，章太炎到日本後，又聽人說吳稚暉在《蘇報》案中曾向清吏俞明震告密，因此，多次在《民報》上發表指責吳稚暉的公開信。這些指責，並沒有提出有力的證據，某些地方卻給人以罵大街的印象。其次，《新世紀》當時還是革命隊伍中的一翼，他們公開聲明：「種族革命黨與社會革命黨今日之作用同，而其主義不同，然此不同者，固無礙其同為革命黨也，無礙其協力以圖最近之革命也。」㉚因此，對《新世紀》可以批判，但必須掌握一定的火候，有所節制。在《台灣人與〈新世紀〉記者》一文中，章太炎說：「《新世紀》記者陽託名于無政府而陰羨西方琛麗」，「此曹無恥，復倍蓰於立憲黨人」，「猶檳榔嶼之少女，聚歌沙丘以求新牡，昨者方為甲者所掠，而有今日，復願為乙者、丙者所掠。」㉛這些地方，從內容到語言都顯得過火了。

（五）指責章太炎「挑動日人之惡感情」，導致《民報》停刊。

《中國日報》說：「《民報》出版以來，日政府絕不干涉，乃章炳麟倡言恢復台灣、朝鮮之議，又鼓吹暗殺，以挑動日人之惡感情，遂致有停止發行之命令。使章當日立論如第十二號以前，則《民報》至今猶存也。」㉜《公益報》也說：「所主張中日國民聯合者，足下明知社會黨為當時日本內閣所忌，乃必發揮社會主義，攖其忌以種封禁之禍因。」㉝日本政府禁止《民報》第二十四號發行的原因很複雜，既和清政府的多次交涉有關，也和日本內閣更遞、政策改變相連。兩園寺內閣時代，採取一種「法蘭西寬大政策」，結社、言論、出版都相對自由，社會主義運動發展迅速。一九〇八年七月，西園寺內閣被撤換，更替上台的桂太郎內閣對社會主義運動採取嚴厲鎮壓政策。《民報》雖因鼓吹暗殺的部分言論和日本社會黨人中的無政府主義派別——「直接行動」派相呼應，爲桂太郎內閣所忌，但是，把《民報》出版中斷的原因歸結爲章太炎的過激言論所致，仍然是簡單的、片面的。

章太炎的《民報》編輯工作有功績，也有嚴重的過失。《中國日報》等完全抹煞前者，而將後者誇大，把章太炎說成《民報》罪人，這是極不恰當的。在雙方都感情衝動而充滿敵意的時候，對於彼此的是非功過很難作出實事求是的評價。

此外，革命黨人在評論中還接觸到了章太炎的性格問題。《公益報》說：「足下復驕恣溢盈，竟成跋扈，托有神經病，爲魚肉儕輩，蠻氣一發，動肆用武，致與無賴伍。年來若張繼、黃興二君，皆於談次間，足下無頭無腦即以老拳相向。自餘東京同志，無故受足下之野蠻意氣者，大不乏人。」㉞以學識淵博長於弄文的書生，卻經常「無頭無腦」對同志「以老拳相向」，《公益報》的指責似乎和人們印象中的章太炎不類，但這是有旁證的。一九一二年，有人回憶說：「迨後清廷肆虐，委託日本政府停止《民報》出版，於是太炎擱筆，飯碗爲碎。當時克強先生擬運動日廷取消停止出版，卒以經費匱乏，亦罔效。太炎則貧如乞兒，夜不得食，乃日迫克強先生，一言不合，輒以盥器遙擊，克強先生額爲之破，卒含笑謝之。」㉟一方是盛怒而以臉盆「遙擊」，一方是「額爲之破」而「含笑」道歉，兩人的性格鮮明如見。

章太炎的這種性格特點使他很難與別人共事。《公益報》說：「同志寬洪包容，均付之一笑……然因是而冷同志之心，何止千百。昔日東京同志，皆節提所費，踴躍資助《民報》者，感情既淡，而《民報》經濟界之情形，亦受其影響。」㊱這裏說章太炎的粗暴舉動冷了「千百」同志之心，固有誇大，但是，它對革命黨人之間的團結不利則是顯然的。

歷史是通過人的活動體現的，創造歷史的是具有各色各樣鮮明性格的人們，因此，對歷史發生作用的就不僅有經濟、政治、思想諸因素，有時，也有個人性格的原因，雖然，它並不起決定作用。

五、同盟會系統各報對《檢舉狀》的辯駁

《僞〈民報〉檢舉狀》大多是不實無根之詞，爲了廓清影響，說明真相，同盟會系統的各報不得不逐條地進行辯駁。

（一）關於續刊《民報》的真僞問題。

革命黨人指出：《民報》爲革命黨人所創立，並非個人私產；當《民報》肇始時，章太炎還在獄中；要判斷續刊《民報》的真僞，關鍵要看它的主持者是否革命黨人，宗旨有無改變，而不在於章太炎是否出任社長。《中興報》說：「若謂章爲社長則真，非章爲社長則僞，是則

章為《民報》之商標矣！」㊲《公益報》表示：章太炎主持編輯的《民報》如果還存在，依舊「發私怨，砌佛言」的話，那末，稱之為「真佛報」、「偽《民報》」也是可以的；相反，續刊《民報》如能「於民族、民權、民生三大主義奉申宣揚，以餉我同胞」，那末，即使主持者不是汪精衛，也是真《民報》。㊳黃興則特別說明了章太炎「當眾辭職」的經過，並敘述了汪精衛和《民報》的關係：「自第一期以來，至第十三期，每期皆有汪君之文字，久為讀者所同知。自第十四期以後，汪君因事不兼任撰述。今被舉為總編輯人，當必有以副讀者諸君之望也。」㊴革命黨人的這些言論，比較有力地闡述了續刊《民報》的合法性，駁斥了所謂「偽《民報》」的說法。

（二）關於汪精衛、胡漢民「標榜」孫中山問題。

由於章太炎在《檢舉狀》中說過：「辛丑、壬寅之間，孫文寄寓橫濱，漂泊無聊，始與握手而加之獎勵者，即鄙人與長沙秦力山耳。」因此，革命黨人便以子之矛攻子之盾。《中興報》反問章太炎道：你這不也是「眼光如豆」，「願與孫君為腹心」嗎？為什麼要嘲笑汪、胡二人呢？該報聲明：「中國之革命，孫君為首發難，歷盡艱難，其才識學問，及辦事資格，同志中未有能出孫君之右者，故為同志推戴，舉為盟長，而革命事業之發達，未始非孫君抱持之堅，毅力之長，有以致之也。」㊵這一段話，正確地評價了孫中山在辛亥革命準備時期的作用，說明了革命黨人對孫中山的「推戴」並非出於盲目。

（三）關於孫中山不接濟《民報》經費困難問題。

革命黨人主要強調軍情緊急，經費同樣困難，首先要滿足軍事上的需要。《公益報》答覆章太炎說：「河口、南關、欽廉之役相繼迭興，軍隊中人，匪遑離局，足下乃於此匆遽時間，假《民報》待需之名，爲書乞援，求以三、四千金相濟。自足下視之，或以爲平情，然當夫軍書旁午之間，餉需浩繁之際，撐持未暇，焉能兼顧其他！」㊶《中興報》則表示：近年革命黨人創辦的報館日漸增多，含辛茹苦、任怨任勞，如章太炎所說「朝治文章，暮營經費」的編輯人並不在少數，解決報館的經濟困難，要靠主任的運動，如果大家都向孫中山要求接濟，那末，「吾恐孫君雖有點金之術，亦不能供給各報之要求」。㊷

同盟會創立初期，所需要支持的只有一個《民報》，經費上自然不感到十分拮据。一九○七年孫中山南行，在廣東、廣西、雲南邊境邊疆發動多次起義，開支突然浩大起來。鎮南關起義期間，孫中山曾向法國一銀行家洽談，由該行在法國代募軍債。欽、廉、上思起義期間，清軍黎天才部曾準備歸順革命軍，但孫中山卻付不出獎賞的花紅。這以後，由於張永福、陳楚楠等幾個富有的華僑同盟會員瀕臨破產，孫中山更經常爲經費不足所窘。一九○八年十一月二十日，他在致鄧澤如等函中說：「時局可爲，惜財力不足赴之於目前，想同人等亦爲扼腕而嘆。」㊸不僅《中興報》經常有停刊危險，孫中山自己也有「斷糧」之憂。㊹因此，革命黨人所作的辯解是事實。但是，他們忽略了雙方思想分歧所起的作用。孫中山曾經稱讚《中興報》「文章議論，頗愜人心」，㊺如果《民報》辦得符合孫中山的理想，顯然，他在解決其經濟困難上是會積極得多的。

(四)關於孫中山乾沒鉅款,借革命以營私問題。

革命黨人主要採取反質法,要求章太炎交代出情況來源和具體數字、存貯地點。《公益報》說:「足下又言孫氏丁未南行,集資三四十萬。試問某埠得收若干,某人捐助若干,足下能述其故否耶?」「所謂身擁厚資者,此金錢究存貯於何處?下又能述其故否?」㊻這些問題,章太炎當然答不出。革命黨人就此進一步指出:章太炎並非同盟會「實行部」人員,不瞭解軍事進行和組織的實際情況。《公益報》說:「足下且未知軍事組織之實情，從何知軍事組織之真狀,不意足下欲欺飾人心,遂敢妄談軍事也。」㊼革命黨人的這些辯解,由於對經費收支缺乏必要的說明,因此說服力並不大。只有當南洋革命黨人具體調查了孫家因革命而破產的狀況後,章太炎的指責才得到了有力的駁斥和澄清。

(五)關於孫中山賣國賣友問題。

《公益報》指出:「若云以雲南贈送法人,則尤令人竊笑。無論孫氏無此事,亦無此權。」該報問道:河口起義失敗後,大批義軍戰士被解送出境,不少「破棄身家事業」資助起義的華僑同盟會員被勒令出境,如果孫中山和法國人之間有什麼「私盟」的話,怎麼會出現這種狀況?㊽黃興發表聲明,指責章太炎挑撥他和孫中山之間的關係是「造孽」;㊾《中興報》主編何德如則撰文說明:關仁甫在河口起義後到達新加坡,曾在《中興報》居住數月,在返回香港時,同盟會員紛紛資助;關仁甫感念同志情誼,曾到何德如寓所辭行。章太炎所說孫中山密告英吏,誣指關仁甫爲大盜一事大謬特謬,完全是「以耳代目」,把流言當作事實的結果。

[50]革命黨人指出：立言貴在「有據」，章太炎如果繼任《民報》編輯人，「遇事不察，言出不擇，貿貿然而宣之於報紙」，[51]必然要損害《民報》的信譽。革命黨人的這些批評，接觸到了章太炎性格和思想方法上的弱點。

在逐條辯駁之外，革命黨人也對章太炎不顧全大局、不考慮影響的錯誤做法進行了批評。他們指出：中國革命距成功之日尚遠，「此正吾人臥薪嘗膽、枕戈待旦之時」，「稍知自愛而能為大局計者，必不出此」。[52]革命黨人的上述辯駁和批評所持的是擺事實、講道理的態度，這就發揮了澄清視聽，維護同盟會和孫中山威信的有益作用。

在續刊《民報》所引起的急論中，章太炎輕率地散發《偽〈民報〉檢舉狀》，促使矛盾尖銳化，應負主要責任。但是，它也反映了孫中山和同盟會領導工作中的缺點。

如果同盟會能有一種制度，使它的領導人之間能夠經常就重大的問題交流思想，統一看法，那末，分歧也許不至於愈來愈大。

如果同盟會的經費收支能在高級領導人之間公開，那末，章太炎顯然不會懷疑孫中山「乾沒」鉅款。

如果在《民報》經費困難時，同盟會領導人能給予更多一點的關懷和溫暖，那末，章太炎胸中就必然不會有那樣多的不滿和牢騷。

如果在續刊《民報》時不對章太炎完全封鎖消息，那末，他也許不至於突然爆發出那樣巨大的憤怒。

這些地方，說明了同盟會缺乏正確的組織原則，也缺乏統一思想、克服分歧的正確方針。

（原載《中華文史論叢》一九八二年第二期）

①《同盟會的分裂與光復會的重建》，見本書第一二六頁。

②《本報謹白》，《民報》第廿六號。

③陳威濤：原名陳依陶，曾任《中興日報》書記，因賬目糊塗，濫支公款，被《中興日報》登報革退。自此，即與陶成章結合，並改名「惡逸」，表示憎惡孫逸仙。有關情況，見德如：《嗚呼跳梁之小丑》，《中興報》，一九一〇年一月三日。

④《孫文罪狀》，《南洋總匯新報》，一九〇九年十一月十一日，新加坡大學圖書館藏，下同。

⑤《孫文罪狀》，《南洋總匯新報》，一九〇九年十一月十一日。

⑥《南洋總匯新報》刊登的《孫文罪狀》沒有「善後辦法」，此據一九一二年十一月二日上海《神州日報》所登《孫文罪狀》補。

⑦庇勝華商同人：《復泗厘歪也再寄匿名謗書者》，《中興報》，一九八〇年十二月八日，新加坡大學圖書館藏，下同。

⑧《致若愚、柱中》，《陶成章信札》，湖南人民出版社一九八〇年一月版，第十四至十五頁。

⑨《黃克強先生書翰墨跡》，台灣，一九七三年增訂版。

⑩《南洋總匯新報》，一九〇九年十一月六日。下引《檢舉狀》原文，出處均同此，不一一注明。

⑪《國父全書》，台北一九六三年三版，第四一八至四一九頁。

⑫《南洋總匯新報》，一九〇九年十一月廿九日。

⑬《民報》第廿六號告白。

⑭原載《日華新報》，轉引自《星洲晨報》，一九一〇年一月十五日，新加坡大學圖書館藏。

⑮意公：《與章炳麟書》，原載香港《公益報》，此據《中興報》，一九〇九年十二月二日轉載該文引。

⑯《星洲晨報》，一九一〇年一月十八日。

⑰轉引自《中興報》，一九〇九年十一月三十日。

⑱轉引自《中興報》，一九〇九年十一月三十日。

⑲參見本書《章太炎與端方關係考析》。鐵良，章太炎發表於《民報》第廿一號的告白作錫良。

⑳《為章炳麟叛黨事答覆投書諸君》，轉引自《中興報》，一九〇九年十一月三十日。下引《中國日報》文章，除注明者外，篇名、出處均同此，不一一注明。

㉑《太炎先生自定年譜》。

㉒《宋教仁日記》，一九〇七年一月十一日，湖南人民出版社版，第三三三頁。

㉓意公：《與章炳麟書》，轉引自《中興報》，一九〇九年十二月二日。

㉔《中國已亡之鐵案說》，《鵑聲》復刊第一號。

㉕《囈語》，《東亞月報》第二號。

㉖意公：《與章炳麟書》，轉引自《中興報》，一九〇九年十二月二日。

㉗《為章炳麟叛黨事答覆投書諸君》，轉引自《中興報》，一九〇九年十一月三十日。

㉘《為章炳麟叛黨事答覆投書諸君》，轉引自《中興報》，一九〇九年十一月三十日。

㉙《排滿平議》，《民報》第廿一號。

㉚真：《與友人論種族革命黨及社會革命黨》，《新世紀》第八號。

㉛《民報》第廿二號。

㉜《為章炳麟叛黨事答覆投書諸君》。

㉝意公：《與章炳麟書》。

㉞意公：《與章炳麟書》。

㉟快：《參看十七號〈新紀元報〉》，北京《民主報》，一九一二年九月十八日。

㊱意公：《與章炳麟書》。

㊲德如：《責章炳麟與發匿名書者》，《中興報》，一九〇九年十二月六日。

㊳意公：《與章炳麟書》。

㊴《本報謹白》，《民報》第廿六號。

㊵德如：《責章炳麟發匿名書者》。

㊶意公：《與章炳麟書》。

㊷德如：《責章炳麟與發匿名書者》。

㊸《國父全書》，第四一二頁。

㊹《為〈中興報〉集股等事致鄧澤如函》云：「現在本坡百務交迫，各同志皆陷於絕境，多有自顧不暇之勢，故弟處已絕糧矣。」見《國父全書》，第四一五頁。

㊺《國父全書》，第四一三頁。

㊻意公：《與章炳麟書》。

㊼意公：《與章炳麟書》。

㊽意公：《與章炳麟書》。

㊾《本報告白》：《新世紀》第一一六號。

㊿《責章炳麟與發匿名書者》。

(51)《責章炳麟與發匿名書者》。

(52)《責章炳麟與發匿名書者》。

戊戌維新以來的「國民國家」思想

國家是誰的？在很長的歷史時期內，國家被認爲是皇帝的。「普天之下，莫非王土；率土之濱，莫非王臣。」只是到了近代，國家才逐漸被認爲是國民、或曰人民的，因此，與「君主國家」的概念相對，就出現了「國民國家」或「人民國家」等概念。

一、清末天賦人權思想的輸入與「國民國家」思想的萌生

中國古代認爲「天子受命于天」，人間的統治權被塗上神權的色彩。十九世紀六〇年代以後，西方的天賦人權論和社會契約論陸續通過傳教士傳入中國，思想界獲得新鮮養分，傳統的「君權天授」說受到搖撼。戊戌維新運動前夜，君主專制思想受到猛烈批判，民主思潮日益澎湃。何啓、胡禮垣提出，國家一政一令，必須以民爲準，「民以爲公平者，我則行之；民以爲不公平者，我則除之」；①嚴復提出：君民關係，「通功易事」，只是一種社會分工，民才是天下的「真主」；②譚嗣同提出：生民之初，本無君民之分，君由民舉，立君爲民，「事不辦」則「易其人」。③這些言論表明，「國民國家」思想已經呼之欲出。到了梁啓超筆下，

「國民國家」思想更得到了比較充分的發揮。他認爲人類歷史的發展過程是從「多君爲政」，發展爲「一君爲政」，直至「民爲政」。④他直斥君主爲「私」，民主爲「公」，反映了這位改良主義政治家思想中的激烈一面。⑤戊戌變法失敗後，梁啓超的「國民國家」思想進一步發展。他明確提出：「國也者，積民而成。國家之主人爲誰，即一國之民是也。故西國恆言，謂君也，官也，國民之公奴僕也。」⑥將一向高踞於人民頭上的「君」與「官」都視爲人民的公共「奴僕」，這是前所未有的天翻地覆式的言論，後來曾爲孫中山所繼承和發揮。

應該指出的是，維新派雖然在理論上提出了「國民國家」的主張，但是，在實踐上，他們追求的卻是「君民共主」的國家，因此，他們普遍提倡「民權」，反對「民主」，即只承認人民有參預政治的部分權力，而不肯承認人民可以當家作主，在事實上擁有國家的全部權力。

二、孫中山的民主思想

不僅在理論上，而且在事實上追求「國民國家」的是孫中山。

一八九四年，孫中山在興中會章程中提出「創立合眾政府」，所謂「合眾」，就包含了「國民國家」的意思。一九〇五年，孫中山在同盟會誓詞中提出「建立民國」，這是近代中國史上首次明確地將「國民國家」作爲奮鬥目標。這個「國民國家」的標準，根據一九〇六年制定的《軍政府宣言》，它應該是：「由平民革命以建國民政府，凡爲國民皆平等以有參政權。

大總統由國民公舉。議會以國民公舉之議員構成之，制定中華民國憲法，人人共守。」⑦不過，孫中山認爲不可能一步到達這個境界，開始只能建立軍政府，實行軍法之治，第二步是約法之治，軍政府總攬國事（兵權、行政權），而將地方自治權交給當地人民，由人民選舉地方議會議員及地方行政官員，各方的權利、義務均規定於約法。第三步才是憲法之治，軍政府交出全部權力，國民公舉大總統及議員，組織國會，由憲法規定的國家機關分掌國事。孫中山後來將這三步設想稱爲軍政、訓政、憲政。這三步設想的劃分未必妥恰，但孫中山認爲，民主憲政是一個過程，必須分階段，循序漸進，無疑有其合理因素。

民國建立，一九一二年三月，南京臨時政府參議院通過《臨時約法》，共七章五十六條，它在近代中國歷史上第一次以法律形式確立了「國民國家」體制。它規定：中華民國之主權，屬於國民全體；民國人民一律平等；人民享有身體、家宅、財產、營業、言論、著作、集會、結社等自由；有請願、陳訴、選舉、被選等權利。由於民國初建，不可能迅速採取普選制，因此，它規定：參議員由各省選派，臨時大總統和副總統由參議院選舉。

孫中山認爲：國家之所以成立，建築於「國民的合成心力」，凡共和立憲國家，「左右統治權力者，常爲多數之國民」。但是，政治之事無法人人都管，只能由「少數優秀特出者」組成政黨，「代表民意」，領導政府。⑧孫中山提出，政黨對政府的領導權可以從一個黨轉移到另一個黨。⑨「政府不行，可以推倒之」。⑩有政爭、黨爭是好事，「一國之政治，必賴有黨爭，始有進步」。⑪

二十世紀初年，西方民主制度的弊端已有充分暴露，因此，孫中山在設計中國民主憲政的藍圖時，不能不考慮對它如何加以改進。還在一九〇六年，他在東京《民報》創刊週年慶祝大會上演說時就說：「我們這回革命，不但要做國民的國家，而且要做社會的國家，這決是歐美所不能及的。」他提出，要在西方行政、立法、司法三權分立的基礎上，增加考選、糾察二權，成爲「五權分立」。他認爲「這不但是各國制度上所未有，便是學說上也不多見，可謂破天荒的政體」。⑫既承認西方民主制度的先進性，又並不認爲一切都好，企圖加以改進和超越，這是孫中山的偉大之處，也是他思想的深刻性所在。

孫中山是徹底的民主主義者，始終堅持不懈地追求真正的「國民國家」。民國初年，孫中山對西方民主制度的批判進一步明確。他說：美利堅、法蘭西，固然是「共和之先進國」，但是，「兩國之政治，操之大資本家之手」。⑬又說：「英美立憲，富人享之，貧者無與焉。」⑭此後，他曾經設想過一種瑞士式的「直接民權」模式，企圖使人民擁有全部政治權力。

辛亥革命前，章太炎就反對代議制，主張廢除議會、議員，代之以「法官」和由法學家充任的「學官」。⑮孫中山對代議制也不十分滿意，認爲這只是一種「間接民權」，人民還不能直接參與國家管理，因此不能算是純粹的「眾民政治」。他說：「既曰民權國，則宜爲四萬萬人民共治之國家。治之之法，即在予人民以完全之政治上權力。」⑯孫中山設想的辦法是：以縣爲單位自治，仿照瑞士模式，實行直接民權，使人民享有選舉、罷官、創制、複決（廢制）等「四大民權」。孫中山認爲，只有達到這一程度，人民才可以按照自己的意志任用、役使並防範官吏，管理國家大事，真正成爲「一國之主」。這樣的政治就叫做「全民政治」，這樣的國家才可以稱爲「純粹民國」。⑰至於縣以上，孫中山則仍然主張實行代議制，由各縣選舉國民代表一名，參與中央政事，組成國民大會。國民大會對中央政府官員，有選舉權和罷免權；對於中央法律，有創制權和複決權。⑱

在瑞士模式之外，孫中山也曾設想過採用蘇俄模式。他在一九二二年初的一次演說中曾表示：「法、美共和國皆舊式的，今日惟俄國爲新式的。吾人今日當造成一最新式的。」⑲不過，孫中山當時對蘇俄模式顯然還不十分瞭解，後來也始終瞭解不多。⑳一九二四年，在國民黨第一次全國代表大會宣言中，孫中山提出：「近世各國所謂民權制度，往往爲資產階級所專有，適成爲壓迫平民之工具。若國民黨之民權主義，非少數者所得而私也。」這一段話，反映出孫中山長期以來對人民民主的真誠追求，後來曾屢次爲毛澤東所引用，認爲除了誰領導誰之外，孫中山這裏所說的民權主義，和中共所說的人民民主主義或新民主主義相符合。㉑在同一宣言中，孫中山又說：「民國之民權，唯民國之國民乃能享之，必不輕授此權於反對民國之人，使得藉以破壞民國。」孫中山的思想中，從來沒有「專政」思想的成分。這一新成分的引入，顯然反映了蘇俄顧問和中共的影響。

近代西方國家規定了人民的選舉權利，但是又常常有性別、教育、財產、居住時間等條件限制，在事實上剝奪了許多人的民主權利。國民黨第一次全國代表大會通過的《政綱》規定：「實行普通選舉，廢除以資產爲標準之階級選舉。」在《民權主義》的演講中，孫中山又肯定了美國由間接選舉向直接選舉的發展，認爲總統、上議院議員、地方上與人民有直接厲害關係的官員，都由人民選舉是一種進步。[22]這些地方，反映出孫中山民主主義思想的徹底性。

人民和政府是一對矛盾的統一體。就人民來說，擁有選舉、罷免、創制、複決四大政治權力，孫中山稱之爲「政權」，或曰「人民權」；但是，不可能人人都當官，政府機關必須交給少數「有才能的專門家」來管理，擁有行政、立法、司法、考試、監察等五大權力，孫中山稱之爲「治權」，或曰政府權。他認爲，將兩者結合起來，用人民的四個權來管理政府的五個權，就會形成人民有權，政府有能的局面。一方面，人民可以指揮、控制、監督政府；另一方面，政府也可以充分發揮效率，爲人民做事，成爲「萬能政府」。孫中山極爲滿意他的這一「權能區分」理論，自誇地說：「中國能夠實行這種政權和治權，便可以破天荒在地球上造成一個新世界。」[23]

三、陳獨秀的「國民政治」與李大釗的「唯民主義」

辛亥革命後，中國號稱民國，但是，並沒有建成民主政治。「無限頭顱無限血，可憐購得假共和」，於是，人們進行反思，因而有提倡「民主」與「科學」的新文化運動的崛起。其代表人物是陳獨秀、李大釗、胡適、魯迅等。

陳獨秀認爲，世界歷史的發展趨勢是：「由專制政治趨於自由政治，由個人政治趨於國民政治，由官僚政治趨於自治政治」。㉔陳獨秀提出，要實現「國民政治」，必須基於多數國民的自覺與自動。他說：「所謂立憲政體，所謂國民政治，果能實現與否，純然以多數國民能否對於政治，自覺其居於主人的主動的地位爲唯一根本之條件。」陳獨秀認爲，在有了這種自覺之後，才可以進一步「建設政府」，「自立法度而自服從之，自定權利而自尊重之」。㉕

李大釗尖銳地批判了袁世凱復辟帝制的行爲，要求建設「國民自主之政」。他積極提倡「唯民主義」，認爲代議制乃是形式，而「唯民主義」才是精神。他在《民彝與政治》一文中鮮明地指出：「蓋唯民主義乃立憲之本，英雄主義乃專制之源。」㉖李大釗特別指出，建設立憲政治，「擴張選舉」，必須「開發農村」，「使一般農民有自由判別的知能」。他認爲，只有農民能正確運用選舉權，民主主義才算有了根底和泉源。㉗

建設「國民國家」或「人民國家」，固然依賴於制度的改革，但是，也還依賴於國民民主精神的自覺與高揚。沒有後一點，已經建立起來的制度不可能鞏固，或者徒具形式，民主其外，而專制其內。陳獨秀、李大釗看出了這一點，這是他們高出於前人的地方。

俄國十月革命後，李大釗迅速表態，歡呼這一勝利。他認爲俄國革命的特點是「將統制一切之權力，全收於民眾之手」㉘李大釗的這一段話，表現出他對於一種新的國家形式和民主形式的期待。此後，中國知識分子中的一部分人轉而向俄國尋求民主道路，他們逐漸不滿意於建立舊式的「國民國家」，而力圖建設「勞動者的國家」，以至俄式「無產階級專政」。㉙

四、胡適、羅隆基的人權思想

五四運動後，當年的參加者迅速分化。陳獨秀、李大釗發展為馬克思主義的信仰者，胡適等則堅持原來的自由主義立場。他們既反對馬克思主義和中共的政治主張，也反對國民黨一黨專政的「黨治」。

胡適的政治主張以溫和、改良著稱。一九二二年，他提出「好政府主義」，要求政府能「應公共的需要，謀公共的利益，做到公共的目的」。㉚一九二二年，他發表《我們的政治主張》，提出中國政治改革的原則：第一，必須是一個「憲政的政府」；第二，必須是「公開的政府」；第三，實行「有計劃的政治」。㉛一九二九年四月，胡適發表《人權與約法》，要求國民黨政府從速制定約法，保護人權。兩個月之後，又發表《我們什麼時候才可以有憲法》一文，要求規定人民的權利和政府機關的權限。這以後，他不斷呼籲實行法治和民主憲政，認為「只有法治是永久而普遍的民權保障」。㉜他說：「民主憲政不過是建立一種規則來做政府與人民的政治活動的範圍，政府與人民都必須遵守這個規定的範圍，故稱為憲政；而在這個規定的範圍之內，凡有能力的國民都可以參加政治，他們的意見都有正當的表現機會，並且有正當的方式可以發生政治效力。」㉝近代中國有許多思想家，如梁啓超、孫中山等都認為，實行憲政需要人民有一定的文化和政治素養，不可以一蹴而就，但胡適卻認為，實行憲政並不困難，它只是一種「幼稚園」式的初級民主政治，隨時隨地都可以實行。

胡適要求國民黨「拋棄黨治，公開政權」。他認爲，「黨治」的腐敗，在於沒有合法政敵的監督。救濟的方法，就是樹立一個或多個競爭的政黨。同時，他也主張建立議會，通過宣傳鼓吹、組織運動、選舉競爭等手段進行不流血的「和平革命」，「用和平的方式轉移政權」。㉞

在近代中國，馬克思主義者或接受馬克思主義影響的人都將中國民主改革的希望寄託於工人、農民，而胡適則寄希望於知識階級。他主張從各學術團體、商業團體、技術職業團體中產生「有計劃、有力量的政治大組合」，通過這一「組合」干預政治，監督政府，指導政府，援助政府。㉟

羅隆基是胡適在人權等問題上的戰友。他認爲，人權不應只是維持生命，取得衣食住和人身安全，而且，要使個性和人格得到培養與發展，因此，他將人權概括爲生命權、個性自由、最大多數人的最大幸福、勞動權、言論自由、革命權等。他特別重視言論自由。提倡說自己要說的話，不說旁人要自己說的話。他也特別重視「革命權」，主張人民在人權不能保障的時候，就可以行使「革命權」。在《論人權》一文中，他提出了三十五條人權要求，其主要內容有：

一、主權在民，任何個人或團體未經人民允許，不得行使國家權力。人民在法律上一律平等，享受國家政治上的一切權利，不得有宗教、政治信仰、社會階級及男女的限制。

二、國家保障國民私有財產，凡一切不經法定手續的沒收及勒捐，均爲違法；同時，國家也必須保障人民就業，保障人民思想、言論、出版、集會自由，普及教育，不得將教育機關作爲政治信仰的宣傳機關。

三、政府與官吏對全民負責，任何家庭或團體不得包辦政府多數高級官吏；廢除薦舉制，以才能選用官吏。

四、司法獨立，法律至上。法律對全體人民負責，不向一黨一派負責。法律應該「約束」政府，限制執政者的特權。任何人或任何團體不得處於超越法律的地位。軍政長官無權解釋法律，執行司法職權。法官人選，不得有宗教及政治信仰的歧視。

五、軍隊對全體人民負責；任何軍人都不得兼任地方行政職務。國家無論在任何形勢下，不得以軍事法庭代替普通法庭。非經政府的許可，任何軍人不得在任何地點宣布軍法戒嚴。

六、無論何人，不經司法上的法定手續，不受逮捕、檢查、收押；不經國家正當法庭的判決，不受任何懲罰。任何國民，凡未經法庭處死刑者，國家任何官吏，不得以命令處任何人以死刑。㊱

羅隆基認爲：國家是全體國民彼此合作以達到共同幸福的工具，人民是主人，國家爲人民而存在。因此，人民對國家的服從是有條件的。當國家不能爲大多數人謀福利，蛻變爲某一家庭或某一集團的私有物時，人民就可以終止對它的服從義務。

一九三一年，南京國民政府公布《訓政時期約法》，宣布「主權在民」，但同時規定，訓政時期由國民黨全國代表大會和國民黨中央委員會行使統治權，羅隆基批評這種現象是「主權在黨」，呼籲從國民黨手上收回「國民的政權」。㊲他說：「民主政治，重要的條件是國家的統治權，應樹立在國民的全體，不在某特別團體，或某特別階級身上。」㊳羅隆基的這些思想，在當時和國民黨相對立，在後來就和中共相對立了。

除主張議會政治外，羅隆基還提倡專家政治，主張通過考試選拔政府官吏。㊴

在二、三十年代的自由主義者中，和胡適、羅隆基觀點接近的有王世杰、王造時等人。王世杰提出，必須對舊的代議制進行改造。他主張，以職業代表制代替人口及地域代表制，以比例選舉代替多數選舉。㊵同時，他又主張，在總統與議會，或議會內部意見不一致時，可以訴諸於「公民票決制」，通過公民總投票解決糾紛。王造時主張「用選票代替槍桿子」，各派政治勢力都到選舉場去決鬥，「用不著殺人，用不著放火，用不著蹂躪人民，用不著破壞秩序。他們都有公平的機會，他們聽國民最後的裁判。」㊶針對國民黨一黨專政，權力失控的狀況，王造時特別提出，必須建立監督機制。他說：「權力是最危險的東西，沒有監督，必致濫用。」㊷他主張行政系統受議會監督，對政府或政府官員，議會可以質詢，可以彈劾，可以提不信任案。

在王世杰、王造時之外，張君勱企圖獨樹一幟。他提倡一種「修正的民主政治」，其內容爲：權力屬於政府，自由屬於人民，政務歸於專家。他稱之爲超越於獨裁政治與議會政治之外的「第三種政治」。㊸

五、鄧演達等第三黨的「平民政權」

鄧演達原是國民黨左派。一九二七年汪精衛分共前夕出走莫斯科，一九三〇年回國，正式組織中國國民黨臨時行動委員會，提倡「平民革命」，建立「平民政權」，企圖走和國民黨、共產黨都不同的第三條道路。

鄧演達尖銳地批判以胡適和羅隆基爲代表的人權派，認爲他們只是「把歐美的政治形態整個的移植到中國來」，「不但是不會實現，即使實現，也不過是資產階級的民主，與勞動平民無關」。他說：「中國勞動平民大眾做統治者的牛馬奴屬已好幾千年，現時的唯一要求是要翻身起來自己管理自己，自己發展自己，而其最切近的第一步目標是要推翻傳統的官僚機構，建立真正由人民直接參加及組織起來的政權。」㊹

鄧演達所稱的平民，指的是直接參加生產的各種工廠工人、手工業者、自耕農、佃農、雇農及設計生產、管理生產與擔任運輸分配等任務及其他輔助社會生產的職業人員。由這些人員掌握的政權稱爲「平民政權」。在這個政權裏，工人、農民是重心。㊺

鄧演達認爲，建立平民政權的先決條件是形成平民群眾本身的組織。一種是職業組織，如工會、農會；一種是準職業組織，如學生會、婦女會、士兵會等。

爲了剷除官僚制度和軍閥政治的積弊，保障參加生產各部門的民眾和政權的緊密聯繫，鄧演達主張，必須由職業團體代表掌握政權。其最高權力機關爲國民大會。其中，直接參加生產的農民和工人占百分之六十，其他各職業團體及準職業團體占百分之四十。鄧演達聲稱：「反對歐美流行的三權分立制，而主張立法機關不與執行機關分離，一切權力屬於國民大會，在國民大會之下設執行機關。各地方的權力機關爲省民大會、縣民大會、鄉民大會等。」㊻

爲了促進地方發展，鄧演達主張實行分權制，將中央許可權縮小到最低限度，除外交、軍事以及關係全國的產業統制，全國的交通與財政外，其他各事均由各地方負責自行治理。

六、民盟等中間黨派提倡的「中國型民主」

抗日戰爭期間，民主力量有了一定發展，反對國民黨「一黨專政」的呼聲再度高漲。一九四一年十月，中國民主政團同盟發表《對時局主張綱領》，要求「實踐民主精神，結束黨治」，「設置各黨派國事協定機關」。㊼一九四五年十月，中國民主同盟召開臨時全國代表大會，宣稱「人是一切組織、一切制度的主人」，「民主的政治經濟必定是全體人民的政治，全體人民的經濟」。㊽會議通過《中國民主同盟綱領》，其政治部分共十五條，比較集中地體現了中間黨派的「國民國家」思想。它在第一條首先確認：「民主國家以人民爲主人，人民組織國家之目的在謀人民公共之福利，其主權永遠屬於人民團體。」在第二條中確認：「國家保障人民身體、行動、居住、遷徙、思想、信仰、言論、出版、通訊、集會、結社之基本自由。」在以下各條中，民盟提出了建設「國民國家」的具體設想：

一、實行憲政，厲行法治，國有國憲，省有省憲。於國憲頒佈後，召集省憲會議，制定省憲。各民族組織的自治單位，也均應制定憲法，實行自治。任何人、任何政黨不得處於超法律的地位。司法絕對獨立，不受行政及軍事干涉。

二、以地方自治為實行民主政治的基礎，中央與省，省與縣的許可權均按憲法的規定實行分權。

三、國會為代表人民行使主權的最高機關，由參議院及眾議院組成。參議院由各省省議會及少數民族自治單位選舉的代表組成；眾議院由全國人民直接選舉的代表組成。

四、國家最高行政機構取內閣制，對眾議院負責。

五、實行普選制。縣以下行使直接民權。總統、副總統由人民直接選舉。

六、實行文官制。文官選拔實行考試制度，公開競爭，非經考試合格者不得任用。文官機關的長官及全國事務官應超然於黨派之外。㊾

二十世紀，人類社會有兩種主要的國家制度，一是英美式，一是蘇聯式。民盟肯定英美的議會政治和政黨政治，認為其缺點並非來源於政治制度，而是來源於社會經濟制度缺乏調整。因此，民盟主張「拿蘇聯的經濟民主來充實英美的政治民主，拿各種民主生活中最優良的傳統及其可能發展的趨勢，來創造一種中國型的民主」。㊿張東蓀則明確提倡「建立一個資本主義與共產主義之間的政治制度」。(51)

中間派所稱「中國型民主」的主要內容有三：一是「多黨共存」。民盟主張，召集全國各黨派以及無黨派的代表人士共同舉行圓桌會議，用和平協商的方式，對當前國家的一切問題逐步地積漸地求得全盤徹底的解決。張東蓀稱：「各黨共存，都能發展，這就是民主。」㊾一是聯合政府。民盟宣稱：相當長時期的聯合政府是中國和平、團結、統一的唯一途徑。三是國民大會。民盟認爲：國民大會必須是代表真正民意的機關，而不是任何黨派包辦操縱的機關。因此，民盟主張用人民普選產生的代表組成國民大會，從而結束國民黨的黨治。㊿當時的中間派普遍認爲，一黨專政制度難以有效地統治中國，特別難以防止掌握政權後的腐化，因此，也就難以使社會長治久安。一九四八年一月八日，上海《大公報》發表文章說：「有革命抱負的政黨穩握政權後十年二十年，可有把握不走上腐化途徑？而那時不滿現狀的人們能不再起而革命？於是，革命不已，流血不已。這個連環套要到那年爲止呢？」他們認爲，實行多黨制，人民與統治者就是一種「由招標而發生合同」的關係。既然是招標，就會有競爭，人民也就可以挑選，有「檢驗貨真價實的應徵者之權」；而應徵者由於競爭作用，在貨色價碼上就不得不「分外老實克己」。

七、中共的「真正民主共和國」與「新民主主義共和國」主張

中共在建黨時，對中國國情尚無清醒的認識，提出要以革命軍隊「推翻資本家階級的政權」，「承認無產階級專政」，「承認蘇維埃管理制度」[54]一九二二年七月，中國共產黨召開

第二次全國代表大會，認識到當時的中國革命只能是民主革命，因此，相應地提出了建立「真正民主共和國」的主張。其內容爲：

消除內亂，打倒軍閥，建設國內和平；

推翻國際帝國主義的壓迫，達到中華民族完全獨立；

統一中國本部（東三省在內）爲真正民主共和國；

蒙古、西藏、回疆三部實行自治，成爲民主自治邦；

用自由聯邦制，統一中國本部、蒙古、西藏、回疆，建立中華聯邦共和國；

工人和農民，無論男女，在各級議會市議會有無限制的選舉權，言論、出版、集會、結社、罷工的絕對自由；

制定關於工人和農民以及婦女的法律。㊺

這個綱領要求「真正民主」，重視「民族自治」和工人、農民的利益，是一個比較徹底的民主主義國家綱領。正是在這一基礎上，中共與國民黨建立了統一戰線，共同從事「國民革命」。但是，一九二七年國共統一戰線破裂後，中共即繼續致力於在中國建立「蘇維埃」——「無產階級領導之下的工農民權獨裁制」，提出「一切政權歸工農兵士貧民代表會議」。㊻這樣，資產階級就和軍閥、官僚、地主、豪紳、富農、僧侶一起被排斥到了「人民」之外，被剝奪了選派代表參加政權和政治上的自由。㊼只是隨著日本侵華危機的逐漸加深，中共才逐漸改變主張，「人民」的內涵再度擴大。

一九三五年十二月，中共在陝北提出，爲了發展和壯大民族統一戰線，願將「蘇維埃工農共和國」改變爲「蘇維埃人民共和國」。一九三六年八月，中共致函國民黨，提出建立「全國統一的民主共和國」。一九三七年八月，中國共產黨提出抗日救國綱領，主張召開國民大會，選舉國防政府。一九四〇年一月，毛澤東在《新民主主義論》中，從「國體」和「政體」兩方面提出了「新民主主義共和國」的設想。

毛澤東所謂國體，指的是社會各階級在國家中的地位。他說：「中國無產階級、農民、知識分子和其他小資產階級，乃是決定國家命運的基本勢力」，「他們必然要成爲中華民主共和國的國家政權和政權構成的基本部分，而無產階級則是領導的力量」。根據這一理論，他提出：「現在所要建立的中華民主共和國，只能是在無產階級領導下的一切反帝反封建的人們聯合專政的民主共和國。」這裏所說的「一切反帝反封建的人們」是一個相當寬廣的概念，許多過去被視爲敵人的階級、集團、派別都可以包括在內了。他特別提出：「『國民』這個詞是可用的，但是，國民不包括反革命分子，不包括漢奸。」

毛澤東所謂政體，指的是政權的構成形式問題。他說：「中國現在可以採取全國人民代表大會、省人民代表大會、縣人民代表大會、區人民代表大會直到鄉人民代表大會的系統，並由各級代表大會選舉政府。」他特別提出：必須實行無男女、信仰、財產、教育等差別的普遍平等的選舉制。他稱這種制度爲民主集中制。

毛澤東認爲，將各革命階級的聯合專政和民主集中制兩者結合起來，就是新民主主義的共和國，也就是名副其實的中華民國。他說：「國事是國家的公事，不是一黨一派的私事」。㊽因此，他尖銳地反對「由一黨一派一個階級來專政」，㊾表示「既不贊成別的黨派的一黨專政，也不主張共產黨的一黨專政」。㊿他多次要求當時的各抗日政權實行三三制，即共產黨員占三分之一，非黨的左派進步分子占三分之一，不左不右的中間派占三分之一。(61)所謂「中間派」，毛澤東有時直指爲「中等資產階級和開明紳士」。(62)他甚至表示，政府機關可以允許不反共的國民黨員參加，在民意機關中可以容許少數右派分子參加，切忌由中共包辦一切。(63)

在人民權利方面，毛澤東提出：人民的言論、出版、集會、結社、思想、信仰和身體這幾項自由，是最重要的自由。(64)他主張，要給別人以說話的機會，除了日寇漢奸和破壞抗戰和團結的頑固派，其他任何人，都有說話的自由。(65)

針對當時有人懷疑共產黨得勢之後，是否會學俄國，來一個無產階級專政和一黨制的疑問，毛澤東回答道：「在一個長時期中，將產生一個對於我們是完全必要和完全合理同時又區別於俄國制度的特殊形態，即幾個民主階級聯盟的新民主主義的國家形態和政權形態。」(66)後來，毛澤東曾將這一政府稱爲「民主聯合政府」。

毛澤東後來對他所提出的「新民主主義共和國」繼續有所說明。一是關於「人民大眾」。他一方面明確地將民族資產階級列爲「人民大眾」的組成部分，但同時聲明，其主體是工人、農民和其他勞動人民。一是關於工人階級領導的實現形式。他表示工人階級將通過自己的先鋒隊中國共產黨實現對於人民大眾的國家及其政府的領導。(67)一九四九年六月，他將「新民主主義共和國」稱爲「人民民主專政」，聲稱對人民，實行民主；對反動派，實行獨裁。

現代國家的職能當然既有民主方面，又有專政方面。毛澤東的「人民民主專政」論較之列寧的「無產階級專政」論顯然要更全面一些。但是，對於「國民國家」或「人民國家」來說，民主應該是主要方面，第一方面。民主，意味著人民真正成爲國家的主人，意味著必須切實尊重並保障人民的各種權利。如果人民的權利得不到切實的保障，侈談專政，其結果就會發展爲專政無邊，民主也就所剩不多了。

八、尾語

民國建立，君主、民主、君民共主之爭基本結束，以「民主共和」爲主要內容的「國民國家」思想成爲時代潮流，環繞怎樣建設一個民主國家，不同派別的思想家和政治家提出了眾多的方案，涉及國家權力與階級構成，階級關係，黨派關係，政黨與國家，民主與專政，政體形式，代議制的利弊，人民權利，直接民權與間接民權，有限自由與無限自由，選舉制度，國家組織形式，法治與黨治，政權更替，中央集權與地方分權，國憲與省憲，國家統一與民族區域自治等多方面的問題。這些問題的提出，極大的豐富了「國民國家」或「人民國家」的理論內容，爲後人留下了一筆可觀的思想遺產。民主是一個舊課題，又是一個新課題；既是某個國家的課題，又是世界各國的普遍課題。中國是個幅員廣大的國家，民國時期是社會動盪和轉型迅速的時期。仔細地研究、辨析這些遺產，將會極大地大有益於中國的民主建設，也會有益於人類歷史的發展。

（原載日本《世界問題研究所紀要》特別號，一九九八年九月）

① 《曾論書後》，《新政真銓》初編，格致新報館版，第十八頁。
② 《辟韓》，《嚴復集》，北京中華書局一九八六年版，第三十四至三十六頁。
③ 《仁學》，《譚嗣同全集》下冊，中華書局增訂本，第三三九頁。
④ 《論君政民政相嬗之理》，《飲冰室合集．文集》第二冊，第二卷。
⑤ 《與嚴幼陵先生書》，《飲冰室合集．文集》第一冊，第一卷。
⑥ 《中國積弱溯源論》，《飲冰室合集．文集》第二冊，第五卷。
⑦ 《中國同盟會革命方略》，《孫中山全集》第一卷，北京中書局一九八一年版，第二九七頁。
⑧ 《國民黨宣言》，《孫中山全集》第二卷，第三九六頁。
⑨ 《中華民國》，《孫中山全集》第二卷，第三九三頁。
⑩ 《在神戶國民黨交通部歡迎會上的演說》，《孫中山全集》第三卷，第四十四頁。
⑪ 《在上海國民黨茶話會上的演說》，《孫中山全集》第二卷，第五頁。
⑫ 《孫中山全集》第一卷，第三一八、三三一頁。
⑬ 《孫中山全集》第二卷，第三五四頁。

⑭《孫中山全集》第二卷，第三七一頁。

⑮《代議然否論》，《章太炎政論選集》，中華書局一九七七年版，第四五六至四七〇頁。

⑯《在桂林對滇粵軍的演說》，《孫中山全集》第六卷，第廿六頁。

⑰《在滬尚賢堂茶話會上的演說》，《孫中山全集》第三卷，第三三三頁；參見《三民主義》，同上書第五卷，第一八九頁；《在中國國民黨本部特設駐粵辦事處的演說》，同上書，第四七七頁；《民權初步》，同上書第六卷，第四一三頁；《三民主義》，《孫中山全集》第九卷，第三五〇頁。

⑱《國民政府建國大綱》，《孫中山全集》第九卷，第一二八至一二九頁。

⑲《在桂林廣東同鄉會歡迎會的演說》，《孫中山全集》第六卷，第五十六頁。

⑳一九二四年四月十三日，孫中山演說稱：「近來俄國新發生一種政體，這種政體不是代議政體，是『人民獨裁』的政體。這種人民獨裁的政體究竟是怎麼樣呢？我們得到的材料很少，不能判斷其究竟，惟想這種人民獨裁的政體，當然比較代議政體改良得多。」見《孫中山全集》第九卷，第三一四頁。

㉑《毛澤東選集》第一三六六至一三六七頁。

㉒《孫中山全集》第九卷，第三〇五頁。

㉓《民權主義》，《孫中山全集》第九卷，第三五五頁。

㉔《吾人最後之覺悟》，《青年》第一卷第六號。

㉕《吾人最後之覺悟》，《青年》第一卷第六號。

㉖《李大釗選集》，第四十八頁。

㉗《青年與農村》，《李大釗選集》，第一四八至一四九頁。
㉘《法俄革命之比較觀》，《李大釗選集》，第一〇四頁。
㉙《短言》，《共產黨》第一號，一九二〇年十一月。
㉚《晨報副刊》，一九二一年十一月十八日。
㉛《努力周報》第二期，一九二二年五月十四日。
㉜《民權的保障》，《獨立評論》第三十八號，一九三三年二月十九日。
㉝《我每能實行的憲政與憲法》，《獨立評論》第二四二號，一九三七年七月十一日。
㉞《政治改革的大路》，《獨立評論》第一六三號；《從民主與獨裁的討論裏求得一個共同政治信仰》，同上，第一四一號，一九三五年三月十日。
㉟《中國政治出路的討論》，《獨立評論》第十七號，一九三二年九月十一日。
㊱《論人權》，《新月》二卷五號；《什麼是法律》，《新月》二卷十二號。
㊲《我們要什麼樣的政治制度》，《新月》二卷十二號。
㊳《對訓政時期約法的批評》，《新月》三卷八號。
㊴《專家政治》，《新月》二卷二號。
㊵《新近憲法的趨勢——代議制之改造》，《東方雜誌》第十九卷，廿二號，一九二二年十一月十五日。
㊶《我們為什麼主張實行憲政》，《荒謬集》，自由言論出版社一九三五年版，第五十三至五十四頁。

㊷《怎樣打倒貪汙》，《荒謬集》，第一〇七頁。
㊸《民主獨裁以外之第三種政治》，《再生》三卷二期，一九三五年四月十五日。
㊹《南京欽定的國民會議和我們所要求的國民會議》，《鄧演達文集》，人民出版社一九八一年版，第一五一頁。
㊺《中國國民黨臨時行動委員會政治主張》，《鄧演達文集》，第三五〇頁。
㊻《中國國民黨臨時行動委員會政治主張》，《鄧演達文集》，第三五二頁。
㊼《中國各民主黨派》，中國文史出版社一九八七年版，第四六〇頁。
㊽羅隆基：《中國民主同盟臨時全國代表大會政治報告》，《中國民主黨派歷史資料選輯》，上冊，華東師範大學出版社一九八五年版，第二三九至二四〇頁。
㊾《中國民主同盟綱領》，《中國各民主黨派》，第四六一至四六二頁。
㊿《中國民主同盟臨時全國代表大會政治報告，《中國民主黨派歷史資料選輯》，上冊，第二四二頁。
(51)張東蓀：《一個中間性的政治路線》，《再生》第一一八期，一九四六年六月廿二日。
(52)《追述我們努力建立「聯合政府」的用意》，《觀察》第二卷第六期，一九四七年四月五日。
(53)《中國民主同盟臨時全國代表大會政治報告》，《中國民主黨派歷史資料選輯》，上冊，第二四三至二四六頁。
(54)《中國共產黨第一個綱領》，《中共中央文件選集》第一卷，中央黨校出版社一九八九年版，第三頁。

㊺《中國共產黨第二次全國代表大會宣言》，《中共中央文件選集》第一卷，第一一五至一一六頁。
㊻《中國現狀與黨的任務決議案》，《中共中央文件選集》第三卷，第四五九至四六〇頁。
㊼《中華蘇維埃共和國憲法大綱》。
㊽《毛澤東選集》（一卷本），人民出版社一九六八年袖珍橫排本（以下均同），第七六七頁。
㊾《毛澤東選集》第六九一頁。
㊿《毛澤東選集》第七一八頁。
(61)《毛澤東選集》第七〇〇頁。
(62)《毛澤東選集》第七〇八頁。
(63)《毛澤東選集》第七二四頁。
(64)《毛澤東選集》第九七一頁；參見第七二六頁。
(65)《毛澤東選集》第七六七頁。
(66)《毛澤東選集》第九六三頁。
(67)《毛澤東選集》第一一六七頁。

蘇曼殊、陳獨秀譯本《慘世界》與近代中國早期的社會主義思潮

《悲慘世界》是雨果最重要的長篇小說，也是世界文學中的傑作。中國很早就有了它的譯本。一九○三年，有蘇曼殊翻譯的《慘社會》。它在一九○四年由陳獨秀繼續修改、加工，改名爲《慘世界》。一九○六年，有平雲翻譯，由小說林書局出版的《孤兒記》。一九○七年，有商務印書館出版的《孤星淚》。此外，還有柯蓬舟的節譯本《少年哀史》等。本文限於主題，只討論蘇曼殊和陳獨秀的翻譯。

在本文以前，已經有一些研究者討論過《慘世界》的有關問題。因此，本文將力求從一些新的角度來加以考察。

一、既是譯作，又是革命宣傳品

蘇曼殊的《慘社會》最初發表於一九○三年十月八日在上海出版的《國民日日報》，題爲《慘社會》，署法國大文豪囂俄著，中國蘇子穀譯。爲了適應中國讀者的閱讀習慣並普及社會，特意改爲章回體。間日連載。當時，蘇曼殊的中文水準不高，曾得到他的朋友陳獨秀的指

導和潤色。①同年十二月，《國民日日報》被清政府封禁，《慘世界》只登到了第十一回。次年，陳獨秀繼續未完成的工作，並對全書進行再潤色，交由上海鏡今書局出版，改名《慘世界》，共十四回，署蘇子穀、陳由己同譯。

蘇、陳二人的《慘世界》並不是嚴格的翻譯，而是有譯有作，是翻譯和創作的結合體。其翻譯部分採自雨果《悲慘世界》第二卷《沉淪》的第一到第十三節。其第一至第六回，大體忠實於原文，但有改變，有增加，有刪節，例如：主角原名冉阿讓，蘇曼殊改名爲金華賤；主教原名卞福汝，蘇曼殊改名爲孟主教。原書第三章《絕對服從的英勇氣概》中，蘇曼殊增加了一段敘述語言：「哪曉得在這個悲慘世界，沒有一個人不是見錢眼開，哪有真正行善的人呢？」但是，自第七回以下，則完全是創作。譯者憑空增加了明男德、范財主、范桶、孔美麗等幾個人物，敷衍生發了不少新的情節，借此表達譯者自己的思想。至第十三回後半段，又回到雨果原書。到第十四回，金華賤（冉阿讓）爲孟主教（卞福汝）感化，全書就結束了。

明男德是蘇、陳創作部分的主角。作者通過他闡發了下述思想。

（一）批判清朝統治，號召武裝革命

《慘世界》第九回寫到有一強借民錢的村官，名「滿周苟」，顯爲「滿洲狗」的諧音。男德稱：「聽了官府兩個字，就不由我火上心來。」男德又稱：「這也難怪了，你看世界上那些搶奪了別人國家的獨夫民賊，還要對著那些主人翁，說什麼『食毛踐土』、『深仁厚澤』的話哩！」一九〇三年，清政府在密諭中曾指斥愛國知識分子說：「國家養士二百載，其自祖宗以

來深仁厚澤」，又說：「國家待士，既優予以進身，又復廣其登用之路，凡在食毛踐土，具有天良，而乃不思報稱，反言革命。」②顯然，這裏是對清政府密諭的直接批駁，也是對清朝統治者的直接批判。

值得指出的是，蘇曼殊、陳獨秀的批判不是從狹隘的種族主義出發，而是從反對「獨夫、民賊」的民主主義高度出發，這就有別於當時革命黨人中的籠統排滿論者，具有較高的思想性。男德主張以革命的手段推翻清政府，他說：「我想是非用狠辣的手段，破壞了這腐敗的舊世界，另造一種公道的新世界。」「索性大起義兵，將這班滿朝文武，揀那黑心肝的，殺個乾淨。」即使是「殺」，蘇曼殊、陳獨秀也主張「揀那黑心肝的」，並非魯莽蠻幹，提倡種族復仇主義。

（二）批判孔學，批判儒學倫理

《慘世界》第七回中，男德稱：「那支那國孔子的奴隸教訓，只有那班支那賤種奉作金科玉律，難道我們法蘭西貴重的國民，也要聽他那些狗屁嗎？」如所周知，在中國漫長的歷史中，孔子的「教訓」一向被尊爲永恆的最高真理，人人必須誦習實踐，但是，在蘇曼殊和陳獨秀的筆下，卻成了要人當「奴隸」的「狗屁」。這恐怕是空前絕後的對孔子最激烈的批判。這一批判並不科學，但在當時，不能不是思想解放的第一聲，具有震聾發憒的歷史作用。男德又稱：「凡人做事都要按著天理做去，卻不問他是老子不是老子。」儒學倫理的核心是孝道，兒子必須服從父親，但是，蘇曼殊和陳獨秀卻提倡服從真理（「天理」），不必服從父親。上述思想已經開啓了五四時期反孔、非孝思想的先河。

（三）批判宗教，批判偶像崇拜

男德認爲「上帝」的觀念起源於遠古時代人們揚善戒惡的需要。他說：「上古野蠻時代，人人無知無識，無論什麼惡事都要去做，所以有些明白的人，就不得已，胡亂撿個他們所最敬重的東西，說些善惡的果報，來治理他們，免得肆行無忌，哪裏真有個上帝的道理呢？」因此，他宣布：「平生不知道什麼叫上帝。」他尖銳地批判中國人的偶像崇拜：「人人花費許多銀錢，焚化許多香紙，去崇拜那些泥塑木雕的菩薩。」他反對一切迷信，提倡：「不要去理會什麼上帝，什麼神佛，什麼禮義，什麼道德，什麼名譽，什麼聖人，什麼古訓。」這裏的思想也已經開啓了五四時期科學思想的先河。

（四）批判富人，同情窮人、工人，主張財富公有

《慘世界》第七回寫法國無賴村有一農夫，生有一女一子。女兒出嫁之後，兒子無人照顧。蘇曼殊寫道：「他的親戚和那些左右隔壁的鄰居，雖說是很有錢，卻是古言道：『爲富不仁。』那班只知有銀錢、不知有仁義的畜生，哪裏肯去照顧他呢？」又稱：「你看那班財主，一個個地只知道臭銅錢，哪裏還曉得世界上工人的那般辛苦呢？」在貧富兩極的對立中，男德鮮明地站在窮人、工人方面，他說：「世界上有了爲富不仁的財主，才有貧無立錐的窮漢。」又說：「我看世界的上的人，除了能作工的仗著自己本領生活，其餘不能做工，靠著欺詐別人手段發財的，哪一個不是搶奪他人財產的蟊賊呢？」這裏，不僅有了某種貧富對立的階級意

識，而且也有了尊崇勞動、尊崇工人的意識，同時也有了富人掠奪的意識。男德批判金錢，主張財富公有。他說：「哎！臭銅錢，世界上哪一件慘事，不是你驅使出來的！」他明確表示：「世界上東西，應爲世界人公用，哪鑄定應該是哪一人的私產呢？那金華賤不過拿世界上一塊麵包吃了，怎麼算是賊呢？」又稱：「我看這財帛原來是大家公有的東西。」第十二回，作者並聲稱「雅各伯黨定了幾條規矩」：第一條：取來富戶的財產，當分給盡力自由之人以及窮苦的同胞。第二條：凡是能做工的人，都有到那背叛自由人的家裏居住和占奪他財產的權利。第三條：全國的人，凡從前已經賣出去的房屋、田地以及各種東西，都可以任意收回。第四條：凡是爲自由而死的遺族，須要盡心保護。第五條：法國的土地，應當爲法國人民的公產，無論何人，都可以隨意佔有，不准一人多占土地。

可以看出，這個「規矩」的核心是土地公有，同時無償地剝奪富人的財產，均分給貧苦人民。其目的是消滅社會的貧富對立，解決勞動者的生計問題。它既繼承了中國古代農民戰爭中的「均貧富」思想，但又表現出鮮明的近代革命色彩。

上述種種思想，都非《悲慘世界》原著所有，而是蘇曼殊、陳獨秀強加給雨果的。因此，蘇、陳二人的《慘世界》既是譯作，又不只是譯作；既是小說，又不只是小說。它是以翻譯小說爲掩護的革命宣傳品，表達的是中國革命黨人自己的思想和觀念。

一九〇三年初，由於反對沙俄侵略中國東北，在日本東京的中國留學生和中國上海等大城市的新型知識分子中間爆發拒俄運動。但是，運動隨即遭到清政府的禁止，廣大新型知識分子迅速轉向革命。東京和上海等地出現了不少宣傳革命的報刊和小冊子，一時放言高論，蔚爲風氣。於是，清政府採取了進一步的鎮壓行動，《蘇報》被封，章太炎、鄒容被捕。這樣，上海等地的革命黨人不得不採取較爲隱蔽的宣傳方式。《慘世界》正是這一特殊形勢下的產物。

蘇曼殊、陳獨秀都是拒俄運動中的積極分子。蘇曼殊在東京參加拒俄義勇隊，陳獨秀在安慶成立安徽愛國會。知識分子轉向革命後，蘇曼殊、陳獨秀自然也就成了其中的先鋒。當時，翻譯小說盛行。上海灘流行著各種各樣的東西洋小說。蘇、陳借翻譯小說宣傳革命思想，不僅有助於障蔽清朝官吏的耳目，而且也有助於革命思想在社會公眾中的傳播。

《慘世界》的出現還有其文化上的原因。

從維新派登上近代中國的政治舞台和文化舞台起，社會功利主義和社會實用主義就在思想界和文化界流行，表現在他們所提倡的「小說界革命」上，就是片面強調其政治宣傳作用。嚴復、康有爲、梁啓超都如此，因此，清末新小說一開始就表現出強烈的政治化傾向。翻譯小說亦然。梁啓超辦《清議報》時，除了帶頭寫作政治小說外，也帶頭翻譯日本小說《佳人奇遇》、《經國美談》，「以稗官之異才，寫政治之大勢」。③革命派興起後，政治上雖然與梁啓超等人對立，但文化上卻受其影響頗多。他們同樣重視小說的政治宣傳作用。《國民日日報》創刊後，即刊出歷史小說《南渡錄演義》，借北宋滅亡時的史事宣傳反清思想。不過，這種題材宣傳舊的種族主義猶可，宣傳近代革命思想則難。所以該報又接著刊出《回天偉婦傳奇》，以夢幻的形式將南宋史事和法國近代革命精神結合起來。小說寫故宋遺民華造世在杭州岳飛廟痛哭，感動岳飛的神靈，托夢說：「我想我中國國民，總有振作精神的時候。」「聽說西洋法蘭西國，近來有許多新奇事，我今日趁著秋涼，要去探看探看。」④說罷，乘雲駕鶴，飛往西方。不過，中國古老的種族主義和法蘭西近代革命精神畢竟很難結合。因此，蘇曼殊、陳獨秀不得不直接譯介法國小說。但是，法國小說也很難直接表達中國革命黨人的思想，因此，他們便任意增刪，既譯且作。

對於維新派或革命派說來，衡量一件文化成品的主要標準是社會功利，而非其科學性與藝術性。他們翻譯小說主要從社會實用出發，而非從文學交流出發。《慘世界》的出現，可以說是那個時代的特有文學現象。

雨果是政治傾向鮮明的作家。據說：曾任日本自由黨總理的板垣退助訪問歐洲時詢問雨果：假如要把自由平等的理想灌輸到人民中間應該怎麼辦才好？雨果答：「應當讓他們讀我的小說。」⑤蘇曼殊、陳獨秀未必知道這個故事，不過，他們在力圖通過小說向人民灌輸自己的政治思想上和雨果是完全一致的。

二、為什麼選中了雨果及其《悲慘世界》

蘇曼殊和陳獨秀借翻譯小說宣傳自己的革命思想，已如上述，但是，西方小說數量龐大，汗牛充棟，他們爲什麼選中了雨果及其《悲慘世界》呢？顯然，小說中有什麼東西打動了他們，或者說，有什麼東西使他們發生了共鳴。

雨果是偉大的人道主義者，他長期關懷社會下層勞動人民的命運。在一首詩中寫道：

我同情貧寒的人和勞動者。
對他們講友愛，從思想深處。
怎樣帶動動盪不安的受折磨的群眾，
給權利以更鞏固的基礎和更大的規模？
怎樣減少人世間的痛苦？
饑餓，艱難的勞動，貧困和罪惡，
這種問題緊緊抓住了我。⑥

這首詩可以很好地說明雨果創作《悲慘世界》的主旨。

《悲慘世界》原名《苦難的人們》，開始寫作於一八四五年，出版於一八六二年，長達十七年之久，可見作家用力之勤和用功之深。小說真實而生動地描繪了法國十九世紀前半期，即從拿破崙帝國後期到七月王朝初期的廣闊社會生活，憤怒地抗議了早期資本主義社會的黑暗一面，表現出對勞動人民悲慘生活和不幸命運的深刻同情。小說的主角冉阿讓本是一個善良淳厚的工人，每天辛勞所得，不夠養活他的姐姐和七個外甥。為了孩子，他被迫偷了一個麵包，被捕判罪，坐牢長達十九年之久。他在出獄後無家可歸，到處飄泊，所有的旅店和民居都拒絕他投宿。「孤零零，沒有棲身之所，沒有避風雨的地方」，「連狗也不如」。雨果就此質問道：人類社會是否有權利使窮人「永遠陷入一種不是缺乏（工作的缺乏）就是過量（刑罰的過量）的苦海中呢？」「分得財富最少的人也正是最需要照顧的人，而社會對於他們，恰又苛求最甚，這樣是否合情理呢？⑦

可以看出，打動蘇曼殊和陳獨秀的，正是雨果對下層人民及其悲慘命運的同情。近代中國，外有列強侵略，內有清政府壓迫，人們的注意力自然易於集中救亡和反清這兩個問題上。但是，當時，中國農民受地主階級的殘酷剝削，工人受中外資本主義的壓榨，小生產者面臨破產的威脅。這些狀況，不可能長期處於先進知識分子的視線之外。蘇、陳二人對他們的生活和命運顯然抱著與雨果一樣的同情。書中，對金錢的咒罵顯然反映出譯者在上海洋場上的現實感受。這些，正是蘇、陳樂於翻譯《悲慘世界》的原因。後來，章士釗回憶說：陳獨秀「時與香山蘇子穀共譯囂俄小說，注寫人類困頓流離諸況，顏曰《慘社會》，所懷政想，蓋與此同。」⑧章氏與陳獨秀、蘇曼殊同爲《國民日日報》的編輯人，並且同居一室，所述自是知情之談。

《悲慘世界》是篇幅宏大的長篇巨製，爲什麼蘇曼殊、陳獨秀只選譯了其中的一小段呢？這除了用他們並非職業翻譯家，時間有限來加以解釋外，恐怕主要的原因是：在改造社會的途徑上，蘇曼殊和陳獨秀與雨果有明顯的不同。

雨果認爲，應該用仁愛來代替壓迫，因此，他集中全力，塑造了卞福汝主教和冉阿讓這兩個理想化的人物。在雨果筆下，卞福汝是一個虔誠的基督徒，十全十美的救苦濟貧的慈善家。雨果不惜以整整兩卷篇幅來刻劃他，賦予他以崇高的人道主義思想，視之爲改造社會的力量。正是他，教育並感化了冉阿讓。冉阿讓雖然原來善良純樸，但社會的殘害和法律的懲罰使他日益孤癖、兇狠，「逐漸成爲一頭猛獸」，「具有兇狠殘暴的危害慾」。他出獄後走投無路，卞福汝主教熱情招待了他，他卻偷走了主教家裏的銀製食具。在他被押解回來時，卞汝福像接待老朋友一樣接待了他，不僅說明食具是送給他的，而且還另送了他一對珍貴的銀燭台。卞福汝的崇高行爲使冉阿讓的靈魂震顫，受到感化，自此轉惡向善，成爲一個像卞福汝一樣高尚的、充滿人道主義精神的人。

小說以後的情節是：冉阿讓被感化後，改名換姓，因發明製造寶石的方法致富，成爲企業主，並被推選爲海濱城市蒙特猗的市長。他懷著卞福汝一樣善良的心，不僅大辦社會福利與慈善事業，救助不幸的人，而且在他的工廠裏建立了一種前所未有的對勞動者的關係，使工人們過上了真正的人的生活。他所在的城市也繁榮富足，到處洋溢著溫暖和幸福，成了人間天堂。人人有工作，任何無衣無食的人都可以到工廠領取麵包；人人相敬相愛，道德高尚。雨果通過上述種種情節說明，嚴刑峻法只能使人性愈益敗壞，唯有仁慈、博愛、道德感化和社會福利、慈善事業才是杜絕罪惡，醫治社會、拯救人類的良方。

雨果在一八七〇年又寫道：「勞動者的命運，在美國，正像在法國，到處都吸引了我的最深沉的注意，並且激動了我。應該讓受苦受難的階級成爲幸福的階級，並且讓迄今以前在黑暗中工作的人今後在光明中工作。」⑨可以說，雨果筆下的冉阿讓的後半生，他所興辦的工廠，他當市長的城市及其市民命運的改變，都是作家善良願望的體現。雨果本人受過十九世紀三〇至四〇年代法國空想社會主義的影響，《悲慘世界》以浪漫主義手法所透露出來的「光明」也是一種空想社會主義的烏托邦。

中國是個鬥爭傳統很盛的國家，農民的暴動與起義史不絕書。在近代，國家、民族的災難愈重，人民受到的壓迫愈深，反抗、鬥爭的熱情也就愈加高昂。當時，中國革命黨人相信，只有革命才可以改變一切，也才可以得到一切。從《慘世界》看，蘇、陳二人追求的是，通過革命和戰鬥，建立財富公有的社會主義社會。自然，他們不會相信仁慈、博愛和慈善事業可以解決中國及其廣大人民的問題，因而，自然也就不會相信雨果對冉阿讓後半生的描寫，刪節不譯是一種必然的選擇。這一事實表明，中國社會主義思潮從它的開始階段，就拒絕溫和、改良，而傾向於激烈、徹底。

此外，在對於卞汝福主教的態度上，蘇曼殊、陳獨秀和雨果也有明顯的不同。譯稿最初在《國民日日報》上發表的時候，卞汝福主教被描寫爲虛僞做作的「貪和尙」，後來陳獨秀在定稿時部分恢復了雨果著作的原貌，但由於匆促馬虎，還是保留了初稿的某些痕跡。關於此，前人已經論及，茲不贅述。⑩

歐洲思想是生長於西方國家土壤中的文明之花，有自己獨特的社會、時代環境和文化傳統。中國近代知識分子在介紹歐洲思想時，面對的是中國的土壤，社會、時代環境和文化傳統，加上社會功利主義和社會實用主義盛行，因而，有選擇，有改變是必然的。只不過有的是無意的誤譯，有的是有意的曲譯罷了。

中國古老的科學技術著作《考工記》指出過一個事實：南方的水果橘子種到了淮水以北，由於栽培環境變了，就成了一種藥用植物。自然界如此，人文與社會科學何嘗不然。一種文化成品，在流傳和譯介中發生內容和價值的變異，是歷史上屢見不鮮的現象。

三、蘇、陳譯本《慘世界》在中國近代革命史和思想史上的地位

中國爲什麼要革命，在清末革命黨人的著作和宣傳品中可以找到多種答案。略加歸納，可以看出，一種回答是：滿人非我族類，或滿人誤國、賣國，這是從民族主義出發。一種是主權在民，清政府是專制政府，必須推翻，這是從民主主義出發。以上兩種，屬於大多數。但是，也有人從改變勞動人民的悲慘命運、改造社會出發，這種回答比較少，但後來卻深刻地影響了中國的革命界和思想界。

同盟會成立前，流行於海內外的著名革命宣傳品，莫過於鄒容的《革命軍》和陳天華的《警世鐘》。《革命軍》一書尖銳地抨擊滿族貴族集團的種族歧視和壓迫政策，反對奴隸主義，呼籲人人「當知平等自由之義」，其設想的革命是：「共逐君臨我之異種，殺盡專制我之

君主，以復我天賦之人權」，其終極目標是建立沒有上下貴賤、自由獨立的「中華共和國」，可以說民族主義、民主主義兼而有之，但是，卻無一語涉及社會的貧富問題。《警世鐘》展示出中國即將被帝國主義瓜分，中國人民即將淪爲亡國奴的驚心動魄的畫面，呼籲人們奮起救亡，拯救國家，洋溢著強烈的愛國主義激情，但是，也無一語涉及社會的貧富問題。《慘世界》的可貴之處就在於它從改變勞動人民的悲慘地位出發，提出了革命的主題。蘇曼殊、陳獨秀都是當時革命黨人中佼佼者，他們當然具有那個時代一般革命黨人所具有的民族主義與民權主義思想，但是，他們更多地考慮的卻是社會下層勞動人民的命運。《慘世界》中借雅各賓派名義提出的幾條「規矩」雖然是粗線條的，有許多幼稚、模糊和空想的成分，但仍然可以看作是近代中國革命黨人設計的最早的「社會革命」方案。如果康有爲的《大同書》由於從未公開發表可以撇開不計的話，《慘世界》的「規矩」顯然可以視之爲二十世紀中國的第一個社會主義綱領。在辛亥革命前夜眾多的革命宣傳品中，《慘世界》的獨特之處在這裏，它在近代中國革命史和思想史上獨特的地位也在這裏。

世界資本主義有不同的發展階段。十九世紀中葉至二十世紀初年，西方資本主義社會矛盾比較尖銳，各種弊端暴露得較爲充分，因而，從根本改變勞動者悲慘命運出發，就必然引出反資本主義和實行「社會革命」的主題，也就必然會引發對各種社會主義和無政府主義思潮的追求。

中國近代思想史發展的途徑正是如此。

社會主義思潮很早就傳入中國。一九〇三年時，上海已經出現了幾種小冊子，宣傳社會主義的有福井准造的《近世社會主義》，西川光次郎的《社會黨》，杜士珍的《近世社會主義評論》、村井知至的《社會主義》、幸德秋水的《社會主義神髓》等，宣傳無政府主義的有久津見蕨村的《近世無政府主義》、自然生（張繼）的《無政府主義》等。它們雖然都是從外文移譯過來的，但在短時期內集中出現，說明了中國的思想界、革命界已經在認真地思考有關問題。

在中國革命家中，較早深刻地思考過「社會革命」問題的是孫中山。他不一定讀過雨果的《悲慘世界》，但是，他在歐美遊歷時發現的貧富兩極分化情況，促使他不願照走西方老路，因此，在民族主義、民權主義之外，特意加了一個民生主義。按照孫中山的說法，民生主義的英文含義就是社會主義。孫中山企圖以他的民生主義預防資本主義在中國的禍害，將政治革命和社會革命「畢其功於一役」。⑪孫中山和近代中國其他社會主義思想家不同的是，他並不粗暴地斷言資本主義已經完全腐朽，而是允許資本主義在一定限度內發展，並且力圖「取那善果，避那惡果」，吸收資本主義文明中一切積極、有益於社會前進的成分。⑫

中國革命家中，另一個深刻思考過「社會革命」問題的是章太炎。他在十里洋場的上海看到了資本主義發展起來後貧富分化的狀況，東渡後，又從日本這個窗口看到了當時資本主義社會的種種矛盾，認為中國如果照走西方老路，「不過十年，中人以下，不入工場被棰楚，乃轉徙為乞丐，而富者愈與皙人結以陵同類，驗之上海，其儀象可睹也。」⑬因此，他在一段時期內同情社會主義和無政府主義，認爲「社會主義，其法近於平等」。⑭爲了保障農民和工人的利益，他主張「均配土田」和「官立工場」，⑮用現代語言來說，就是平分土地和建立國有企業。他當然不會想到，平分土地並不能避免兩極分化，而國有企業的效益一直到二十世紀末年還困擾著人們。

有一段時期，盧梭曾經是中國思想界的偶像。著名的維新黨人蔣智由詩云：

世人皆欲殺，法國一盧騷。《民約》倡新義，君威掃舊驕。力填平等路，血灌自由苗。文字收功日，全球革命潮。⑯

這首詩可以代表那個時期相當一部分中國知識分子對盧梭的認識和評價。此後，鄒容和陳天華等許多人都表達過對盧梭的高度敬仰。但是，到了一九〇七年，在東京和巴黎的中國留學界中，分別出現了兩個宣傳無政府主義的中心——《天義報》和《新世紀》，於是，在一部分知識分子中間，盧梭不行時了，華盛頓、拿破崙也不行時了，章太炎甚至表示，如果死者有知，他要扒開華盛頓、拿破崙的墳墓，用鐵錘去砸他們的腦袋。⑰自此以後，巴枯寧、斯諦納爾、托爾斯泰、克魯泡特金、馬克思等人成了中國知識分子的新偶像。其中，克魯泡特金的共產無政府主義因其特別「急進」和「徹底」，在一段時期內曾受到特別的尊崇。青年毛澤東就認爲克魯泡特金的思想比之馬克思「更廣、更深遠」，⑱當然，他後來信仰了馬克思。不過，一直到晚年，他的思想中都保留著無政府主義思想的某些影響。

從改造社會，改變勞動人民的悲慘命運出發提出革命主題，總會或直接或曲折地走向或走近社會主義，這一近代中國思想發展的規律也可以從蘇曼殊和陳獨秀的經歷中得到證明。一九〇三年十月七日，蘇曼殊曾經在《國民日日報》上發表過一篇《女傑郭耳縵》，敘述一個俄國女無政府主義者的故事。她出身中流社會，同情不幸平民，蔑視君主，認爲所謂君主，不過是「最無學無用之長物」。她爲一九〇一年九月刺殺美國總統麥堅尼而被捕的刺客不平，認爲「該犯久苦逆境，深惡資本家之壓抑平民，失望之極，又大受刺激，由萬種悲憤中，大發其拯救同胞之志願者也。」她在獄中見到爲總統下半旗致哀，慨嘆道：「吾寧深悼夫市井間可憐勞動者之死也。」⑲可見，蘇曼殊在翻譯《悲慘世界》的同時，是受到過社會主義思潮的影響的。一九〇七年前後，蘇曼殊和東京《天義》報系統的無政府主義者劉師培、何震關係密切，思想上共鳴；⑳陳獨秀則在一九二一年參加了中國共產黨的創建，成爲中國共產主義運動的領導人。

（原載《中國社會科學院研究生院學報》一九九五年第六期）

① 《柳亞子》：《記陳仲甫關於蘇曼殊的談話》，《蘇曼殊年譜及其他》，上海：北新書局一九二七年版，第二八三頁；章士釗：《與柳無忌論蘇曼殊著作函》，同上書，附錄，第十七頁。也有學者認為陳獨秀的工作不只是潤色，參見陳萬雄：《談雨果〈悲慘世界〉最早的中譯本》，（香港《抖擻》第

三十一期，一九七九年一月。）

②《蘇報》一九〇三年六月五日。

③《本館第一百冊祝辭並論報館之責任及本館之經歷》，《清議報》第一百冊。

④《國民日日報》一九〇三年八月八日。

⑤德富蘆花：《回憶錄》第六卷第十二節，民友社，一九〇一年版。

⑥安德烈·莫洛阿：《雨果傳》，湖南人民出版社，一九八三年版，第五六四頁。

⑦參見李丹譯《悲慘世界》第一部第二卷第一節、第七節，北京：人民文學出版社一九七八年版，第八十七、一一一頁。

⑧《吳敬恆、梁啓超、陳獨秀》，《甲寅周刊》一卷三號，一九二六年二月二日。

⑨尼柯拉耶夫：《雨果》，上海：新文藝出版社一九五八年版，第五十三頁。

⑩柳亞子：《慘社會與慘世界》，《蘇曼殊全集》第四冊，第四二三至四三〇頁。

⑪《〈民報〉發刊詞》，《孫中山全集》第一卷，北京中華書局一九八一年版，第二八九頁。

⑫《在東京〈民報〉創刊週年慶祝大會的演說》，同上書，第三二七頁。

⑬《總同盟罷工論序》，《太炎文錄》初編《別錄》卷二。

⑭《俱分進化論》，《民報》第七號。

⑮《五無論》，《民報》第十六號。

⑯《新民叢報》第三號。

⑰《官制索隱》，《民報》第十四號。

⑱《民衆的大聯合》，《湘江評論》第二號。

⑲柳亞子編：《蘇曼殊全集》，上海北新書局一九二二年版第一五一至一五三頁。

⑳參閱蘇曼殊《海哥美爾氏名畫贊》，《天義》第四號。

論辛亥革命前的國粹主義思潮

五十多年前，我國發生了辛亥革命。這次革命在意識形態領域內取得了什麼成果？革命派提出過什麼樣的文化改革的要求呢？我們如果在這兩個問題上進行一些考察，就可以發現，辛亥革命時的中國資產階級在這方面雖然也做出了一些成績，但建樹比之政治方面卻還要貧弱。近代中國資產階級的一些人在思想、文化領域內確曾一度表現出革命的銳氣和蓬勃的進取精神。他們批判尊古賤今的退化史觀，批判封建文化、封建道德，要求革新和創造。這種情況，在一九〇五年前表現得特別顯著；但愈接近革命前夜，卻反而漸趨沉寂。例如，近代中國資產階級中的一些人，包括改良派在內，曾經提出過道德革命、風俗革命、經學革命、史學革命、文界革命、詩界革命、曲界革命、小說界革命、音樂界革命、文字革命等一系列口號，他們在其中一些方面，確也做過一些改革的探索，一時風起雲湧，頗爲熱鬧；但是，曾幾何時，這種現象就消失了，代之而起的是甚囂塵上的復古思潮。「革命」的口號不喊了，要喊「光復」，喊「保存」了。

這一切情況是怎樣發生的？它對於我們可以提供什麼歷史教訓呢？這是本文試圖探索的問題。

一

在辛亥革命前，有三種人都宣傳過一種名爲國粹主義的思想：一是清王朝統治集團，突出的代表人物是張之洞；一是日益退步的資產階級改良派；一是革命派陣線中的某些分子，如章炳麟和《國粹學報》、南社中的部分成員。

中國的封建統治者是一向自視爲「詩書上國」和「禮儀之邦」的，爲了維護其統治，他們總是千方百計地宣傳封建文化，堅持「天不變，道亦不變」。鴉片戰爭後，清王朝統治集團中的頑固派仍然拒絕任何改革，拒絕向資本主義的西方學習任何一點進步的東西；這一集團中的另一部分人則認爲可以學習西方的船堅炮利和聲光化電之學，藉以加強鎭壓人民起義的手段，但同時認爲必須保持封建意識形態體系的完整性和神聖性，於是便提出了「中學爲體，西學爲用」的口號。這就是封建統治集團中的洋務派。隨著近代中國資產階級的興起和資產階級改良運動的逐漸開展，封建統治階級的這種宣傳封建文化的努力也愈爲加強。十九世紀末年，以康有爲、梁啓超爲代表的資產階級改良派介紹了西方資產階級的進化論和民主、民權思想，提出了君主立憲的要求，近代中國出現了第一次思想解放的潮流，於是洋務派的代表人物張之洞便刊刻了《勸學篇》，標榜「教忠」、「明綱」、「宗經」、「正權」、「講西學必先通中學，乃不忘其祖也」，企圖鞏固封建文化對人民的思想統治。義和團運動後，資產階級革命派興起，革命派大力介紹法國資產階級革命時期的自由、平等、博愛等革命理想，對封建制度、封建文化進行了勇敢的抨擊，並在論戰中擊敗了改良派。近代中國出現了第二次思想解放的潮流。革命派不僅從事理論宣傳活動，也在加速政治組織工作和武裝起義，清王朝的統治已經風雨飄搖，岌岌可危。因而，它也就比過去更加狂熱地宣傳封建文化和復古思想。一九〇六年，清王朝規定以「忠君、尊孔、尙公、尙武、尙實」五大綱爲教育宗旨，同年，從刑部主事姚大榮請，以孔子爲萬世師表，詔升大祀。這一時期，它宣傳封建文化，更提出了一個漂亮的名目，這就是保存國粹。在一九〇三年清王朝頒佈的《學務綱要》中即規定各級學堂必須「重國文（**指文言文及古代典籍——引者**）以存國粹」。一九〇七年，張之洞在湖北武昌成立存古學堂，並給清王朝上了一個奏疏，大意是，當時正是「道微文敝，世變愈危」之際，他經過經年的籌計，殫心竭慮，商榷數十次，發現只有「存國粹」才是「息亂源」的最好辦法。什麼是「國粹」呢？這就是「本國最爲精美擅長之學術技能、禮教風尙」、「文字經史」、「歷古相傳之書籍」。對於這些，均應「專以保存爲主」。他說：

> 若中國之經史廢，則中國之道德廢；中國之文理詞章廢，則中國之經史廢……近來學堂新進之士，蔑先正而喜新奇，急功利而忘道誼，種種怪風惡俗，令人不能睹聞，至有議請罷四書五經者，有中、小學堂並無讀經、講經功課者，甚至有師範學堂改訂章程，聲明不列讀經專課者。……此如籍談自忘其祖，司城自賤其宗。正學既

衰，人倫亦廢。為國家計，則必有亂臣賊子之禍；為世道計，則不啻有洪水猛獸之憂。①

可以看出，所謂保存國粹，其目的是抵禦當時洶湧澎湃的資產階級新思潮、新文化，抵禦資產階級對封建文化所作的批判，從而挽救清王朝的垂死命運。張之洞的這個建議得到了統治者的讚賞。「上諭嘉勉」，於是全國各地遍設存古學堂，尊孔復古之風大盛，保存國粹的調子高唱入雲。

革命運動進一步發展後，資產階級改良派也逐漸加入到清王朝保存國粹的合唱隊裏。原先，改良派曾經對封建文化作過一點批判，但那是極其有限的。他們都無例外地美化中國古代文明，主張採西學而不否定中學，孔孟之道、六經之學仍須發揚。這時，由於他們的立場已從批判封建制度轉爲維護封建制度，因而，也就轉而從封建文化中找尋救命靈丹。一九〇二年，梁啓超曾籌創《國學報》，認爲「養成國民，當以保國粹爲主義，當取舊學磨洗而光大之」。②一九一〇年，在辦《國風報》期間，更對「舉國不悅學」，「動棄吾之所固有以爲不足齒錄，而數千年來所賴以立國之道遂不復能維繫人心」的情況表示憂心忡忡，而致力於中國美好的「國性」和「國民性」的宣揚。康有爲「八年於外，周遊列國」，考察了西方的許多國家後，突然發現中國的歷史簡直好到無以復加：「吾國經三代之政，孔子之教，文明美備，萬法精深，升平久期，自由已極」，所以他認爲應大呼「孔子萬歲」。③在他看來，當時中國比西方所差的只是「工藝兵炮」。辛亥革命後，更發表了所謂《中國顛危在全法歐美而盡棄國粹論》。嚴復於一九〇六年在環球中國學生會上發表演說，斥責西學少年「群然懷鄙薄先祖之思，變本加厲，遂並其必不可畔者亦取而廢之」。他提倡中國的天理人倫和教化風俗，認爲應「一切守其舊者」，「五倫之中，無一可背」。④

在行將被人民革命浪潮淹沒之前，封建統治階級以及和它有密切聯繫的資產階級改良派力圖抓住封建文化這根救命草，來挽救自己，這就是他們高喊保存「國粹」的實質。

二

一九〇二年初，廣東順德人鄧實在上海創辦《政藝通報》，朔望出版，月出二冊。鄧實主張會通古今中外，探求國家治亂強弱的根由。《通報》表現了一定的向西方學習的要求，但同時也宣傳國粹主義。一九〇四年冬，鄧實組織國學保存會，發展會員，發表宣言，致力於號召保存國學。在他所網羅的會員中，有許多都是當時革命派思想學術界中的活躍人物，後來也大都成了南社的社員。一九〇五年，國學保存會的機關刊物《國粹學報》創刊，至辛亥革命後改名《古學彙刊》止，共發行八十二期。

《國粹學報》是當時革命派刊物中專門談學術的一種，對近代中國的思想、學術界產生過相當大的影響。《學報》編者們表示要師法《莊子・天下》篇和《荀子・非十二子》的精神，探討學術源流，歷述諸家得失，來為現實政治服務。他們批判乾嘉學派末流的煩瑣考據和陸王心學的禪寂清談，號召人們研究祖國的歷史和文化，繼承和發揚民族傳統。在當時，尤為突出地宣傳了「夷夏大防」的民族主義思想，猛烈地抨擊了以清王朝為代表的封建主義專制制度。但是《學報》所宣傳的國粹主義思想卻包含著一系列的根本錯誤，對近代中國資產階級的文化事業、革命事業起了消極的影響。

在編輯《學報》以外，國學保存會還曾大規模地從事古籍的校勘整理工作，先後編輯出版過《國粹叢書》、《國粹叢編》、《神州國光集》、《國學教科書》、《國學講義》等著作，又在上海設藏書樓一所，並曾擬設國粹學堂。

一九〇六年，章炳麟自上海出獄赴日本，在中國留學生歡迎大會上對革命黨人提出了兩大任務，其一即為用國粹激勵種性，增進愛國熱腸。其後，東京留學生中成立了國學講習會，由章炳麟任主講。不久，又成立了國學振起社，以「振起國學，發揚國光」，章炳麟任社長。這以後，在章炳麟主編的《民報》上出現了許多宣傳保存國粹的文字。不少革命黨人鑽在東京或其他地方的圖書館裏，專意整理宋、明遺民的作品以及其他國學著作。《民報》自第二十期起，也改變了編輯方針，似乎覺得過去宣傳的革命理論太「空漠」了，自此以後，要「專以歷史事實為根據」，同時，又徵集「宋季、明季雜史下及詩歌、小說之屬」，幾乎要把《民報》辦成《國粹學報》的樣子。風氣所開，不少革命派刊物莫不以「抒懷舊之蓄念，發思古之幽情，光祖宗之玄靈，振大漢之天聲」一類詞句作為發刊目的。它們大量介紹古代思想和人物，校刻古代典籍，於是，保存國學在革命派內部也成了一個時髦的口號。

《國粹學報》諸人在當時宣揚了一些什麼思想呢？

一、他們認爲，中國古代文化曾經有過許多光輝燦爛的時期。首先，周公之學，上承百王，集黃帝、堯、舜、文、武之大成。至戰國，更出現了一個空前絕後的黃金時期，在諸子的著作裏，「其所含之義理於西人心理、倫理、名學、社會、歷史、政法，一切聲光化電之學無所不包」。⑤西方之所以強盛，那還是學習了我們，「偶得先王遺意」的結果。西方政術，雖然盡善盡美，但「證之《周禮》一書，無不相合」。西方科學之所以發達，乃是「秦人滅學，疇人子弟，抱器西奔」的結果。一句話，凡是西方現在所有的，都是我們古已有之的。中國的精神文明發達最早，「三墳五典，爲宇宙開化之先；金版六弢，作五洲文明之祖」，⑥是西洋所遠不能比擬的。自有世界以來，「以文學立國於大地之上者以中國爲第一」，「此吾國國文之當尊，又足翹之以自雄者也」。⑦

二、他們認爲，中國文化的代表是儒家學派，儒家學派的代表是孔子。它們構成了神州二千年學術的基幹。儒家學派最適合於中國國情。周末，賴有孔子刪《詩》，序《書》，贊《易》，定禮樂，作《春秋》，因而不亡者二百年。此後，據說東漢、唐之所以興，都是崇儒學的結果，而秦焚詩書，宋禁道學，明崇心學，就都國勢不振，導致社稷傾覆。所以，「由孔子之教，罔不興；違孔子之教，罔不亡」。⑧

三、他們認爲，鴉片戰爭後，海內沸騰，人們探求救亡圖存之道，以爲中國之弱，弱於中國之學，因而《論語》當薪，《三傳》束閣，以《六經》爲糟粕，「群以吾國文學之舊而欲痛絕廢棄之」。同時，一般人又都醉心歐化。揚西抑中，不尙有舊，人人都在學習「蟹行文字」，中國文化面臨著一個空前的浩劫，「十三經、二十四史，諸子百家之文」，「黃帝、堯、舜、文、武、周公、孔子之學」，不及十年，都將盡歸煙滅，「國學之阨，未有甚於今日者矣」！⑨

四、他們認爲，學術、文化是立國之本，是禮俗政教產生的基礎。學亡，文化亡，則國亡，民族亡。「欲謀保國，必先保學」；⑩要挽救中國的滅亡危機，必須首先修述故業，挽救民族文化，保存國學，人民的愛國心將因此得到發揚。當然，也可以吸收一點西方的東西，但必須是借西學證明中學，彼爲客觀，我爲主觀，抓衷至當。

基於以上論點，《國粹學報》諸人痛心疾首地指斥當時先進的中國人向西方學習的熱潮，辱罵他們「鬻道於夷」，放棄道德，掊擊仁義，其罪等於賣國，結果是「快意一時，流禍百世，數典而忘其祖，出門不知其鄉」。⑪在排斥西方文化的同時，他們則大力提倡中國的精神文明，宣揚神州歷史、文化的光榮。他們希望通過自己的工作轉移世風，使人們重見先正典型、前賢風徽，使中國的古文化能得到恢復：「東土光明，廣照大千；神州舊學，不遠而復。」⑫

當然，革命陣線中的國粹派的觀點並不是完全統一的，他們之間也存在著一些差異，這裏，我們簡要地介紹章炳麟的文化思想。

章炳麟的思想包含著複雜的矛盾。一方面，他認爲西方可以學習，問題是不應委心事人，自輕自賤。在《國故論衡・原學》中，他說：「四裔誠可效，然不足一切頽畫以自輕薄。」但同時他又對向西方學習的人採取鄙夷態度，稱之爲「新學鄙生」和「浮華之士」。他認爲這種「新學」的傳播會是中國文化的災難，必將「滅我聖文」，「非一隅之憂也」。⑬在《原學》中，他列舉了大量的中國政治、經濟、文化中的「精粹」，然後和西方作比較，證明自家的好東西遠較西方爲多，接著得出了結論，「贍於己者無輕效人」，當時革命派的任務是「恢彉」民族傳統，而不是「儀型」西方。他說：「世人以不類遠西爲恥，余以不類方更爲榮。」

章炳麟也說過一些不應復古的話。他認爲古今政俗變遷各有一時之宜，古代的東西並非都是盡善盡美的，因而不可盡行於今，更不可定一尊於先聖。他激烈地反對定孔教爲國教，批評孔子膽小，不敢聯合平民以覬覦帝位，甚至說孔子嘩眾取寵，汙邪詐僞，湛心利祿。這是一方面。另一方面，他又稱頌孔子是中國保民開化之宗，極力把孔子推崇爲中國古代文化的保存者。他相信中國的古文化可以用來振興二十世紀的中國，國學興，則「種性可復」，只要使「耳孫小子耿耿不能忘先代」，則「國有與立」。他甚至認爲只要他的樸學老師孫詒讓能活得長一點，有人能繼承他的學術，「令民志無攜貳」，中國就可以興盛了。⑭他以闡揚中國古文化——「支那閎壯碩美之學」的任務自責，反對對這種文化的批判，認爲「抨彈國粹者，正使人爲異種役耳」。他號召革命黨人愛惜自己的歷史，一是語言文字，二是典章制度，三是人物事跡；要選出幾個功業學問上的「中國舊人」，學步他們；要利用古事古跡來動人愛國心思。

⑮他甚至設想，革命軍所到之處，應該首先保護那些能夠宣揚國學、傳播舊學的人，即使如大劣紳王先謙之流也不例外，因爲他們要比「新學鄙生」更有用於中國。革命勝利後，對於「黎儀舊德」，更應予以特別之「保護」。⑯

可以看出，章炳麟的文化思想雖然與《國粹學報》諸人有些差異，但基本上仍然是一致的。

三

在章炳麟以及《國粹學報》諸人的思想中，是包含著若干合理內核的，即：中國有悠久、豐富的歷史、文化遺產，要熱愛這份遺產，繼承並發揚它。要有民族自尊心，不應該盲目迷洋，認爲什麼都是外國的好。應該懂得自己祖國的歷史，「不明一國之學，不能治一國之事」，對自己的祖先完全無知是可恥的，等等。他們中的個別人並且認識到西洋資本主義文化的虛僞一面，「始創自由、平等於己國之人，即實施最不自由、平等於他國之人」，⑰例如章炳麟。但是，從主要的方面考察，章炳麟等人的思想又仍然是錯誤的。

精神生產是需要隨著物質生產的改造而改造的。一定的文化永遠是一定的社會政治經濟條件的反映，爲一定社會的經濟基礎服務。革命，不僅改變舊的生產關係、社會關係，也必須改變由這些關係所產生出來的觀念。近代中國資產階級爲了鬥爭的需要，必須建立反映本階級利益的意識形態體系，必須與建立在舊的經濟基礎和社會關係上的舊文化作堅決鬥爭。這樣，他就必然會面臨兩個問題：一、如何對待西方文化；二、如何對待本國的文化遺產，主要是封建社會中所形成的文化。這就是中學與西學，新學與舊學的問題。毛澤東說：「在『五四』以前，中國文化戰線上的鬥爭，是資產階級的新文化和封建階級的舊文化的鬥爭。……學校與科舉之爭，新學與舊學之爭，西學與中學之爭，都帶著這種性質。」⑱因而，如何回答這些問題，贊成西學、新學還是贊成中學、舊學，就反映著資產階級和封建地主階級兩種不同的利益和立場。

在近代，傳播西方文化的有兩種人。一種是帝國主義的傳教士李提摩太之流和一部分資產階級洋奴買辦，他們認爲中國要全盤西化，中國什麼都不如西方。這是爲帝國主義的侵略政策服務的。其中的一些帝國主義分子，不僅不反對中國舊學，相反，倒是支持封建地主階級的復古論的。另一種人，也是占大多數的，介紹的是西方資產階級上升時期的民主主義文化。辛亥革命前，中國資產階級的革命者把《民約論》、天賦人權論以及平等、自由、博愛等學說作爲福音，以之作爲批判封建文化、封建制度的武器，這就是當時的所謂「新學」。這種「新學」，反映著資產階級的狹隘私利，是不能真正解決中國的出路問題的，但在當時，正如毛澤東所指出，它「有同中國封建思想作鬥爭的革命作用，是替舊時期的資產階級民主革命服務的。」⑲而章炳麟及《國粹學報》諸人卻不區別這兩種情況，對西方文化採取鄙夷和排斥的態度，他們不瞭解革命思想從來沒有國家的界限，錯誤地把西方資產階級民主主義文化稱爲「異域之學」、「哲種之學」，中國人學習這種文化就是「末學紛馳，樂不操土」，就會導致民族文化的毀滅。他們這樣說，就阻礙和打擊了新思想的傳播和發展。這是一。

第二，舊傳統、舊觀念往往是一種巨大的束縛力量。要建立新文化，就必須徹底地批判舊文化。沒有這個批判，就不可能從封建階級的思想禁錮下解放出來，因而也就不能建立起新文化。恩格斯曾經指出過：「每一個新的前進步驟，都必然是加於一種神聖事物的凌辱，都是對於一種陳舊衰頹但為習慣所崇奉的秩序所舉行的反叛。」⑳他熱情洋溢地讚頌了十八世紀法國資產階級革命準備時期的啓蒙思想家們，稱譽他們對封建的思想和文化所作的戰鬥和「最無情的批判」。㉑辛亥革命前的中國資產階級中的一部分人也正是企圖這樣對中國傳統文化重新審查並作出估價的。但是，正當他們對這種文化的神聖性有了一點懷疑，作了一點批判的時候，國粹派就氣沖沖地大叫大嚷起來了。他們說，中國傳統文化好得很呀！應該寶之為國粹呀！你們這樣做，就是「鶩外忘祖」呀！就是「芻狗群籍，糞土典墳」呀！他們這樣說，實際上就維護了中國傳統的封建文化的神聖地位。

民族文化從來都不是統一的，正如列寧所說，每一種民族文化中都包含著兩種對立的成分。毛澤東也指出，中國封建社會中確曾創造了燦爛的古代文化，但其中既有民主性的精華，也有封建性的糟粕。而章炳麟及《國粹學報》諸人恰恰認為有一種超階級的統一的全民文化，並把它視之為立國精神，從而籠統地號召保存國粹，其結果必然是保存了那些封建、腐朽的陳舊的東西。

當然，一個革命的階級不是絕對不可以利用前代的文化。事實上，思想史、文化史的規律總是這樣，新興文化是要利用前代文化的某些材料的。但是，不能奉行「拿來主義」，不能照搬。因爲前代文化總是產生在前代的政治、經濟條件下，不可能完全適應、甚至根本不可能適應新的政治、經濟條件，這就需要對前代文化，即使是其精華部分，予以革命的揚棄、改造，只有這樣，才能使之爲新的經濟基礎服務並從而有利於新興文化的創造和發展。而國粹派卻不是這樣。在他們看來，民族文化已經好到無以復加了，可以永垂萬代；不管社會條件發生了怎樣的改變，這種文化都是使中國強盛的萬靈藥方，不必批判，也不必創新，任務只是保存。這實際上就是使民族文化長期停滯，使封建文化萬古長存。

歷史證明，奢談「恢彍」民族傳統，拒絕對外國革命進步文化的借鑒；奢談繼承，不談革新，其實質都是在宣揚和維護舊的思想、舊的觀念、舊的文化；其結果都必然走上復古主義，墮落成爲抱殘守缺的孤臣孽子，成爲時代前進的反對者。

這裏，我們不妨看看章炳麟的例子。

章炳麟在東京的那次演說中號召革命黨人愛惜祖國的歷史。他的這種觀點，直到今天還有一些同志爲之叫好。但是，問題就在於這「愛惜」二字。章炳麟不區別什麼是人民鬥爭史，什麼是封建壓迫史，什麼是歷史中的民主精華，什麼是歷史中的封建糟粕。他表面上雖然承認古制不可盡行於今，中國政治總是君權專制，本沒有什麼可貴，但在具體評述時，卻總是把中國歷史說得好到不能再好，說什麼中國的典章制度，總是近於「社會主義」。例證之一是中國實行了均田，所以貧富不甚懸絕；之二是刑名法律的大公無私，犯了罪，「憑你有陶朱、猗頓的家財，到（都）得受刑」；之三是科場選舉，這原是「最惡劣」的了，但做工營農的貧民也就有了「參預政權」的希望。章炳麟說：「我們今日崇拜中國的典章制度……那不好的，雖要改良，那好的，必定應該頂禮膜拜。」㉒然而，既然連刑名法律、科場選舉這「本來極不好的」，「尚且帶有幾分社會主義性質」，那末，還有什麼應該改良的呢？豈不是一切都應該「頂禮膜拜」嗎？實際上，章炳麟正是這樣，他在辛亥革命前的理想就是「光復舊物」，神往於貞觀、開元之治，覺得專制制度比資產階級「立憲代議」政體好，科舉比學校好、舊學比新學好，舊黨比新黨好。在辛亥革命後，他就提議「循常守法」，㉓認為清王朝的錯誤只在於「偏任皇族」，「賄賂公行」兩樁，其他舊法則「多應遵循」，㉔連婚姻、家族等制度都「宜仍舊」了。

章炳麟認為中國古文化中有許多精粹，特別是「言文歌詩」，更是西方各國所萬萬不及。他說：「中國文字，與地球各國絕異，每一個字，有他的本義，又有引申之義……因造字的先後就可以推見建置事物的先後……」，㉕也是好得毫無缺點，應在「愛惜」之列的。於是，他起勁地反對當時一部分人關於中文拼音和減少漢字常用字數的意見，反對語言文字的發展變革。他對革命黨人大講小學，提倡揚雄、司馬相如的「奇字」；他的文章充斥了大量早已死亡了的古字，即使有通用字，也非用古字不可。在散文的體裁風格上，他提倡中國散文最初階段的那種樸拙狀態，鄙視唐宋文，反對白話文，企圖使語言「一返皇古」。為了反對近代出現的日益與口語接近的新體散文，他甚至在辛亥革命後支持桐城派，說什麼「乃至今日而明末之風復作，報章、小說，人奉爲宗。幸其流派未亡，稍存綱紀，學者守此，不致墮入下流」。[26]對於詩歌，他也認爲愈古愈好，漢魏六朝以前的都是好的，此後則「代益凌遲，今遂塗地」，主張「宜取近體一切斷之」。他自己的詩也大都古奧詰屈，確乎是漢、魏以上的作品。

在所謂「保存國學」的口號下，《國粹學報》諸人就走得比章炳麟更遠了。他們明確地倡言復古，說什麼二十世紀將是中國古學復興的時代，一切學術文章都將「浸復乎古」。有人給他們寫了篇文章，主張定孔教爲國教，孔子爲國魂，把《六經》提到如印度的《四韋馱》、基督教的《舊約》的地位，他們加了按語說：「陳義確當，同人無任佩服。」他們認爲一切都應該以古代爲典範，編輯中有個叫黃節的，當時孜孜於華夷之辨，以光復舊學自任，他做了一部《黃史》，其中《禮俗書》一節，對革命後人民衣食住行的各方面都作了設計。他建議，婚姻，不必如西方的婚姻自由，而應採用《周官》舊禮；喪禮，依明太祖制，爲父母斬衰三年；祭祀，返乎三代；住房，遠法商代的「四阿屋」。據黃節考證，古代還有所謂「通天屋」，比現代的摩天樓還好。冠服，古代有「留幕」，又有「窄衣」，可以仿製；音樂，國樂已亡，幸而尚存《詩經》中的《鹿鳴》之譜，可以「庶幾仿佛皇漢」；舞蹈，《周官》有干舞，跳起來也可以「不失陶唐氏之遺」。[27]

在章炳麟式的「學步中國舊人」的思想指導下，他們認爲「前賢學派，各有師承；懿言嘉行，在在可法」。在劉師培編寫的《編輯鄉土志序列》中，不僅包括名臣傳、紳耆傳、孝義傳、一行傳（忠臣、孝子、義僕），甚至也包括列女傳，目的在於「表揚名德，闡揚幽光」。

在文學方面，《國粹學報》諸人和章炳麟一樣反對白話文、新體散文，稱之爲粗淺鄙俗，不雅馴；稱新體詩歌是「新曲俚詞」，拼音簡字是「愚誣之說」；提高小說地位是「尊稗官爲正史」。他們自己的文章則標榜「純用古人體裁」，「文辭務求古」，「擇言求雅」，甚至說什麼「群經多有韻之文，舊典盡排偶之作」提倡形式主義的駢體文。他們又騰出大量篇幅來發表陳三立、鄭孝胥、朱古微、王闓運等同光體、常州詞派作家的作品，拉攏嚴復、林紓等參加國學保存會，和舊文化合流。

吳玉章同志在《辛亥革命》一文中指出過，辛亥革命時的中國資產階級「沒有強有力的思想革命作先導」，「未能攻破封建主義的思想堡壘」。「他們在理論方面不但缺乏創造性的活動，而且對西方十七、八世紀啓蒙學者的著作和十九世紀中葉的主要思想家的著作也都沒有系統地介紹。」這種情況，是同國粹主義思潮在革命派內部得到廣泛傳播的事實互爲表裏的。

四

在文學團體南社身上，最清楚地說明了國粹主義思潮怎樣窒息了近代中國革命文化人的創造活力，使之在後期逐漸蛻變爲文化復古組織。

南社成員在其初期有許多人都屬於新型知識分子階層，在反對封建制度、封建文化上採取著激烈的態度。例如寧調元曾經痛罵孔子是「民賊」，「至胎中國二千年專制之毒，民族衰弱之禍」。柳亞子則是盧梭的崇拜者，認爲中國的倫理、政治「皆以壓制爲第一義。」他熱烈地呼喊「民權」、「自由」，特別積極提倡女權，批判「三從七出」等封建綱常。高旭，以「鼓吹歐潮」自責，宣稱「我愛自由如愛命」。他根據進化論的原理批判保守復古傾向，要求變革，聲言「我說爲父者，斷勿肖其祖；我說爲子者，斷勿肖其父……愈演而愈上，今必勝于古」，「物種能變易，即爲天所佑……一成而不變，斯義實大謬」。在文學上，他是新體詩的積極提倡者。周實，認爲對中國的古文化，即使是聖賢的「大義微言」，也應該「饜其精華而棄其糟粕」，認爲儒家「甚不廣大」，反對在各地遍設存古學堂。林獬，積極提倡「種田的、做手藝的、做買賣的以及那當兵的弟兄們」都能讀得懂的白話文。在南社成立前，他們辦的刊物也大都富於開創精神和改革勇氣。例如一九〇四年陳去病、柳亞子等辦的《二十世紀大舞台》提倡戲劇改良，「新曲新理」，發表過一些表現當時現實的「時事劇」，以「開通下等社會」、「收普及之效」爲目的。語言則「或尚文采，或演白話，不拘一例」。又如一九〇六年出版的《復報》首期，發刊詞即標名「通俗體」。此後每期均發表新體詩及歌詞。但是，在南社成立後，這些成果並不曾鮮明地反映到它的綱領和文學活動中去，其原因就在於國粹派的影響。

南社的醞釀過程正是保存國學的呼聲在革命內部愈來愈高的時期。上文已經談過，南社的主要成員大都參加過國學保存社；南社的主要發起人之一陳去病，更曾一度擔任過《國粹學報》的編輯，因而國粹派的觀點反映到南社內部去也就毫不奇怪了。在南社成立前，一部分社員曾經對南社的性質、任務等問題交換過意見。高旭後來回憶說，陳去病爲什麼要發起南社呢，是因爲覺得「入同盟會者思想有餘而學問不足」。㉘何謂「思想」？顯然是革命思想；何謂「學問」？顯然就是「國學」了。高旭請寧調元爲《南社集》作序，寧調元在回信中說，《南社》應該「固雜誌之藩籬」，以「保神州之國粹」爲目標。㉙正是在這種復古思潮的影響下，一部分本來具有革新勇氣的人認識模糊了，妥協了。例如高旭，這時就表現了一種搖擺的傾向。在《願無盡廬詩話》中，他一方面認爲「世界日新，文界詩界當造出一新天地」；但另一方面，又認爲「新意境、新理想、新感情的詩詞，終不若守國粹的用陳舊語爲句爲愈有味也。」在這種情況下寫出的《南社啓》，就接受了國粹派的觀點。

國有魂，則國存；國無魂，則國將從此亡矣……然則國魂果何所寄，曰寄于國學。欲存國魂，必自存國學始。而中國國學之尤可貴者，端推文學。蓋中國文學為世界各國冠，泰西遠不逮也。而今之醉心歐化者，乃奴此而主彼。……嗟呼！痛哉！伊呂倭音，迷漫大陸，蟹行文字，横掃神州，此果黃民之福乎！人心世道之憂，正不知伊于胡底矣。㉚

這份文件代表了南社中相當多成員的看法，對南社的文學活動起了一定的影響。於是，詩界革命、文界革命的線斷了，新派詩、新體散文不被提倡了，發表在《南社叢刻》上的仍然是傳統的「詩古文詞」，甚至還有駢文。此外，傳播革命新思想的文章少見了，而代之以宋明遺民、鄉賢事跡的宣揚。《二十世紀大舞台》提倡的戲劇改良，《中國白話報》的通俗文傳統被扔開了，許多社員一心一意以明代的幾社、復社文人爲榜樣。南社的這一傾向迅速得到了國粹派的歡呼。

辛亥革命後，國粹派立刻成立國學商兌會，發行自己的刊物，號召抱殘守缺，保衛先聖之傳，宗邦之舊，主張定孔教爲國教，並且最後把柳亞子趕下了台，取得了南社的領導權。「五四」時期，這一部分人激烈地反對白話文，白話詩，說：「方今滄海橫流，國學廢墜，新進鄙文言爲迂腐，士夫競白話爲神奇，直使吾國數千年文學淵源日就淪胥之域。」㉛這就使得南社這一革命的文學團體終於淪爲復古派的組織。在南社解體以後，南社中的國粹派又匯合而爲南社湘集，和接受了「五四」運動影響的新南社相對立。

五

國粹主義思潮是一種復古思潮。它的特點是抵制外來進步文化，反對變革發展，在保存民族遺產的幌子下保存封建文化，或用以抵制革命，或用以抵制革命的新文化。提倡國粹的人當然也有不同：張之洞等代表著清王朝的利益，孔教會諸人則依附於袁世凱和北洋軍閥，而章炳麟等國粹派則代表革命黨內一部分對舊文化濡染甚深而又深情脈脈的人。像章炳麟等人，為了挽救民族危機，他們對封建制度、封建文化的最黴爛、腐朽的部分有所唾棄，有接受新思想的要求，但是，這種唾棄和接受都有一定的限度。一方面，他們認為「『西哲』的本領雖然要學」，但另一方面，「『子曰詩云』也要更昌明」。㉜一到了學「西哲」而有礙於「子曰詩云」的「昌明」的時候，一到了反封建的革命愈益深入的時候，他們便捨棄西哲、捨棄革命，而只要「子曰詩云」了。如果說，章炳麟等一類國粹派在辛亥革命前還帶有若干新色彩，他們也發表過若干正確的對當時革命有利的言論的話，那末，在辛亥革命後，特別在新文化運動後，他們的新色彩就日益消失，而只剩下封建復古的一面了。「五四」前夜，在北京大學內部與新文化派對壘、創辦《國故》月刊的，正是被稱為「章太炎學派」的《國粹學報》編輯劉師培等人。一九一八年，正是資產階級、小資產階級急進民主派高呼打倒孔家店，擁護德先生、賽先生的時候，黃節在上海重新遇見了《國粹學報》的主編鄧實，曾經寫了一首詩給他：

國事如斯豈可期，當年與子辨華夷。
數人心力能回變，廿載流光坐致悲。
不反江河仍日下，每聞風雨動吾思。
重逢莫作蹉跎語，正為棲棲在亂離。

廿載心力，孜孜於華夷之辨，不料人心仍如江河日下，國粹將亡，自然感慨繫之，其聲淒以厲了。後來鄧實在上海以書畫古玩自娛，鬱鬱以終，章炳麟「退居於寧靜的學者」，和時代隔絕了，其原因都在這裏。

對國粹主義思潮的復古實質，辛亥革命時曾有少數人有所認識，他們提出過「尊今賤古」、「饜其精華，棄其糟粕」等進步的命題來與之對抗，但是並未形成強有力的思潮，大多數人則聽任國粹主義在革命派內部傳播，不少人還隨聲應和，這就使得在政治、思想、文化領域內未能高舉徹底反封建的大旗，使得一度出現過的蓬蓬勃勃的現象逐漸消失，並使歷史發生了某種倒退。

徹底地展開對封建文化的批判，徹底地展開對國粹派的鬥爭，這一任務是「五四」時期才提出來的。「五四」新文化運動揭出了反對舊道德，提倡新道德；反對舊文學，提倡新文學的大旗。這是一個了不起的功績，使它稱得起是中國歷史上以前不曾有過的偉大的文化革命。但是，這一運動也有它的缺點，這就是「對於現狀，對於歷史，對於外國事物，沒有歷史唯物主義的批判精神，所謂壞就是絕對的壞，一切皆壞；所謂好就是絕對的好，一切皆好」，㉝所以有些人又盲目崇拜西洋，完全否定民族文化傳統，出現了許多洋八股、洋教條。

正確地解決了近代文化史上長期懸而未決的問題的是毛澤東。他在《新民主主義論》中指出，必須「革除」「中華民族舊文化中的反動成分」，「建立中華民族的新文化」，即「民族的、科學的、人民大眾的新文化」。他反對盲目排外自尊的文化上的狹隘民族主義，同時又強調不應該生吞活剝，盲目搬用，而應當從中國人民的實際需要出發，和民族的特點相結合，使之具有中國作風、中國氣派。他反對割斷歷史的民族虛無主義，同時又反對盲目迷信古人的復古主義。他說：

> 中國的長期封建社會中，創造了燦爛的古代文化。清理古代文化的發展過程，剔除其封建性的糟粕，吸收其民主性的精華，是發展民族新文化提高民族自信心的必要條件；但是決不能無批判地兼收並蓄，必須將古代封建統治階級的一切腐朽的東西和古代優秀的人民文化即多少帶有民主性和革命性的東西區別開來。……我們必須尊重自己的歷史，決不能割斷歷史。但是這種尊重，是給歷史以一定的科學的地位，是尊重歷史的辯證法的發展，而不是頌古非今，不是讚揚任何封建的毒素。對於人民群眾和青年學生，主要地不是要引導他們向後看，而是要引導他們向前看。㉞

當我們瞭解了近代文化史的發展及其有關論戰後，我們就會認識到毛澤東這段話包含著深刻而豐富的內容。

批判是發展的必要環節，沒有批判，就談不上真正的繼承。這種批判，是一種分析、分解和揚棄，並不是一概罵倒，全盤否定。只有運用馬克思主義歷史唯物主義對歷史文化遺產進行科學的批判，才能真正繼承民族文化的優良傳統，保證新興的革命文化的健康發展，保證思想革命的徹底勝利。在這方面，辛亥革命前國粹主義思潮的泛濫，正給我們提供了一個反面的歷史教訓。

（原載《新建設》一九六五年第二期，略有修訂。）

①張之洞：《保存國粹疏》，光緒三十三年江蘇活字印本。

②轉引自黃遵憲致梁啓超書，光緒廿八年八月，北京圖書館藏稿。

③《法國革命史論》，《新民叢報》第八十七期。

④《東方》三年三期。

⑤鄧實：《古學復興論》，《國粹學報》第九期。

⑥鄧實：《國學保存會小集序》，《乙巳政藝叢書·湖海青燈集》。

⑦鄧實：《雞鳴風樓獨立書》，《政藝通報》癸卯（一九〇三年）第廿四號。

⑧鄧實：《雞鳴風雨樓著議第二·學強》；《政藝通報》壬寅（一九〇二）第三號。

⑨《擬設國粹學堂啓》，《國粹學報》第廿六期。

⑩《擬設國粹學堂啓》，《國粹學報》第廿六期。

⑪鄧實：《國粹學報》第一周年紀念詞，《國粹學報》第三期。

⑫《國粹學報》發刊詞。

⑬《俞先生傳》，《太炎文錄》卷二。

⑭《瑞安孫先生哀辭》，《民報》第二十號。

⑮《演說錄》，《民報》第六號。

⑯《主客語》，《民報》第廿二號。

⑰《五無論》，《民報》第十六號。

⑱《毛澤東選集》，第二卷，第六八九至六九〇頁。

⑲《毛澤東選集》，第二卷，第六九〇頁。

⑳《馬克思恩格斯文選》兩卷集，第二卷，第三七九至三八〇頁。

㉑《馬克思恩格斯文選》兩卷集，第二卷，第一一七至一一八頁。

㉒《演說錄》，《民報》第六號。

㉓《菿漢微言》。

㉔《自述學術次弟》。

㉕《演說錄》，《民報》第六號。

㉖《菿漢微言》。

㉗《國粹學報》第三、四期。

㉘《周實丹烈士遺集序》，《南社》第七集。

㉙《與高天梅書》，《太一遺書·太一箋啓》。

㉚《南社通訊錄》，辛亥正月版。

㉛馬士傑：《與高吹萬書》，《國粹叢選》第十三、十四集合刊。
㉜《魯迅全集》第一卷，第四〇九頁。
㉝《毛澤東選集》第三卷，第八三三頁。
㉞《毛澤東選集》第二卷，第七〇〇至七〇一頁。

論《天義報》劉師培等人的無政府主義

無政府主義思潮在二十世紀初年傳入中國，至一九〇七年，出現東京《天義報》和巴黎《新世紀》兩個傳播中心。它們人數雖不多，卻分別形成了自己的思想特色，在中國近代革命史和思想史上發生了影響。

《天義報》創刊於一九〇七年六月十日，共發行十九期。一九〇八年四月二十八日，東京的中國無政府主義者們另出《衡報》，它實際上是《天義報》的繼續。二者的創辦人、編輯人和大部分文章的執筆人都是劉師培。他是這一派的理論代表。本文將以考察他的無政府主義思想為主，兼及他的妻子何震和有關人物。

一、絕望於民族民主革命

在西歐歷史上，無政府主義產生於十九世紀的上半葉，盛行於下半葉，它反映了小資產階級對迅速膨脹的資本主義的抗議；在近代中國，無政府主義產生於民族民主革命的發展時期，它反映了小資產階級對這一革命的絕望。

二十世紀初年，世界資本主義已經發展到了帝國主義階段，它的各種固有矛盾日益尖銳。啓蒙思想家應許過的理想社會並沒有實現，相反，暴露於光天化日之下的卻是這個制度的遍身膿瘡。一九〇〇年至一九〇五年間，法國罷工人數達到一百一十餘萬，德國每年發生罷工一千四百餘次。劉師培等人生活在日本，他們較易瞭解西方世界的真實狀況，也充分看到了日本資本主義和軍國主義發展所造成的惡果。一九〇七年六月四日，日本足尾銅山礦工罷工，並迅速發展爲暴動，成爲震動全日本的重大事件。這一年，日本全國共發生罷工鬥爭五十七起。這些事件，對於去國離鄉，尋找救國救民真理的中國革命黨人不能不是一個強烈的刺激。在日本社會黨人和無政府主義者的啓發和影響下，他們迅速感到，資本主義決不是一條美好的出路。

《天義報》諸人思想的突出之點是反資產階級和資本主義。劉師培指責資本家「獨佔生產機關」，役使並剝削工人，鎮壓工人，罷工，道德最爲腐敗。他說：「嗚呼！富民之財悉出於傭工之所賜，使無傭工之勞力，則富民無由殖其財。今乃忘彼大德，妄肆暴威，既奪其財，兼役其身，非惟奪其財產權也，並且奪其生命之權，此非不道德之極端耶！」①他看出了資本家的剝削是人民貧困的根源。《大盜與政府》一文說：「資本家用攫財之術，以一人之身而兼有百千萬人之財，盜百千萬人之財而歸於一人，下民安得不貧！」②因此，他強烈地反對在中國發展資本主義，認爲「振興實業，名曰富國，然富民愈衆，全國之民悉陷於困窮之境，則實業之結果，不過朘削貧民計耳！」③

劉師培對資產階級和資本主義的批判一般是從倫理學角度，但是，也有個別文章引用了政治經濟學概念。《論中國資本階級之發達》一文說：「通州紗布各廠所獲之利尤巨，其剩餘價格均爲各股東所吸收。例如工人於一日間織布六丈，每丈售價五角，則六丈可售三元。然原料約一元五角，機器損耗約三角，房屋費約攤一角，是所餘尚一元一角，然工人作工一日不過得三角，是股東竟得剩餘價格八角也。」④發現剩餘價值是馬克思的一項劃時代的功績，它構成了馬克思主義經濟理論的基石。該文將剩餘價值譯爲「剩餘價格」，失去了它應有的科學性和準確性，但是，它把這一概念引進中國來，有助於人們認識資本主義剝削的秘密。

劉師培認爲，帝國主義是資本主義發展的結果。他說：「試考帝國主義發達之原因，蓋政府、資本家，欲攫取異國之金錢，利其愚弱，制以威力，由是托殖民之名，以擴政府、資本家之實。」⑤又說：「資本家欲擴充商業，吸收他境之財源，盜爲己有」，「遂成戕殺之世界」。⑥這些看法，接觸到了問題的本質。劉師培尖銳地揭露資本主義對殖民地人民和本國人民的壓迫，稱帝國主義爲「現今世界之蟊賊」。他說：「今日歐美各國，政府及富民勢力日增，而人民日趨於貧苦，則帝國主義盛行之故也。」⑦劉師培的上述認識，雖然還缺乏足夠的理論深度，但對二十世紀初年的中國思想界來說，仍然有其新穎感和啓發性。

戊戌維新前後的一段時期，以西方資本主義爲師曾經是先進中國人的理想。他們認爲，那一套相當美妙。劉師培對資產階級和資本主義的批判，無疑是一帖清涼劑。但是，劉師培既是缺乏辯證觀念的形而上學者，又是生吞活剝外國經驗的教條主義者。他不瞭解，在歷史上，資產階級和資本主義都曾經是革命的、進步的；當它在西方已經弊端叢生的時候，在落後的中國，仍有其存在和發展的必要。他錯誤地得出了應該和年輕的中國民族資產階級進行戰爭的結論。《論中國資本階級之發達》一文說：「中國自今而往，資本階級之勢力必步歐、美、日本之後塵，則抵抗資本階級，固當今之急務，而吾黨所當從事者也。」⑧這樣，他在對中國社會主要矛盾和革命對象的認識上，就遠遠偏離了實際。劉師培在有的文章中並進一步聲稱，要「殺盡資本家」。⑨無政府主義思想常常具有狂熱的特徵，表現在這裏的就是一種極端的狂熱。

在當時，劉師培等反對孫中山的革命綱領，民族、民權、民生三大主義一一受到指責。民族主義，劉師培譏之爲學術謬誤、心術險惡、政策偏頗。在他的筆下，孫中山等人提出這一主義完全出於不光彩的目的，「希冀代滿人握統治之權」，「利用光復之名，以攫重利」，⑩「黠者具帝王思想，卑者冀爲開國元勳」。⑪他們說：革命派的「排滿」和改良派的「保滿」沒有什麼區別，「排滿亦出於私，與倡保滿者相同」，結論是：「民族主義，乃不合於公理之最甚者也。」⑫

民族主義不是無產階級的世界觀。孫中山的民族主義思想缺乏階級觀點，部分革命黨人的思想內還包含著狹隘的種族主義成分，指出這些局限是可以的。《衡報》的一篇文章就曾說明：「排滿主義不必以種族革命自標，謂之階級鬥爭之革命可也。」⑬但是，在革命鬥爭中，應該肯定和支持進步的民族主義。劉師培等醜化孫中山的民族主義，混淆革命和保皇的界限，這只能打擊革命派，「適以保護滿政府」。⑭

沒有提出反對帝國主義的口號是孫中山民族主義思想的大缺陷。和孫中山不同，劉師培提出了建立廣泛的國際團結以反對帝國主義的思想。他說：「非亞洲弱種實行獨立，不能顛覆強族之政府」，「亞洲弱種非與強國諸民黨相聯，不能實行獨立」。⑮但是，他的實際主張又嚴重地有害於反對帝國主義、爭取民族獨立的鬥爭。

鴉片戰爭以後，中華民族遭受帝國主義的欺凌，每一個有愛國心的中國人都渴望祖國的富強，然而，劉師培卻攻擊「富強」二字爲「公理之大敵」，是什麼「大盜之術」。⑯他不去辨明帝國主義的侵略戰爭和殖民地、半殖民地人民反侵略的正義戰爭之間的本質區別，卻跟在歐洲和日本的無政府主義或半無政府主義者的屁股後面，提倡「非軍備主義」，主張「廢兵」，要求解散軍隊。按照這些主張做去，中國人民在經濟上就只能永遠被帝國主義剝削，軍事上則永遠挨打。

孫中山的民權主義提出了包括議會制在內的一整套民主共和制度。對此，劉師培強烈反對。他尖銳地揭露資產階級選舉制、代議制的欺騙性，認爲在這種制度下，「貧民雖有選舉之名，實則失選舉自由之柄。」《破壞社會論》一文說：「今法美各國，號爲民主之國矣，然主治者與被治者階級未能盡除也，貧富之界非惟不能破，抑且變本加厲。富者收傭工以增己富，因富而攫權；傭工爲貧而仰給於人，因以自失其權。由是貧者之命懸於富者之手，名曰普通選舉，實則貧者並無生命權，其選舉之時，勢不得不舉富人以仰其鼻息，則所謂選舉者，與專制何異？乃號其名曰共和，吾不知其何者爲共，何者爲和也，則共和政體非公明矣！」⑰他們認爲在中國實行這種制度的結果也只能是富民得益，貧民受病。

應該承認，在揭露資產階級民主的虛僞上，劉師培等人的思想有其深刻性。但是，他們不瞭解，和封建專制主義比較起來，資產階級民主仍然是一個大進步。這個進步，對歷史發展和勞動人民的鬥爭有利；在當時的中國，也正需要這樣一種進步。列寧說：「資產階級的共和制、議會制和普選制，所有這一切，從全世界社會發展來看，是一種巨大的進步」。「它們使無產階級有可能達到現在這樣的統一和團結，有可能組成步伐整齊紀律嚴明的隊伍去同資本進行有系統的鬥爭。農奴連稍微近似這點的東西也沒有，奴隸就更不用說了。」⑱資產階級民主的虛僞主要決定於它的階級內容，而不在於共和制等形式。

「平均地權」是孫中山民生思想的核心。對此，劉師培譏之爲漢武帝的鹽鐵專營和王莽改制。他說：「土地財產國有之說，名曰均財，實則易爲政府所利用。觀于漢武、王莽之所爲，則今之欲設政府，又以平均地權愚民者，均漢武、王莽之流也。」⑲歷史上，漢武帝的鹽鐵官營和王莽改制都沒有給人民帶來什麼好處；在劉師培看來，孫中山的「平均地權」也不過爾爾。

劉師培等對孫中山領導的民族民主革命感到絕望。他們認爲，這不過是以暴易暴，「勢必舉歐美、日本之僞文明推行於中國」，「所謂法律、租稅、官吏、警察、資本家之弊，無一不足以病民，而中國人民愈無自由，愈無幸福，較之今日爲尤甚」。⑳因此，他們表示要「別籌革命之方」㉑——提倡「無政府革命」。劉師培說：「吾輩之意，惟欲于滿洲政府顛覆後即行無政府，決不欲排滿以後另立新政府也。」㉒

不承認資產階級民主革命的進步性和不可避免性，以爲這一革命的結果反而不如不革命，這一觀點自然是荒謬的，但是，剝去它的荒謬部分，我們卻又可以看到，這一觀點反映著中國革命所面臨的深刻矛盾：世界資本主義的發展歷史已經證明了，舊的西方資產階級民主革命的結果並不十分美好，中國人民必須走一條新的道路。從這個意義上說，「別籌革命之方」的提法並不錯，問題是所「籌」之「方」錯了。

二、在介紹馬克思主義的同時，又攻擊馬克思主義

由於日本社會主義運動的影響，劉師培等人接觸過馬克思主義。《天義》第八、九、十卷合冊的《新刊預告》中，曾列入《共產黨宣言》一書，宣布已請同志編譯，不日出版。後來，它發表了恩格斯一八八八年爲《宣言》英文版所寫的序言和《宣言》第一章：《資產者和無產者》。此外，它還發表過第二章《無產者和共產黨人》以及恩格斯《家庭、私有制和國家的起源》一書中的個別段落。在爲《宣言》中譯本所寫的序言中，劉師培充分肯定了馬克思主義的階級鬥爭學說對工人運動、研究歷史和西歐資本主義制度的巨大意義。他說：「觀此《宣言》所敘述，於歐洲社會變遷纖細靡遺，而其要歸，則在萬國勞民團結，以行階級鬥爭，固不易之

說也。」㉓又說：「欲明歐洲資本制之發達，不可不研究斯編；復以古今社會變更均由階級之相競，則對於史學發明之功甚巨，討論史編，亦不得不奉爲圭臬。」㉔《天義報》還譯載過英國社會黨領袖海德門的一本《社會主義經濟論》，譯者完全同意恩格斯對馬克思學說的高度評價，按語說：「自馬爾克斯以爲古今各社會均援產業制度而遷，凡一切歷史之事實，均因經營組織而殊，惟階級鬥爭，則古今一軌。自此誼發明，然後言社會主義者始得所根據，因格爾斯以馬氏發現此等歷史，與達爾文發現生物學，其功不殊，誠不誣也。」㉕譯者批評中國學者是不懂得研究經濟發展，認爲「經濟變遷實一切歷史之樞紐」，㉖這就接觸到了歷史唯物主義的核心思想。在辛亥革命準備時期，《浙江潮》、《新民叢報》、《民報》等刊物都對馬克思主義有所介紹，比較起來，以《天義報》劉師培等人的水平爲最高。

但是，在若干重大問題上，劉師培又攻擊馬克思主義。其一是鬥爭策略。劉師培完全反對議會鬥爭，並把導致第二國際機會主義的責任推到馬克思身上。他說：「夫馬氏暮年宗旨，雖與巴枯寧離析，致現今社會民主黨利用國會政策，陷身卑猥。」㉗其二是國家學說。劉師培反對無產階級在推翻資產階級的統治後，還必須建立自己的國家。他說：「惟彼之所謂共產者，係民主制之共產，非無政府制之共產也。故共產主義漸融於集產主義中，則以既認國家之組織，致財政支配不得不歸之中心也。由是共產之良法美意亦漸失其真，此馬氏學說之弊也。」㉘在劉師培等看來，建立了國家，有了管理和發展社會生產的「中心」，其結果必然是：「多數勞動者昔爲個人奴隸，今一易而爲國家之奴隸，其監督之嚴，或增一層之慘酷。」㉙他們把任何國家形態都看成壞東西，視政府爲萬惡之源，總結了兩條公式：一條叫國家之利與人民之利成反比例，國家愈盛，則人民愈苦，一條叫政府與公理成反比例，政府存在，則公理不昌。㉚《社會主義與國會政策》一文宣布：「由今而降，如有借社會主義之名，希望政權者，決非吾人所主張之政策，雖目爲敵仇，不爲過矣！」㉛

肯定馬克思主義的階級鬥爭學說和歷史唯物主義的部分思想，這一點，劉師培等和蒲魯東以來的許多無政府主義者有區別，但是，在反對馬克思主義的國家學說上，又表現了無政府主義的共同特點。

辛亥革命時的中國，還不是實行社會主義的問題，但是，馬克思主義卻是一盞可以指導中國革命走向勝利的明燈。劉師培等絕望於舊的資產階級革命，這本來是一個接受馬克思主義的契機，但是，他們卻失之交臂。中國人民要接受馬克思主義，還必須走過一段曲折的途程。

三、「完全平等」的無政府烏托邦

無政府主義在其發展過程中，曾經產生過幾個不同的流派，如個人無政府主義、社會無政府主義、消極無政府主義、共產無政府主義等。劉師培對上述各派都作過考察，他選擇共產無政府主義。

斯諦納爾是所謂個人無政府主義者。他認爲「我」是萬事萬物的主體，人類的進化之途是由集合之體分化爲個體，由國家、社會分化爲個人，達到不受任何制限，「各遂我性」的境界。劉師培接受過斯諦納爾的影響。《戒學政法歌》以「國家」爲「第一邪說」，以「團體」爲「第二邪說」，歌云：「第二邪說即團體，侈說合群真放屁。高張團體升九天，壓制個人沈九淵。天網恢張眾莫避，譬如獸罟與魚筌。團體公意眾人守，空立規條垂永久。有人欲遂自由性，便罵野蠻相掣肘。互相束縛互箝制，活潑精神更何有！試看群花大放時，眾瓣各與苞蕊離。人類進化無止境，當使人人呈個性，人非團體不能生，畢竟野蠻風未盡。」[32]要求「人人呈個性」，把「團體」視爲束縛自由的「獸罟魚筌」，這正是斯諦納爾的個人無政府主義。但是，劉師培認爲，當時的人民還達不到這種程度：「蓋近今之民，決不能捨群而獨立。」他把希望放在遙遠的將來：「異日物質文明倍爲進步，或一切事物可以自爲自用，則斯氏之說，或有實行之一日。」[33]然而，劉師培有時又感到，「自爲自用」不僅永遠做不到，而且流弊很大。他舉例說：建築一座房子，決非一人之力所能勝任。人人都「自爲自用」，必將「人人各私其所有，彼此不復相顧，一遇天災，死傷必眾。」[34]這就實際上否定了個人無政府主義。比起斯諦納爾來，劉師培要清醒一些，他的理論多了一點集體主義的色彩。

托爾斯泰是所謂「消極無政府主義者」。一九〇七年，日本報刊先後發表了他的《答日本報知新聞社書》、《致中國人書》和《俄國革命之旨趣》等文，引起中國革命黨人的注意。劉師培高度肯定托爾斯泰對西方資本主義制度的指責，尤其欣賞他對中國傳統農業社會的讚美，認爲「欲改革中國重農之俗而以工商立國者」，不可不讀托爾斯泰的著作。[35]但是，他不同意托爾斯泰對近代物質文明的完全否定，認爲在有政府有階級的社會裏，物質文明是掠奪平民的工具，而在無政府、無階級的社會裏，「物質文明日進，則人民愈便利」。㊱比起托爾斯泰來，劉師培也似乎要開通一些。

在當時，劉師培主要信奉克魯泡特金的共產無政府主義。這種主義主張，發揚人類天賦的互助精神，「以自由結合之團體代現今之國家政府，以共產之制代現今財產私有之制」。㊲劉師培認爲它「最爲適宜」，㊳準備在破壞現存社會後立即付諸實施。他的無政府烏托邦主要是根據克魯泡特金的學說臆想的。但是，劉師培的思想並不是對前人學說的簡單重複，它有著自己的創造，這就是以「完全平等」作爲最高原則。

劉師培認爲，人類有三大權：一是平等權，「權利、義務無復差別之謂也」；二是獨立權，「不役他人，不倚他人之謂也」；三是自由權，「不受制於人，不受役於人之謂也」。這三大權都屬於天賦人權，其中，尤以平等權最爲重要。他說：「無政府主義雖爲吾等所確認，然與個人無政府主義不同，於共產、社會二主義均有所採。惟彼等所言無政府，在於恢復人類完全之自由；而吾之言無政府，則兼重實行人類完全之平等。」㊴劉師培的這段話道出了自己的理論特色，下面的一段話就更清楚了。他說：「獨立、自由二權，以個人爲本位，而平等之權必合人類全體而後見，故爲人類全體謀幸福，當以平等之權爲尤重。獨立權者，所以維持平等權者也。惟過用其自由之權，則與他人之自由發生衝突，與人類平等之旨或相背馳，故欲維持人類平等權，寧可限制個人自由權。」㊵歷來的無政府主義者都以個人的「完全自由」或

「絕對自由」作爲最高原則，而劉師培卻獨張異幟，表示爲了「人類平等」，可以限制「個人自由」，從而形成一種變態的無政府主義。

劉師培臆想的無政府烏托邦特點有三：

一、無中心、無畛域。劉師培說：「無政府主義非無稽之說也，蔽以一言，則無中心、無畛域已耳。無中心故可無政府，無畛域故可無國家。」㊶他設想，在破壞固有之社會，破除國界、種界後，「凡人口達千人以上，則區畫爲鄉。每鄉之中，均設老幼棲息所。人民自初生以後，無論男女，均入棲息所；老者年逾五十，亦入棲息所，以養育稚子爲職務。」另設閱書和會食之地，作爲人民共集之區。在這樣的社會裏，沒有任何「在上」之人，連管理生產和分配的人員也不需要。㊷

近代生產是社會化的大生產，它需要廣泛的合作、聯繫和高度的組織性。拘限於「千人之鄉」，沒有具有一定權威的管理「中心」，任何社會化的大生產都無法進行，所謂「無畛域」也就是一句空話。

二、實行共產。劉師培認爲，在無政府的情況下，如果不實行「共產」，那末，富民橫暴、盜賊劫掠等現象都將不可避免，只有實行「共產」，「使人人不以財物自私，則相侵相害之事將絕跡於世界」。㊸這裏所說的「共產」，不僅指土地、工廠等生產資料，而且也指一切產品和財富。《廢兵廢財論》說：「于民生日用之物，合眾人之力以爲之，即爲眾人所公用。」㊹《人類均力說》稱：「凡所製之器，置於公共市場，爲人民所共有。」㊺劉師培等設想：由於社會產品無限豐富，可以聽任人們「各取所需」，不需要任何分配者和分配制度：「凡吃的、穿的、用的，都擺在一個地方，無論男人、女人，只要做一點工，要哪樣就有哪樣，要多少就有多少，同海裏挑水一樣。」㊻

劉師培認爲，由於實行「共產」，因此根本不需要貿易、交換，因而也就不需要貨幣。他說：「使人人不以財產自私，則貿易之法廢，貿易之法廢，則財幣爲易中之品者，亦失其行使之權。雖財幣豐盈，于己身曾無絲毫之利，則人人將以芻狗視之矣！」㊼

劉師培曾經注意到生產力問題。他認爲，「中國欲行此制，必先行之於一鄉一邑中，將田主所有之田，官吏所存之產，富商所蓄之財，均取爲共有，以爲共產之濫觴。若各境之民互相效法，則此制可立見施行。此制既行，復改良物質，圖生產力之發達，使民生日用之物足供全社會人民之使用，則共產制度亦可永遠保存。」㊽這就是說，可以先「共產」，後發展生產力。在有些文章中，他甚至認爲，鬧災荒的時候實行「共產」最容易。《論水災爲實行共產之機會》一文說：「我現在奉告饑民的話，就是教他殺官、搶富戶。這兩件事做到盡頭，就可以做成共產無政府了。」㊾

沒有高度發展的生產力不可能建成共產主義，也不可能消滅商品和貨幣。劉師培這種超前發展生產關係，先「共產」，後發展生產力的設想，在實踐上只能破壞生產力，並在分配上通向絕對平均主義。關於後一點，他們的議論已現端倪，如要求「人人衣食居處均一律」，㊿「所築之室，其長短廣狹均一律，人各一室」等。51

三、實行均力。劉師培認爲，人人作工，人人勞動，固然是平等的，但是，同一作工，苦樂難易大不相同，還是不平等，例如造釘製針，所費勞力甚少，而築路築室，則所費勞力甚多。因此，他又提出，要消滅「分業社會」，實行「均力主義」。其方案是：每個社會成員二十歲之前在上述的「棲息所」受教育，二十歲後即須出而勞動，按年齡依次輪換工種，即二十一歲至三十六歲一律從事農業勞動，同時兼做其他工作（二十一歲築路，二十二歲開礦、伐木，二十三歲至二十六歲蓋房，二十七歲至三十歲製造陶器，三十一歲至三十六歲紡織及製衣），三十七歲至四十歲烹飪，四十一歲至四十五歲運輸貨物，四十六歲至五十歲爲工技師及醫師，五十歲以後養育幼童並任教師。劉師培把這種情況叫做「人人爲工，人人爲農，人人爲士」，又叫做「人人不倚他人，人人不受役於人」。據他說：這樣做就「權利相等，義務相均」，苦樂相齊，完全平等，達到「大道爲公」的境界了。52

人類歷史上出現的分工造成了工業和農業的分離，城市和鄉村的分離，體力勞動和腦力勞動的分離，劉師培的「人類均力」說包含著對上述情況的不滿和抗議。但是，分工是生產力發展的結果，社會化大生產的特點是高度的分工和專門化。不考慮勞動者的專長、知識水準、技藝熟練程度和個人志趣，一律機械地按年齡輪換，要求「一人而兼眾藝」，遍歷所有勞動部門，這種做法，感情上是痛快的，理論上是徹底的，但是，它只能造成社會生產力和科學文化事業的大破壞、大倒退。在蘇聯的社會主義建設中，史達林曾經批評過一些「左派」糊塗蟲的「平均主義兒戲」，認爲它給工業帶來了巨大的損害。53劉師培等也是一些「左派」糊塗蟲，

「均力」說實際上也是一種兒戲！

劉師培的「均力」說在某些地方很類似於傅立葉的「和諧制度」。在這種制度下，以「法郎吉」（協作社）爲基層組織，每個「法郎吉」擁有一千六百二十人，分成若干「謝利葉」（生產隊）。勞動者可以經常地調換工種。劉師培在構思他的烏托邦時可能受過傅立葉的影響，㉞不同的是：傅立葉的工種調換完全以勞動者的個人興趣爲依據，劉師培的職業輪換則以年齡爲標準，勞動者本人沒有任何選擇的餘地。它典型地體現了劉師培的理論原則——「欲維持人類平等權，寧可限制個人自由權」。

可以看出，劉師培的「完全平等」說的核心是絕對平均。在中國古代，農民有過「均貧富」、「均田」的要求，到了劉師培的「均力」說，平均主義就發展到了登峰造極的地步了。

劉師培的無政府主義主張有著明顯的矛盾。

要使所有社會成員的勞動都準確無誤地列入「均力」說的時間表中去，要人們都住一樣大小的房子，穿一個式樣的衣服，吃一律的飯，就必須建立嚴密而有力的管理機構，還必須伴以無情的強制。當時，曾有人致書《天義報》，認爲劉師培等「標無政府之名」，「終難逃有政府之實」，㉟這是擊中了劉師培的要害的。劉師培要使他的烏托邦化爲現實，就必須建立政府，而且必須是一個高度專制的政府。無政府主義和專制主義有時是對立面，有時則是如影隨形的孿生兄弟。

正像沒有什麼「完全自由」或「絕對自由」一樣，世界上也不可能有劉師培幻想的「完全平等」或「絕對平等」。恩格斯說：在各個國家、省份、地區之間，「總會有生活條件方面的某種不平等存在，這種不平等可以減少到最低限度，但是永遠不可能完全消除。」[56]隨著社會科學文化和生產力的發展，隨著社會主義、共產主義事業的前進，工業和農業、城市和鄉村、體力勞動和腦力勞動之間的本質差別會消滅，但是，不可能消滅一切差別。無產階級的平等要求只能限於消滅階級，超出這個範圍，就必然要流於荒謬。

劉師培宣稱，他並不摒棄近代物質文明，相反，主張機器生產。這一點，他和蒲魯東主義不同，也和托爾斯泰主義不同，但是，他實際上並不熟悉近代文明。不論是「無中心」的「千人之鄉」也好，「殺官、搶富戶」的「共產主義」也好，以農爲主、半農半工的「均力主義」也好，處處都鐫刻著小生產者狹隘經驗的印記。

劉師培又說：「原人之初，人人肆意爲生，無所謂邦國，無所謂法律，人人均獨立，人人均不爲人所制，故人人俱平等。」又說：「上古之初，人人自食其力，未嘗仰給於人，亦未嘗受役於人，雖所治之業至爲簡單，然分業而治則固上古所未有也。」[57]二〇世紀初年，人們對原始社會已經有了相當瞭解。劉師培在構思他的無政府烏托邦時除了依據小生產者的狹隘經驗外，也吸取了關於原始共產制的某些知識。顯然，它不是對未來社會的天才猜測，而是一種倒退的臆想。

四、以「勞民」為革命動力

革命必須依靠一定的社會力量，辛亥革命前夜的革命家們對此有不同的認識。有的籠統地提出要依靠「國民」，有的認爲要靠「中等社會」和「學生社會」，有的認爲要靠會黨和新軍；與上述各種認識迥然不同，劉師培等人明確指出，必須靠占人口大多數的「勞民」，即農民和工人。

劉師培看出了歐美資產階級革命的狹隘性質，也看出了當時中國革命黨人活動範圍的窄小。他認爲：法國革命，只是巴黎市民的革命，美國獨立，只是商人的革命，因此革命成功之後，平民依然吃苦；只有像俄國民粹主義運動一樣，使「革命之思想普及于農工各社會並普及於全國之中」，「革命出於多數平民」，才能叫「根本之革命」。㊽張繼說：「無論行何種革命，均當以勞民爲基礎。」㊾《衡報》說：「現今中國，欲興真正大革命，必以勞民革命爲根本。」㊿他們並且指出，在這種革命中，「勞民」不僅是參加者，而且應是「主動者」。《衡報》說「中國革命非由勞民爲主動，則革命不成。」(61)

劉師培等認爲，革命黨人的活動必須以「運動農工爲本位」，(62)首先從事「勞民結合」。爲此，《衡報》曾發表長文《論中國宜組織勞民協會》，說明組織勞民協會「乃當今之急務」。(63)張繼當時流亡在歐洲，他建議仿照法國勞民協會的辦法，在中國各地設立「工黨」。這些地方，說明他們和十九世紀末年以來的無政府工團主義者一致，張繼並建議革命黨人甩掉紳士氣派，「脫卸長衣，或入工場，或爲農人，或往服兵」，從而爲中國革命奠定基礎。(64)在

上海的無政府主義者則建議制訂「工會組織法」，編寫白話小冊子，以便運動工人。㊿

從世界歷史看，任何一次較為徹底的革命都必須有廣大的勞動群眾參加，否則就要夭折，或者浮皮潦草地結束。辛亥時期大多數革命家們嚴重忽略了的地方，劉師培等無政府主義者卻看出來了。應該承認，這一點，他們對中國近代思想史和革命史也有貢獻。

劉師培重視農民問題。他曾發起組織農民疾苦調查會。章程云：「中國幅員廣大，以農民爲最眾，亦以農民爲最苦，惜困厄之狀，鮮有宣於口、筆於書者。迄今所出各報紙，於各省政治、實業雖多記載，然於民事則弗詳，民事之中，又以農事爲最略。嗟我農人，誠古代所謂無告之民矣。僕等有鑒於此，爰設農民疾苦調查會，舉官吏，富民之虐，據事直陳，以籌救濟之方，兼爲申儆平民之助。」⑯其後，《天義》報、《衡報》陸續發表了一批調查記，如《貴州農民疾苦調查》、《川省農民疾苦談》、《山西佃民之疾苦》、《山東沂州佃民之苦》、《皖北佃民之苦》、《江蘇松江農民之疾苦》等，也發表了一些反映中國早期工人生活狀況的調查記，如《四川工人之悲苦》等，這是近代中國最早的農村調查和社會調查。當那個時期的革命黨人熱心於陳述滿洲貴族帶給中國人民的苦難時，農民疾苦調查會的活動顯然別具一格。

劉師培等人沒有停留在表象上，而是揭示了農民受剝削、受壓迫的社會根源——地主階級。在《悲佃篇》一文中，劉師培指責「田主」爲「大盜」，「始也操蘊利之術，以殖其財，財盈則用以市田，田多則恃以攘利，民受其厄，與暴君同」。⑰《衡報》並發表專文《論中國田主之罪惡》，分析中國地主制度的特點和演變。該文認爲：「重農之國，民間以田多爲富，欲壟斷多數之土地，不能不使役多數之農民，而田主、佃民之階級遂一成而不可易。」「佃民者，其生命財產之權均操于田主，謂之佃民，不若謂之農奴。」文章的結論是：「爲今日農民之害者，田主而已。」⑱那個時期的革命黨人專注於「排滿」，因而放過了地主階級，劉師培等人卻把它揪住了，雖然，他們還認識不到地主階級乃是中國封建社會的支柱。

劉師培號召實行「農民革命」。《悲佃篇》提出：「欲籍豪富之田，又必自農人革命始。」⑲《衡報》曾專門出版「農民號」，其中《無政府革命與農民革命》一文提出：要在中國實行無政府革命，必須從「農民革命」開始。文章充分估計了農民的力量：「中國人民仍以農民占多數，農民革命者，即全國大多數人民之革命也。以多數抵抗少數，收效至速。」文章駁斥了中國農民沒有「革命之資格」等說法，針鋒相對地表示，農民有團結之性，有抵抗之能力，「革命黨出於農民」。它說：「試觀之中國歷史，則陳涉起於傭耕，劉秀起于力農，而唐初之時，劉黑闥起于漳南，其所率均農民，此固彰彰可考者矣。自此以外，則西晉之時，流民擾亂亦均無食之農民。明代之時，則鄧茂七以佃民之微，起兵閩省。明末之亂，亦以無食農民占多數。近世捻匪之眾蔓延北方各省，然觀曾國藩諸人所奏疏，均謂聚則爲匪，散則爲農，則革命黨出於農民，益有徵矣！」⑳從陳勝開始綿延中國歷史近兩千年的農民起義，第一次得到了充分的評價。

在土地問題上，《衡報》提出了兩步走的設想。第一步，當革命初起之時，農民擺脫田主和國家的羈絆，實行「完全之個人私有制」；第二步，當革命成功之後，擴充農民固有的共產制，「使人人不自有其田，推為共有，以公同之勞力從事於公同之生產，而均享其利」。⑪巴枯寧、克魯泡特金等無政府主義者都主張土地共有，但是這種主張在中國推行起來，必將脫離渴望得到土地的佃農和佔有少量土地的貧農。《衡報》兩步走的設想是一個創造。

必須指出，劉師培號召的「農民革命」並不是武裝起義，而是一種停留於自發鬥爭階段的騷動。《衡報》列舉的「革命」方式有二。一為抗稅，即各境農民互相結合，誓不納稅、納租；佃民自有其田，不再承認土地為田主所私有。當田主訟於官署，差役捕人或索租時，合群力相敵，或加以毆擊，同時驅逐為官效力的保正、莊頭等出境。二為劫穀，即破壞各村大地主的糧倉，分其穀米；劫掠富民所開的典當，分其貨物；各債主有貸財取息，強迫農民以田地作抵者，以強力相加，收為己有。文章認為，在發生上述鬥爭後，官府必然派兵鎮壓，但農村廣大，政府兵力不夠分配；農民不售穀，不納稅，政府軍必然饑而自潰。⑫文章中雖然有「相敵」、「毆擊」、「強力」一類字眼，但完全是自衛性質，無政府主義者所倡導的「非軍備主義」使他們不允許有組織農民武裝，進行農民戰爭的思想。他們雖然充分肯定陳勝等舊式農民起義，但在實際鬥爭的要求上，他們還是趕不上陳勝等人。

劉師培等提倡的另一種鬥爭形式是總同盟罷工。

總同盟罷工是西方無政府主義者多年的號召，德國人羅列以此為題，專門寫過一本小冊子，被視為無政府主義的經典。該書認為，總同盟罷工是資本主義條件下「第一流的革命方法」，可以在一旦之間把社會攪成亂泥，從而迅速摧毀資產階級及其統治。張繼、劉師培、章炳麟等人都非常欣賞這種鬥爭形式。劉師培說：「倘羅氏之策推行禹域，閭閻驛騷，紘若羹沸，則握政之人，喪其所依。即以甲兵相耀，其資糧屨扉之供，亦匱竭莫復繼。」⑬在他看來，這種鬥爭形式完全可以戰勝統治者的「甲兵」，建立「泯等威而均民樂」的太平世界。

一九〇八年五月，漢口發生攤販騷動，漢口警局強迫各處攤販一律遷往指定地區，激起公憤。攤販們聚眾萬餘，拆毀警棚，焚毀警局，威脅商民罷市。《衡報》把這看作總同盟罷工的中國模式，立即作了報導，按語說：「此實中國勞民之最大示威運動也。前歲上海罷市，其主動由於紳商、新黨，其目的在於對外；此次漢口罷市，其主動出於小商，其目的在於對內。語云：『冤有頭，債有主』，漢口此舉，殆中國社會革命之先聲矣！惟望中國勞民踵此而興，反抗官吏、資本家，以實行勞民大革命，則共產無政府之社會施行未遠矣！吾黨謹為中國勞民賀，並願以西曆五月十四日為中國勞民革命紀念日。」⑭隨即發表長文，提出了在漢口實行總同盟罷工的方案。該文認為，漢口為適中之地，工業發達，擁有數萬工人，一旦罷工，武昌、漢陽、大冶等處的工人和湖北各地的農民必然紛起回應，「以多數之勞民，抗敵少數之兵警，夫復何難之有！」⑮

總同盟罷工具有一定的威力，但是，誇大這種鬥爭形式的作用，以之作為「唯一」的革命方法，同樣是一種幼稚的幻想。

主張以「勞民」為革命的動力，重視農民問題，肯定農民的革命性格，呼籲革命黨人到工人、農民、士兵中去做發動工作，這些地方，劉師培等人高於孫中山，但是，在堅持武裝鬥爭上，卻又遠遠落後於孫中山。

五、被吹脹了的「男女革命」論

婦女問題受到劉師培等人的特別注意。

《天義報》曾用大量篇幅揭露過中國婦女在封建社會所受的種種壓迫，而特別集矢於儒家。何震說：「儒家之學術，以重男輕女標其宗。」她認爲，自孔丘開始，經過漢、宋儒者，形成了以「夫爲妻綱」爲核心的一整套壓迫婦女的學說。她憤憤地喊道：「儒家之學術，均殺人之學術也。」又說：「前儒所言之禮，不啻殘殺女子之具。」[76]這是何震以來對儒家思想最強烈的控訴。

何震認爲：在資本主義社會中，婦女結婚、離婚自由，有和男子同受教育、同入交際場等權利，這些地方，較中國封建社會爲勝。但是，婦女只獲得了肉體上的解放，而沒有獲得精神上的解放。她舉例說，資本主義的婚姻取決於金錢、門第等因素，「男子以多財相耀而誘女子，或女子挾家資之富而引男子愛慕之心」，名義上實行一夫一妻制，而實際上存在的是多妻制和多夫制。因此，「女子有自由之名，而無自由之實；有平等之名，而無平等之實」。[77]應該承認，何震的這些看法有一定見地。

何震呼籲人們實行「男女革命」，破除中國幾千年來的重男輕女之風。她的具體主張一部分是合理的。如：實行一夫一妻制；男女並重，做父母的要「視女猶子，視女之所出如孫」；男女養育同等，教育同等，有擔任同等職務的權利，社會性的一切事務都必須有婦女參加；夫婦感情不合，可以分離；廢盡天下娼寮，去盡娼女等。⑱這些主張，反映了中國婦女擺脫男權和夫權壓迫的願望。但是，由於小資產階級的狂熱性和思想上的形而上學與絕對化，她的「男女革命」論又是極大地吹脹了的。

何震聲稱：「欲破社會固有之階級，必自破男女階級始。」⑲這樣，「男女革命」就提到了一切革命的首位。與何震的觀點類似，另有人則提倡毀家，認爲有家而後有私，家爲萬惡之首，只有毀家，才能拉開社會革命的大幕。⑳她們不瞭解婦女問題和家庭問題的社會根源，不懂得婦女的解放決不能先於社會的解放，把主次完全顛倒了。

由於不瞭解婦女問題和家庭問題的社會根源，因而也就不能正確地分析並提示革命的對象。何震宣布所有的男子都是「大敵」，說是：「今男子之於女子也，既無一而非虐；而女子之於男子也，亦無一而非仇。」㉑她鼓吹「女子復仇論」，聲言要「革盡天下壓制婦女之男子」。不僅如此，她還表示，要「革盡天下甘受壓制之女子。」㉒例如，女子「甘事多妻之夫」者，她們要「共起而誅之」！未婚之女嫁再婚之男者，她們也要「共起而誅之」。㉓這樣，何震就把千千萬萬和浩浩蕩蕩的人們都列入了打擊計劃。按照她的理論做去，必將出現一個亂誅亂鬥的局面。

參加公共勞動是婦女解放的先決條件。在資本主義社會中，一大批婦女走出家庭，參加社會生產，這對於提高婦女的地位是有作用的。但是，劉師培等卻對此持全盤否定態度。他們認爲，這是由「玩物」發展爲「用物」，「既屈其身，兼竭其力」，地位更加低下。⑭同樣，他們也不能正確地評價資本主義社會中婦女爭取選舉權的運動，認爲只能造成一批「助上級男子之惡」⑮的女子貴族，徒然增加一重壓迫。

稍後，在個別問題上，劉師培等認識了自己的錯誤。他們從《共產黨宣言》和《家庭、私有制和國家的起源》二書中得到啓示。《女子問題研究》一文說：「以上所言，均因氏（指恩格斯——筆者）所論財婚之弊也。彼以今之結婚均由財產，故由法律上言之，雖結婚由於男女之契約，實則均由經濟之關係而生耳，無異雇主之於工人也。觀於彼說，則女子欲求解放，必自經濟革命始，彰彰明矣。」⑯從「必自破男女階級始」到「必自經濟革命始」，認識上前進了一大步，但是，他們仍然不能找到一條婦女解放的正確道路。

何震說：「今日之女子，與其對男子爭權，不若盡覆人治。」⑰把婦女解放和「無政府革命」聯繫在一起，當然只能是一條死胡同。

六、歌頌中國封建社會

歷史現象竟是這樣地有意思，當劉師培等批判資本主義，宣揚最徹底、最圓滿的「無政府革命」時，他們表現出狂熱的「左」派姿態，然而同時，他們卻又在深情脈脈地爲中國封建社會唱讚歌，表現出貨真價實的右派本色。

據劉師培說，中國社會具有和西方迥然不同的若干特點，因此，西方各國實行無政府很難，而中國則和無政府主義理想很接近，實行起來比較容易。理由有三：

第一，放任而不主干涉，劉師培說：「中國數千年之政治，出於儒、道二家之學說。儒道二家之學說主於放任，故中國之政治主放任而不主干涉。名曰專制，實則上不親民，民不信官，法律不過具文，官吏僅同虛設，無一真有權之人，亦無一真奉法之人。上之於下，視若草木禽獸，任其自生自滅；下之於上，視若獰鬼惡神，可近而不可親。名曰有政府，實與無政府無異。」㊽

中國的封建統治建立在廣大的小農經濟上，因此，不可避免地存在著分散、閉塞、割據的狀態，也不可避免地要產生因循、苟且、疲惰等作風，而資產階級的統治則不同。馬克思、恩格斯曾經指出：「資產階級日甚一日地消滅生產資料、財產和人口的分散狀態。它使人口密集起來，使生產資料集中起來，使財產聚集在少數人的手裏。由此必然產生的後果就是政治的集中。各自獨立的、幾乎只有同盟關係的、各有不同利益、不同法律、不同政府、不同關稅的各個地區，現在已經結合為一個擁有統一的政府、統一的法律、統一的民族利益和統一的關稅的國家了。」㊾資產階級以現代化的手段建立了龐大的、強有力的、高效能的國家機器（包括政府、軍隊、法庭、警察、監獄等），這是封建統治者所望塵莫及的。關於此，劉師培有一個對比。他認為，中國自兩漢迄今，雖然是專制政體，但距國都較遠的地方，政府干涉力就不能達到；而歐洲今日，交通機關，日益發達，殺人之器，日益發明，加上巡警偵探，分佈都市，人民稍有反抗，立即遭到鎮壓。因此，他們得出結論說：「野蠻之國，人民之自由權尚克維持；文明之國，人民決無自由權。」(90)

資產階級的統治遠較封建統治嚴密、強化，資產階級直接的、露骨的壓迫也有別於用儒、道思想包裹起來的中國式的封建壓迫。如果指出上述兩點，自然是正確的；如果竟據此認為中國封建社會是一個「不主干涉」的「自由」社會，那當然是一種美化。

第二，中國社會早就消滅了貴族，法律平等。劉師培說：「若中國去封建時代已數千年，為之民者，習於放任政治，以保無形之自由。貴族之制既除，富民之威未振，捨君主官吏專制外，貴賤貧富，治以同一之法律，其制本屬差公。」(91)

歐洲封建社會長期處於領主制經濟形態，自國王至諸侯、家臣、騎士，構成了一系列貴族等級。他們在分封的領地內既是土地佔有者，又是政治統治者，握有行政、司法、徵稅、鑄幣等特權。中國封建社會長期處於地主制經濟形態。秦王朝廢分封，改郡縣，勳臣、貴戚、地主們雖然佔有土地，但行政、司法、徵稅、鑄幣等權則概歸中央政府派出的地方官吏掌握。漢以後，歷代大體相沿秦制。

正確地分析並指出歐洲和中國兩種封建經濟形態及其政治結構的不同是必要的，但據此而認為中國封建社會早已消滅了貴族，法律平等，同樣是一種美化。

第三，中國社會賤兵賤商，以農為本。劉師培說：「中國自三代以來，以迄秦漢，其學術思想，均以弭兵抑商爲宗，觀老子言佳兵不祥，孟子言善戰者服上刑，推之宋牼言罷兵，許行倡並耕，董仲舒言限田，一以利民爲主，而雜霸之談，商賈之行，則爲學士所羞稱，故以德爲本，以兵爲末，以農爲本，以商爲末，其制迥勝於今。」㉜

不同的經濟基礎上矗立著不同的意識形態體系。歐洲資本主義建立在近代工業和高度發展的商品經濟上，爲了保護和促進商品流通，開拓市場，必然貴兵貴商；中國封建社會建立在自給自足的自然經濟上，爲了保持這個農業社會的封閉性和穩固性，自然賤兵賤商，它是中國長期落後、軟弱、停滯的重要原因，並不是什麼「迥勝於今」的寶貝。

劉師培等既然認爲中國封建社會有上述種種優點，邏輯的結論必然是封建主義遠勝於資本主義，一切改革都沒有必要。他曾舉學堂、代議政體、實業爲例，說明「新政」只能「病民」：「若即社會之近況言之，則科舉廢而士人失業，汽車行而擔夫嗟生，輪舟行而舟人失所，加以迷信既破，而術數之業，不克恃以謀身，電信既通，而郵驛之夫不克恃以謀食，平民疾苦，爲往昔所未聞。且近日商埠之地，恃禦車爲業者以數萬計，均屬昔日之農民，今上海之地，改試電車，則禦車者又失業。援是以推，則所謂新政者，果爲利民之具耶？抑爲害民之具耶？毋亦所利者在於少數人民，而所害則在於多數人民乎？」㉝因此，他的結論是：學堂不如科舉，立憲不如專制，維新不如守舊。

對資本主義的批判常常來自不同方面：一是地主階級頑固派，一是受到資本主義發展威脅的農民、手工業者和小商人；一是工人階級。辛亥革命前夜，東南一帶由於外資輸入和民族資本的初步發展，農村自然經濟解體，手工業遭到衝擊，擔夫、舟人等傳統行業受到挑戰，不少農民棄農作工，淪爲雇傭奴隸。這些人，在封建主義的夾縫中還可以生存，而在資本主義條件下，他們卻成了沒落者，因此，不是沉溺於幻想，就是緬懷往古。劉師培等人的無政府主義正代表了這一社會階層的聲音。正如馬克思、恩格斯所說：「中間等級，即小工業家、小商人、手工業者、農民，他們同資產階級作鬥爭，都是爲了維護他們這種中間等級的生存，以免於滅亡。所以，他們不是革命的，而是保守的。不僅如此，他們甚至是反動的，因爲他們力圖使歷史的車輪倒轉。」[94]劉師培的無政府主義之所以具有強烈的封建色彩和國粹主義氣息，這固然和他的出身、教養有關——劉師培出身於三代治《春秋左氏傳》的書香門弟，極爲熟悉中國封建社會的歷史和文化，同時，也和他企圖依附的小生產者這一社會階層有關。小生產者和封建地主階級既有其對立的方面，又有其一致的方面，這就是都具有狹隘、保守的階級性格，都恐懼並反對資本主義，都企圖保存自給自足的自然經濟。從這個意義上來說，「左」的無政府主義和右的國粹主義合流並不奇怪，劉師培從提倡「無政府革命」到投降端方，後來又依附袁世凱，高唱「君政復古」也並不奇怪。

七、結語

劉師培等人無政府主義思想的出現，既有其特定的時代背景，又有其深刻的社會根源。

以蒲魯東、巴枯寧爲代表的無政府主義思潮曾經受到馬克思、恩格斯毀滅性的批判。但是，在恩格斯逝世後，第二國際大力鼓吹議會道路，作爲它的對立面，「左」的無政府主義便死灰復燃了。在某些資本主義雖發展，而小生產仍佔優勢的國家裏，它就更爲活躍。日本的社會主義運動就正表現了這種情況。中國是個小生產者極爲廣大的國家，劉師培等人大都是小資產階級知識分子，他們受到無政府主義的吸引是很自然的。

在中國近代史上，劉師培等較早介紹了馬克思主義。他們揭露資產階級和資本主義，強調以農工爲革命的動力，看到了資產階級革命民主派所看不到的方面，提出了資產階級革命民主派所提不出的問題，有一定貢獻，不應該完全抹煞。

但是，劉師培等在介紹馬克思主義的時候又攻擊馬克思主義。他們有時站在以孫中山爲代表的革命民主派的「左」面，有時又站在右面，攪亂了革命黨人的思想。同盟會上層在一九〇七年的分裂和劉師培等人無政府主義思想的傳播有著密切的關係。

劉師培等人的思想是近代中國無政府主義思潮的源頭，它的短暫的表現給我們提供的政治上和理論上的教訓是深刻的。

第一，革命的徹底程度永遠不能超出歷史進程的需要和可能，必須善於識別並拋棄各種高調。從人類歷史的長河看，某些思想、綱領、政策可能是不徹底的，然而，從當時歷史條件看，它卻是現實的、合理的。人們不應該把那些只能在明天做的事情勉強搬到今天來做。劉師培提倡的「無政府革命」貌似徹底，然而，它超越歷史進程，脫離社會實際，調子愈高，對革命也愈有害。

第二，反對資本主義有不同的立場，也有不同的發展方向。小資產階級由於受到資本主義的威脅，因而，有著一種對資本主義的強烈憎恨。這種憎恨可能向「左」發展，成爲否定一切的無政府主義，也可能向右發展，退向封建主義。劉師培等人的政治歷程正生動地說明了這一點。

第三，必須善於擺脫小生產者的狹隘經驗和目光。小生產者，由於生產方式落後，其社會改造方案不可能不是空想的，也不可能不是倒退的。只有熟悉社會化的大生產，瞭解它的特點和要求，才可能提出科學的、切實的、進步的社會改造方案。

（原載《近代中國人物》，重慶出版社，一九八三年）

①《無政府主義之平等觀》，《天義》第五卷。
②《天義》第一卷。
③《論種族革命與無政府革命之得失》，《天義》第七卷。
④《衡報》第五號。
⑤《亞洲現勢論》，《天義》第十一、十二卷合冊。
⑥《無政府主義之平等觀》，《天義》第五卷。
⑦《亞洲現勢論》，《天義》第十一、十二卷合冊。

⑧《衡報》第五號。

⑨《女子勞動問題》，《天義》第五卷。

⑩《保滿與排滿》，《天義》第三卷。

⑪《論種族革命與無政府革命之得失》，《天義》第六卷。

⑫《保滿與排滿》，《天義》第三卷。

⑬《社會革命與排滿》，《衡報》第三號。

⑭鐵錚：《政府論》，《民報》第十七期。

⑮《亞洲現勢論》，《天義》第十一、十二卷合冊。

⑯《廢兵廢財論》，《天義》第二卷。

⑰《天義》第一卷。

⑱《論國家》，《列寧全集》第廿九卷，第四四二頁。

⑲《西漢社會主義學發達考》，《天義》第五卷。

⑳《社會主義講習會第一次開會記事》，《天義》第六卷。

㉑《〈俄國革命之旨趣〉譯者識語》，《天義》第十六至十九卷合冊。

㉒《社會主義講習會第一次開會記事》，《天義》第六卷。

㉓《天義》第十六至十九卷合冊。

㉔《天義》第十六至十九卷合冊。

㉕《天義》第十六至十九卷合冊。

㉖《天義》第十六至十九卷合冊。

㉗《〈共產黨宣言〉序》，《天義》第十六至十九卷合冊。

㉘《〈共產黨宣言〉序》，《天義》第十六至十九卷合冊。

㉙《苦魯巴特金學術述略》，《天義》第十三、十四卷合冊。

㉚《論國家之利與人民之利成一相反之比例》，《衡報》第一號；《政府者，萬惡之源也》，《天義》第三卷。

㉛《天義》第十五卷。

㉜《天義》第八至十卷合冊。

㉝《苦魯巴特金學術述略》，《天義》第十三、十四合卷。

㉞《人類均力說》，《天義》第三卷。

㉟《天義》第五卷。

㊱《苦魯巴特金學術述略》，《天義》第十三、十四合卷。

㊲《苦魯巴特金學術述略》，《天義》第十三、十四卷合冊。

㊳《苦魯巴特金學術述略》，《天義》第十三、十四卷合冊。

㊴《無政府主義之平等觀》，《天義》第四卷。

㊵《無政府主義之平等觀》，《天義》第四卷。

㊶《無政府主義之平等觀》，《天義》第七卷。
㊷《人類均力說》，《天義》第三卷；參見《論女子當知共產主義》，《天義》第八至十卷合冊。
㊸《論種族革命與無政府革命之得失》，《天義》第六卷。
㊹《天義》第二卷。
㊺《天義》第三卷。
㊻《論女子當知共產主義》，《天義》第八至十卷合冊。
㊼《廢兵廢財論》，《天義》第二卷。
㊽《論共產制易行於中國》，《衡報》第二號。
㊾《衡報》第三號。
㊿《破壞社會論》，《天義》第一卷。
51《人類均力說》，《天義》第三卷。
52《人類均力說》，《天義》第三卷。
53《斯大林全集》第十三卷，人民出版社一九五六年版，第三一六頁。
54《天義報》曾在十六至十九卷合冊介紹過傅立葉的學說。
55鏟平王：《世界平等政府談》，《天義》第十三、十四卷合冊。
56《給奧·倍倍爾的信》，《馬克思恩格斯全集》第十九卷，第八頁。
57《無政府主義之平等觀》，《天義》第四卷。

58《論種族革命與無政府革命之得失》，《天義》，第六卷。
59《張繼君由倫敦來函》，《衡報》第四號。
60《論中國宜組織勞民協會》，《衡報》第五號。
61《漢口暴動論》，《衡報》第四號。
62《論種族革命與無政府之革命得失》，《天義》第六卷。
63《論中國宜組織勞民協會》，《衡報》第五、六號。
64《張繼君由倫敦來函》，《衡報》第四號。
65《平原斷侵君來函》，《衡報》第十號。
66《天義》第八至十卷合冊。
67《民報》第十五期。
68《衡報》第七號。
69《民報》第十五期。
70《衡報》第七號。
71《衡報》第七號。
72《無政府革命與農民革命》，《衡報》第七號。
73《天義》第八至十卷合冊。
74《衡報》第三號。

75《漢口暴動論》，《衡報》第四號。
76《女子復仇論》，《天義》第三卷。
77《女子解放問題》，《天義》第七卷。
78《女子宣布書》，《天義》第一卷。
79《天義報啓》，《復報》第十期。
80漢一：《毀家論》，《天義》第四卷。
81《女子復仇論》，《天義》第二卷。
82《破壞社會論》，《天義》第一卷。
83《女子宣布書》，《天義》第一卷。
84《論女子勞動問題》，《天義》第五卷。
85《女子解放問題》，《天義》第八至十卷合冊。
86《天義》第十六至十九卷合冊。
87《女子解放問題》，《天義》第八至十卷合冊。
88《社會主義講習會第一次開會記事》，《天義》第六卷。
89《共產黨宣言》，《馬克思恩格斯選集》第一卷，人民出版社一九七二年版，第二五五至二五六頁。
90《無政府主義之平等觀》，《天義》第五卷。
91《論新政為病民之根》，《天義》第八至十卷合冊。

92 《廢兵廢財論》，《天義》第二卷。

93 《論新政為病民之根》，《天義》第八至十卷合冊。

94 《共產黨宣言》，《馬克思恩格斯選集》第一卷，人民出版社一九七二年版，第二六一頁。

揭開民國史的真相：卷一

帝制到共和

作者：楊天石
發行人：陳曉林
出版所：風雲時代出版股份有限公司
地址：10576台北市民生東路五段178號7樓之3
電話：(02) 2756-0949
傳真：(02) 2765-3799
執行主編：朱墨菲
美術設計：風雲時代編輯小組
行銷企劃：林安莉
業務總監：張瑋鳳

初版三刷：2020年1月
版權授權：楊天石
ISBN：978-986-146-589-0

風雲書網：http://www.eastbooks.com.tw
官方部落格：http://eastbooks.pixnet.net/blog
Facebook：http://www.facebook.com/h7560949
E-mail：h7560949@ms15.hinet.net
劃撥帳號：12043291
戶名：風雲時代出版股份有限公司

風雲發行所：33373桃園市龜山區公西村2鄰復興街304巷96號
電話：(03) 318-1378
傳真：(03) 318-1378
法律顧問：永然法律事務所 李永然律師
北辰著作權事務所 蕭雄淋律師

行政院新聞局局版台業字第3595號 營利事業統一編號22759935

定價：380元

國家圖書館出版品預行編目資料

揭開民國史的真相 ／ 楊天石 著 . -- 初版. -- 臺北市：
風雲時代, 2009.08
冊；公分

ISBN 978-986-146-589-0（卷一：平裝）. --

627.6　　98013675